Uni-Taschenbücher 1640

W0189903

Eine Arbeitsgemeinschaft der Verlage

Wilhelm Fink Verlag München
Gustav Fischer Verlag Jena und Stuttgart
Francke Verlag Tübingen
Paul Haupt Verlag Bern · Stuttgart · Wien
Hüthig Verlagsgemeinschaft
Decker & Müller GmbH Heidelberg
Leske Verlag + Budrich GmbH Opladen
J. C. B. Mohr (Paul Siebeck) Tübingen
Quelle & Meyer Heidelberg · Wiesbaden
Ernst Reinhardt Verlag München und Basel
F. K. Schattauer Verlag Stuttgart · New York
Ferdinand Schöningh Verlag Paderborn · München · Wien · Zürich
Eugen Ulmer Verlag Stuttgart
Vandenhoeck & Ruprecht in Göttingen und Zürich

Frank Griesheimer / Alois Prinz (Hrsg.)

Wozu Literaturwissenschaft?

Kritik und Perspektiven

Francke Verlag Tübingen

Die Deutsche Bibliothek - CIP-Einheitsaufnahme

Wozu Literaturwissenschaft? : Kritik und Perspektiven : Frank
Griesheimer ; Alois Prinz (Hrsg.). – (durchges. Nachdruck der 1. Aufl.) –
Tübingen : Francke, 1992
   (UTB für Wissenschaft : Uni-Taschenbücher ; 1640)
   ISBN 3–8252–1640–3 (UTB)
   ISBN 3–7720–1697–9 (Francke)

NE: Griesheimer, Frank [Hrsg.]; UTB für Wissenschaft /
Uni-Taschenbücher

© 1992 · A. Francke Verlag GmbH Tübingen
Dischingerweg 5 · D-7400 Tübingen 5
ISBN 3–7720–1697–9 (durchges. Nachdruck der 1. Aufl. 1991)

Das Werk einschließlich aller seiner Teile ist urheberrechtlich geschützt.
Jede Verwertung außerhalb der engen Grenzen des Urheberrechtsgesetzes
ist ohne Zustimmung des Verlages unzulässig und strafbar. Das gilt insbesondere für Vervielfältigungen, Übersetzungen, Mikroverfilmungen und die
Einspeicherung und Verarbeitung in elektronischen Systemen.

Einbandgestaltung: Alfred Krugmann, Stuttgart
Satz: Pfeifer, München
Druck und Bindung: Presse-Druck, Augsburg
Printed in Germany
ISBN 3–8252–1640–3 (UTB-Bestellnummer)

Inhaltsverzeichnis

Vorbemerkung

Als wir 1989 diesen Sammelband vorzubereiten begannen, protestierten in der damaligen Bundesrepublik und West-Berlin Studenten und Dozenten gegen eine Politik der Mittelkürzung in einer Situation der Überlastung der Hochschulen. Das Schlagwort jener Wintermonate hieß UNMUT. Die Diskussionen und Alternativveranstaltungen an den besonders engagierten literaturwissenschaftlichen Instituten brachten zum Vorschein, daß dort bei vielen Studenten zum Unmut über die Hochschulpolitik auch eine Enttäuschung über die *Inhalte* ihres Fachstudiums hinzukam – eine Enttäuschung, die sich nur bedingt politisieren läßt, weil sie das Verhältnis der Literaturwissenschaft zu ihrem Gegenstand, den akademischen Umgang mit Literatur betrifft.

Jene Enttäuschung, die sich seit einigen Jahren auch in verstreuten Stellungnahmen namhafter Fachvertreter äußert, wird in der aktuellen Debatte über die Legitimation der literaturforschenden Fächer kaum berücksichtigt. Diese Debatte verlief bislang nur wenig inspirierend, da sie an einem bezeichnenden Manko leidet: Sie wird geführt, als ob der Literaturforschung einzig und allein ihre gesellschaftlichen und wissenschaftspolitischen *Rahmen*bedingungen (Studentenflut, mangelnde finanzielle Ausstattung, etc.) zum Problem geworden wären und als ob *intern* keinerlei Anlaß für eine kritische Überprüfung der Anliegen und Verfahren des Faches, seines Wissensbegriffs und seines Selbstverständnisses bestünde. Übersehen wird dabei, daß bei einem beträchtlichen Teil der Studenten und der Fachvertreter ein Unmut entstanden ist, der sich nach innen richtet, gegen bedenkliche Üblichkeiten und Versäumnisse in Forschung und Lehre des Faches. Noch leiser und unscheinbarer ist jener Diskurs, der seit einiger Zeit an den ›Rändern‹ des Faches stattfindet; dort gibt es eine Reihe von Konzepten, die bislang weder als signifikant noch als im Kern zusammengehörig rezipiert werden und die vom Kreativen Schreiben über Vorschläge zu essayistischen Erkenntnis- und Darstellungsformen bis hin zu feministisch inspirierten Vorstellungen von Wissenschaftlichkeit reichen.

Das Anliegen dieses Sammelbandes ist es, solche Konzepte in einen Zusammenhang mit explizit kritischen Aussagen zum internen Status quo der Literaturforschung zu stellen, um so den tatsächlichen Stand der Reflexion über die innere Krise der literaturforschenden Fächer widerzuspiegeln, einer Reflexion, die über hochschulpolitische Schuldzuweisungen weit hinausgeht. Den Titel des Buches, »Wozu Literaturwissenschaft?«, verstehen wir nicht als Infragestellung des Faches, sondern als Einladung zur Reflexion auf den Sinn, die Verantwortlichkeit und die Anliegen der literaturwissenschaftlichen Tätigkeit. Einer Wissenschaftsdisziplin stellt sich die Wozu-Frage in besonderem Maße dann, wenn sie sich nicht von ihrer eigenen Betriebsamkeit und Produktivität täuschen lassen und ihren zukünftigen Wandel nicht allein von der Eigendynamik ihres Alltags vorentschieden sehen will.

Bei den Beiträgen dieses Bandes handelt es sich um Versuche, das Fach nach verschiedenen Richtungen weiterzudenken; ihre augenfällige Gegensätzlichkeit sollte das Gemeinsame nicht übersehen lassen. Die Aufsätze überdenken das Verhältnis von Literatur und Literaturwissenschaft, von Distanz und Anteilnahme, Objektivität und Subjektivität; sie geben Antworten auf die Frage nach der Verantwortung des Literaturforschers gegenüber Gegenstand und Öffentlichkeit; sie machen Vorschläge für eine Überwindung des eher historisch als in der Sache begründeten Szientismus des Faches; und sie beschreiben – vor dem Hintergrund der wenig entwickelten fachspezifischen Hochschuldidaktik – kreative Verfahren, deren angemessene Anwendung und Einübung bislang noch aussteht. Studierenden, so hoffen wir, möge das Buch eine kritische Einführung in ungeschriebene Gesetze und ausgegrenzte Perspektiven ihres Faches bieten und ihren Sinn und ihre Ausdrucksmöglichkeiten für empfundene Defizite schärfen. Unser außerordentlicher Dank gilt allen Beiträgern dafür, daß sie unsere Einladung zu dieser Form eines Gesprächs über Grundsätzliches angenommen haben.

München, im Februar 1991   F.G., A.P.

I. Einführung und Überblick

Frank Griesheimer

Unmut nach innen

Ein Abriß über das Enttäuschende an der gegenwärtigen Literaturwissenschaft

>»Vielleicht versteht man jenseits der Jahrtausend-
grenze unter Forschung und Wissenschaft überhaupt ganz anderes als wir heute.«
>
> Walter Müller-Seidel

>»Auf die Germanistik kommt ohnehin eine neue
Rolle zu, wenn ich recht sehe; eine bessere, vielleicht, eine schwerere ganz sicher, ich meine: eine
lebenswichtige.«
>
> Adolf Muschg

I. Die unterschwellige Rede von einer inneren Krise

Es ließe sich belegen, auch wenn dies im folgenden nur andeu-
tungsweise möglich ist, daß in den Jahren vor Odo Marquards
herausforderndem Aufsatz »Über die Unvermeidlichkeit der
Geisteswissenschaften«[1] das Wort von der Krise der Germanistik
(und der literaturforschenden Fächer im allgemeinen) nicht etwa
nur als feuilletonistische Fußnote bei Festreden und Philologen-
tagen kolportiert wurde, sondern daß einzelne Fachvertreter das
Schlagwort durchaus ernst meinten und eine kritische Diskussion
über die Praxis und das seiner Praxis implizite Selbstverständnis

---

1 Odo Marquard: »Über die Unvermeidlichkeit der Geisteswissenschaften« (Eröff-
nungsvortrag der Jahresversammlung 1985 der Westdeutschen Rektorenkonferenz
am 5. Mai 1985 in Bamberg), in ders.: »Apologie des Zufälligen«, Stuttgart 1986, S.
98-116

unseres Faches anzuregen versuchten. So begrüßenswert die durch Marquards Vorstoß erst richtig in Gang gekommene Debatte über die moderne Legitimationskrise der Geisteswissenschaften auch sein mag, die Literaturwissenschaft, und die Germanistik im besonderen, hat sich durch die – auffällig bereitwillige – Teilnahme an dieser Debatte von sich selbst eher ablenken lassen. Zu einer kritischen Reflexion ihrer Anliegen und Verfahren scheint sie *nach Marquard* noch weniger Anlaß zu sehen als *vor Marquard*. Charakteristisch für den derzeitigen Stand ihrer Selbstreflexion ist vielleicht die jüngst erschienene Aufsatzsammlung »Wozu noch Germanistik?«[2], in deren Einleitung die Herausgeber akute Herausforderungen für das Fach eindeutig und ausschließlich »von außen« kommen sehen: »Lehrende wie auch Studierende sind heute aufgerufen zu reflektieren, ob ihr Fach (...) seine Gegenstände, Fragestellungen und Aufgaben gemäß den *von außen* angetragenen zweckrationalen Verwendungsansprüchen zurichten will«[3]. Die Herausgeber stellen einen aufschlußreichen Vergleich an:

> »So lag bekanntlich die in den späten sechziger Jahren ausbrechende Krise der Disziplin zum großen Teil in ihrem wissenschaftlichen Selbstverständnis und ihrer methodischen Praxis begründet (...) . Heute jedoch wird die Frage, was Germanistik eigentlich soll, dem Fach massiv durch eine ökonomische, technologische und ideologische Entwicklung aufgedrängt, die ihre Zuflucht allein in wirtschaftlicher Expansion, einer grenzenlosen Technologiegläubigkeit und einem Reflexionsstopp sucht, worin der Begriff der Zukunft aufgehen soll«.[4]

In Aussagen wie dieser wird mit dem – nur allzu berechtigten – Hinweis auf die externen soziomentalen und politischen Bedingungen der Krisensituation des Faches zugleich bestritten, daß ein Bedarf nach Überprüfung der eigenen Praxis und des eigenen

---

2 »Wozu noch Germanistik? Wissenschaft – Beruf – kulturelle Praxis«, hrsg. von Jürgen Förster, Eva Neuland, Gerhard Rupp. Stuttgart 1989

3 ebd., S. 7 (Hervorhebung von mir, F.G.)

4 ebd,. S. 1

Selbstverständnisses überhaupt bestehe. Argumentationen nach dem Motto ›Das Fach ist in Ordnung, es wird bloß verkannt‹ können dann folgerichtig nur zu Appellen *nach draußen*, als Bitte um Anerkennung des Eigenwerts der geisteswissenschaftlichen Disziplinen, führen. Auch das Diktum Rolf Grimmingers: »Die Schuld der Geisteswissenschaften ist es nicht, daß sie in diese fatale Situation hineingeraten sind«[5], kann wohl nur darum so erstaunlich klar und geradlinig ausfallen, weil vorausgesetzt ist, daß jenen Fächern einzig und allein ihre gesellschaftlichen und wissenschaftspolitischen Rahmenbedingungen zum Problem geworden sind, sie also außer jenem der Legitimation nach außen keine inneren ›fatalen‹ Probleme haben.

Daß die Lage fatal ist, soll nicht in Abrede gestellt werden, die bildungspolitische Herabwürdigung der geisteswissenschaftlichen Fächer rechtfertigt Unmut und Protest. Man wird aber fragen müssen, warum, wenn doch die Bedrängnis so groß ist, die meisten Stellungnahmen unseres Faches in der aktuellen Debatte, abgesehen von einigen auf Marktanpassung zielenden Vorschlägen, sich bislang eher zu einer unverbindlichen und schwunglosen Krisenrhetorik reihen, die selbst intern niemanden wirklich inspiriert. Selbst die Professoren als die repräsentativen Sprecher der Germanistik scheinen nicht in der Lage, dem Übergangenwerden ihres Faches mit offensiven Argumenten entgegenzuwirken. Wenn etwa nun, scheinbar offensiv, die Beförderung von »Leitvorstellungen der Humanität, Handlungsautonomie, intersubjektiven Verständigung und Selbstreflexion«[6] vorgeschlagen wird, sind dies dann nicht in unserem Fach seit langem heimische Formeln, die in ihrer Unverbindlichkeit von jedermann folgenlos zu akzeptieren sind? Für wie spannend und wie werbewirksam mag eine Debatte gehalten werden, in der unter der Überschrift ›Perspektiven einer zukünftigen Germanistik‹ unkritisch und monoton das Hergebrachte als das Zukünftige angeboten wird? Als Gedankenspiel drängt sich die Frage auf, ob

---

5 Rolf Grimminger: »Die Welt im Kopf und außerhalb«, in: Kursbuch 91 (Wozu Geisteswissenschaften?), S. 73-87. Dort S. 82
6 »Wozu noch Germanistik?«, a.a.O., S. 8

bei verbesserten Rahmenbedingungen – mehr Geld, mehr Stellen, mehr äußerer Anerkennung, weniger gesellschaftlichen Modernisierungsschäden – alle Anlässe für Unmut über die Situation des Faches entfielen.

Wohl nicht. Denn bei verbesserten Rahmenbedingungen käme jener Unmut zu mehr Geltung, der sich an der Substanz unseres Faches, seinen Anliegen und Verfahren, entzündet. Die protestierenden Germanistik-Studenten des Wintersemesters 88/89 etwa haben bei ihren Aktionen und Alternativveranstaltungen nicht nur konkrete bildungspolitische Forderungen erhoben, sondern immer wieder auch fachinterne Verwissenschaftlichungstendenzen in Frage gestellt und die Verwirklichung der Idee persönlicher Bildung in ihrem Studium eingefordert. Die Frage steht seither im Raum, ob die Germanistik ihren Studenten, von denen mehr als dreiviertel in fachfernen Berufen werden arbeiten müssen, nicht mehr zu bieten hat als wissenschaftsimmanente Ausbildungsinhalte.

Schon vor Marquards Aufsatz hat es nicht wenige Anfragen von kritischen Beobachtern unseres Faches gegeben, ob nicht insbesondere die gegenwärtige Literaturforschung (die im folgenden im Mittelpunkt stehen soll) wesentliche ihrer Kompetenzen verspiele, indem sie an der Wissenschaftsimmanenz ihrer Anliegen und Verfahren Genüge finde. Obwohl kaum weniger brisant als später der von Marquard, sind diese Anstoßversuche ohne Resonanz geblieben, vielleicht weil sie nicht nur zur Abwehr einer äußeren Bedrohung, sondern auch zur Selbstkritik ermuntern wollten. Als Beispiele seien hier zunächst drei Aufsätze zitiert: »Wissenschaftsgläubigkeit und Wirklichkeitsverlust in der Sprach- und Literaturwissenschaft« von Kaspar H. Spinner (1977), »Plumpe Gedanken über Literatur und eine Wissenschaft davon« von Leo Kreutzer (zuerst 1978), »Die Erforschung der deutschen Literatur und ihre Leser« von Walter Müller-Seidel (1982).

Kaspar H. Spinner geht ausführlich auf die Tendenzen »Gegenstandsverlust«, »Komplexitätsverlust« und »Subjektverlust« ein, die er bei neueren literaturwissenschaftlichen Schulen mit dem Primat der Theorie über die Phänomene einhergehen sieht. »Das wissenschaftliche Ideal fordert, von jeder persönlichen Betroffenheit durch den Gegenstand zu abstrahieren. Da jedoch literarische (fiktionale) Texte es auf eine solche abgesehen haben, muß der wissenschaftlich Untersuchende in merkwürdiger Pervertierung der Situation gerade absehen von dem, worauf es doch eigentlich ankommt«[7]. – Leo Kreutzer fragt: »Befindet sich der Literaturwissenschaftler nicht in dem Dilemma, sich entweder dem (...) Sozialisationssystem des wissenschaftlichen Denkstils zu unterwerfen, damit aber Verrat zu begehen an seinem so hinreißend nicht perfekten und so ermutigend nicht perfektiblen Gegenstand, oder aber diesem die Stange zu halten und sich damit nach dem herrschenden Verständnis als Wissenschaftler zu disqualifizieren?«[8] Kreutzer gelangt zu einer herausfordernden Folgerung: »Eine Wissenschaft von der Literatur wäre demnach eine Wissenschaft, welche für die Literatur wirbt, indem sie sich als durch die Literatur verändert und veränderbar vorstellt«[9]. – Walter Müller-Seidel kritisiert die bedenkliche Überproduktion an Sekundärliteratur, welche die Gegenstände unseres Faches zu überwuchern und zu verbrauchen drohe: »Forschung, so gesehen, deckt nicht nur auf, sie deckt auch zu«[10]. Indirekt formuliert er den Wunsch nach einem »Zeitalter einer leserfreundlichen Literaturwissenschaft«[11] und beklagt die eher gegenläufige Tendenz des »Sichabschließens nach außen«[12], die er zurückführt auf »immer neue Terminologien«[13], »kryptische Redeweisen«[14], eine

---

7 Kaspar H. Spinner: »Wissenschaftsgläubigkeit und Wirklichkeitsverlust in der Sprach- und Literaturwissenschaft«, in: Johannes Anderegg (Hg.): »Wissenschaft und Wirklichkeit«, Göttingen 1977, S. 115-133. Dort S. 124

8 Leo Kreutzer: »Plumpe Gedanken über Literatur und eine Wissenschaft davon«, in ders.: »Mein Gott Goethe. Essays«, Reinbek 1980, S. 7- 11. Dort S. 10

9 ebd., S. 11

10 Walter Müller-Seidel: »Die Erforschung der deutschen Literatur und ihre Leser«, in: Jahrbuch der Deutschen Schillergesellschaft, 26.Jg. (1985), S. 512-526. Dort S. 516

11 ebd., S. 518

12 ebd., S. 520

13 ebd.

14 ebd., S. 518

»Sprache, die subjektlos ist«[15] und eine Haltung der »Wissenschaft nur um der Wissenschaft willen«[16]. Bei den Naturwissenschaften entlehnte Paradigmen wie »Operationalisierbarkeit, Meßbarkeit und Nachprüfbarkeit sind oft genug nicht die ›Lernziele‹, die uns zuträglich sind«[17]. Im Umgang mit den literarischen Gegenständen gehe es »nicht nur um Kritik, Analyse und Diagnose. Etwas Therapeutisches an ihnen sollte nicht gänzlich in Vergessenheit geraten«[18].

Stellungnahmen wie diese waren und sind keine Einzelfälle. Wer sie nicht überhören möchte, kann immer wieder Unmutsäußerungen über bedenkliche Üblichkeiten und Versäumnisse in Forschung und Lehre unseres Faches begegnen, bei interessierten Laien, bei Studenten und bei etablierten Fachvertretern. Es heißt dann beispielsweise: die Germanistik habe bewiesen, »daß sie durchaus ohne Literatur leben kann«[19]; sie habe erfolgreich versucht, »ihrem Gegenstand (...) zu entkommen«[20]; »den Jargon lernt man schon im ersten Semester, die Professoren machen es vor«[21]; ein einziger Aufsatz etwa von H. M. Enzensberger enthalte in der Regel mehr anregende Ideen als zehn geisteswissenschaftliche Dissertationen[22]. Doch obwohl solche Aussagen keine Einzelfälle sind, wurde bislang nirgends der Versuch unternommen, sie in einen Zusammenhang zu stellen oder sie gar als unterschwellige Rede von einer inneren Krise unseres Faches wahrzunehmen.

Läßt man sich ein auf die zitierten Stellungnahmen und sichtet man sie abstrahierend, stellen sich zwei Grundgedanken heraus:

---

15 ebd., S. 520
16 ebd., S. 518
17 ebd., S. 526
18 ebd.
19 Gerhard Köpf: »Die Preisfrage: Hat Literatur Kritik nötig?«, in: FAZ, 21.11.1987
20 Adolf Muschg: »Der Krieg ist vorbei«, in: Die Zeit, Nr. 17 (1985). (Erweiterter Nachdruck unter dem Titel »Erlaubt ist, was gelingt. Der Literaturwissenschaftler als Autor« in diesem Band, S. 161ff.)
21 Joachim Dyck: »Stumm und ohne Hoffnung. Die totale Paralyse der Germanistik in den 80er Jahren«, in: Die Zeit, Nr. 25 (1985)
22 Uwe Knüpfer: »Geld rein, Klappe zu. Woran es den Universitäten wirklich fehlt: an Geist und guten Professoren«, in: Die Zeit, Nr. 3 (1989)

(1) Seit der Hochphase der Ideologiekritik hege auch die Literaturwissenschaft Vorbehalte gegenüber jeglicher Ideologie (was auch fachgeschichtlich folgerichtig ist), ausgenommen sei davon aber nach wie vor ihr eigener immanenter Szientismus, der sich auf Arbeitsverfahren und Sprechweisen, Wissensbegriff und Fachdidaktik einengend auswirke. Obwohl selbst Funktion des Aufklärungsprozesses, versäume es die Literaturwissenschaft, ihr Wissen von der Dialektik der Aufklärung auf sich selbst zu beziehen. Dies sei einerseits schlicht unzeitgemäß, denke man etwa an den Diskussionsstand der Paradigmenkritik in weit ›härteren‹ Wissenschaftsdisziplinen; andererseits vernachlässige unsere Praxis aufgrund dieses Tabus sowohl wesentliche Qualitäten unseres Gegenstands als auch Bedürfnisse der Leser und der Wissenschaftsteilnehmer. Das Schlagwort »Verwissenschaftlichung«, verstanden als Zuviel an Wissenschaft, »Wissenschaft am falschen Ort«[23], Wissenschaft als Ideologie, kennzeichne eine inner-disziplinäre Situation, in der in vielen Teilbereichen das Maß dafür zu fehlen scheine, wo strenge Wissenschaftlichkeit am Platz ist und wo nicht und statt dessen anderes.

(2) Es hieße, die grundsätzliche Autonomie von Forschung und Wissenschaft szientistisch auslegen, würde man sie, auch in der Literaturwissenschaft, als Freisprechung von Verantwortung auffassen. Verantwortung, szientistisch ausgelegt, bedeute nur, ein redlicher und sachkundiger Forscher zu sein. Eine Wissenschaft jedoch, deren Gegenstand die literarischen Kunstwerke sind, stehe vielmehr nach folgenden Seiten in der Verantwortung: gegenüber dem Vermittlungsanspruch und den Wirkungsmöglichkeiten ihres Gegenstands; gegenüber dem besonderen, der Literatur eigenen und in ihr aufgehobenen Wissen; gegenüber der Subjektivität des einzelnen als jener Instanz, an die alle Literatur gerichtet ist; gegenüber den Suchbewegungen und dem Bildungsinteresse (emphatisch verstanden) ihrer Zeitgenossen. Allerdings ließen das explizite und, mehr noch, das seinem Praxisalltag implizite Selbstverständnis unseres Faches eine entschiedene und kon-

---

23 Walter Müller-Seidel, a.a.O., S. 520

sequente Orientierung an diesen Verantwortungsbezügen eher vermissen.

Noch mehr verkürzt, lassen sich beide Gedanken salopp zusammenfassen: Leser, die von der Literaturwissenschaft weder die Wissenschaft noch die Literatur verfehlt sehen wollen, wünschen, daß es sowohl eine ›harte‹ als auch eine ›weiche‹ Wissenschaft von der Literatur gebe; sie werden jedoch den Eindruck nicht los, daß bislang nur die ›harte‹ Anerkennung genießt, während die ›weiche‹ sich auf Schritt und Tritt rechtfertigen soll und unterentwickelt gehalten wird, durchaus vergleichbar mit einer Energiepolitik, die auf kühne Großtechnik setzt und alternative Energieträger belächelt und deren Entwicklung hinausschiebt.

Doch was genau heißt ›hart‹ und ›weich‹, was ist das Herrschende und was das Ausgegrenzte in Fragen der Fachdidaktik und der Wissensorganisation, der Geschichtsschreibung, der Interpretation und der Strukturanalyse, der Methodenlehre, der Theorie- und Begriffsbildung? Um dies zu ermitteln, hätte die unergiebige Legitimationsdebatte in eine *Kompetenzendebatte* überzugehen, in eine Erörterung darüber, was alles das Fach sein *kann*, was davon es sogar sein *muß* und sein *möchte*. Ohnehin bestünde wohl weniger Anlaß für unterschwelligen Unmut, wenn von Zeit zu Zeit *neu* diskutiert würde, was wirklich wichtig ist an unserem Fach und was einfach nur legitim oder apart. Nicht jede Wissenschaftshandlung ist sinnvoll, nicht jede Methode taugt gleich viel, nicht alles, was erforschbar ist, ist deshalb schon erforschenswert. Und andersherum ist nicht alles, was ›weich‹ ist, gleich unwissenschaftlich, nicht alles Ausgegrenzte ein Übel.

Wenn nun im folgenden versucht werden soll, die kursierenden Unmutsäußerungen nach Einzelaspekten zu ordnen und in ihnen jene Zielvorstellungen zu erkennen, von denen womöglich Erneuerung erwartet wird, dann werden sich dabei Spekulation und auch Reformpathos nicht vermeiden lassen. Wer jedoch über ›Perspektiven einer zukünftigen Literaturwissenschaft‹ ernsthaft nachdenken möchte, der wird nicht nur den unterschwelligen Unmut mitzubedenken haben, er wird auch Vorstellungskraft brauchen, um Üblichkeiten von Möglichkeiten her zu beurteilen, und er wird sich bekennen müssen – spielerisch und hypothetisch – zu Positionen und Maßstäben, die außerhalb der gegenwärtig dominanten liegen.

II. Versäumnisse und Aporien

Ob sich die Wissenschaft von der Literatur in einer *inneren* Krise befindet, entscheidet sich nicht zuletzt daran, ob das seiner Praxis *implizite Selbstverständnis* des Faches, welches daran abzulesen ist, *auf welche Weise welche Art von Erkenntnissen zu welchem Zweck* ermittelt wird, die Wissenschaftsteilnehmer zufriedenstellt oder enttäuscht.

In letzter Zeit mehrfach beschrieben wurde die Erfahrung des Literaturwissenschaftlers, über seinen Gegenstand gebeugt diesem trotzdem *entfremdet* zu sein. Für Peter Sloterdijk etwa haben viele Literaturforscher »als wirkliche Liebhaber der ›Gegenstände‹ diese zu studieren begonnen«, um dann »durch die Wahl eines falschen Exaktheitstyps in die Haltung der Polemik, der Nichthingabe an die Sachen« zu geraten[24]. Adolf Muschg hält das Literaturwissenschaftsstudium gar für eine »Falle«, weil dort, indem »nur Schein-Nähe zugelassen wird für alle Situationen, die akademisch zählen«, sowohl der »Ausgangswunsch nach Nähe zur Literatur« als auch die Wirkungsmöglichkeiten der Literatur selbst sabotiert würden[25]. Und für Helmut Arntzen wurde mit der »Szientifizierung« des Faches seit Ende der sechziger Jahre »der letzte Schritt in einem Entfremdungsprozeß zwischen Literatur und Literaturwissenschaft getan«[26], ein Schritt hin zur »Literatur-

---

24 Peter Sloterdijk; »Kritik der zynischen Vernunft«, 2 Bde., Frankfurt/M. 1983, S. 653

25 Adolf Muschg: »Literatur als Therapie? Ein Exkurs über das Heilsame und das Unheilbare. Frankfurter Vorlesungen«, Frankfurt/M. 1981, S. 36

26 Helmut Arntzen: »Die Sprache der Literaturwissenschaft als Anpassungsversuch«, in: Akten des VII. Internationalen Germanistenkongresses Göttingen 1985, Bd. 11, hrsg. v. A. Schöne, Tübingen 1986, S. 133 (Nachdruck in diesem Band, S. 65ff.)

feindlichkeit«[27]. Zusammengefaßt heißt dies: Die Art unseres Erkennens berge in sich in hohem Maß das Risiko gleichzeitigen Verkennens.

Vorschnell wäre es, diesen gravierenden Einwand als altbekannten oder gar als rückwärtsgewandten abzutun, denn daß ihn sowohl ältere als auch jüngere Fachvertreter und eben jetzt auch Teile der jüngsten Studentengeneration äußern, zeigt, daß er sich stetig *aktualisiert*.

In seiner altbekannten Form richtete sich der Einwand, teils verteufelnd, teils warnend vorgebracht, gegen die Erneuerung der Forschungsanliegen und -verfahren unseres Faches durch empirische Soziologie, Strukturalismus, Linguistik, Semiotik, Kommunikationstheorie und andere das Primat objektiver und exakter Erkenntnis beanspruchender Schulen. In der Tat begegnete unser Fach vor gut zwei Jahrzehnten dem Legitimationsrückstand gegenüber den Naturwissenschaften (die sich als Hilfswissenschaften des technischen Fortschritts damals wie heute ein Prestige einhandeln, von dem die Literaturwissenschaft nur träumen kann), indem es Kategorien, Methoden und Diskursformen des in der höheren Anerkennung stehenden Wissenschaftszweiges *entschieden unkritisch* auf sein Gebiet übertrug. Eine Erneuerung war zwar fällig gewesen, ob aber gerade diese *Paradigmenimitation* dem Gegenstand des Faches diente oder ihn preisgab, das fragten schon damals nicht nur an der »Kunst der Interpretation«, sondern auch an der »Dialektik der Aufklärung« geschulte Beobachter. Stellvertretend sei Norbert Mecklenburgs Aussage von 1972 zitiert: »Das Pochen auf mathematische, informationstheoretische, strukturalistische oder andere ›exakte‹ Methoden kann zum Indiz dafür werden, daß man am wirklichen Werk und seinem Bedeutungsgehalt exakt vorbeigeht«.[28]

---

27 Helmut Arntzen: »Information oder Literatur. Über das Verhältnis von Sprache und Subjektivität«, in ders.: »Zur Sprache kommen. Studien zur Literatur- und Sprachreflexion, zur deutschen Literatur und zum öffentlichen Sprachgebrauch«, Münster 1983, S. 64-76. Dort S. 64

28 Norbert Mecklenburg: »Kritisches Interpretieren. Untersuchungen zur Theorie der Literaturkritik«, München 1972, S. 48

Nun scheinen die siebziger Jahre lange vergangen, das Neue, das sie brachten, ist zum Traditionellen geworden. Wenn nun erneut gefragt wird, ob unsere Art des Erkennens ein Verkennen einschließt, ob also dem Fach Versäumnisse und Aporien unterlaufen, dann geschieht dies in aktualisierter Form, das heißt grundsätzlicher und aus einem gewandelten Wertempfinden heraus. Ablesbar ist dies zum Beispiel an einer im engeren Sinn auch auf die Literaturwissenschaft bezogenen Aussage von Gert Mattenklott:

»Die ästhetische Kompetenz der Geisteswissenschaften ist derzeit so gering wie ihre moralische Autorität. Ein Grund dafür ist die scheinbar unaufhaltsame Enteignung ihrer Gegenstände durch angeblich aussagekräftigere und in ihrem Wissenschaftsanspruch weniger bezweifelbare Disziplinen (...). Was die Künste im einzelnen oder im ganzen zu sagen haben, scheint samt und sonders in den positiven Wissenschaften besser aufgehoben zu sein«.[29]

Und Helmut Arntzen meint: Eine Literaturwissenschaft, »die ihre wissenschaftliche Begründbarkeit davon abhängig macht, daß sie den Kriterien genüge, die für die empirischen Wissenschaften gelten mögen, hat weder etwas von sich selbst noch von der Literatur begriffen«.[30]

Neu an solchen Aussagen ist die zugrundeliegende Wertvorstellung, die Entdeckung nämlich (die eine Wieder-Entdeckung ist), daß *die Künste selbst etwas zu sagen haben* – neben dem, was Wissenschaft zur Zeit über sie zu sagen zu haben meint. Neu ist also der Hinweis, daß es hinter der Rede der Wissenschaft vielleicht eine Rede der Literatur zu entdecken gibt. Wenn Muschg, Sloterdijk und Arntzen am Verhältnis der Literaturwissenschaft zu ihrem Gegenstand »Schein-Nähe«, »Nichthingabe an die Sachen« und »Literaturfeindlichkeit« kritisieren, so werden damit

29 Gert Mattenklott: »Kanon und Neugier«, in: Kursbuch 91 (Wozu Geisteswissenschaften?), S. 99-107. Dort S. 104. (Nachdruck in diesem Band S. 353ff.)
30 Helmut Arntzen: »Zur Sprache kommen ...«, a.a.O., S. 2

Wertmaßstäbe ins Spiel gebracht, die nicht in erster Linie wissenschaftsimmanente sind, sondern primär literatur- und subjektbezogene. Kritisiert wird inzwischen also das Erbe der siebziger Jahre, *das durch kein Gegengewicht ausgeglichene System wissenschaftlicher Selbstzwecke,* das unabhängig von bestimmten Methoden oder Schulen den Diskurs unseres Faches formal wie inhaltlich so einengend reglementiert, daß wesentliche unserer Kompetenzen ausgegrenzt werden.

Zu den vermeintlich genuin wissenschaftlichen Vorgaben, die in Forschung und Lehre unseres Faches seit Ende der sechziger Jahre und nunmehr traditionell die größte Rolle spielen, gehören einerseits, als Anforderungskatalog an literaturwissenschaftliche Erkenntnisse, die Kategorien Exaktheit, Eindeutigkeit, Objektivität, Nachprüfbarkeit, Generalisierbarkeit; andererseits, als Verfahrensideal, der Vollzug von Theoriemodellen.[31] Diese Vorgaben, folgt man ihnen ohne relativierendes Bewußtsein für ihre Vorläufigkeit und Partialität, erzeugen einen verengten Begriff von Wissenschaftlichkeit, der an den Vermittlungsinteressen seiner Gegenstände vorbeigeht. Er verstellt nämlich zum einen die Frage, wie der Forscher das Wesen seines Gegenstandes im wissenschaftlichen Umgang mit ihm *wahren* kann; zum andern die Frage, welche Ergebnisse wissenschaftlicher Verfahren nach getaner Arbeit wieder *un-wissenschaftlich* zu wenden wären, um anderswohin vermittelt zu werden, – wobei dieses Anderswo eine fach-externe Öffentlichkeit ebenso wie die eigene Person des Forschers (oder des Lehrenden oder des Lernenden) sein könnte. Ob sich die Wissenschaft von der Literatur in einer inneren Krise befindet, wäre demnach auch daran zu entscheiden, ob sie in ihren Verfahren (etwa in puncto Wissenschaftssprache, Analyseziele, Subjektrelevanz, Verkehrsformen) weitestmöglich dem Wesen ihres Gegenstandes verbunden bleibt und ob sie ihre eige-

---

31 So fordert etwa S. J. Schmidt als Ausweis der Wissenschaftlichkeit »Theoretizität, Empirizität, Exaktheit, Widerspruchsfreiheit, Relevanz, Anwendbarkeit u.s.w.« (S. J. Schmidt: »Grundriß der empirischen Literaturwissenschaft, Teilbd.1: Der gesellschaftliche Handlungsbereich«, Braunschweig und Wiesbaden 1980, S. VII)

ne Kompetenz konsequent aus ihrem Zugang zum der Literatur eigenen Wissen vom Menschen ableitet.

Der folgende Überblick zeigt in Andeutungen und Stichworten, wie stark der Diskurs unseres Faches tatsächlich reglementiert ist und welche Versäumnisse und Aporien mit einer einseitigen Verwissenschaftlichung unserer Anliegen und Verfahren einhergehen, solange diese durch kein Gegengewicht ausgeglichen wird.

Das Primat der Theorie und die »Optik des Dechiffrierers«

Ausgerechnet in der Wissenschaft von der Literatur steht seit geraumer Zeit an oberster Stelle der Wissenschaftlichkeitsgebote die Anwendung von Systematisierungs- und Deduktionsverfahren, von Theoriemodellen und davon abgeleiteten Methoden. Man kann den Eindruck bekommen, das Fach halte literarische Kunstwerke nur noch über ein Denken in Modellen, Typen und Funktionen für angemessen erfahrbar. Immer mehr, so Kaspar H. Spinner, verlagere sich das Interesse des Faches »auf die Theorie, die nicht mehr nach dem ursprünglichen Wortsinn Betrachtung ist, sondern Herstellung systemhafter Konstrukte. Regelapparate, Klassifikationsschemata, Modellbildungen erscheinen als Zweck und Ziel wissenschaftlicher Betätigung«[32]. Ansätze und Arbeitsweisen, die keine Leistung in Form von Typologisierung, Systematisierung und Generalisierung erbringen, haben sich gegen den Verdacht der Unwissenschaftlichkeit zu behaupten. Helmut Arntzen spricht gar von einer »Tendenz zum Systemzwang«[33], und es erscheint ihm »jede Legitimation eines Denkens, das seine Beziehung auf allgemeine Kommunikationstheorie oder Texttheorie oder Semiotik nicht nachweist, von vornherein aussichtslos«[34]. Obwohl der aktuelle Theorie-Kanon inzwischen umfangreicher ist, zeigt doch der Rückblick auf ein Vierteljahrhundert Fachgeschichte, daß sich bei aller Vielfalt der

---

32 Kaspar H. Spinner, a.a.O., S. 119
33 Helmut Arntzen: »Grundfragen der Literatur«, in ders.: »Zur Sprache kommen …«, a.a.O., S. 7-40. Dort S. 32
34 Helmut Arntzen: »Marginalien zum Sprachdenken in Linguistik und Literaturwissenschaft«, in ders.: »Zur Sprache kommen …«, a.a.O., S. 53

etablierten Ansätze und bei allem Wechsel der jeweils progressivsten Modelle strukturell und qualitativ nicht viel geändert hat: Das Modell an sich hat sich als grundlegendes Paradigma durchgesetzt und behauptet.

Natürlich gehört das Denken in Regeln, Typen und Modellen unbedingt zur wissenschaftlichen Tätigkeit, es ist deren unverzichtbare Errungenschaft, bedenklich wird es aber dann, wenn es mit Ausschließlichkeit und ohne Rücksicht auf damit einhergehende Verluste betrieben wird:

Stichwort ›Vorurteil‹: Bei Untersuchungsverfahren, die methodisch streng auf Theoriemodelle bezogen sind, gehen Deduktion und Reduktion Hand in Hand. Den aus der Vielzahl ihrer Kontexte gelösten Textphänomenen fällt oft nur die Rolle des Exemplums zu, Unbekanntes wird auf Bekanntes zurückgeführt, der Gegenstand um seine Widerständigkeit gebracht: »Das der abstrakten Theorie und Methode zugesprochene Primat rächt sich, indem der Gegenstand nur noch so in Erscheinung treten kann, wie er durch die Theorie präformiert ist« (Kaspar Spinner)[35].

Stichwort ›Spezialisierung‹: Von den als Selbstzwecke gehandelten Theorien und Methoden darf man sich anerkanntermaßen zum Separatismus verführen lassen. Dieser Umstand wird als notwendige Arbeitsteilung ausgegeben (»Methodenpluralismus«), eine Summe aber kaum je gezogen, eine Vermittlung selten geleistet. Studienanfänger erhalten denn auch zunächst einen Überblick über die verschiedenen methodischen Richtungen, um bald darauf zu lernen, daß man sich fachlich am ehesten profiliert, indem man den Überblick zugunsten einseitiger methodischer Spezialisierung aufgibt. Nicht wenige reagieren hierauf mit Überanpassung, werden zu rückhaltlosen Theorieeinsteigern, denen die Kunstwerke vor allem als Anlaß, ihre Fertigkeiten zu beweisen, willkommen sind. Die Lehrenden sehen darin nichts Schlechtes.

---

35 Kaspar H. Spinner, a.a.O., S. 121

Stichwort ›Entindividualisierung‹: Durch die fast ausschließliche Förderung des Denkens in Modellen, Allgemeinbegriffen, etc. werden jene Ansätze aus dem Fach verdrängt, die statt auf theoretischem Reflex auf unmittelbarer ästhetischer Erfahrung gründen möchten. Gerhard Köpf: »Die am falschen Ziel orientierte Verwissenschaftlichung des Verstehens (...) kann ästhetische Erfahrung als Irritation (...) gar nicht mehr erkennen.«[36] Ein Moment dieser Irritation liegt in der Individualität von Autor, Werk und Leser begründet, hierin bestehe die »prinzipielle Provokation unserer Wissenschaft« (Arntzen)[37]. Dem wäre bis in die Verstehenshaltung und Arbeitsverfahren hinein Rechnung zu tragen. Ein trauriges Beispiel für die Erledigung der Individualität von Autor, Werk und Leser stellt ausgerechnet die Rezeptionstheorie dar, die in demselben Maße, in dem sie sich zu einer Systemwissenschaft vom *kollektiven* Lesen entwickelt, aus dem Sinn verliert, was Lesen für den *einzelnen* Leser bedeutet (Wer würde freiwillig Kunstwerke ›rezipieren‹, wenn Rezeption so uneigentlich vor sich ginge, wie es die Rezeptionstheorie annimmt?).

Daß »für die Wissenschaftler das Spiel mit Modellen den eigentlichen Antrieb ihrer Arbeit darstellt«, wie Kaspar Spinner vermutet[38], läßt sich gewiß nicht pauschal behaupten. Andererseits reichen wohl fachgeschichtliche Gründe allein nicht aus, um die gängige Bevorzugung des Modelldenkens zu erklären. Denkbar ist durchaus eine spezifische Bedürfnislage bei den je einzelnen Forschern, der ein bestimmter Denkstil entgegenkommt, ein anderer nicht. Immerhin wirkt im Modell- und Systemdenken ein mechanistisches Weltbild fort, das Leben und Welt kolonialisieren und Komplexität durch Verdinglichung bewältigen zu können glaubt. Rolf Grimminger erklärt gar die Bevorzugung schematisierbarer Verfahren teilweise aus der »zweifelhaften Faszination von Ordnung und Sauberkeit und Sicherheit, die ihnen psycholo-

---

36 Gerhard Köpf: »Ästhetische Erfahrung und literarisches Verstehen«, in: »Rezeptionspragmatik«, hrsg. v. G. Köpf, München 1981, S. 79- 104. Dort S. 93

37 Helmut Arntzen: »Die Sprache der Literaturwissenschaft ...«, a.a.O., S. 135

38 Kaspar H. Spinner, a.a.O., S. 121

gisch gesehen anhaften«[39]. (Solche Überlegungen sind nicht taktloser als etwa ideologiekritische oder diskursanalytische Entlarvungen eines literarischen Autors.)

Ältere Literaturwissenschaftler unterscheiden nicht zu Unrecht zwischen ›toter‹ und ›lebendiger‹ Befragung eines Kunstwerks.[40] Sie halten das Zusammenspiel oder den Perspektivismus verschiedener Theorien in der Literaturforschung für unverzichtbar, zugleich aber ermahnen sie sich, »die eigentlichen Gegenstände aller Literaturforschung, die Texte, lebendig zu erhalten und nicht als tote Dinge zu traktieren« (Müller-Seidel)[41]. Moderner gewendet: Entweder das zeitgenössische Theoriebegehren dringt vor zu vitaler Begegnung – oder es bleibt im Kern nekrophil.

In den Zusammenhang der Verdinglichung literarischer Kunstwerke gehört auch die von Odo Marquard beschriebene Verstehenshaltung des »Code-Knackens«, die er »unter verschiedenen Wissenschaftsnamen seit längerer Zeit im Vormarsch« sieht[42]. Auch Gerhard Köpf beklagt, daß das Verstehen ästhetischer Texte kurzschlüssig »als einfacher Prozeß der Decodierung im Sinne elementarer informationstheoretischer Modelle aufgefaßt« wird [43]. Die auf der Vorstellung vom »Code« basierende »Optik des Dechiffrierers« (Marquard)[44] tendiert dazu, Subtexte für die einzig wahre Bedeutungsebene zu halten und diese gegebenenfalls gegen die ›Oberflächenphänomene‹ durchzusetzen. Begünstigt wird hierdurch eine Mentalität der Überhebung, des Besserwissens und der *Opposition zum Gegenstand*.

Selbstverständlich enthalten literarische Texte, auch jene, die scheinbar nur von Abendstille oder Liebeswehen handeln, ver-

---

39 Rolf Grimminger: »Über Wahrheit und Utopie in der hermeneutischen Erkenntnis«, in: »Literatur ist Utopie«, hrsg. v. Gert Ueding, Frankfurt/M. 1978, S. 58 (Anm. 48), zit. n. G. Köpf, a.a.O., S. 93

40 Vgl. Hilde Domin: »Wozu Lyrik heute«, München 1975, S. 59

41 Walter Müller-Seidel, a.a.O., S. 517

42 Odo Marquard: »Frage nach der Frage, auf die die Hermeneutik die Antwort ist«, in ders.: »Abschied vom Prinzipiellen. Philosophische Studien«, Stuttgart 1981, S. 117-146. Dort S. 135

43 Gerhard Köpf: »Ästhetische Erfahrung …«, a.a.O., S. 87

44 Odo Marquard: »Frage nach der Frage …«, a.a.O., S. 136

borgene Subtexte oder gar implizite Diskurse, die in gewisser Weise selbst theoretische sind und als solche gehoben werden möchten; doch sollte außerdem der *anti-theoretische Vorbehalt*, der in ihnen ebenso enthalten ist, während der Theoriearbeit spürbar erinnert werden.

Gegensprache als Sprachnorm

Unscheinbar und unerheblich wird ein Fach unter anderem dann, wenn es konstant versäumt, für die Anrede einer fach-externen Öffentlichkeit Anliegen, Kompetenz und, nicht zuletzt, eine *Sprache* zu entwickeln.

Die gesellschaftliche Geringachtung unseres Faches wird inzwischen häufiger in Zusammenhang mit seiner Stummheit nach außen gebracht. Selbstkritisch ist die Rede davon, daß unser Sprachgebrauch von »kryptischen Redeweisen«[45] und »sprachlichen Abstrusitäten«[46] gekennzeichnet sei. Selbst Harald Fricke, bekannt als Kritiker jeglicher ›Sekundärpoesie‹ im wissenschaftlichen Schreiben[47], bezweifelt die Fortschrittsleistung der immer neuen Terminologien und beargwöhnt deren Tendenz zum Hermetismus: »(...) für die wissenschaftliche Zuverlässigkeit ist nichts gewonnen, wenn man ›Narrativik‹ statt ›Erzählkunst‹ sagt, ›P-Konvention‹ statt ›poetischer Tradition‹ oder ›Diskurstyp‹ statt ›literarischer Gattung‹ – und für die Kommunikationsbereitschaft besonders des nicht-professionellen Lesers ist damit wohl schon Entscheidendes verloren«[48]. Frickes Forderung nach einem Terminologie-Kanon, einer verbindlichen »Präzisierung der eingeführten Redeweisen über Literatur«[49], kombiniert mit »klarem Deutsch«[50], bleibt allerdings einseitig dem Wissen-

---

45 Walter Müller-Seidel, a.a.O., S. 518

46 Joachim Dyck, a.a.O.

47 Vgl. Harald Fricke: »Die Sprache der Literaturwissenschaft. Textanalytische und philosophische Untersuchungen«, München 1977

48 Harald Fricke: »Suggestion statt Argumentation. Beobachtungen zur Wirkung literaturwissenschaftlicher Prosa«, in: Akten des VII. Internationalen Germanistenkongresses Göttingen 1985, a.a.O., S. 138-147. Dort S. 146

49 ebd.

50 ebd.

schaftswohl verpflichtet und geht darum den Kritikern eben dieser Einseitigkeit nicht weit genug. Nach Helmut Arntzen hätte die Literaturwissenschaft »einen Diskurs auszubilden, der sich nicht scheuen dürfte, das heutige wissenschaftliche Sprechen explizit und durch die Weise seines eigenen Sprechens in Frage zu stellen. Denn nirgendwo sonst als in einer Wissenschaft von der Literatur als Sprache könnten die Aporien einer instrumentalistischen Wissenschaftssprache kenntlich gemacht werden«[51].

Tatsächlich werben die traditionellen literaturwissenschaftlichen Schulen der letzten zwei Jahrzehnte ›durch die Weise ihres eigenen Sprechens‹ nicht gerade für die Subtilität der Sprache (als eben jener Bedingung, der Sprachkunst sich verdankt). Es gehört inzwischen zum impliziten Selbstverständnis des Faches, daß es sich seine *Metasprachen* nur als konsequente *Gegensprachen* zur Literatur vorstellen mag. Eine verengte Vorstellung von Genauigkeit im Sinn, wünscht es die Räume zwischen seinen Arbeitsbegriffen so weiß und leer wie möglich. Folglich gelten ihm sprachliche Möglichkeiten, die auch nur entfernt an Literatur erinnern könnten, als unangebracht, ja illegitim. So sieht Harald Weinrich im wissenschaftlichen Sprechen auch der Geisteswissenschaften ein »Ich-Verbot«, ein »Metaphern-Verbot« und ein »Erzähl-Verbot«[52] wirksam. Ein gewisses Recht genießt dort allenfalls die sogenannte rhetorische Brillanz, eine eher dekorative Färbung auf Kosten des Aussageernstes.

Konsequent zu berücksichtigen wäre demgegenüber, daß der forcierten Polarisierung von ›Metasprache‹ und ›Objektsprache‹ Ideologie zugrunde liegt; daß es – was man etwa von Goethe, Musil oder Benjamin erfahren kann – verschiedene, einander ergänzende Arten von Genauigkeit gibt; und daß auch als genau geltende Terminologien im schematischen Gebrauch höchst ungenau werden können. Heinz Schlaffer, an die Inkommensurabilität der Dichtung erinnernd, hält es gar für legitim, »durch den Gebrauch poetischer Elemente in der Literaturwissenschaft *stell-*

---

51 Helmut Arntzen: »Literatur als Sprache und die Literaturwissenschaft«, in ders.: »Zur Sprache kommen …«, a.a.O., S. 47-52. Dort S. 51

52 Harald Weinrich: »Formen der Wissenschaftssprache«

vertretend den poetischen Charakter des Gegenstandes sinnlich zu vergegenwärtigen«[53].

Besser als einseitige sprachliche Standards stünde einer Wissenschaft von der Literatur heute eine reflektierte Vielfalt von verschiedenartigen Sprachformen zu Gesicht – und zwar nicht als beliebige Möglichkeit, sondern als ernsthaftes Anliegen, das auch Schule machen möchte. Dies könnte dazu beitragen, daß das unumgängliche Dilemma einer Wissenschaft, die von ihrem Gegenstand, wie aufschlußreich auch immer, nur unter Verlusten sprechen kann, nicht einseitig entschieden, sondern – indem man es erinnert und so gut es geht entschärft – wahrhaft ausgehalten würde. Dazu wäre insbesondere zu erkunden, inwiefern jene Sprachformen, die *zwischen* denen der Literatur einerseits und den instrumentellen Begriffen der Wissenschaft andererseits liegen, von Fall zu Fall durchaus wünschbar und auch angemessen sein könnten.

»Soll am Ende die Literaturwissenschaft selbst literarisch werden? Soll womöglich über Gedichte nur noch in Versen gesprochen werden?« In Fragen wie diesen, die das Mißverständnis förmlich suchen, erscheint leider immer wieder die Weigerung, sich auf eine Kritik an literaturwissenschaftlichen Sprachnormen überhaupt einzulassen.

Verkehrsformen, die Verständigung erschweren

Es ist schon merkwürdig: Obwohl die Literaturwissenschaft mit immer höherem methodischem Aufwand sich der Erforschung von Kommunikationsprozessen und Kommunikationsbedingungen widmet, verschlechtert sich betriebsintern das Kommunikationsklima. Die Rede ist nicht von der kommunikativ kaum noch zu bewältigenden Ausdifferenzierung der Spezialgebiete, sondern vielmehr davon, daß verständigungsorientierte Gesprächstugenden offenbar ihre Anhänger verlieren. Zu neuer Form aufgelaufen scheinen statt dessen die Tradition der Einschüchterung

---

53 Heinz Schlaffer: »Die Methode von Max Kommerells ›Jean Paul‹. Mit drei Exkursen zu gegenwärtigen Interpretationstheorien«, in: Jahrbuch der Jean-Paul-Gesellschaft, 14.Jg (1979), S. 22-50. Dort S. 47 (Hervorhebung von mir, F.G.)

durch das Denkgehabe und der Dünkel der Inhaber eines Wissens gegenüber den Nichtinhabern dieses Wissens – beides nicht gerade aufklärungsverpflichtete Tugenden.

Ein Zusammenhang sowohl mit dem Primat der Theorie als auch mit der Marginalisierung des Faches läßt sich vermuten. Wo für das fachinterne Ansehen einer literaturwissenschaftlichen Arbeitsleistung der Rang der verwendeten Theorien und Terminologien mit ausschlaggebend ist, wo außerdem das Fach als Ganzes keine Identität ausgebildet hat, auf welche die einzelnen Mitglieder sich annäherungsweise beziehen könnten, dort üben gerade solche Theorien und Terminologien eine besonders starke Anziehung aus, die sich durch Autorität und Einschüchterungskraft, suggestive Unwiderlegbarkeit und identitätsstiftende Hermetik auszeichnen.

Der Einfluß, der hiervon auf die Verkehrsformen der Wissenschaftsteilnehmer untereinander ausgeht, befördert die Verwirklichung von Diskursidealen wie wechselseitige Aufgeschlossenheit, gegenseitige Bereicherung oder Begegnung im Wissen eher nicht. Im Gegenteil: Um monolithisch gesetzte Methoden oder Theorien formieren sich Diskursgemeinschaften, die sich über Jargons und Rituale eine künstliche Exklusivität herstellen und denen Hermetik, Ausgrenzung und Einschüchterung nicht etwa unterlaufen. Dem Fach, seinem Gegenstand und seinen einzelnen, schadet dies mehr, als es ihm nützt. Die *stilisierte* Kommunikation im Kleinen behindert Verständigung im Großen: Wissen wird verdunkelt, Klares neu chiffriert, und Vordenker werden nicht vermittelt, sondern in Verwahrung gehalten. Wie sehr dies die Gesprächskultur des Faches beeinträchtigt, ist vielleicht daran abzulesen, daß sogar das innige Streitgespräch der Methoden oder Schulen untereinander wie auch die fachübergreifende Diskussion eher selten geworden ist; als Kümmerformen sind geblieben: der Affront und die Überheblichkeit.

Anonymität statt Subjektivität

Keiner von denen, die sich in der ein oder anderen Weise durch das Fach enttäuscht fühlen, hat Zweifel daran, daß für wichtige

wissenschaftliche Zwecke *nicht-subjektive*, das heißt objektivie-
rende, Subjektivität ausschaltende Verfahren unverzichtbar sind
– auch in der Literaturwissenschaft. Allerdings unterscheidet sich
unser Gegenstand elementar von den Gegenständen jener Disziplinen, von denen unser Fach sein Wissenschaftlichkeitsideal
bezieht: »Die Spezifik der Geisteswissenschaften liegt in der Be-
sonderung ihrer Gegenstände und der besonderen Anteilnahme
der Forscher« (Gert Mattenklott)[54]. Aus diesem fundamentalen
Unterschied ergeben sich für die Paradigmenwahl speziell unserer Wissenschaft einige Zumutungen (keine leidigen eigentlich,
sondern kostbare).

Ein literarisches Werk erhebt wesensmäßig einen *zweifachen*
Wahrheitsanspruch: Es will in seinen objektiven Beständen und
Bezügen umfassend erkannt werden, *und* es wünscht, subjektiv-
individuell erfahren zu werden. Man spaltet diesen zweifachen
Gültigkeitsanspruch, wenn man ihn auf separate Kompetenzen
verteilt: den ersten Anspruch zur Sache der Wissenschaft, den
zweiten zur Privatsache des je einzelnen Lesers erklärt. Das Ge-
spaltene zusammenzuführen, die Spaltung auch wieder aufzuheben (sie erhielte dadurch die Bedeutung eines nicht-endgültigen
Arbeitsschrittes) – diese Kompetenz hat vor allem die Wissenschaft, denn bei ihr liegen die Voraussetzungen, eine *kompetente
und exemplarische Subjektivität* zu entwickeln und in die Erkundung ihrer Gegenstände einzubeziehen. Welcher einzelne, wenn
nicht der Wissenschaftler, der als Forscher über Mittel der Er-
gründung und als subjektive Person über die Mittel der Begegnung verfügt, könnte diese Leistung vollbringen?

Dem Anspruch eines literarischen Werkes, subjektiv-individu-
ell erfahren zu werden, hätte unser Fach durchaus nicht mit jedem seiner Ansätze gerecht zu werden; entscheidend ist vielmehr, ob die Literaturwissenschaft *als Ganze* der Subjektivität
den Einfluß einräumt, den Literatur für ein *umfassendes* Verstan-
denwerden braucht. Davon kann bislang keine Rede sein: Nach-

---

54 Gert Mattenklott: »Geisteswissenschaft – eine parabolische Geselligkeit«, in: Mer-
    kur, H. 12, 43.Jg. (1989), S. 1074

dem es das Fach versäumt hat, konstruktive subjektive Verfahren für Forschung und Lehre zu entwickeln, begründet es in der Folge seine Weigerung, eine solche Entwicklung zu beginnen, mit dem Hinweis auf die Beliebigkeit, Irrelevanz und Inkompetenz des Subjektiven, wobei paradoxerweise gerade mit der Unterentwickeltheit des Subjektiven gegen dessen Entwicklung argumentiert wird. Der Regelfall ist nach wie vor die »Denunziation ästhetischer Erfahrung durch ihre Gleichsetzung mit subjektiver Willkür, Irrationalität und Unwissenschaftlichkeit« (Gerhard Köpf) [55]. In ihrem jeweiligen Verstehensmodell räumen heute die verschiedensten literaturwissenschaftlichen Ansätze dem Subjektiven allenfalls einen ausgeklammerten Platz ein: Entweder läßt man ›Subjektivität‹ gerade so weit zu, daß sie nicht als unwillkürliche ins Verstehen einfließt, oder man begreift sie, allzu einfach, als Modus gesellschaftlich-kultureller Vor-Urteile.

Das Fach als Ganzes betreibt nicht etwa die Ergänzung, sondern die *Ersetzung* von Subjektivität durch künstliche und *anonyme* Instanzen, durch tendenziell eigendynamische Modelle, Methoden, Schemata. Als ›anonym‹ seien hier diejenigen Verfahren bezeichnet, bei denen Ergebnisse ermittelt oder mitgeteilt werden, ohne daß dabei die Subjektivität des Forschers oder des Adressaten mit hinzugezogen wird. Anonymes Vorgehen erfüllt einen Zweck, wo es um Erfassung objektiver Bestände und Bezüge geht, es sieht allerdings von sich aus keinerlei Weiterführung seiner Ergebnisse in den Zusammenhang eines umfassenderen Textverstehens vor. Umfassender wäre jenes dann, wenn nach getaner Analyse das literarische Werk nun auch als Wirkungsphänomen, als *Ereignis* und als *Ansprache* begriffen und beschrieben würde; und wenn von Fall zu Fall der Forscher eine Anverwandlung seines Gegenstandes wagen würde, die auch abwegig und weithergeholt erscheinen dürfte, solange er dabei seine Subjektivität so kompetent und exemplarisch ins Spiel brächte, daß sie auch der Erhellung oder der Aktualisierung des Gegenstandes diente.

---

55 Gerhard Köpf: »Ästhetische Erfahrung ...«, a.a.O., S. 91

Verfahren hierfür, gerade auch didaktische, fehlen. Seminarsitzungen, Vorlesungen und Sekundärtexte schließen mit der Aufzählung der Analyseergebnisse: Der Erkundung wird, wo sie auf einer anderen Ebene womöglich aufschlußreich weiterzuführen wäre, ein Ende gesetzt. Was darüber hinausführt, dafür ist immer ›hier nicht der Ort‹, – er findet sich jedoch auch sonst nirgendwo innerhalb des Faches.

Viele Studenten reagieren hierauf mit einem Gefühl der Selbstentfremdung. Statt teilweise eine Übereinstimmung zu erleben zwischen dem Fachstudium und ihrem Ausgangswunsch, sich selbst und die literarischen Werke als Subjekte einer Begegnung kennenzulernen, machen sie eher die Erfahrung: ›Je weiter ich mich in die Wissenschaft begebe, desto weiter entferne ich mich von mir weg‹. Das wachsende studentische Interesse an Lesezirkeln *neben* dem Seminarbetrieb zeigt vielleicht, daß sich in einem intimen Bereich von Gesprächen und Diskussionen eine neue Lebendigkeit im Umgang mit Literatur entwickeln möchte, die wohl dem Alltag des Faches nicht zugetraut wird.

Welche Rolle spielt etwa der *Essay*, verstanden als Objektivität und Subjektivität verbindende *Schreib-* und *Denk*form, im Ausbildungsangebot unseres Faches? Eine Erziehung zum Essay, als Bestandteil der Formenlehre wissenschaftlichen Arbeitens, wäre zugleich eine Erziehung zum Selbstausdruck, zur Anverwandlung des Gegenstandes, zur kompetenten und exemplarischen Subjektivität, zur Redlichkeit der Argumentation und zur Leserbezogenheit der Darstellung.

Die Bevorzugung negativer Textaussagen

Jene Zweige der Literaturwissenschaft, die ihre Arbeit überhaupt noch als exegetisch verstehen und den mehr oder weniger latenten diskursiven Aussagen literarischer Texte nachspüren, haben offenbar einen der Kerngedanken der Moderne, den der kritischen Negativität zu ihrem eigenen zentralen Inhalt werden lassen, so daß sich ihnen der Blick verstellte für das, was Literatur über Negation hinaus an Wesentlichem leistet.

Seit geraumer Zeit werden in unserem Fach literarische Texte bevorzugt nach ihrer Negationsleistung und nach ihrem ›Trennungswissen‹ befragt. Dazu gehört beispielsweise das Aufdecken von ›Gesellschaftskritik‹, das schon vom Schulunterricht an nicht etwa nur als leichter Einstieg, sondern geradezu wie ein Endzweck der Beschäftigung mit Literatur vermittelt wird. Außerdem gehört dazu die Paraphrase des in der Literatur enthaltenen Wissens, demzufolge der neuzeitliche Mensch ›getrennt‹ ist von seinen positiven Möglichkeiten; als individuelles Subjekt niedergerungen vom gesellschaftlichen Prozeß; getrennt vom kulturellen Gedächtnis seiner Gattung; getrennt auch von jeder heilsgeschichtlichen Zuversicht, – um nur einige der wieder und wieder paraphrasierten ›Trennungen‹ zu nennen. Den Sachverstand, der erforderlich ist, um diese negativen Aussagen auf die Metaebene unseres Faches zu übersetzen, beziehen wir, wenn nötig, von dritter Seite, etwa von Geschichtsphilosophie, Soziologie oder Medienpsychologie.

Dieser Sorgfalt und diesem Aufwand entspricht nicht annähernd die Aufmerksamkeit, die den positiven Konzepten der Literatur gewidmet wird. Arg vernachlässigt, mindestens aber weniger wichtig genommen werden jene Inhalte literarischer Texte, die zu verstehen sind als Sinnsetzungs- und Wertsetzungsexperimente, als Versuche auch, so gefährdeten menschlichen Anliegen wie etwa dem Bedürfnis nach individueller Identität, ethischer Orientierung oder sensibilisierter Wahrnehmung voranzuhelfen. Eine solche Perspektive wäre gerade gegenüber zeitgenössischen Texten aufschlußreich, zumal Kritik und Negation längst nicht mehr zu deren Hauptanliegen gehören; negative Ästhetik, so Christoph Bartmann, könne zwar »die Klassiker der Moderne interpretieren helfen, kaum mehr aber die Gegenwartsliteratur«[56]. Und auch die überlieferten Texte früherer Zeiten reihen sich nicht nur zu einer Geschichte der ›Aufklärung *von*‹, sondern ebenso zu einem Fundus der Vorgriffe ins Bessere. Diesem Dop-

---

56 Christoph Bartmann: »Suche nach Zusammenhang. Handkes Werk als Prozeß«, Wien 1984, S. 14

pelcharakter, dieser Zweisträngigkeit der literarischen Aussagen wird auf der Metaebene unseres Faches nur ganz unzureichend entsprochen.

Eingespielt hat sich hier vielmehr ein *einseitig negativer Diskurs*, der den Eindruck erzeugt, Literatur sei von ihren Aussagen her vorwiegend Klage und Kritik. Noch verstärkt wird diese Einseitigkeit dadurch, daß unser Fach das negative Wissen der Literatur weiterdenkt, vertieft und systematisiert, während es andererseits für das Weiterdenken der positiven Entwürfe nicht zuständig sein will. So bleibt von der Arbeit, zu welcher der Text anstiften möchte, ein wesentlicher Teil ungetan. Während die Literatur selbst dort, wo sie desillusioniert, keine letzten Worte spricht und über ihre negativen Aussagen hinausstrebt, tendiert der wissenschaftliche Diskurs über den Gedankengehalt von Texten dazu, die Desillusionierung festzuschreiben und damit Literatur an Negativität zu *überbieten*. Und während es hin und wieder auch neueren literarischen Texten noch gelingt, den Gedanken der Negativität halbwegs unvertraut aufzubereiten, also zu erneuern, stagniert der negative Diskurs bei immer gleichlautenderen Ergebnissen.

Warum eigentlich zeigt sich das Fach, von seinen Mitteln und Wegen, seinen Erkenntnis- und Darstellungsformen her, so gänzlich unberührt von den Aufrufen und Zielvorgaben, die es aus der Literatur herausliest? Es verwundert doch, daß selbst jene Wissenschaftler, die sich in ihren Untersuchungen beispielsweise mit ›reauratisierender Wahrnehmung‹, ›nicht-rationalen Erkenntnisformen‹, ›Lebensbezüglichkeit des Denkens‹ und dergleichen beschäftigen, so gut wie keine Versuche unternehmen, die abstrakt beschriebenen Konzepte in ihrem Arbeitsbereich, in welcher Form auch immer, umzusetzen. Es scheint als abgemacht zu gelten, daß solche Konzepte für den Literaturforscher schon mit dem bloßen Besprochenwerden erschöpfend behandelt sind. Was aber, so kann man angesichts der Unverbindlichkeit so wichtiger Reflexionsergebnisse fragen, »ist überhaupt von einer Literaturwissenschaft zu lernen, die nicht ihrerseits von der Literatur lernt?«[57]

---

57 Leo Kreutzer, a.a.O., S. 11

Ein Grund für die eindeutige Bevorzugung negativer Textaussagen auf der Metaebene unseres Faches mag die allgemeine Neigung sein, sich gerade von verlorenen Paradiesen unverbindlich faszinieren zu lassen; zum zweiten mag es sich um Nachwirkungen der einstigen Überschätzung der ideologiekritischen Funktion der Literaturwissenschaft handeln. Doch der vielleicht wichtigste Grund könnte darin liegen, daß sich hinter den Qualitätskriterien, nach denen unser Fach seine Arbeitsergebnisse einschätzt, zu einem erheblichen Teil Quantitäts- und Effizienz-Maßstäbe verbergen, denen negativ-kritische Aussagen als *wahrer* gelten als positiv-entwerfende.

Ein unfruchtbarer Wissensbegriff

Nach einem Satz von Wilhelm von Humboldt ist *gebildet* derjenige, »welcher so viel Welt, als möglich zu ergreifen, und so eng, als er nur kann *mit sich zu verbinden*« trachte. Vorrangiges Ziel von Wissenschaft war für Humboldt neben Wahrheitserkenntnis die Persönlichkeitsbildung, als eher nachgeordnete Aufgabe galt ihm die Berufsvorbereitung, und noch völlig undenkbar als Wissenschaftszweck dürfte für ihn die Erhaltung der Arbeitsplätze der Wissenschaftler gewesen sein. Sich noch heute, unter gänzlich veränderten Bedingungen, von Humboldt herzuleiten, das sei die »Lebenslüge unserer Universitäten«, so Jürgen Mittelstraß.[58] Die neu hinzugekommenen Aufgaben haben das ältere Selbstverständnis verdrängt und ersetzt. Außerhalb, aber auch innerhalb der Literaturwissenschaft scheint jedes emphatische Konzept individueller oder gesellschaftlicher Bildung obsolet geworden. Einerseits reduziert die Diktatur der Marktgesetze den Begriff der Bildung auf systemrelevante kognitive und instrumentelle Aspekte und verkürzt ihn damit um seine moralischen und ästhetischen Dimensionen. Andererseits sorgt in der Literaturwissenschaft ein einseitig nach wissenschaftsimmanenten Leitvorstellungen zugerichteter Wissensbegriff für die Ausgrenzung existen-

---

58 Jürgen Mittelstraß: »Die Wirklichkeit im Lichte von Ideen. Ein Plädoyer für Wissenschaft als Kultur«, in: Die Zeit, Nr. 21 (1986)

tialer, das heißt: subjekt- und lebensbezüglicher Ansprüche an den Wissensstoff. Bildung aber, so Jürgen Mittelstraß, sei »nicht nur Wissen, sondern (...) eine Lebensform. (...) Sie kann nicht gelehrt, sie muß erworben werden. Das Erwerben-Können zu lernen, muß allerdings ein Ziel der Lehre, der beispielhaften Lehre sein«.[59] Ob dies in unserem Fach geleistet wird, hätten wohl vor allem die Studenten zu entscheiden, und die vermissen bei den Lehrenden oft gerade eine Verkörperung der Idee persönlicher und existentialer Bildung.

Dabei zeichnet es den Gegenstand gerade unseres Faches aus, daß er von sich aus dazu tendiert, dem Projekt Persönlichkeitsbildung dienlich zu sein, ganz unabhängig davon, ob auch die ihm zugewandte Wissenschaft sich derzeit zu diesem Anliegen bekennt oder nicht. Für Rolf Grimminger »enthält die Literatur ohnehin mehr philosophische Wahrheit als ihre Wissenschaft, auf jeden Fall eine qualitativ andere, freiere«.[60] Aufgrund der ihr eigenen Offenheit verfügt Literatur als Ganze über das umfassendste Wissen vom Menschen, von seiner Relativität, seinen Bedürfnissen und Widersprüchen, seinen Erlebnis- und Wahrnehmungskapazitäten, seine Weltanschauungen, seiner Begabung für Fiktionalität, seinen Bedrohungen und seiner Verwundbarkeit. Dieses Wissen ist nicht in erster Linie ein enzyklopädisches, sondern am ehesten noch ähnelt es dem Erfahrungswissen. So enthält es einerseits Reflexe und Substrate dessen, was je an philosophisch-theologischem, soziologischem und psychologischem Wissen Verbreitung fand. Andererseits bewirkt Literatur potentiell Erfahrungszuwachs, – etwa indem sie ihre Botschaft nicht hat, sondern *ist* (Adorno); oder indem sie die Geschichte des Ichs überliefert und dem Leser sich zu dieser in Beziehung zu setzen ermöglicht; oder indem sie Simulationsräume für »Probehandeln« bereitstellt (Dieter Wellershoff); oder indem sie, implizit, Bewußtseinsentwicklungen fördert, die eher auf Sensibilisierung, Erinnerung und Orientierung zielen denn auf deren Gegenteil.

---

59 ebd.
60 Rolf Grimminger: »Die Welt im Kopf ...«, a.a.O., S. 87

Die literarischen Werke stellen das in ihnen undeutlich enthaltene Wissen unverbindlich dem Tun und Lassen unseres Faches zur Verfügung, jedoch ist anzunehmen (es folgt aus ihrem kommunikativen Wesensteil), daß ihnen nicht nur an bestmöglicher Übersetzung, sondern auch an der *Aktivierung* dieses Wissens für individuelles oder gesellschaftliches Leben gelegen ist.

Diese Betreuungsaufgaben aber hat das Fach bislang nicht entschieden als Teil seiner Kompetenz anerkannt, da sie ihm unvereinbar scheinen mit den wissenschaftsimmanenten Paradigmen, auf die es sich verpflichtet hat. Es sind dieselben Paradigmen, die jeden emphatischen Begriff von individueller und gesellschaftlicher, ethischer und ästhetischer Bildung aus dem Selbstverständnis der Wissenschaften hinausgedrängt haben und nun als überholt und befremdlich erscheinen lassen. Als Folge dieses Wandels (der sie – nach Produktivitätsmaßstäben – ihr höchstes Leistungsniveau erreichen ließ) geht Literaturwissenschaft auf das Wissen der Literatur nur ganz unzureichend ein, – und zwar indem sie ihre Forscher anhält, im Rahmen ihrer Arbeit gerade nicht danach zu trachten, dieses Wissen »mit sich zu verbinden«, und indem sie dieses Wissen in einem wissenschafts-internen Umlauf versickern läßt, statt es über den Kreis der Übersetzer hinaus zu vermitteln.

III. Mehr Mut zu sich selbst

Daß die literaturforschenden Einzelfächer in der gegenwärtigen Legitimationsdebatte bislang ein Bild der eingestandenen Unerheblichkeit bieten, hängt mit dem Fehlen einer Tradition kritischer Selbstreflexion und daraus abgeleiteter *Perspektiven* zusammen. Eine Ursache dieses Mangels ist die Außenperspektive auf die Krise: Die Dauerkrise der Disziplin wird aktuell nicht auch im Fach selber, sondern vor allem außerhalb ausfindig gemacht, bei der Studentenflut, der Stellenknappheit, der geringen finanziellen Förderung oder dem öffentlichen Desinteresse. Besonders fatal wäre es aber, wenn die bildungspolitische Misere dazu herhalten müßte, von Unzufriedenheiten abzulenken, die eher immanent, in den Arbeitsweisen und dem Wissensbegriff des Faches begründet sind.

Eine zweite Ursache liegt in der prinzipiellen Selbstreferenz oder Wissenschaftsbezüglichkeit des Faches und in dem damit verbundenen Ausweichen vor weiterreichender Verantwortung. Gerade weil jede Wissenschaftsdisziplin die praktische Tendenz hat, sich selbst genug zu sein, das heißt: so zu handeln, als läge ihr Sinn und Zweck einzig und allein in ihr selbst, darum würde zu wirklicher Selbstreflexion eines Faches insbesondere die Besinnung auf seine außer-wissenschaftlichen Urzwecke gehören. Für die Literaturwissenschaft gilt statt dessen, daß sich bei nahezu all ihren Anliegen ihre Wissenschaftlichkeit als selbstreferentiell erweist. Was darf als interessant gelten? Wie formulieren und wohin vermitteln wir die gewonnenen Erkenntnisse? Solche und ähnliche Fragen entscheiden wir fast ausnahmslos im engen Rahmen der Wissenschaftsbezüglichkeit. Eine Wissenschaft jedoch, deren Gegenstände die literarischen Kunstwerke sind, kann für ihr Tun und Lassen nicht die gleiche Art von Autonomie in Anspruch nehmen, die für ihren Gegenstand gilt. Sie steht nach mehreren Seiten hin in der Verantwortung: gegenüber den Wirkungsmöglichkeiten ihres Gegenstands, gegenüber dem besonderen Wissen der Literatur, gegenüber der Subjektivität des einzelnen und gegenüber dem Bildungsinteresse (emphatisch verstanden) ihrer Zeitgenossen.

Etwas unüblich ist es, unser Fach in dieser Weise mit dem Prinzip Verantwortung in Verbindung zu bringen. Wir sehen uns gerne als Exklave jenes Verantwortungsbewußtseins, das in der praktischen Welt so vielerorts fehlt. Eingefordert wird oft die Verantwortung der Naturwissenschaftler, die dazu neigen, zuviel und Falsches aus ihrem Wissen zu machen. Zu selten wird dagegen die Verantwortung der Literaturwissenschaftler bedacht, die einen – wiewohl sublimeren – Schaden bewirken können, indem sie *zuwenig* aus ihrem Wissen machen. Zugespitzt gefragt: Sähe unser Fach eigentlich ganz anders aus, wenn es Agent, verlängerter Arm, Erfüllungsgehilfe der einseitigen Rationalisierung und Verdinglichung der Lebenswelt wäre? Wohl nicht.

Um zu veranschaulichen, wie konkret sich die Verantwortungsfrage stellen kann, sei an die didaktische Inkompetenz mancher Dozenten (nicht nur) unseres Faches erinnert. Gemeinhin gilt solches Manko, gemessen an der wissenschaftsbezüglichen Kompetenz des Betreffenden, als verzeihliche Unbeholfenheit; er darf sogar bekennen, er sehe seine wahre Aufgabe in der Forschung und in der Lehre eher eine Last. Dahinter verbirgt sich wohl nicht selten eine Gleichgültigkeit in didaktischen Dingen, die wiederum von der Gewißheit herrührt, wissenschaftsbezügliche Kompetenz entbinde von weiterführender Betreuung des Wissensstoffes und der Lernenden. Zu beheben wäre der Skandal der Geringschätzung der Lehre letztlich nur durch eine Reform des Berufungsverfahrens: Vielleicht sollte zur Lehre nur Zugang haben, wer unter Beweis stellt, daß sie ihm am Herzen liegt.

Ein dritter Grund für das Zuwenig an kritischer, die reine Wissenschaftsbezüglichkeit transzendierender Selbstreflexion könnte in jenem Mangel an vorgreifenden Zukunftsperspektiven liegen, der unser Fach kennzeichnet. Den literarischen Kunstwerken eignet ein so vielschichtiger utopischer Wesensteil wie kaum einem anderen wissenschaftlichen Gegenstand; in der Literaturwissenschaft aber, der eine relative Abgeklärtheit notwendig ansteht, haben sich weder Relikte noch Adaptionen einer utopischen Gesinnung erhalten: *Das Fach will nirgendwohin und auf nichts hinaus*.

> »Und so versteckt sich manch einer in einem der Editionsprojekte, die zur Zeit wieder allerorten blühen, weil man sie mit schon fast naturwissenschaftlicher Präzision abwickeln kann, weil ihre Modernität durch die Verwendung von Computern augenfällig wird und weil man hoffen kann, den bohrenden Fragen nach der Sinnhaftigkeit des eigenen Tuns durch Ausweichen in einen Bereich zu entkommen, der von jeder Involviertheit in Sinndiskussionen möglichst weit entfernt scheint«. (Hans-Jürgen Bachorski)[61]

---

61 Hans-Jürgen Bachorski: »Über die Unentbehrlichkeit der Literaturwissenschaft. Gängige Einwände und hartnäckige Selbstbehauptungen«, in: Mitteilungen des Deutschen Germanistenverbandes, H. 4, 33.Jg. (1986), S. 4-18. Dort S. 7

Wenig Rückgrat und wenig eigensinnige Phantasie bewiese unser Fach, falls es sich in jene Zukunft zu fügen versuchte, die etwa der selbsternannte Marquard-Schüler Lothar Späth für die Sprachwissenschaft vorgesehen hat, als Anbieter nämlich von je nach Bedarf abrufbaren kulturellen Informationen und sprachtechnischen Dienstleistungen für Industrie, Handel und Medien. Dabei lassen Marquards Thesen, in einer utopischen Richtung weitergedacht, durchaus das Bild einer selbstbewußten und offensiven Geisteswissenschaft entstehen, die den Kompensationsgedanken ernster nähme, als es den Modernisierungsparteien recht sein kann, etwa indem sie die Idee persönlicher Bildung im Widerstand gegen die »behutsame Trennung des Menschen vom Menschlichen« (Botho Strauß)[62] neu formulieren und deren gesellschaftliche Verwirklichung einklagen würde (zum Beispiel).

Vor dem Hintergrund der betriebsamen Reglosigkeit speziell unseres Faches sind nun seit einiger Zeit vereinzelt Appelle zu hören, die eine beherzte Neuorientierung der Literaturwissenschaft in Richtung auf ein verantwortungsbezüglicheres Rollenverständnis fordern.

Adolf Muschg etwa meldet einen hohen Anspruch an: »Auf die Germanistik kommt ohnehin eine neue Rolle zu, wenn ich recht sehe; eine bessere, vielleicht, eine schwerere ganz sicher, ich meine: eine lebenswichtige«.[63] Überfordert da nun Muschg die Germanistik, oder unterfordert sich in manchem das Fach? Und Odo Marquard ermuntert: Was die Geisteswissenschaften vor allem bräuchten, um der Kompensationsrolle gerecht zu werden, die ihnen im Zuge der tiefgreifenden Modernisierung der Lebenswelt zufalle, sei – »mehr Mut zu sich selbst«[64]. Für die Literaturwissenschaft besagt diese Formel, daß sie sich mehr am Wesen und den Wirkungsmöglichkeiten ihres Gegenstandes zu orientieren hätte, als sich von gegenstandsfernen Paradigmen leiten zu lassen. Anzustreben wäre eine »Wissenschaft, welche für die Literatur wirbt, indem sie sich als durch die Literatur verändert und

---

62 Botho Strauß: »Paare Passanten«, München 1981, S. 168
63 Adolf Muschg: »Der Krieg ist vorbei«, a.a.O.
64 Odo Marquard: »Über die Unvermeidlichkeit …«, a.a.O., S. 108

veränderbar vorstellt« (Leo Kreutzer) [65]. Bevor aber das Fach, das sich in seinen Denkweisen und Verfahren an die Modernisierung eher angehängt hat, eine Kompensationsrolle überhaupt erfüllen könnte, muß es sein Selbstverständnis um einige bisher ausgeschlossene Anliegen und Verfahren *erweitern*.

Dieses erweiterte Selbstverständnis würde auf der Voraussetzung gründen, daß Sinn und Zweck der Literaturwissenschaft außerhalb des Systems der wissenschaftlichen Selbstzwecke liegen. Daraus leitet sich ein Geflecht von Verantwortungsbezügen ab:

– Sein Verhältnis zu seinem Gegenstand und zu dessen weitreichenden Wirkungsmöglichkeiten sähe das Fach allem anderen voran als ein dienendes. Sein Gegenstand wäre ihm zugleich Forschungsobjekt und Subjekt einer Begegnung.

– Sein Wissensbegriff wäre nicht in erster Linie wissenschaftsbezüglich, sondern subjekt- und lebensbezüglich angelegt und berücksichtigte existentiale Ansprüche an den Wissensstoff. In seinem Verstehensmodell nähme neben den notwendigen anonymen Verfahren die Instanz einer kompetenten und exemplarischen Subjektivität einen hohen Stellenwert ein.

– Ihrer je besonderen Zeitgenossenschaft trüge Literaturwissenschaft heute Rechnung, indem sie nach Wegen suchte, das Wissen der Literatur einer Gegenwart bereitzustellen, die Orientierung in vielen Bereichen nicht nur nötig hat, sondern tatsächlich auch sucht.

– In fachdidaktischer Hinsicht bedeutete das erweiterte Selbstverständnis, neben der Einübung in genuin wissenschaftliche Verfahren und Denkansätze auch eine Höherentwicklung der Fähigkeit zu para-wissenschaftlicher Reflexion und Textbegegnung zu fördern.

– Eine solche Literaturwissenschaft würde – je nach Fragestellung des Forschungsanliegens – verschiedene angemessene Sprechweisen kennen. Sie wäre bestrebt, sprachliche und diskursive Ausdrucksformen, in denen eine Erinnerung an die

---

65 Leo Kreutzer, vgl. Anm. 9

Andersartigkeit poetischer Texte prägend nachwirkt, in das Fach zu integrieren.

Wenn Bildung heute, nach Marquard, »die Sicherung der Emigrationsfähigkeit«[66] ist, als Gegengewicht zur versachlichten Welt mit ihren lebensweltlichen Verlusten, dann vollzieht sich Bildung innerhalb unseres Faches, das selbst zu Versachlichung und Entfremdung tendiert, nicht einfach von Haus aus, sondern nur, wenn dort notwendige Wissenschaftlichkeit und außer-wissenschaftliche Verantwortung zusammenwirken.

---

66 Odo Marquard: »Über die Unvermeidlichkeit ...«, a.a.O., S. 110

II. Kritik

Roger Willemsen

Tragödien der Forschung
Über eine Literaturwissenschaft ohne Literatur

Ich komme mit einem alten Hut, denn ich werde Gedanken zur Kritik der Literaturwissenschaft vortragen. Das fällt mir trotzdem nicht leicht, denn erstens verfolge ich sie kaum mehr, zweitens hat sie ein hohes Niveau, und drittens habe ich mir vorgenommen, unter diesem Niveau zu bleiben. Ich entwickle also ein paar der allgemeinen und teilweise alten Einwände, die vielleicht theoretisch nicht besonders ergiebig sind, mir dafür aber ernst genug waren, um meine Verabschiedung aus der germanistischen Lehre mitzubegründen. Ich denke, das ist der beste, zumindest geradeste Weg, Kritik zu vermitteln, ohne implizit die kritisierte Wissenschaft weiterzuspinnen.

Wenn man eine Reihe von Literaturwissenschaftlern einlädt zu sagen, *wie* Literaturwissenschaft sinnvoll ist und wie *sinnvoll* sie ist, dann wird die Quintessenz aller dieser Beiträge voraussichtlich lauten: Literaturwissenschaft ist sinnvoll. Zwar betreiben wenige Menschen in ihrem Leben das, was sie für am wichtigsten halten, aber was sie statt dessen tun, das werden die meisten schon *deshalb* für sinnvoll halten, *weil* sie es tun. In Wahrheit besteht auch der Sinn der Literaturwissenschaft darin, daß sie besteht, bestehen bleibt und kein Forscher den Sinn der Forschung *so* ernsthaft bezweifelt, daß ein Grad an Verbindlichkeit erreicht würde, der die Forschung von selbst aufhöbe. Insofern kann man a priori von keinem Literaturwissenschaftler erwarten, daß er sich Grundfragen seines Faches radikal stellte.

Um die Tautologie, dazusein, damit man da ist, kreist die Literaturwissenschaft, diese Tautologie ist der Kern ihrer Anstrengungen und Verdrängungen. Man denke dagegen an eine Wissenschaft wie die kartographische Landvermessung: als eines Tages der Globus ganz und gar berechnet war, starb diese Wissenschaft aus einem Mangel an Gegenstand. Das wird der Literaturwissenschaft nicht passieren, weshalb sie allherbstlich die Haute Couture ihrer Methoden wechselt und sich mit etwa fünfzig Jahren Verspätung sogar der Gegenwartsliteratur anzunehmen bereit ist – all das wohlgemerkt nicht als eine Forderung der Sache Literatur, sondern als eine Überlebensbedingung der Literaturwissenschaft.

Zwar weiß sie außerdem nur ungenau, was sie ›Literatur‹, was sie ›Wissenschaft‹, was sie ›Erkenntnis‹, was sie ein ›adäquates Verhältnis zum Gegenstand‹ und das Ziel ihres Erkennens, was sie ›bedeutend‹ und ›wertvoll‹ und ›minder bedeutend‹ und ›gar nicht wertvoll‹ und warum sie es so nennen soll, trotzdem wird sie Sorge tragen, daß ihr der Gegenstand, den sie offenbar nicht hat, niemals ausgeht. Unter allen Wissenschaften ist ihr Wettstreit um die Bereinigung von Grundfragen, ihre Akkumulation von Ausblendungen, Leerstellen und Abwesenheiten einmalig, und gerade das ist es, was diese Wissenschaft zu ausführlichen Deutungen ihrer eigenen Wissenschaftlichkeit stimuliert. Die vor allem dadurch gewährleistete und etwas großspurig vorgeführte Selbsterhaltung allein nennt sie bereits sinnvoll, und das ist sie auch, aber nicht im Hinblick auf die Literatur oder die Wirklichkeit, sondern allein insofern sie ihren Zweck erfüllt und das Überleben der Literaturwissenschaft gewährleistet.

Wenn man nun fragt, worin ihr Sinn besteht, wird sie folglich nicht mehr antworten, sie wolle ganz allgemein Zugänge zur Wirklichkeit schaffen, die Kommunikation verbessern, wolle ein besseres Leben oder ein höheres Einzelleben oder die Durchgeistigung der Gattung oder eine gültige Abgrenzung gegenüber den Pongiden, sondern sie wird sagen, sie sei zunächst einmal sinnvoll als Aufhebung früheren Unsinns, sei sinnvolle Wissenschaft als Wissenschaftskritik, als Entsorgung der eigenen Ausscheidungen. Kann man also die Frage nach dem Wozu der Literaturwissenschaft schon nicht beantworten, so wird man immerhin sagen, sie soll nicht sein, wie sie früher betrieben wurde, wie Gundolf oder Benno von Wiese sie betrieben haben, wie Feilchenfeldt und

Frühwald sie betreiben, oder wie Reich-Ranicki sie sich vorstellt (dem man trotz mangelhafter literaturkritischer Sattelfestigkeit trotzdem den größten Respekt bezeugt), sondern sie soll sein, wie der jeweilige Sprecher sie betreibt, und zwar nicht, weil er es so richtiger fände, sondern vor allem, weil er es nicht anders kann. Schließlich werden die meisten Dinge vom Küssen bis zum Kochen nicht besser begründet, und dagegen ist auch nichts einzuwenden, nur ergibt sich so für die Literaturwissenschaft eine innerhalb der Wissenschaften ziemlich einmalige Situation: keine andere Wissenschaft lebt nämlich so global und exaltiert vom ›Sinn‹ und kann sich selbst so wenig davon geben; keine andere Wissenschaft lebt so überschwenglich von der permanenten Erläuterung ihrer Fundamentalien, einer fortgesetzten Kritik ihrer selbst, sowie davon, daß sie ohne jegliche Resultate bleibt außer guten Nachschlagewerken und zuverlässigen Editionen – eine Situation, über der Studenten kurzfristig, Forscher lebenslänglich rappelköpfig werden können.

Die populäre theoretische Antwort auf dieses Dilemma besteht darin, daß man sich gegen den Legitimationsgedanken überhaupt verwahrt. Wieso soll man sagen müssen, warum man etwas tut? Wieso nicht aus purem Spaß Philologe sein? Aber schon weil die Lektüre einer Dissertation meist weniger Freude schenkt als die eines Zeitgeist-Magazins und weil sich die Institute nicht im marktwirtschaftlichen Wettbewerb, sondern aufgrund von staatlichen Subventionen erhalten, muß die Literaturwissenschaft um einer Sache willen bestehen, die weniger Spaß macht als der Hedonismus: schon deshalb führt für die Geisteswissenschaften kein Weg am Geist vorbei.

Diese Chimäre einer höheren gesellschaftlichen Funktion und Bedeutung, einer Simulation fiktiver Praxis, eines Einspruchs gegen die Realität der Kommunikation, des Geschlechts- und Geisteslebens, des Warentausches oder der Kindererziehung hält alle Anstrengungen zusammen, die unter dem Banner der Literaturwissenschaft unternommen werden. Deshalb sucht diese Wissenschaft immerzu einen Wohnort auf der Grenze zum Bedeutenden, wo man sich nur aufhalten kann, wenn man eine Funktion mit höheren Zielen innerhalb der Wirklichkeit einnimmt, also wahrer spricht, genauer fühlt, schärfer sieht, sich besser auskennt. Überall beschreibt die Literaturwissenschaft auf ihren verschlungenen Wegen diese Funktion, denn so wenig Sinn sie haben mag, so wenig besitzt sie die moralische Radikalität und Originalität, sich dem Zweck des bloßen Vergnügens zu stellen, also Wissenschaft als Zeitvertreib zu sein in einer Art Kommunikationsgemeinschaft für Genießer, ein geistiger Minderheitenspaß, der allerdings Gefahr läuft, bald weniger echte Liebhaber zu finden als der Sport, aus Kronenkorken und Zündholzschachteln Kathedralen nachzubauen. Statt dessen gibt diese Wissenschaft ihren Ausblendungen, etwa gegenüber der Politik, eher den Charakter einer besonderen Leistung und höheren Verantwortung und ähnelt darin der FDP.

Der Fortbestand der Literaturwissenschaft hängt also mit einer charakteristischen, aufwendig sinnbestimmten Formung der Wirklichkeit zusammen, und da sie in diesem Vorgang mehr Unwirklichkeit aufgehäuft hat, als selbst sie verantworten kann, ist Wissenschaftskritik ihr plausibles, selbstreinigendes Verfahren. All das findet jedoch vor gemalten Prospekten und aufgemalten Perspektiven statt, in festgelegten Redeordnungen und merkwürdig heiklen Bewegungsformen; es handelt sich mehr um ein Spiel, ein Spiel mit Regelkanon und Ehrenkodex, und man kann nicht erwarten, daß einer seiner Anhänger zu dem Schluß käme, es handele sich mittlerweile um ein blöd-gewordenes, jedenfalls ziemlich ausgereiztes Spiel. Trotzdem kann man sich fragen, ob sich innerhalb der Grenzen dieses Spiels noch Wirklichkeit sammelt, ob man mit der Geisteswissenschaft noch Erfahrungen machen kann, ob sie Geist, d. h. ob sie vielleicht doch Realität hat ... selbst wenn sie an dieser eigentlich nicht besonders interessiert ist. Anders gefragt: Wieviel Literatur verträgt eigentlich die Literaturwissenschaft?

Als Lebensform, als eine Organisation von Ersatzwünschen und Ersatzhandlungen, als eine Art ›Komplex‹ ist Literaturwissenschaft aber möglicherweise wirklich faszinierend und opernhaft; faszinierend durch die Magie der Selbstbestätigung, die von ihr ausgeht, durch dieses massenhafte Genauso-sein-Wollen, mit dem ehemals stark profilierte Individuen in ihr verschwinden und, zur Unkenntlichkeit nivelliert, wieder aus ihr hervorvigilieren, und opernhaft durch die kräftige Hypothek auf den Schein, die sie aufnimmt und mit der sie wuchert. Sachlich aber bleibt der Forschung nicht viel mehr, als periodisch die Obergrenze des akkreditierbaren Unsinns festzulegen, sich bei der Durchsicht des publizistischen Jahresmülls mit etwas altmodischem Eifer über die jeweils schlechteren Forscher herzumachen und sich damit an die jeweils besseren zu wenden – Triumphzüge von Personen, ipsistische Räusche, interessant nur als Gestaltungsweisen von Charakteren, denen ihre Sache vollständig gleichgültig sein kann und die daneben etwas anderes ernsthaft sind: Väter, Steuerzahler, Antragsteller, Pflegebefohlene oder Bekenntnisschlesier. All dies aber, Entblödung und Glorie des Forschers, sein Eintritt in den Wettbewerb der Gefühle, Textwahrnehmungen und Sprachfiguren, und sein tragikomisches Siegen durch Deuten, all das ist, wie gesagt, Teil eines Spiels, und man wird kaum einen so schlüssigen Weg finden, den Fortbestand der Literaturwissenschaft zu erklären, wie den, sie aus dem Wettbewerb abzuleiten, weshalb ja auch kaum irgendwo so gründlich und erschütternd verachtet wird wie an einem geisteswissenschaftlichen Institut. Die trostlose Menschlichkeit, zu der sich Literatur hier zersetzt, legt nebenbei auch noch den Schluß nahe: Literaturwissenschaft verdirbt den Charakter.

Die Literaturwissenschaft hat wenig zu sagen und nichts zu tun, über die Grundsätze ihrer Selbsterhaltung aber verhängt sie eine Erziehung zur Hörigkeit, die ihren Anhängern nach kurzer Zeit eine skurrile, mondsüchtige Seite verleiht. Sie halten Texte kategorisch disparat von allen anderen Lebensäußerungen, so wie sie auch die wissenschaftliche und die literarische Sprache zwanghaft isolieren, sie haben feste Standpunkte über das, was ›wissenschaftsfähig‹ ist, und wenn sie sich zu öffnen suchen und ›Interdisziplinarität‹ sagen, meinen sie nur eine Erweiterung des Regelkanons, also etwas wie den Übergang vom Boxen zum Thai-Boxen, d. h., jetzt ist auch das Treten mit Füßen erlaubt.

Diese Forscher jedenfalls werden sich selbst nie zum Text und leben – während sie Sex und Drugs und Gewalt und Leidenschaft verständig begleiten – selbst wie nach den Vorgaben eines Musterbuches. Unter solchen Umständen hat an dem Institut, an dem ich lehrte, einschließlich meiner selbst, kaum jemand unterrichtet, der sich nicht allmählich zur vollendeten Satire der eigenen Person promoviert hätte. Oder glaubt man, diese ›Nebenumstände‹, die sich im Charakter des Instituts, des Massivs ›Geisteswissenschaft‹, in den Sprachmasken und Zeremonien wie den damit verbundenen Usancen der Lebensführung ausprägen, seien irrelevant und gehörten nicht zu dem vielsagenden ästhetischen Ausdruckskanon, den die Literaturwissenschaft selbst darstellt, die Literaturwissenschaft als eine schöne Kunst betrachtet?

Da nun aber der Gang der Aufklärung erwiesen hat, daß man leichtfertig nicht einmal von nützlichen Lügen und schalen Spielen Abschied nehmen soll – vor allem, wenn man sie nicht ersetzen kann –, soll hier nicht in Abrede gestellt werden, daß man sich mit der Literaturwissenschaft, ihrer unbändigen Konkurrenz, ihrer ehrlichen Animosität und Leutseligkeit amüsieren kann. Allerdings ist zu bezweifeln, daß sich Studenten dabei mehrheitlich amüsieren. Vielmehr muß man annehmen, daß sie ihre Themen nicht aus dem Zusammenstoß mit der Wirklichkeit oder der Literatur ableiten, sondern aus der Literaturwissenschaft, daß sie Probleme haben, aber nicht mit Texten, sondern daß sie zu den Texten die Probleme erst mühsam suchen müssen, und das ist tatsächlich in der Gegenwart, wie sie ist, eine Eigentümlichkeit ersten Ranges: daß sich Forscher und Studenten permanent auf der Suche nach Problemen, nach neuen Problemen, nach wissenschaftlichen Problemen befinden, um diese dann, einem absurden Formzwang unterworfen, in eine abstruse Wissensform zu übertragen, die oft nicht anders aussieht als die Übersetzung der Erotik in Bürokratie.

An dieser Stelle gehen die Freuden des Wettbewerbs in Ekel über. Das muß nicht der Fehler der Literaturwissenschaft sein, aber es wird immer ihr Fehler sein, daß sie Studenten von Anfang an auf einen bestimmten Typus kanonisierter Realitätsbeseitigung vereidigt, und damit meine ich, daß sie letztlich weder die

Literatur gelten läßt, noch die Wirklichkeit, noch die Einheit, die beide angeblich bilden, noch das, was über sie zu ermitteln ist. Denn wäre die Literaturwissenschaft Wissenschaft von der Wirklichkeit und nicht eine Lebensflucht alter Dozenten und oft noch älterer Studenten, dann würde sich in ihr vielleicht derselbe Reichtum der Gegenstände und zumindest dieselbe Opposition zu dem, was ringsum passiert, spiegeln wie in der Literatur selbst. So aber ist sie im wesentlichen unkritisch und inexpressiv, stumpf und tröstlich; an ihrer Beseitigungs- und Entsorgungsleistung erkennt man sie am besten.

Darin aber offenbart sich zugleich der der Literaturwissenschaft immanente Fanatismus, die dekretierte Kürzung und Fälschung. Man nehme als ein Beispiel nur die Einbildungskraft und mache sich klar, wie Literaturwissenschaft geradezu als Prozeß gegen das Vermögen der Vorstellung geführt wird, wie sie den Text und die Realität, die den Forscher umgibt, auch durch Phantasiemangel beseitigt, wie sie in ihrem Umgang mit der Literatur selbst den Vorgang des Alterns vorwegnimmt: Die Gestalten werden anämisch, das Fleisch schwach pigmentiert, die Szene ein Exvoto, der Monolog ein Parlando. Diese Wissenschaft ist eine Form, Literatur zum Verschwinden zu bringen und zugleich jene Fähigkeiten zu maßregeln, die sie hervorbringen und verstehen.

So läßt sich ihr Dilemma in wenigen elementaren, ketzerischen Fragen umreißen, etwa: Muß Literatur erklärt werden? Warum ausgerechnet die Literatur? Und wem? Da Literaturwissenschaft ferner zu fast hundert Prozent aus Geschichte besteht, kann man noch anschließen: Muß Geschichte überhaupt noch rekonstruiert werden, und ist die Herstellung von Geschichte in der bestehenden historischen Situation noch eine sinnvolle Tätigkeit? Der Literaturwissenschaft besteht alles aus Vergangenheit. In einer unabgeschlossenen und unabschließbaren Prozedur rekonstruiert sie Geschichte, weiß sogar, daß man, wie vor Nietzsche schon Fontenelle und La Mettrie festgestellt haben, Wahrheit nach ihrem Zweck beurteilen soll, daß man also Gedanken heute nicht um der Historie oder um ihrer selbst willen, sondern daß man sie zum Überleben braucht, trotzdem geht aus der Literaturwissenschaft keine Organisation des Wissens im Sinne einer Erkenntnis der Gegenwart, keine Befreiung kritischer Produktivität hervor. Denn während man auf der einen Seite Geschichte immer wieder um ihrer selbst willen herstellen und von ihr reden kann wie von einem eigenen sinnstiftenden Tableau, hat man auf der anderen Seite die Gegenwart als Objekt des Erkennens noch nicht einmal entdeckt, und wer nur versuchte, sich über ein Thema diesseits 1945 zu habilitieren, hätte sich bereits um Ruf und literaturwissenschaftliches Leben gebracht. Während von allen Seiten die Verfallsfrist dieser Wirklichkeit immer knapper bemessen wird, verlangt nämlich die Literaturwissenschaft, erst herausfinden zu dürfen, was Wirklichkeit ist, ehe sie mit ihrem Lithopaedion niederkommt – so nennt man die nach jahrelanger Schwangerschaft im Mutterbauch verkalkte Leibesfrucht.

Leider stellen sich die meisten literaturwissenschaftlichen Sätze der Literatur gegenüber als Entkräftung und Entschärfung dar, zeichnen sich vor allem durch die Schamlosigkeit der Paraphrase und der Beschönigung aus, und ihre Argumentationen und elementaren Denkfiguren sind kaum mehr als Tricks. Der Trick der Analogie: man sagt, Barock ist wie Expressionismus und Luther wie die Droste, aber was sind sie selbst? *Zwischen* beiden ist nichts als die gespenstische Leere, die beim Zu-Tode-Vergleichen zwangsläufig entsteht; der Trick des tautologischen Vergleichs: Canetti ähnelt Goethe, nicht Heinz Erhardt, obwohl der der bessere Darsteller von Masse und Macht war; der Trick der Dialektik: Gewalt ist latente Zärtlichkeit, Zärtlichkeit ist sublimer Haß, Putzsucht ist Liebe zum Dreck – das sind technische Stereotypen wie der doppelte Rittberger oder der weggeworfene Lutz, mit etwas Übung kann das jeder nachmachen; der Trick der Terminologie: Sprache, die als Strafmieder getragen und in peinlichen Entkleidungstänzen von Jahr zu Jahr ein wenig modisch verrutscht wird – lauter Versuche, einen Text mit gnomischen Anführungszeichen zu umgeben. Wenn sich der Forscher aber ein bißchen überwärmt, sagt er ›erschütternd‹, wenn ihm was erscheint, ›schonungslos‹, wenn er unsicher ist, ›vielschichtig‹, Vokabeln so ehrlich verlogen wie ›hauchzart‹ und ›liebevoll gebraut‹.

Sie beschreiben den Text nicht und nicht einmal den Leser, allenfalls eine tiefe Animosität zwischen beiden. Sie beschreiben eine Form, den Text eigentlich nicht bestehen zu lassen, ihn auszumerzen, denn der Person des Forschers und der Fertigkeit der Wissenschaft gegenüber ist ein Text fast immer ein Unding, er will nicht, er paßt nicht, er geht nicht auf, er bringt dem Forscher die Erfahrung der Verneinung nahe, und dieser straft ihn Lügen in einer Zeremonie der Exegese, so feierlich, traditionsverbunden und bedeutungsschwer wie die Schwertweihe bei den Samurais, verlautbart in einer Sprache so weit weg von Text und Forscher, daß sie beide zwangsläufig verschwinden. Am Ende bleibt, Inbegriff literaturwissenschaftlichen Vollzugs, auf allen Seiten nichts übrig, und wahrscheinlich gibt es gerade deshalb so bemerkenswert viele Forscher auf diesem Feld, die mehr geschrieben haben, als das Haupt hergab, trotzdem geistig unauffällig geblieben sind und vom Gewicht ihres Tuns so allgemein erschüttert sind wie jeder, der zwischen Kieferngarten und Odeonsplatz denkt: Ich bin ein anderer, eine andere. Wenn es so oder so ähnlich ist, dann kann man sagen: Der beste Einwand gegen die Wirkung von Literatur ist die Literaturwissenschaft.

Oder wer glaubt, was sich heute als literaturwissenschaftliches Wissen darstellt, sei insgesamt, der Literatur gegenüber, relevant, sei nicht in wesentlichen Teilen davon geprägt, mißverstehen zu müssen, dem Text nicht zu folgen, ihn nicht zu kennen, das Uninterpretierbare zu tilgen oder Dinge auszuschlachten, die schlicht keiner Deutung bedürfen? Jemand zieht sich die Hose hoch, ein anderer schließt das Fenster, ein dritter brät sich ein Spiegelei, ist nicht klar, wie sehr man Gefahr läuft, selbst zu Quatsch zu werden, wenn man hier deutet? Ist nicht klar, daß es eine Direktheit in Texten gibt, die nichts so sehr scheut wie Bedeutung? Ist es außerdem grundsätzlich sinnvoller, von expressionistischen oder naturalistischen Autoren zu sprechen als von sitzenden und liegenden, ruhenden oder eilenden Dichtertemperamenten? Genauso hat die Literaturwissenschaft einen ziemlich beliebigen Kreis von Fakten um einen Autor, ein Werk, eine Gestalt geschlagen, – und damit meine ich auch Epochen- und Gattungsbegriffe – und in ihren Urteilen hat sie es immer geahndet, wenn ein Werk kein Deutungsbedürfnis zeigt und sich gegen die bereitgestellten Wissenstypen spröde machte. Insofern suchte sie immer die der Wissenschaft zugekehrte Seite der Dinge, die wissenschaftsfähigen und die schon wissenschaftsförmig vorgebildeten Aussagen. Sie selbst hat andere, aber sie duldet nur Probleme dieser Art. Wo Literatur Wirklichkeit ist, antwortet Literaturwissenschaft mit der Überwindung der Wirklichkeit. Aus solchen Voraussetzungen aber Sinn und Entstehung literarischer Texte abzuleiten, kann manchem ebenso sinnvoll erscheinen, wie Christi Geburt aus einer fötalen Zyste zu erklären.

Aus einem derartigem Mißverstehen mit Methode gewinnt die Literaturwissenschaft ihren Begriff des Wissens, und diesen genießt sie nirgends so lüstern wie in ihrer Stellung zum Unwissen. Wer aber nie geahnt hat, daß es ein Wissen außerhalb der Universität gibt, kann vermutlich auch innerhalb ihrer keins erwerben, und man geht nicht zu weit zu sagen: Der Literaturwissenschaft gegenüber ist Nichtwissen oft ein Kennzeichen von Geistigkeit. Wer in der Prüfung gefragt wird – ich habe das als Beisitzer erlebt –, wo Georg Büchners Eltern geboren wurden, dem bleibt angesichts einer Denkfigur, die nur nach geistigem Ausnahmerecht zu beurteilen ist, keine Möglichkeit, intelligent zu sein, als zu sagen: keine Ahnung. Denn eine der wenigen wirklich kreativen Leistungen innerhalb dieser Wissenschaft besteht darin, sich gegen ihre Wissensformen zu verwahren, so wie auch nur eine Revolte gegen die Literaturwissenschaft als Deutung von Literatur, Wirklichkeit und Wissenschaft noch mögliche Produktivität freizusetzen scheint. Man müßte also, weniger feige, weniger reproduktiv und devot, mit der Literaturwissenschaft einen symbolischen Umgang pflegen, in ihr das Prinzip eines überkommenen Ausdruckszusammenhangs und einer elementar konservativen Wirklichkeitsdeutung erkennbar machen.

Die Literaturwissenschaft ist ja einzigartig darin, daß sie die erkenntniswürdigen Gegenstände wie die erkenntnisfähigen Menschen und Methoden benennt umd mittels dieser Vorstellungen davon vermittelt, wie die Wirklichkeit insgesamt zu interpretieren sei. Zwar kann sie über diese so wenige Aussagen treffen wie über den Sinn ihres Wissens, aber sie weiß, wie man sich zwischen Politik, ›Petra‹ und Petrarca zu entscheiden hat. Sie übt eine Vorherrschaft über die Neugier ihrer Adepten aus und prägt deren Erleben einen Maßstab der Intelligenz auf, die zum guten Teil als Folgeleiden einer chronischen geisteswissenschaftlichen Vitalverstimmung auftritt, sich dem Studenten aber gerade als Mentalhygiene anbietet. Sie lenkt das Verständnis des Wirklichen, und sie lenkt es von der Realität der Zerstörung ab, die oft ihr Gegenstand ist. Im selben Atemzug wird dieses weltflüchtige Wissen von Studenten schon in frühen Semestern als Mittel freudloser Bekämpfung und Unterwerfung unter gebildete Verachtung eingesetzt. So wird Literaturwissenschaft im Verhältnis zur Wirklichkeit, zur Literatur und im Verkehr der Menschen untereinander zum Hindernis.

Literatur ist aber vielfach das nicht, was man aus ihr machen muß, damit sie wissenschaftsfähig ist: nicht intelligent im landläufigen Sinn, nicht aus Problemen gewonnen, die ein Text bearbeitet, nicht motivisch kohärent. Sie bewahrt dafür *ein* Moment, mit dem sich die Literaturwissenschaft schwertut, vielleicht weil es sie selbst verneint: nämlich das der Produktivität als Entscheidung gegen die Reproduktion, gegen die Verwandlung in das Immerselbe und das heißt in Teilen auch: gegen die Literaturwissenschaft. Folgt man diesem Impuls, so wird man innerhalb der Literaturwissenschaft vermutlich nur produktiv sein können, indem man ihre intellektuelle Realitäts-Verklappung korrigiert und das heißt auch, indem man ihre Beseitigung der Werke vereitelt.

Indem wir die Kunstwissenschaften oder Feuilletonteile, ihre geile Spießigkeit, ihr organisiertes Mißverstehen und ihre tiefe Animosität verfolgen, begreifen wir vor allem *die* Botschaft: Auch die Kunstwerke sterben, und letztlich ist es egal. Die Mona Lisa, sagen diese Texte, wir haben sie satt, die Neunte, wir können sie nicht mehr hören, der »Faust« – wer hat je wirklich viel mit ihm anfangen können? Lauter Kontinente des Wissens, lauter Oberseminare, lauter Belästigungen der Gegenwart und Umwege, lauter antiquarische Ausflüchte, Beschönigungen und fossilierte Erregungen, alles zusammen ein Inhalatorium von Dingen, für die die wenigsten noch aufrichtig empfinden können. Und selbst wenn jemand mit all dem einen guten Gedanken verbände – die meisten führen ein Leben, in dem man keine guten Gedanken braucht und sich der aufrichtigste in der Zustimmung zur Zerstörung aussprächse. Es gibt ja tatsächlich, so peinlich es klingt, kein anderes Anwendungsgebiet guter Gedanken als das eigene Leben, und da sich dieses Leben in den Regeln des Geld-, Ehr- und Krankheitserwerbs sowie in der Verfeinerung der politischen Ohnmacht meist völlig erschöpft, bleibt von Gedanken wirklich weniger zu wünschen und zu fordern als etwa von der Anwendung des Produktivitätsprinzips auf die eigene Praxis. Aber das bedeutete auch: Die Wahrnehmung, der Reim, der Sex, der Rausch, die Gewalt – das sind nicht nur Symposien, nicht nur Doktorandenkolloquien, und genausowenig müssen sie Hobbies sein, auf die man seine private Einfalt spezialisiert. Die Literaturwissenschaft ringt um Exaktheit, aber sie ist exakt oft, wo es sich gerade nicht lohnt, und noch im günstigsten Fall gibt es für ihre Form von Exaktheit so wenig Verwendung, wie es für den echten Reiz, das präzise Bild eine gibt, außerhalb der in sich stehenden Erregung. Seit aber die Frage nach dem ›Wozu‹ des Geistes mit einem ehrlichen ›für die Katz‹ beantwortet ist, bleibt nichts als diese eine punktuelle Erregung.

Mit ein bißchen Übertreibung kann man also sagen, die Literaturwissenschaft ist heute mehr als die Literatur eine quasi religiöse Wirklichkeitsdeutung, ein weihevolles Ersatzleben. Sie wird vom Staat wesentlich wichtiger genommen und reichlicher beschenkt als die Literatur selbst, und schon das ist ja auch verräterisch. In ihrer Anstrengung um eine ›wirkliche Wirklichkeit‹, um die es der Literaturwissenschaft immer wieder geht, weicht sie der aus, von der sie selbst erreicht und überflüssig gemacht worden ist – und das ist geradezu eine Tragödie der Wissenschaft, weil sie die Erhaltung der Literatur mit Mitteln betreibt, die ihre Abschaffung beflügeln, weil ihre Form der Konservierung Vernichtung heißt, weil ihre Verklärung zum Verdikt wurde und weil sie, indem sie spricht und spricht, Kommunikation immer unmöglicher und die Einzelnen immer einsamer macht. Diese Wissenschaft suggeriert, daß es einen Sinn gibt außerhalb der Anerkennung dessen, was Menschen prägend gegenwärtig umgibt, und sie organisiert sich um einen Begriff des Wissens, der den Verlust der Subjektivität von Sprechern und den Verlust der Realität als höheres Wissen anbietet, während man zugleich nichts so sehr sucht wie Primärerfahrungen und Erregungen aus erster Hand. Dabei verschwindet die Gegenwart als wissenschaftlich irrelevant, der Forscher als wissenschaftlich irrelevant und die Literatur als ebenfalls wissenschaftlich irrelevant. Zurück bleibt eine Tätigkeit, die ganz und gar aus der grotesken Selbstbestätigung der Wissenschaft besteht und in der Autoren bloß noch als Geiseln mitgeführt werden.

Käme nun die Literaturwissenschaft theoretisch auf die Höhe ihrer Voraussetzungen, dann ließe sich vielleicht sagen, die Anleitung zum Wirklichkeitsverlust zeuge heute tatsächlich von höherem Wissen, aber die Konsequenzen dieses Satzes liegen jenseits der Wissenschaft, wie sie heute besteht, jenseits der hier geführten Polemik und ihrer Betonung jenes Moments der Produktivität, dem die Literaturwissenschaft so fassungslos gegenübersteht.

Texte selbst haben gewöhnlich keine Geschlechterprobleme und keine Generationskonflikte, wenn sie etwas wollen, ist es eine Ausrede, wenn sie zur Verwirklichung aufrufen, ist es Effekt, wenn sie Gesinnung verbreiten, Rhetorik, aber eins wollen sie wirklich: reden, weiterreden, die Spannung halten, nicht abbrechen, nicht versagen. Sie sprechen für nichts, so wie die Literaturwissenschaft für nichts spricht, sie wechseln ihre Ideen und verraten ihre Ideale. Ein paar der ideell korruptesten Autoren gelten nicht umsonst als die feinsten der Literatur, so wie Hebbel oder wie Diderot, der sagt: »Meine Ideen sind meine Huren«. Dem gegenüber sind die Gegenstände der Forschung oft nur Ableitungen, retuschierte Modelle, kryptographische Verkleidungen der einen Urschrift der Produktivität. Restif de la Bretonne erklärte seinen Schreibzwang aus der Lust, das Gefühl zu beschreiben, das ihn ergriff, wenn er mit seinen Hoden am Seinegeländer entlangrutschte. 194 Romane hat er hinterlassen. Es steckt etwas Archetypisches in diesem Fall. Denn was uns der Autor über Geschlechterverhältnisse, Stände, Moden, Schichten gesagt hat, das erschien gewissermaßen erst in einer zweiten Ordnung, als Ausprägung jener ersten, die man vermutlich nur als Wunsch beschreiben kann, als Begierde, als Vermutung, als ein Insistieren auf der einen Erregung, als fixe Idee oder Witterung.

Ist dies also auch nur Selbstbefruchtung nach Art der literaturwissenschaftlichen, enthält sie nichts anderes? Neben den vielen Abfallprodukten eines Textes, seinen ›Aussagen‹, vermittelt er das Diagramm der produktiven Aktivität, der zentrale Impuls, den er aussendet, ist es: zu werden, durch Revisionen zu gehen. Jedes Werk ist an erster Stelle lesbar als Verhandlung seines eigenen Produktionsprozesses, seine Formprozesse antworten auf die Warnungen des Scheiterns, seine Metaphorik spiegelt die Unterbrechungen, seine Banalitäten sind Antworten auf das Nachlassen produktiver Erregung, seine Charaktere und Themen sind Formen, die Möglichkeiten des Weiterschreibens offenzuhalten. Jedes andere Thema ist ein Alibi, ein Abziehbild, eine Finte. Der wirkliche Leser – und nicht leicht trifft man irgendwo so widerwillige Leser wie an einem literaturwissenschaftlichen Institut –, der wirkliche Leser liefert sich zunächst nicht den Figuren, Meinungen und Plots, sondern dem Akt der Hervorbringung aus, der Simultanität einströmender und zugleich selbst hervorgebrachter Bedeutungen.

Es macht mir nichts, hier zu so alten Unterscheidungen zu kommen wie der, daß es echte Leser gibt und berufene Analphabeten, daß es solche gibt, die sich im Text verwandeln und die das nicht können. Es bleiben am Ende doch in dieser Kultur nur ein paar übrig, denen Zeitungsfoto oder Sinopie etwas sagt, die sich tatsächlich zu einem Gedanken, einer Konsequenz rühren lassen, die, aus welchen Gründen auch immer, irgendetwas wirklich und nicht alles läppisch finden, und auf der anderen Seite eine Mehrheit, die es aufrichtig nicht mehr über sich bringen kann, eine Erscheinung, gleich welcher Art, vielsagend und verbindlich zu finden. Keine Frage, daß sich diese letzteren zur Literaturwissenschaft, ihrer Erfindung von Problemen und ihrer Bevorzugung des ›Bedrückenden‹, ›Dichotomischen‹, ›Vielschichtigen‹ besser eignen. Denn aus der Feier des Abwesenden, Nicht-Gefühlten, Nicht-Gedachten, Nicht-Verstandenen gewinnt man häufig Literaturkritik und Geisteswissenschaft.

Dabei ist es ein ganz und gar überkommenes Moment, daß sich Kultur auf diejenigen stützt, die Kunstwerke bewegend, vielsagend und entsprechend unverzichtbar finden, die also zugleich suggerieren, Existenz und Produktion von Kunstwerken erfülle eine elementare Funktion, oder auch: die Menschen veränderten sich unter ihrem Einfluß oder wenigstens, sie veränderten sich ohne diesen. So hat Michel Foucault gesagt, die einzige Art Neugier, die die Mühe lohne, mit einiger Hartnäckigkeit betrieben zu werden, sei »nicht diejenige, die sich anzueignen sucht, was zu erkennen ist, sondern die, die es gestattet, sich von sich selbst zu lösen«, und die das Irregehen des Erkennenden erlaube. Aber Irregehen wohin und Verwandeln wozu? Bezeichnenderweise kommt Foucault im selben Zusammenhang auf jene ›Ästhetik der Existenz‹ zu sprechen, die Jacob Burckhardt an den Menschen der Renaissance und Benjamin an Baudelaire dargestellt habe.

Vielleicht wird erkennbar, daß man hier nicht nur mit einem ziemlich unkonventionellen Adhortativ konfrontiert wird, sondern sich zugleich an einem heiklen Punkt befindet, da nämlich, wo man sich nicht mehr blind auf einen diffusen Zusammenhang zwischen Erkenntnis und Interesse, zwischen Subjektivität des Forschers und Objektivität des Gegenstands berufen kann, sondern wo man versucht wird, das Leben des Forschers als Argument gegen seine Ergebnisse anzuführen, wo man sagen darf: Warum ist im Bildungsroman jeder Schritt eines Helden geschichtlich und in der Deutung jeder Griff eines Forschers ungeschichtlich und gratis? Man kann also fragen: Wie kommt eigentlich ein solcher Wahrnehmungsflüchtling dazu, Dinge bedeutend und erschütternd zu nennen, deren Vernichtung er praktisch als Lebensprogramm betreibt, wie kommt er dazu, nebeneinander Kleist, Grabbe und Wedekind nicht nur zu verstehen, sondern über deren Verstehen zu entscheiden, wie kommt er dazu, eine Wirklichkeit, die er täglich für gegenstandlos erklärt und die er in der eigenen Erfahrung zur Nicht-Existenz verurteilt, literarisch als summum bonum zu feiern, wie kommt er dazu, eine Sache, für die er so faßbar und nachprüfbar inkompetent ist, so vorbildlich zu travestieren, daß er am Ende im Maßstab universitären Wissens doch kompetent erscheint, wie kommen Leute, die offenbar der Individualisierung eines Werkes nicht gewachsen sind, dazu, die Rationalisierung der Individualität nach den wirtschaftlichen Kategorien von Konkurrenz und Effizienz als Kulturtätigkeit zu preisen, wie kommen, mit einem Wort, Leute ohne politisches und literarisches Leben dazu, eine Moral der Exegese von Text und Wirklichkeit zu entwickeln? Denn daß es sich um eine Moral handelt, kann man an der Verurteilung bestimmter Dinge erkennen, die einem zwar außen wirklich vorkommen könnten, es aber für die Literaturwissenschaft nicht sind, wie beispielsweise die Politik. Nur weil für die Literaturwissenschaft Primärerfahrungen so irrelevant sind wie die Biographien der Forscher, nur weil die Realität eigentlich ein theoretischer Terminus und noch eigentlicher ein Skandal ist, nur deshalb kann eine Wissenschaft zur Wirklichkeitsdeutung werden, die selbst nichts so wenig hat wie Wirklichkeit.

Wenn ich aber zuvor gesagt habe, daß Texte um ihre eigene Produktivität kreisen und daß sie der Lektüre einen Vorgang der Abspaltung, Verwandlung und Vereinzelung abverlangen, dann habe ich auch gemeint, daß sie in solcher Lösung zwangsläufig Individualität herstellen. Individualität heißt Unterscheidung, sie impliziert einen geradezu literarischen Prozeß der Abspaltung aus repetitiven Persönlichkeitsformen, Stereotypen des Denkens und Auffassens, aus dem automatischen Formenvorrat, in dem sich selbstlos und mutlos Persönlichkeiten ohne Persönlichkeit bilden. Individualität, so kann man folgern, entsteht in einem Akt der Kritik, der versagten Bestätigung, der Absage, und es ist kein Zufall, daß jene Bewegung, die in dieser Jahrhunderthälfte die Geisteswissenschaften tiefgreifend reformiert hat – die der Studenten von 1968 – eine soziale Theorie der Geisteswissenschaft mit einer neuen Vorstellung von Lebens- und Gesellschaftsformen verbunden hat. Diese heute als intellektuelle Folklore verachtete Stringenz hat dem wissenschaftlichen Arbeiten tatsächlich für kurze Zeit einmal so etwas wie Literatur- und Lebenszusammenhang zu geben vermocht. Seither überlebt die Literaturwissenschaft allenfalls in einer Art Putativ-Ehe mit der Realität.

Aus verständlichen Gründen ist innerhalb der Literaturwissenschaft selten der Standpunkt aufgetaucht, daß ihre Forscher Argumente gegen ihre Forschungsergebnisse, daß ihre Institutsordnungen triftige Einwände gegen ihre Funktion und daß ihre Wirklichkeit eben kein Einwand gegen die bestehende ist und deshalb meist allenfalls die vulgären Zonen des Unwirklichen besetzt. Wer dagegen in wenigstens *einer* Form überleben will, dem bleibt nichts als die Kritik, nichts als der durch alle Formen getriebene Widerstand, die Assimilation einer Erfahrung der Verneinung, die allerdings keinen Zweck, kein Ziel und wie alles keine Zukunft hat. Außerhalb einer Kritik, die die Wissenschaft, die Funktion des Intellektuellen, seine Lebensführung und Moral, die schließlich die Politik trifft, entziffert und beantwortet, ist kein Überleben, schon gar nicht geistig. So ohne Aussicht und zugleich so radikal wird Kritik zur genuinen Lebensäußerung, und ebenso ist sie absurd, in sich stehend und konsequenzlos. In einer Wirklichkeit, deren Verfallsdauer längst knapper bemessen ist als revolutionäre, klassenkämpferische oder reformatorische Veränderungskonzepte vorsehen, ist das Leben selbst in seiner sinnvollsten Regung absurd, ist es selbst absurd, sie erkennen zu wollen, ist es absurd davon zu sprechen und genauso absurd, nicht davon zu sprechen. Nur in einer absurden Anstrengung, einer Anstrengung im Absurden aber wird Wirklichkeit noch erscheinen, die Wirklichkeit auch des Geldes, der Zeitung, der Justiz, der Katastrophe, eine Wirklichkeit, derer sich der Literaturwissenschaftler am schnellsten entwöhnt hat, indem er permanent von ihr sprach und deren Epitaph er als Forschung ausgab, war ihm doch nichts Äußeres wirklich und gegenwärtig, sondern im Gegenteil alles problematisch und historisch. Zuletzt, nämlich heute, hat er den eigentlichen Triumph dieser seiner Selbsterhaltung im eskapistischen Realismus erreicht: Er kann sich inzwischen eine Welt selbst ohne Wirklichkeit vorstellen, aber natürlich nicht ohne Literaturwissenschaft.

Dieser Beitrag geht auf einen Vortrag zurück, den der Verfasser 1989 am Institut für Deutsche Philologie in München gehalten hat.

Helmut Arntzen

Die Sprache der Literaturwissenschaft als Anpassungsversuch

Die Anpassung der Germanistik (als Literaturgeschichte und Literaturwissenschaft) an die Ideologien des Nationalismus und des Nationalsozialismus wird seit der Mitte der sechziger Jahre ein beliebtes Thema, in dem die Kritik an dieser Wissenschaft kulminiert. Die Gründe für diese Anpassung wurden eben dort ausgemacht, wo man nach dem Ende des Krieges bereits die Gründe für die politische Fehlentwicklung Deutschlands im ganzen glaubte gefunden zu haben: in der mangelnden demokratischen Tradition, im deutschen Großmachtstreben, in der unzulänglichen soziologischen Perspektive, im autoritären Charakter der Deutschen usf. D.h., bestimmte politische und gesellschaftspsychologische Komponenten, die in der Nachkriegszeit sich als Erklärungsmomente für den Verlauf der deutschen Geschichte durchgesetzt hatten, wurden nun auch als solche für die Geschichte der Germanistik adaptiert.[1]

An dieser Art der Erklärung für eine unbestreitbare Anpassung ist, wie mir scheint, einiges nicht recht plausibel. Sie setzt ja einen hohen Grad von Identifikation mit den politischen Zielen und Methoden bei den einzelnen Wissenschaftlern voraus. Wie aber ist es dann zu erklären, daß mit dem 8. Mai 1945 die nationalistische Ideologie nicht nur in ihrer drastischen Naziausprägung, sondern auch in den gemäßigteren Formen völlig verschwindet und alsbald durch die als wissenschaftliche Fluchtbewegung kritisierte »immanente Interpretation« ersetzt wird?

---

1 Z.B. Germanistik – eine deutsche Wissenschaft. Beiträge von Eberhard Lämmert, Walther Killy, Karl Otto Conrady und Peter von Polenz. Frankfurt a.M. 1967; Franz Greß: Germanistik und Politik. Kritische Beiträge zur Geschichte einer nationalen Wissenschaft. Stuttgart-Bad Cannstatt 1971.

Und wie ist gerade in der jüngsten Zeit der immer raschere Paradigmenwechsel in dieser Wissenschaft zu erklären? Von der »immanenten Interpretation« zur Politisierung, also Reideologisierung der Germanistik und von dieser seit Anfang/Mitte der siebziger Jahre zu einer Szientifizierung, die nun auch schon wieder zu Ende zu gehen scheint. Auch bei diesen Veränderungen wurde gern auf politisch-historische Parallelen hingewiesen, die sicher z. T. unverkennbar sind. Aber die Gründe für diese Veränderungen sind wohl weder in der politischen Situation noch in ideologischen Bedürfnissen zu suchen. Das völlige Verschwinden eines Paradigmas, der rasche Paradigmenwechsel weisen ja, scheint mir, auf deren sehr flüchtige und vorläufige Adaptation hin. Je nach Lage der Dinge kann ein Paradigma als überholt schnell aufgegeben und durch ein anderes ersetzt werden. Dies würde weniger den ideologisch (oder auch theoretisch) Überzeugten als vielmehr den Opportunisten als Repräsentanten von Veränderung und Anpassung erscheinen lassen. Und wir müßten bei der wissenschaftlichen Anpassung weniger von einer ideologischen Fixierung als von einer relativ oberflächlichen Nutzung bestimmter ideologischer oder theoretischer Muster ausgehen. Wenn man hinsichtlich der Wissenschaftler, von Ausnahmen abgesehen, aber ebenfalls ausschließen kann, daß es sich bei diesem Wissenschaftsopportunismus, wie wir das Anpassungsmotiv vorläufig einmal nennen wollen, um die Tendenz handelt, sich unmittelbar der politischen oder wissenschaftspolitischen Macht zu fügen, ja zu unterwerfen, so ist zu fragen, welche anderen plausibleren Motive für diesen Opportunismus zu finden sind.

Gehen wir fast zwei Jahrhunderte zurück. Kants Eingangssatz des § 44 der »Kritik der Urteilskraft« lautet schockierend genug (in ganz leichter Abwandlung): »Es gibt […] [k]eine Wissenschaft des Schönen, sondern nur Kritik«. Denn : »[…] was [jene] betrifft, so würde in ihr wissenschaftlich, d. i. durch Beweisgründe ausgemacht werden sollen, ob etwas für schön zu halten sei oder nicht; das Urteil über Schönheit würde also, wenn es zur Wissenschaft gehörte, kein Geschmacksurteil sein«.[2] Wir haben hier nicht zu verfolgen,

2 Immanuel Kant: Kritik der Urteilskraft. Hrsg. von Wilhelm Weischedel. Frankfurt a.M. ⁵1981 (Werkausgabe, Bd. 10), S. 239.

auf welche Weise Kant das Geschmacksurteil aus der Sphäre privaten Meinens heraushebt und wie er damit die Grundlage schafft für ästhetische Kritik, also auch Literaturkritik. Wir haben nur festzuhalten, daß Urteile über Schönheit, neutraler: ästhetische Urteile nicht aus Beweisgründen hervorgehen, d. h. nicht die Qualität mathematischer oder physikalischer Sätze haben, sondern eine andere: nämlich eben die des Geschmacksurteils.

Ich sehe nicht, daß diese Folgerung aus Kants Prinzipien des Schönen und des Geschmacks ernsthaft bestritten werden kann. Ich sehe nur, daß die deutsche Literaturwissenschaft in großem Maße dieser Folgerung bzw. genauer: den zahlreichen Implikationen dieser Folgerung ausgewichen ist und seit etwa eineinhalb Jahrhunderten ständig auf der Suche nach ihrer wissenschaftlichen Legitimation und ihrem wissenschaftlichen Status i. S. der jeweils dominierenden wissenschaftlichen Methode gewesen ist.

Dabei war die Situation für die Konstituierung einer gegenstandsorientierten Literaturkritik zwischen 1790 und 1830 günstig wie nie. Dies sind ja nicht nur die Jahrzehnte der sogenannten klassisch-romantischen Dichtung, der Kunstperiode, sondern auch die Jahrzehnte einer Dichtungs- und Literaturreflexion, die sich keineswegs in den Namen Kant, Hegel, Goethe und Schiller erschöpft. Vielmehr sind deren ästhetische und dichtungstheoretische Überlegungen nicht nur zu ergänzen, sondern gerade erst zu konkretisieren durch die Leistungen der praktischen Literaturkritik, für die insbesondere die Namen Friedrich und August Wilhelm Schlegel stehen, des Sprachdenkens, das vor allem durch Hamann, Herder und Wilhelm von Humboldt repräsentiert wird, und der Hermeneutik, die Schleiermacher auf einen noch nicht wieder erreichten Höhepunkt geführt hat. Eine sich in ihrer Epoche schon andeutende Interdependenz von Kants ästhetischem Ansatz, von Dichtungstheorie bzw. -philosophie, wie wir sie bei Schiller, Goethe und Hegel finden, und von praktischer Literaturkritik, Sprachdenken und Hermeneutik, ergänzt von der germanistischen Philologie der Grimms, ist die bis heute nur wenig begriffene Voraussetzung für eine der Sache entsprechende und eigentümliche Wissenschaft, lies: für Kritik der Literatur.

So steht dieser Gedankenkomplex zwar nicht unbekannt, aber doch unerkannt noch immer vor uns, historisch zwar aufgearbeitet, aber geschichtlich nicht aufgenommen und weitergedacht.

Was behinderte, was behindert diese Aufnahme und dieses Weiterdenken bis heute?

Als Georg Gottfried Gervinus 1835 den ersten Band seiner »Geschichte der poetischen Nationalliteratur der Deutschen« erscheinen läßt, tut er das als junger Professor, der sich bereits als Historiker ausgewiesen hatte. Schon darum ist nur zu verständlich, daß er *diese* Art von Arbeit vorlegte, aber es ist dennoch seltsam bis befremdlich, daß die erste umfassende Darstellung der deutschen Literatur von einem politischen Historiker stammt. Die Reflexion der Literatur wechselt damit über von einer Seite, die wesentlich durch ein spezifisches Verhältnis von literarischem Denken und philosophischer Ästhetik und von dessen Steuerung durch Philologie bestimmt war, zu einer anderen Seite, die nicht durch den Begriff der Wissenschaft allein, sondern erst durch den der zeitgenössisch approbierten Wissenschaft bestimmt ist. Dabei weiß sich Gervinus durchaus noch mit den literarisch-philosophisch-philologischen Wurzeln des eigenen Tuns verbunden, wenn er seine Geschichte als »Erzählung«, ja sogar als »Kunstwerk« versteht. Aber wenn er sagt, sein Buch sei nichts als »Geschichte«, so ist doch die Ambiguität des Begriffs bereits so stark, daß er trotz jener Wurzeln sein Unternehmen nun dahin interpretiert, daß es »mit der ästhetischen Beurteilung der Sachen nichts zu tun« habe, daß er »kein Poet und kein belletristischer Kritiker«[3] sei, sondern Historiker.

Wollte er sich eben noch selbst als Erzähler und sein Werk als Kunstwerk begriffen wissen, so siegt nun das sich etablierende wissenschaftliche Bewußtsein, das Geschichte als Historie versteht, der es um die Ursachen des Werdens und der Wirkungen des

---

3 Zit. nach: Eine Wissenschaft etabliert sich: 1810-1870. Mit einer Einführung hrsg. von Johannes Janota. Tübingen 1980 (Deutsche Texte 53; Texte zur Wissenschaftsgeschichte der Germanistik 3), SS. 179, 173, 181.

poetischen Produkts geht. So wird mit deutlicher Spitze bereits vom »belletristischen Kritiker« gesprochen und dieser gar mit dem Poeten zusammengesehen, welche Spiegelung beide gleichermaßen zu Exemplaren der Unwissenschaftlichkeit macht. Aber wie unentschieden Gervinus im tiefsten dennoch ist, zeigt sich an der Bemerkung: »Wären nur erst die Grundsätze für eine innere Geschichte der Künste festgestellt, welch eine herrliche Wissenschaft müßte hier nach und nach aufblühen!«[4] Ja, er beruhigt sich förmlich mit der Hoffnung, daß diese und die Historie bei gleicher Urteilsstrenge »übereinstimmen«[5] müssen. Diese Selbstberuhigung weicht natürlich der Schwierigkeit aus. Denn die Literaturhistorie i. S. des Historismus muß sich ihre Kriterien von außen setzen lassen, und sie läßt sie sich im Falle Gervinus' und vieler Nachfolger von dem (in sich allerdings nuancierten) Begriff der Nation setzen.

D. h., die Durchsetzung der Geschichtswissenschaft als Leitwissenschaft im Felde der geistigen und kulturellen Phänomene hat sowohl mit ihrem tatsachenorientierten Historismus wie mit ihrer aktuellen Nutzung als Ausdruck des Nationalbewußtseins etwas zu tun. Dieser aus doppeltem Grunde approbierten Leitwissenschaft, in der sich positivistisch-wissenschaftliche Züge ohne weiteres mit ideologischen verbinden, paßt sich die Literaturwissenschaft in ihrem Bedürfnis nach wissenschaftlicher Legitimierung bis zur Selbstverleugnung an. So taucht in den kommenden Jahrzehnten gar nicht mehr die Frage auf, ob der Literatur als ästhetisch-sprachlichem Phänomen, auf das Verstehen und Kritik antwortet, eine Geschichtswissenschaft als Historie angemessen beikommen könne, sondern es wird allenfalls umgekehrt gefragt, wie Literatur zum angemessenen Gegenstande der Geschichtswissenschaft gemacht werden könne. Und es wird allenfalls gefragt, wie sich Literaturwissenschaft den Wandlungen der Geschichtswissenschaft anpassen könne.

Eine Generation nach Gervinus kann dann Wilhelm Scherer sozusagen im gleichen Atemzuge den nationalen Gedanken und

---

4 Ebd., S. 182.
5 Ebd.

den der Kausalität als Grundlage der Literaturwissenschaft in
Deutschland benennen. Denn beide Gedanken bestimmen nun
auch die Geschichtswissenschaft als Leitwissenschaft. Widersprüche wie die, in einer Wissenschaft sowohl das »System der nationalen Ethik« zu geben wie gleichzeitig »mit Buckle [anzuneh-
men], dass der Determinismus, das demokratische Dogma vom
unfreien Willen [...] der Eckstein aller wahren Erfassung der Geschichte sei«[6] – solche Widersprüche sind aber wiederum gar
nicht spezifische der Literaturwissenschaft, sie folgen vielmehr
aus deren Unterwerfung unter eine Geschichtswissenschaft, die
ihrerseits zugleich dem politischen Nationalismus (nun mit impe-
rialistischer Tendenz) und dem Begriff positivistischer Naturwissenschaft sich verbunden fühlt. Das Spezifische der Literaturwissenschaft begegnet bloß noch in der rhetorischen Beschwörung
eines neuen wissenschaftlichen Universalismus mittels einer Metaphorik, die die freiwillige Unterwerfung der Literatur wie der
Literaturwissenschaft unter den ›Geist der Zeit‹ annonciert:
»[...] dieselbe Macht [die nämlich die technischen und industriel-
len Fortschritte bewirkt hat] regiert auch unser geistiges Leben:
sie räumt mit den Dogmen auf, sie gestaltet die Wissenschaften
um, sie drückt der Poesie ihren Stempel auf. Die *Naturwissenschaft* zieht als Triumphator auf dem Siegeswagen einher, an den
wir Alle gefesselt sind.«[7] Die Literaturwissenschaft begnügt sich
nun nicht allein mit der Anpassung an eine ihr immerhin naheste-
hende Leitwissenschaft, sie versteht sich vielmehr nun in jeder
Hinsicht als eine Sekundärwissenschaft: nämlich als einen bloßen
Seitenzweig einer veränderten Geschichtswissenschaft, mit der
zusammen sie ihren Stolz in der Unterwerfung unter jene Macht
des Faktischen sieht, die in den Naturwissenschaften ihre Er-

---

6 Wilhelm Scherer: Zur Geschichte der deutschen Sprache (1868). Zit. nach: Materialien zur Ideologiegeschichte der deutschen Literaturwissenschaft. Von Wilhelm
   Scherer bis 1945. Mit einer Einführung hrsg. von Gunter Reiss. Bd. 1: Von Scherer
   bis zum Ersten Weltkrieg. Tübingen 1973 (Deutsche Texte 21: Texte zur Wissenschaftsgeschichte der Germanistik 4), SS. 1 f., 3.
7 Wilhelm Scherer: Die neue Generation (1870). Zit. nach: Methoden der deutschen
   Literaturwissenschaft. Eine Dokumentation. Hrsg. von Viktor Žmegač. Frankfurt
   a.M. 1971, S. 23.

kenntnisentsprechung hat. Spätestens seit der Scherer-Zeit ist die Literaturwissenschaft abrichtbar geworden. Aber nicht ausschließlich, ja nicht einmal primär, weil sie – wie sicherlich alle Geisteswissenschaften der Zeit – eine nationalistische Tendenz bekommen hat, sondern vor allem, weil sie sich ihr Bewußtsein sowohl von dem, was Wissenschaft sei, wie auch von dem, als was Literatur aufzufassen sei, von außen vorschreiben, weil sie sich fremdbestimmen läßt.

Die Faszination, die der Erfolg der Naturwissenschaften ausübt, ist sicherlich einer der Gründe für diese Unterwerfung der Literaturwissenschaft gewesen. In diesem Erfolg manifestiert sich die herrschende Wissenschaftstheorie. Vor ihr sich zu legitimieren, zum Kanon der approbierten Disziplinen zu gehören – das wird nun die prinzipielle Bemühung der Literaturwissenschaft werden.

So sehr auch seit Dilthey eine Abwendung der Literaturwissenschaft vom Vorbild der Naturwissenschaften erfolgt, so wenig bedeutet dies doch deren wirkliche Emanzipation aus dem Geiste der Sache heraus. Was immer die folgenden Jahrzehnte an grundsätzlicheren Arbeiten hervorbringen, wie nachdrücklich die Literaturwissenschaft nun auch ihre Zugehörigkeit zu den Geisteswissenschaften betont, die *Struktur* ihrer Anpassung und Abhängigkeit bleibt im wesentlichen unverändert. Nun orientiert sie sich an philosophischen Richtungen – von Dilthey über Husserl zu Heidegger -, oder sie wählt Soziologie, Psychologie oder Psychoanalyse zu ihrer Leitwissenschaft, besser: nun *läßt* sie sich (abermals) von anderen Disziplinen und deren jeweils dominierenden Richtungen *bestimmen*.

Der Übergang zu einer Volkstumswissenschaft wird nicht hinreichend begriffen, wenn er nur als ideologischer Irrweg gedeutet wird, der bis zu den Gräbern der nationalistischen und nationalgesinnten Ahnen zurückgegangen werden muß. Vielmehr ist dieses Amalgam aus rassischem Nationalismus und Wissenschaft nur als die auffälligste Erscheinung der Unsicherheit dieser Wissenschaft im Umgang mit ihrem Gegenstand und mit sich selbst zu verstehen. Längst bevor die *politische Macht* darüber entschied, wie die wissenschaftliche Beschäftigung mit der Literatur auszusehen habe, hatte die Literaturwissenschaft die *wissenschaftliche Macht* der jeweiligen Epoche darüber entscheiden lassen, welcher Erkenntnisintention sie zu folgen habe. Und obwohl die politische Macht zumindest in Westdeutschland längst keinen direkten Einfluß mehr auf die Literaturwissenschaft ausübt, hat sich an der Struktur freiwillig akzeptierter Fremdbestimmung um der Legitimation als Wissenschaft willen Entscheidendes nicht geändert. Immerhin hat die sogenannte »immanente Interpretation« Ansätze für eine Selbstbestimmung gebracht, wenngleich auch sie einerseits von der Phänomenologie, andererseits von einer ästhetisch orientierten Kunstwissenschaft abhängig war und sich überdies historisch abzusichern suchte. Aber seit den sechziger Jahren ist der Anpassungsdrang der Literaturwissenschaft als Ausdruck des wissenschaftlichen Legitimationsbedürfnisses besonders massiv wirksam geworden. Soziologie und Sozialgeschichte, Psychologie und Psychoanalyse gaben die Grundsätze des Selbstverständnisses und der Forschungsintentionen ebenso vor wie Linguistik und Kommunikationswissenschaften. Ja, gerade jetzt wurde jener Anpassungsdrang programmatisch unter dem Namen einer Szientifizierung der Literaturwissenschaft. Doch diese Szientifizierung erwies sich im wesentlichen als eine Anpassung an Jargons. Damit wurde der letzte Schritt in einem Entfremdungsprozeß zwischen Literatur und Literaturwissenschaft getan. Ausgerechnet das jedem Spezialjargon gegenüber Sperrigste, das sowohl Individuelle wie intentional immer Universelle literarischer Werke, wurde nun so lange zugerichtet, bis es entweder eine außerliterarische Mitteilung oder eine inhaltslose Struktur geworden war. Zwar konnte die Beziehungslosigkeit zwischen dem Jargon und den Werken von jedem einigermaßen Unvoreingenommenen alsbald entdeckt werden, aber diese Reflexion war nur selten eine, die sich mit den Gründen beschäftigte. Vielmehr wurde oft genug, insbesondere in Beiträgen über die Literaturwissenschaft, die nicht aus ihr selbst kamen, eine falsche Alternative etabliert, die die Problematik nicht behob, sondern sie nur vergrößerte. Auf der einen Seite standen nun das sogenannte Fachchinesische so gut unter Anklage wie das Schwierige, wurden der szientifische Gestus und der nichttriviale Gedanke als das gleiche mißverstanden. Demgegenüber galt als erstrebenswert das Ideal der ›guten Schreibe‹, also des Universaljargons des Journalismus. Daß hier der einen Instrumentalisierung nur eine andere begegnen sollte, ist evident.

Immerhin hat der Versuch, die Erkenntnistheorie der Literaturwissenschaft über Kant hinaus regredieren zu lassen und Positionen des Rationalismus zu modernisieren, die Sackgasse sichtbar gemacht, innerhalb deren sich die deutsche Literaturwissenschaft bewegt. Daß das wiederum nur im Blick auf den Stand anderer Wissenschaften ganz kenntlich werden konnte und nicht durch den eigentlich notwendigen Blick auf das Mißverhältnis von Gegenstand und Disziplin, ist bedauerlich, aber aus den bisherigen Voraussetzungen verständlich.

Gerade der Wissenschaftsbegriff aus dem Geiste des Positivismus, an dem sich die Literaturwissenschaft seit eineinhalb Jahrhunderten neben den ideologischen Leitvorstellungen zu orientieren und durch den sie sich zu legitimieren suchte, büßt heute seine Verbindlichkeit rapide ein. Die Tatsachenwissenschaften wie die sie begründenden Erkenntnistheoreme werden in den naturwissenschaftlichen Feldern zunehmend als unzulänglich angesehen und von Perspektiven ganzheitlichen, synthetischen, funktionalen und intuitiven Denkens abgelöst. Daß dabei Gefahren entstehen, ist ebenso evident wie die Unmöglichkeit, diese Gefahren gewissermaßen mathematisch zu bannen in einem Augenblick, da die Mathematik ihre eigenen Paradoxa als zentrale Aussagen begreift. Natürlich wird ein erkenntnistheoretischer Anarchismus i. S. von Feyerabend[8] nicht die Bewältigung der neuen Situation bedeuten; er hat eher eine transzendentale Funktion, wie etwa Kandinskys frühe abstrakte Bilder oder wie die Ready-mades Duchamps sie innerhalb der bildenden Kunst hatten. Solche Phänomene machen darauf aufmerksam, daß die überlieferten Methoden nicht mehr gelten. Um wieviel mehr als für die Na-

8 Paul Feyerabend: Wider den Methodenzwang. Frankfurt a.M. 1983.

turwissenschaften und die empirischen Kulturwissenschaften muß das für eine Wissenschaft einsichtig sein, die schon am Ende des 18. Jahrhunderts in eine neue Richtung gewiesen wurde, weil das ihre Gegenstände selbst postulierten. Nichtsdestoweniger sucht man diesen noch heute mit den krudesten Verfahren traditioneller Methoden beizukommen. Die Literatur Kafkas wurde zur biographistischen Materialsammlung, Brecht war soziologisches Illustrationsmaterial, Musil wird wie zahlreiche andere Autoren u. a. psychoanalytisch aufbereitet. Überall treffen wir auf das Verfahren, literarische Werke einer empiristischen oder ideologischen These gemäß zurechtzustutzen und dies dann als Literaturwissenschaft zu offerieren. Aber überall bleibt diese bemühte Anpassung hinter dem wirklichen Stand der imitierten Disziplinen im einzelnen und dem der Wissenschaft im ganzen zurück. Während z. B. die linguistische Befangenheit der Sprachwissenschaft von dieser selbst zunehmend begriffen wird und ein Gespür für das Sprachdenken Hamanns und Humboldts wieder erwacht, während die gesamte formale neue Linguistik von der Seite, von der her sie sich legitimieren wollte, radikal in Frage gestellt wird, denn »their endeavours are futile because pointless and misconceived«,[9] operiert eine sich selbst auf Kommunikations- und Textwissenschaft reduzierende Literaturwissenschaft mit überholten und ihren Gegenstand verfehlenden Sätzen.

Denn dies ist natürlich die eigentliche Crux: daß die Faszination von Wissenschaft im jeweils approbierten Sinn, daß die ängstliche Bemühung um Anerkennung und wissenschaftsimmanente Legitimation die Literaturwissenschaft immer wieder halb- oder ganz blind gegenüber der Literatur hat werden lassen. So ist die Bemühung selten genug gewesen, den eigenen, den eigentümlichen Status der Literatur herauszuarbeiten, was letztlich nur in der Herausarbeitung der Eigentümlichkeit des literarischen Werks, also in der Interpretation möglich ist. Zwar hat es immer wieder die abstrakte Anerkennung des Individualitätscharakters des literarischen Werks als Kunstwerks gegeben; das Besondere

---

9 G.P. Baker und P.M.S. Hacker: Language, Sense and Nonsense. Oxford 1984, S. 13.

ist als dessen Status durchaus behauptet worden. Aber aus Rücksichtnahme auf den Allgemeinheitscharakter der Wissenschaft hat man gerade das Besondere, das doch die Sache eigentlich ausmacht, wieder vernachlässigt oder hat ihm allenfalls mit einer Art zweiter Poesie beizukommen gesucht. Doch hat eben das Individuelle der Werke die prinzipielle Provokation unserer Wissenschaft zu sein und nicht das unvermeidbare Übel. Jedes verallgemeinernde Sprechen hat beim Einzigartigen des Werks anzusetzen, d. h., die Wissenschaft von der Literatur ist entsprechend den ihnen immanenten Postulaten der Werke zu entwickeln und nicht entsprechend dem anerkannten Wissenschaftsverständnis der Epoche.

Damit wird nun nichts weniger gefordert als ein meinunghaftes Sprechen, sozusagen Leitartikel über literarische Werke. Vielmehr stellen die Werke selbst die striktesten Verstehenskriterien auf. Und daß diese in und durch die Werke selbst aufgestellt werden, ist die prinzipielle Bewältigung der eben angesprochenen Provokation kraft deren Individualitätscharakter. Wie denn? »Individuum est ineffabile«: Ist das Werk nicht unter dieser Voraussetzung wie jeder einzelne Mensch die verschlossene Monade, unverständlich und unverstehbar? Nur dann, wenn der Individualitätsbegriff auf ein irrationales Psychisches reduziert wird, das durch ›rationale‹ Wissenschaft gerettet und auf den Begriff gebracht werden muß. Aber das Individuelle der Werke hat seine Allgemeinheit immer schon an sich dank seiner *Sprachlichkeit*.

Mir ist bewußt, daß in einem Zeitalter, in dem die systematische Linguistik umfassende Ansprüche stellt, der Begriff der Sprachlichkeit weitgehend durch linguistische Sprachauffassungen bestimmt erscheint. Allenfalls wird man darunter noch das Stilistische literarischer Werke verstehen wollen.

Aber beides würde dem Begriff der Sprachlichkeit gar nicht oder ganz unzureichend gerecht werden. Sprachlichkeit des literarischen Werkes bedeutet ein Doppeltes, ja ein Dreifaches.

Zunächst lenkt es den Blick auf das an der Literatur, was für Editionswissenschaft und Textkritik immer im Vordergrund steht. Denn der Text, seine Sätze, sind das, was aller Rezeption, aller Interpretation zugrunde liegt und in dem zuerst und zuletzt der Literaturbegriff konkret wird. Den Text alsbald in Richtung auf eine Metasprache, auf einen fachlichen Jargon hin zu überschreiten, erscheint mir für den Literaturwissenschaftler ebenso unzulässig, wie es unzulässig für den Musikwissenschaftler wäre, einer Partitur alsbald ein Programm abzuhorchen. Aber ebenso fragwürdig wäre es, auf dem Individualitätscharakter des Werkes derart zu bestehen, daß seine Allgemeinheit, seine Verständlichkeit, die es kraft seiner Sprachlichkeit hat, geleugnet und das Werk beispielsweise als Klangphänomen aufgefaßt würde.

Der Literaturwissenschaftler hat weder (allein) historisch zu rezipieren noch (allein) eine Strukturanalyse zu liefern, er hat wie jeder, der sich mit Literatur befaßt, so genau als möglich zu lesen, was der Text ihm *vorschreibt*.

Dieser erste Akt ist ein erstes Verstehen der Sprachlichkeit der Literatur und die erste Bewältigung bloß angepaßten Verhaltens.

Lesen unterscheidet sich von historischer Rezeption und von Strukturanalyse vor allem dadurch, daß es den Text in seine Rechte einsetzt, d. h. ihn nicht zum bloßen Anlaß für den Jargon oder für die Beschreibung der Form degradiert, und daß es das verstehende Subjekt in seine Rechte einsetzt. Ist auf dieser ersten Stufe der Literaturwissenschaftler mit jedem (naiven) Leser solidarisch, so trennt er sich auf der zweiten von diesem. Denn das Entziffern des Textes wird ihm nicht zur Voraussetzung, diesen auf eine Vorstellung hin zu überschreiten, die der Leser bloß aus seiner Alltagserfahrung wie aus seinen Tag- und Nachtträumen gebildet hat und die er darum Bilder nennt. Sprachlichkeit der Literatur bedeutet nun, daß nicht nur sprachliche Texte vorliegen, die als solche zu lesen sind, sondern daß die Vorstellungen, die Bedeutungen, der Sinn, die sich im Lesen konstituieren, selbst sprachliche sind. Ja Sprachlichkeit der Literatur heißt, daß die Literatur eben nicht Abbilder (einer historisch-empirischen Realität) oder imagines produziert und daß diese dann in ideologische oder szientifische Zeichen zu übersetzen seien, die den Sinn jener Bilder erst ausmachen. Sprachlichkeit der Literatur heißt zum zweiten vielmehr, daß Bild und Sinn untrennbar eines sind und als eine solche Einheit aufgefaßt werden müssen, so daß die ganze Diskussion von realistischer Literatur hier und symbolischer dort, ob sie nun eine historische oder eine systematische Diskussion ist, sich als fiktiv erweist.

Sprachlichkeit der Literatur heißt einzusehen und zu zeigen, daß Sprache nicht das *Medium* der Literatur ist, sondern die Literatur selbst, insofern nur als Literatur Sprache zu sich selbst kommt und um so mehr literarisch ist, je mehr sie sprachlich ist, also ihre Medialität und Instrumentalität, ihr Für-etwas-anderes-Sein aufgeben kann.

Auch hier ist wieder ein Mißverständnis möglich, nämlich das eines Reduktionismus. Linguistisch orientierte Literaturwissenschaft der Gegenwart trägt dazu bei. Wer aber bedauert oder behauptet, daß es *nur* um Sprache gehe, steht noch ganz im Banne eines instrumentellen Sprachverständnisses. Sprachlichkeit der Literatur bedeutet ja gerade nicht, daß Literatur die Aktualisierung eines Zeichensystems sei, sondern vielmehr, daß alles, was Literatur darstellt, an sich selbst Bedeutung sei. Kein Tisch, kein Vogel, kein Baum, keine Eisenbahnfahrt, kein Weinen, kein Mord sind das bloße imaginierte Faktum, über dessen Bedeutung erst eine theologische, philosophische, psychologische, soziologische Exegese den Leser zu belehren hätte, sondern sie sind als Textbestandteile immer schon ›immanent‹ bedeutend. Und sie können dies sein, weil Sprache erst in der Literatur ganz ihren Bedeutungscharakter, wir können auch sagen: ihre durchgängige Metaphorizität ausleben kann.

Und damit sind wir beim Dritten, das nicht eigentlich mehr ein Moment der Sprachlichkeit der Literatur, wohl aber ihrer Begründung ist.

Sprachlichkeit der Literatur, die die durchgehende Textualität und Semantik der Literatur bedeutet, gründet in dem, was wir durch sie erst wahrnehmen, einsehen: in der Sprachlichkeit der Wirklichkeit, womit die Gemeinsamkeit von Subjekt und Welt benannt sei. Sprachlichkeit der Literatur wird erst möglich und sinnvoll, wenn Sprachlichkeit eine, nein *die* zentrale Kategorie der Wirklichkeit ist als die Kategorie des konkreten Sinns.

Letzteres kann hier nur angedeutet werden. Aber es genüge, um begreiflich zu machen, daß Sprachlichkeit der Literatur auf den Individualitätscharakter der Werke ebenso deutet wie auf ihren intentional universellen Sinn.

Dieser Sprachlichkeit der Literatur ist keine angepaßte Literaturwissenschaft gewachsen, schon allein darum nicht, weil die ihre Reflexionsansätze von Wissenschaften bezieht, besser: vom historischen Status von Wissenschaften, von denen nur ein instrumentelles Sprachverständnis zu erwarten ist. Statt auf den Schultern anderer Disziplinen muß Literaturwissenschaft anfangen, auf eigenen Füßen zu stehen.

Dann wird sich auch eine sinnvolle Weiterführung des Kantschen ästhetischen Ansatzes zeigen. Formalität als Zweckmäßigkeit ohne Zweck ist ein zunächst abstraktes Prinzip, das die »immanente Interpretation« zum Mißverständnis der Dichtung als Kunstwerkes i. S. bildender Kunst geführt hat. Insofern die Literatur Sprachwerke und nicht primär Kunstwerke kennt, impliziert sie immer und notwendig Sinn, also Inhalte. Ja auch ihre Formmomente sind als Sprachmomente semantische, was die Intentionen der »immanenten Interpretation« vom Kopf auf die Füße stellt. Aber dieser Sinn entspringt der freigesetzten, der zwecklosen, der eben darum ästhetischen Sprachlichkeit der Werke.

Die Literaturwissenschaft hat nicht mehr von dem jeweiligen Jargon aus, an den sie sich angepaßt hat, die literarischen Werke zu erfassen, deren Status eben dadurch nie über den des Meinens hinauskommen konnte. Sie muß nun, frei von Anpassungsängsten, ihre eigene, d. h. die dem Verstehen und der Deutung der Werke als Sprachwerke gemäße Sprache finden. Die wird detailorientiert und minutiös aufmerksam sein müssen, denn es gibt dank der durchgehenden Sprachlichkeit der Literatur keine eo ipso bedeutungslosen oder auch nur bedeutungsschwachen Momente. Und ihre Sprache wird gleichzeitig spekulativ und intuitiv sein müssen, denn immer ist der Sinn des Werks als ein potentiell universeller herauszuarbeiten. Der aber liegt nicht in der Wiederholung von diskursiv schon Gemeintem, das zweckgebundenem Sprechen zugehört.

Literaturwissenschaft muß es wagen, von einer Sekundärwissenschaft, die sich aus den Sätzen anderer Wissenschaften ableitet und die Literatur auf eine Art von metaphorischem Sprechen reduziert, dem das Metaphorische zugunsten empirischer Begriffe ausgetrieben werden muß, zu einer Primärwissenschaft zu werden.

In einer Erkenntnissituation, die davon geprägt ist, daß die meisten Wissenschaften, wenn nicht ihre Sprachabhängigkeit, so doch ihre gänzliche Vermitteltheit in Sprache immer intensiver begreifen, und die darum eine Erkenntniskrisis ohnegleichen in der menschlichen Geschichte ist, müßte die Literaturwissenschaft einzusehen beginnen, daß nicht allein ihr Gegenstand sprachlich ist (und damit alle Mißverständnisse des sogenannten Referentiellen erledigt sind), sondern auch, daß die Sprache der Literatur tendenziell immer schon die Instrumentalität der Sprache überwunden hat, daß sie keinen ihr von außen gesetzten Zwecken unterworfen ist, daß sie nicht von etwas spricht, das schon besteht, sondern von etwas, das sich in diesem Sprechen und kraft seiner erst herstellt.

Aus einer angepaßten Wissenschaft könnte so eine werden, die neue Erkenntniswege bahnt.

Zuerst in: Akten des VII. Internationalen Germanisten-Kongresses Göttingen 1985. Kontroversen, alte und neue. Hrsg. von Albrecht Schöne. Bd. 11, Tübingen 1986, S. 129-137
Abdruck mit freundlicher Genehmigung des Max Niemeyer Verlags, Tübingen.

Klaus Laermann

Die Lust an der Unklarheit und die Schmerzgrenzen des Verstehens

Dunkelheit als Erfolgsgrundlage in den Geisteswissenschaften

> Das Sichverständlichmachen ist der Selbstmord der Philosophie.
> Martin Heidegger: Beiträge zur Philosophie (Vom Ereignis) in: Gesamtausgabe, Bd. 65, hg. Friedrich-Wilhelm von Herrmann, Frankfurt a.M. 1989, S. 435.

I

Seit mehr als einem Jahrzehnt ist im Gegenzug gegen den herrschenden Wissenschaftsbetrieb bei einigen jüngeren Geisteswissenschaftlern eine Art zu schreiben Mode geworden, die sich entschieden absetzt von der traditionellen Forderung des »clare et distincte«. Allerdings blieb diese Abkehr keineswegs unumstritten. Denn den mit ihr erhobenen Anspruch, der wissenschaftlichen Wahrheitsfindung neue Dimensionen zu eröffnen, hielten viele der offiziellen Vertreter der Wissenschaft aufgrund der bisher vorgelegten Ergebnisse für nicht eingelöst und mithin nicht gerechtfertigt. In den Debatten der einzelnen Fächer kam es zu Auseinandersetzungen mit oft persönlichen, von manchen als denunziatorisch empfundenen Vorwürfen. Um solche Vorwürfe auszuschließen, verzichten die folgenden Überlegungen auf Textbeispiele. Sie beschränken sich vielmehr auf eine Beantwortung der zentralen Frage nach der Faszination einer Wissenschaftssprache, die sich nicht auf das Ideal größtmöglicher Klarheit verpflichten lassen will. Sie fragen, wodurch das Interesse an wissenschaftlichen Diskursen geweckt wird, die keiner regelgeleiteten Methode zu folgen scheinen, bei denen also nur selten eins aus dem anderen abgeleitet wird oder sich nach absehbaren Strukturprinzipien ergibt.

Gehören solche Ausführungen generell nicht zur Wissenschaft, auch wenn sie selbst darauf Anspruch erheben? Gewiß, sie mögen oft eher verwirrend wirken. Aber wie kommt es, daß sie bestimmte Teile des Publikums faszinieren? Welche Attraktion geht von ihnen aus? Was veranlaßt manche Leser, ein Buch nicht gleich wegzulegen, das sie kaum verstehen? Warum sind sie zwar manchmal, aber durchaus nicht immer darüber verärgert? Gibt es bei der Lektüre wissenschaftlicher Texte eine Lust am Orientierungsverlust? Oder gar ein Spiel mit den Schmerzgrenzen des Verstehens?

Dem Neuling und Laien kommt es meist vor, als führe die Wissenschaft methodisch und absichtsvoll Orientierungsschwierigkeiten herbei, statt sie zu beseitigen. Ihre Sprache erscheint ihm derart kompliziert, trocken und unverständlich, daß sie ihm ohne Anleitung kaum zu vermitteln ist. Wenn zu ihrer Rechtfertigung behauptet wird, daß sie durch Kompliziertheit erhöhte Zuverlässigkeit erziele, so kann er das nicht nachvollziehen. Folglich hat er keine Wahl, als sich über sie lustig zu machen oder sich erst einmal guten Glaubens an das zu halten, was er trotz seiner Verwirrung aufzufassen vermag. Lachende Abwehr oder dogmatische Aneignung sind oft die ersten Reaktionen von Menschen, die sich Texten konfrontiert sehen, deren Begriffsvermögen das ihre übersteigt. Was sie nicht verstehen, das machen sie leicht entweder lächerlich oder sie beten es fromm nach. Im einen wie im anderen Fall aber fühlen sie sich dem, was sie gelesen haben, (vielleicht ohne es zu merken) unterlegen. Einmal suchen sie die Wissenschaftssprache durch lachende Ablehnung ihrer Unverständlichkeit aus einer relativ ohnmächtigen Position heraus zu entmächtigen; das andere Mal suchen sie sich ihrer als überlegen empfundenen Macht durch dogmatische Identifizierung zu versichern.

Wenn eine Lektüre wissenschaftlicher Texte nicht in Ablehnung erstarrt und endet, ist sie am Anfang beinahe immer verwirrend. Denn nie versteht der, der sich auf sie einläßt, zu Beginn etwas ganz. Allzu oft bleibt ihm das dumpfe Gefühl eines Ungenügens zurück. Er hat zwar etwas mitbekommen, aber er kann nicht recht sagen, was. Meist hat er ein paar Begriffe behalten, die er aber gerade als Begriffe nicht anwenden kann, weil sie für ihn in einem höchst unklaren Verhältnis zueinander stehen. Sie sind nicht an sich sinnlos, doch in seinem Kopf erscheinen sie, auch wenn er sich mit ihnen identifiziert, merkwürdig trüb oder blind.

Seine Verwirrung muß er dabei nicht unbedingt als unangenehm empfinden. Denn er erfährt sie kaum als blanke Verständnislosigkeit. Ein bißchen versteht gerade von geisteswissenschaftlichen Texten schon allein deshalb jeder, weil deren Wissenschaftssprache bei aller Abgehobenheit nicht ohne Bezug auf die Alltagssprache auskommt. Das Gefühl eines leichten Schwindels, das sich nach einer Lektüre solcher Texte oft einstellt, ist in einer schwer zu fassenden Weise spannend. Die unsichere Gewißheit, daß in dem Gelesenen viel mehr steckt, als man selbst zu sagen, geschweige denn zu schreiben vermöchte, wirkt irritierend und zwingt zu erneuter Beschäftigung mit dem kaum Verstandenen. Wie ein ungelöstes Rätsel schlägt die Wissenschaftssprache Anfänger, die sich auf sie einzulassen bereit sind, in ihren Bann.

Daß viele wissenschaftliche Texte in der Tat nicht einfach zu verstehen sind, liegt nicht nur an der Esoterik ihrer Themen und der Komplexität ihrer Fragestellungen, sondern auch an dem schwierigen, meist unbedacht bleibenden Verhältnis zwischen Lesenden und Schreibenden. In der Regel nehmen wissenschaftliche Autoren auf ihre Leser *als Leser* kaum Rücksicht. Naiv behandeln sie sie als ihresgleichen, also als potentielle Schreiber. Die unterstellte Gleichrangigkeit von Schreibenden und Lesenden wirkt aber häufig nicht verständnisfördernd. Denn wenn beide tatsächlich gleichauf wären, bestünde die Gefahr (in die Wissenschaftler aus Angst vor Konkurrenz oft genug zu geraten glauben), daß sie einander in einem Maße durchsichtig würden, welches jede Kommunikation zwischen ihnen erübrigte. Manche Wissenschaftler schreiben vielleicht darum im Stil einer näselnden Nörgeligkeit, die andeuten soll, daß sie es als Zumutung empfinden, völlig klare Sachverhalte nun auch noch darlegen zu müssen. – Fast noch naiver ist umgekehrt die Forderung, ein Wissensgefälle zwischen einem Autor und seinen Lesern umstandslos aufzuheben oder einen Vorsprung des einen vor den anderen leichthin zu beseitigen. Irreführend sind diese Forderungen, weil sie vorgeben, es lasse sich ein und derselbe Gedanke vom Autor auf sein Publikum verlustlos übertragen. Sie suggerieren so etwas wie eine Nullsummenkonstanz im Kommunikationsprozeß, bei der am Ende auf der einen Seite weniger, auf der anderen mehr an Wissen vorhanden sein müßte, wenn jede Lektüre einfach nur ein Gefälle ausgleichen würde. Schreiben und Lesen sind als Kommunikation mehr als die Übertragung von Wissen auf Nichtwissende. Vielmehr erfährt auch der Schreibende durch die allmähliche Verfertigung seiner Gedanken beim Schreiben etwas, das er zuvor so noch nicht wußte. Selbst wenn daher manche Autoren höflich zu verstehen geben, daß sie auf ihre Leser Rücksicht zu nehmen bereit sind, haben sie in erster Linie Niveauunterschiede zu ihrem Publikum im Sinn. Da auch diese Wissenschaftler vor ihren Kollegen nicht als Simpel erscheinen wollen, glauben sie nur zu oft, sich von der Rücksichtnahme auf einen kollegialen Diskussionszusammenhang nicht allzuweit entfernen zu dürfen. Daher sind Anfänger und Laien am Ende auch von ihrer Sprache irritiert.

Genau diese Irritation machen sich die neuen Unverständlichen, also die Autoren jener geisteswissenschaftlichen Texte zunutze, die sich in den letzten beiden Jahrzehnten von den Themen und Argumentationsmustern der Wissenschaft abgewendet haben. Die Verwirrung, in die sich die meisten Leser angesichts von komplexen Sinnzusammenhängen zunächst versetzt sehen, ist ihr Metier. Sie greifen sie auf und verstärken sie. Manche von ihnen inszenieren sie regelrecht. Zuweilen kunstvoll, oft ungewollt, fast immer unbemerkt versuchen sie, ihr Publikum in die Position von Anfängern zu zwingen. Die Unklarheiten, die sie hervorbringen, werden aber offenbar von ihren Lesern keineswegs nur als ärgerlich wahrgenommen, sondern sie scheinen für viele durchaus reizvoll zu sein. Wie sonst wäre der unbestreitbare Erfolg dieser Autoren zu erklären?

Was sprachlich dunkel bleibt, eröffnet den Versuchen, es zu verstehen, eine allemal breitere Projektionsfläche als das, was offen zutagetritt, mithin einfach erkannt und gesagt werden kann. Denn im Dunklen fehlen weitgehend jene Konturen, die sprachliches »Rauschen« zur Wahrnehmbarkeit beispielsweise von Widersprüchen bündeln und dadurch Bestimmtheit erzeugen. Es bietet jedem die Chance, sich das Seine zu denken. Texte, von denen fast niemand nichts versteht und keiner mehr als nur etwas, sind in hohem Maße anmutend. Sie bestätigen und intensivieren die leichte Verwirrtheit, die Laien und Anfänger angesichts der Wissenschaftssprache zunächst empfinden.

Daß sie im Dunklen munkeln, schafft ein emotionales Reizklima eigener Art. Denn die raunende Beschwörung des schwer Verständlichen, in dem kaum Konturen auszumachen sind, kann – so unwahrscheinlich das klingt – äußerst integrativ wirken. Sie verschafft den Lesern das diffuse Gefühl, die eigenen Verständnisprobleme in den dargebotenen Texten wiederzuerkennen. Wo ein Autor so geschickt ist, undeutlich genug zu zeigen, daß er seine Ausführungen selbst nicht recht begreift, da kann sich mancher aufgehoben fühlen, der in einer ähnlich mißlichen Lage ist. Denn wer sonst fürchten müßte, nichts zu kapieren, darf sich dort wenigstens im Dunklen sonnen. Der Erfolg halb verständlicher Texte beruht also nicht zuletzt darauf, daß sie Erkenntnisschwierigkeiten scheinbar abfangen. Dadurch wirken sie angstmindernd und vermitteln Geborgenheit. Sie erwecken bei ihren Lesern den Eindruck, doch nicht so dumm zu sein, wie sie zunächst befürchten mußten. Wer in ihnen aufgeht, braucht nicht länger das Gefühl zu haben, ausgeschlossen zu sein, sondern darf dazugehören und eintauchen in eine Binnenatmosphäre des ungeteilten, weil vorbegrifflichen Einverständigtseins. Scheinbar folgenlos bleibt dabei, daß in ihnen unter Umständen jeder etwas anderes erkannt zu haben glaubt. Offenbar geht es hier weniger um einen wissenschaftlichen Erkenntnisgewinn als um die von außen gewonnene Bestätigung und Entschuldigung der eigenen Verwirrtheit. Undeutlichkeit bietet in dieser Richtung besonders weitreichende Resonanzeffekte.

Bemerkenswert ist, daß die durchaus nicht immer bewußt erzielt werden. In den nur halb verständlichen geisteswissenschaftlichen Texten stellen sie sich vielmehr durch eine Art vorbewußter Kommunikation ein. Diese Texte delegieren die Verwirrung ihrer Verfasser unbemerkt an die Leser. Die wiederum merken nicht, was sie vor sich haben; denn auch ihnen wird nicht bewußt, daß sie nur ihre eigene Verwirrung in solchen Texten wiedererkennen. Und dieses Wiedererkennen empfinden sie als befreiende Bestätigung, für die sie dem jeweiligen Autor mit einer zuweilen fast fanatischen Bewunderung danken. Das große Selbstbewußtsein derer, die gegenwärtig im Trüben fischen, scheint also durchaus nicht unverständlich. Denn sie haben offenkundig genau *den* Erfolg, der ihnen gebührt.

II

Doch ihr Selbstbewußtsein speist sich nicht nur aus dem Beifall ihrer Adepten. Es hat noch einen weiteren Grund: Wenn jemand den Eindruck erweckt, selbst nicht zu merken, daß er undeutlich schreibt, so liegt das meist daran, daß er aus seinen Texten Entscheidendes ausblendet. Er will dann wohl weder wahrnehmen noch wahrhaben, daß etwas keineswegs schon allein deshalb klar wird, weil er selbst es laut genug behauptet. Denn seiner unbewußten Wahrnehmung können die angstauslösenden Momente der eigenen Konfusion durchaus nicht entgehen. Dies gilt um so mehr, als er den Vorwurf der Unklarheit, der ihm von Kritikern gemacht wird, auch beim Schreiben immer schon antizipiert. Um ihn kompensatorisch zu entkräften, gibt er seinen Lesern mit größtem Nachdruck zu verstehen, daß seine Texte ihm selbst nur allzu überzeugend erscheinen. Ihre Konfusionen setzen daher die Wortgewalt, hinter der sie verborgen sind, zwingend voraus.

Nicht den Anflug eines Zweifels würden diese Texte sich durchgehen lassen. Offene Fragen zu benennen, erschiene in ihnen unmöglich. Und jede nur hypothetische Formulierung wäre verpönt. Ihnen geht es weniger um eine zusammenhängende Darstellung von Begriffen oder Schlußfolgerungen als vielmehr um eine unabsehbare Reihung von Urteilen. Irritierend ist dabei, daß sie zwar in ungewohnt starkem Maße auf die Urteilsform zurückgreifen, aber die gedanklichen Voraussetzungen von Urteilen (also deren Ableitungen oder Begründungen) nicht nachvollziehbar halten oder gar einsichtig werden lassen. Es kommt ihnen nicht auf die verstandesmäßig überprüfbare Verknüpfung von Vorstellungsinhalten an, sondern auf eine urteilsförmig wirkende Verblüffung der Leser. Sie sollen überrumpelt, nicht zwanglos zur Erkenntnis gedrängt werden. Resultat dieser Urteilsversessenheit ist eine fatale Neigung zu mehr oder weniger unabgeleiteten Sentenzen. Nicht Sprachnot oder gar sachlicher Problemdruck haben sie hervorgerufen, sondern das Bedürfnis, einen Text zu montieren aus lauter letzten Sätzen. Denn die dulden keinen Widerspruch. Solches Bramabarsieren scheint nicht auf der Flucht zu sein vor Problemen, sondern gibt sich den Anschein, ihnen durch Urteilsstrenge standzuhalten. Dabei stellt es jedoch unter Beweis, daß sich selbst in einem thetischen Stil Verwirrung erzeugen läßt. Denn wenn in ihm die Verbindungsglieder des Denkens entfallen, gewinnen seine Urteile etwas überraschend Unbegründetes und wahllos Dekretierendes.

Wissenschaftliche Aussagen stehen unter einem hohen kognitiven oder normativen Erwartungsdruck. Er verlangt in der Regel eine starke Bindungspflicht des Autors an seinen Text, ein entschlossenes Engagement für dessen Richtigkeit sowie ein großes Maß an Eigenüberzeugung. Gerade unklare Texte zeichnen sich nun aber oft dadurch aus, daß in ihnen diese Erwartungen übererfüllt werden, daß sie (durch die Häufung von Urteilen und den Wegfall von Begründungen) einen erheblichen Überzeugungsüberschuß aufweisen. Ihre starke Emotionalisierung steigert sich zuweilen zum hohen Ton einer Offenbarung.

Jeder möchte sich in seinen Überzeugungen gern von anderen bestärkt sehen. Insofern fordert Überzeugtheit unausdrücklich und uneingestanden immer die Zustimmung anderer ein. Steigern kann sich ihr kaum bewußt gemachter Appellcharakter noch, wenn sie auf nachhaltige Ablehnung stößt. Und gerade das ist bei unklaren Arbeiten, die ja von seiten der etablierten Wissenschaft keineswegs nur Zustimmung finden, häufig der Fall. Durch Beifall heischenden Urteilszwang setzen sich ihre Verfasser über jene kritische Selbstkontrolle hinweg, auf der die leidige, weil schwierige Klarheit von Texten beruht. Sofern ein solcher Kontrollverlust nur zu sprachlicher Schlamperei führt, wird er kein sonderliches Interesse wecken. Interessant wird er dagegen dort, wo ein Autor explizit und offensiv jene Lernbereitschaft ausschließt, die eine sprachliche Reformulierung seines Textes gestatten oder sogar erzwingen müßte. Oft zieht er sich dann angesichts von starker Kritik auf eine mindestens ebenso starke Unbelehrbarkeit zurück. Unnachgiebige Intransigenz wird in seinen Augen zum Maßstab wissenschaftlichen Ernstes. Denn nun bleibt ihm vielleicht keine andere Wahl, als sich emotional verstockt zu zeigen und seinen Überzeugungsüberschuß zum Anlaß zu nehmen, anderen die Schuld an seiner wissenschaftlichen Stigmatisierung zuzuschieben.

Eine der Voraussetzungen für den Erfolg geisteswissenschaftlicher Dunkelheit ist heute eine ebenso aggressive wie larmoyante Unbelehrbarkeit und Durchhaltebereitschaft gegen einen als pedantisch und zünftlerisch diskreditierten kollegialen Diskussionszusammenhang. Durch sie haben manche Autoren Lehrstühle errungen, indem sie sich zu Opfern eines Wissenschaftsbetriebs stilisierten, von dem sie gleichzeitig zu profitieren wußten. Sie verfuhren dabei nach dem Schema der verfolgenden Unschuld. Wer sich als marginalisiert bezeichnet oder wer zu verstehen gibt, er sei aus dem allgemeinen Betrieb ausgegrenzt, meint, auf einen Sympathievorschuß hoffen zu dürfen. Denn kaum jemand wird wohl so taktlos sein, ihn zu fragen, ob er sich nicht am Ende selbst ausgegrenzt hat und durchaus nur marginalisiert leben und arbeiten will (oder gar kann).

Auf die emotional gestützte Einwandsimmunität der neuen Unverständlichen reagiert die wissenschaftliche Öffentlichkeit entweder mit einem schlechten Gewissen im klammen Klima höflichen Schweigens oder mit schroffer Aversion, die sich nur selten zu einem Unwetter aggressiver Polemik verdichtet. Es gibt ihr gegenüber kaum eine vermittelnde Kritik. Denn jedem Kritiker wird von den Kritisierten schon vorab bedeutet, daß er im Grunde nichts gegen ihre halbverständliche Unverständlichkeit zu sagen hat. Wer gegen sie Stellung beziehen will, sieht sich mehrfach gestaffelten Frageverboten konfrontiert. Immer wieder muß er sich anhören, er habe die Texte, die er sich vornimmt, nicht verstanden. Und das stimmt ja auch. Nur stimmt es eben anders, als es die meinen, die diesen Vorwurf erheben.

III

Die starken Appelle gerade der offensiv vertretenen Undeutlichkeit werden von Teilen des Publikums als emotional attraktiv empfunden. Denn sie wecken ein diffuses Identifizierungsverlangen, dem sie in seiner Orientierungslosigkeit Halt versprechen. Dadurch kommt es zu sektiererischen Solidarisierungseffekten. Unbewußt werden dabei drei folgenreiche Unterstellungen vorgenommen. Die erste schließt an die Urteilsförmigkeit der nur halb verständlichen Texte an. Sie setzt voraus (ohne dies in Frage stellen zu wollen oder zu dürfen), daß die in die Texte eingearbeiteten Urteile unter allen Umständen recht haben. Daraus ergibt sich eine enorme Streitbereitschaft. Gestützt wird sie durch moralisch getönte Kulpabilisierungen. Schuld haben ihnen zufolge immer die anderen, und die sind zudem noch die Dummen.

Solche Schuldzuweisungen (vor allem an die traditionelle Wissenschaft), die in den Urteilsstrukturen verworrener Texte überaus deutlich zutage treten, dienen der Anwerbung zuvor unbeteiligter Leser und der weiteren Überzeugung bereits gewonnener. Nur zu bereitwillig können ihnen diejenigen folgen, die sich ihrerseits als vom Wissenschaftsbereich marginalisiert begreifen. Das erklärt vielleicht die unerhörte Attraktion geisteswissenschaftlicher Schwadroneure in kleinen studentischen Zirkeln. Wahrscheinlich ist der Publikumserfolg der Dunklen darauf zurückzuführen, daß Studenten, also wissenschaftliche Anfänger, den größten Teil ihrer Bewunderer ausmachen. Sie sind es, die für Schuldsprüche über die etablierte Wissenschaft ein besonders offenes Ohr haben. Denn sie sind es auch, die unter dieser Wissenschaft am stärksten leiden. Ihnen gilt sie als ein System, das nur zum Schein behauptet, für alle offen zu sein, in Wirklichkeit aber der großen Mehrheit gerade des intelligenten Nachwuchses den Zugang versperrt. Tag für Tag gewinnen sie den Eindruck, daß dieses System so tut, als sei es immer schon komplett. Es scheint sich selbst zu genügen, ganz gleich, was sie sagen. Damit droht es, sie sprachlos zu machen; sie kommen in ihm nicht vor. Also sind sie bereit, die Proteste derjenigen zu bewundern und zu unterstützen, die ihr Heil in einer antiwissenschaftlichen Wissenschaft suchen. Denn die scheinen in ihrem Namen zu reden (auch wenn sie vielleicht nur ihren Haß auf die Wissenschaft in Karrierechancen umsetzen). Gutgläubig meinen zumindest Teile des studentischen Publikums, eine Wissenschaft *von* Außenseitern sei notwendig auch schon eine *für* Außenseiter.

Die zweite Unterstellung läuft darauf hinaus, daß das schwer Verständliche eben nicht jedem zugänglich ist, sondern nur einem kleinen Kreis. Sie beschwört den Ritus einer Initiation, der seinerseits für ein studentisches Publikum von größtem Interesse ist, das meist von fachspezifischen Diskussionen (wenn es sie denn gibt) ausgeschlossen bleibt. Die Behauptung, einen Text verstanden zu haben, der eigentlich nur Eingeweihten zugänglich schien, verschafft jedem Studierenden einen Distinktionsgewinn. Denn aus ihr läßt sich Renommee vor allem vor jenen ziehen, denen er zu schwer war und die dummerweise auch noch bereit sind, das zuzugeben. Und dazu zählen nicht selten auch Professoren. Sie auf ihrem eigenen Feld der Ahnungslosigkeit überführen zu können, bereitet außerordentliche Triumphe. In der raunenden Schau des kaum zu Erkennenden meinen dann die Adepten, sie seien ganz unter sich. Weil sie vorgeben, verstanden zu haben, was sich anderen (vor allem ihren Lehrern) nicht erschließt, zelebrieren sie mit der Wiederholung dunkler Worte die Weihe ihres unsichtbaren Bundes. Unverständlichkeit wird für sie zur Grundlage eines gemeinsamen Privilegs.

Die dritte Unterstellung läuft darauf hinaus, daß das Dunkle nie geistreich oder gar einfach, sondern notwendig schwer erscheinen, ja sein soll. Denn sein Erfolg darf sich nicht der Freude am Witzigen oder nur eben Hingemachten verdanken, das den Ernst eines hohen Anspruchs unterläuft oder sein Niveau entgegenkommend herabsetzt. (Dabei könnte heute ein Verzicht auf Strenge, selbst auf Kosten der Klarheit gelegentlich vor allem dort reizvoll und entkrampfend wirken, wo Methode sich nur selbst genügt und Strenge bloß witzloser Bluff ist, um im Wissenschaftsbetrieb Eindruck zu machen). Nein, der gegenwärtig praktizierten Undeutlichkeit geht es nicht um jene Lust am Unsinnigen, die sich erfreut an der Umgehung des Sinnzwangs oder an der Durchbrechung einer Ordnungsstarre, die sie als Zumutung empfindet. Ihre Unsinnsverfahren verbuchen nur selten solche Vorlustgewinne. Die Virtuosen des Dunkelsinns meinen es vielmehr ernst. Kaum einmal genießen sie es, einem allgemein anerkannten Sinn zu entwischen, seine Anmaßung bloßzustellen. Sie kennen nicht das befreiende Gefühl jenes Witzes, der sich selbst im absolut Unsinnigen nicht einfach verliert, sondern über einen Umweg lachend zurückfindet in Sinnzusammenhänge. Wenn sie einen Witz machen, klingt er angestrengt. Einladende Leichtigkeit ist ihre Sache nicht.

IV

Lieber folgen sie ihrer Neigung, sich in ernster Dunkelheit zu bepriestern. Scheinbar hohe theoretische Ansprüche sind durch ihren sprachlichen Ausdruck ins oft kaum Nachvollziehbare gesteigert. Theorie wird dabei so weit getrieben, daß sie zum Schein über sich selbst hinausgreift und ihre eigene Betriebsgrundlage in

Frage stellt. Nicht umsonst beschäftigen sich die Dunklen besonders gern mit der Schrift und den Schreibsystemen. In ihnen scheinen sie auf ein Letztes gestoßen zu sein, unter das keine Theorie zurückkann. Jeder Gedanke, so behaupten sie dann, ist von
den Grundvoraussetzungen der Notationssysteme abhängig, in
denen er aufgezeichnet wird. Vor allem der Literatur und ihren
idealistischen Ansprüchen läßt sich auf diese Weise ein Bein stellen. Wenn sich zeigen läßt, daß sie jeweils nur als Ausfluß eines
Schreibverfahrens erscheint, das sich durch sie ausspricht, wird
sie nicht nur vom Himmel auf die Erde geholt, sondern regelrecht
platt gemacht.

Manche Texte der Dunklen tun zuweilen, als könnten sie das
Leid allen Sinnverstehens in ihre Sprachgestalt aufnehmen und
zugleich gegen die Zumutung seiner Sagbarkeit protestieren. Das
schwer Verständliche, dem sie sich verschreiben, begreift sich als
Protest gegen eine Welt, die sich als nur zu verständlich ausgibt
und dabei immer gefährlichere Rätsel aufgibt. Es behauptet, in
seiner Undeutlichkeit wahrhaftiger zu sein als die allgegenwärtigen Verständlichkeitszumutungen. Denn es ahmt die angeblich
ebenso unhintergehbare wie schmerzende Unklarheit alles Denkens, Sprechens und Schreibens nach, die immer neue Schmerzen verursacht und Unklarheiten erzeugt. Verstrickt ins Unüber-
sichtliche soll das wissenschaftlich kaum Sagbare die Trauer über
die strahlende Dummheit derer demonstrieren, die sich auszu-
kennen behaupten. Ostentativ und offensiv soll es auf die unaufhebbaren Differenzen verweisen, die sich gerade dann auftun,
wenn die Geisteswissenschaften mit Bestimmtheit behaupten,
»etwas« erkannt zu haben und dann auch noch sagen zu können.
Aus der scheinbar nicht blank zu putzenden Undeutlichkeit der
Sprache, aus ihrem nicht zu beseitigenden Abstand zur Welt
schließen die Dunklen auf notwendige Orientierungsverluste jedes Verstehens – und führen sie bei ihren Lesern herbei.

Doch zuweilen scheint es, als könnten sie selbst nicht aushal-
ten, was sie verbreiten. Auch den Undeutlichen wird ihr Negati-
vismus manchmal zu viel. In solchen Momenten grenzenlos über-
botener Negativität suchen sie Schutz und Trost bei Katastro-

phen. Eine Steigerung ihrer Sinnlosigkeitspostulate erscheint dann nicht mehr virtuos, sondern nimmt nihilistische Züge an. Denn die setzt sich der Gefahr eines Absturzes ins ganz und gar Zerstörerische aus. Sie spielt nicht mehr mit dem Chaos, sondern ist bereit, sich ihm preiszugeben. Sie betreibt ein nur vorgeblich heiteres, eher beängstigend fröhliches *brinkmanship*. Die Haltlosigkeit aller Sinnzumutungen gipfelt für sie in der Gewißheit eines allgemeinen Untergangs. Der Katastrophismus erscheint als bevorzugtes Thema dunkler Wissenschaft, weil scheinbar nur durch ihn noch Konturen in die Wirklichkeit zu bringen sind. Wo alles in Unklarheit zu versinken drohte, wo aller Welt die Realität abgesprochen wurde, da soll das Äußerste letzten Halt verheißen. Der ungeheure intellektuelle Selbsthaß der Dunklen, der den großen Knall emphatisch bejaht, ist der wohl gefährlichste und widerlichste Aspekt ihres Realitätsverlusts. Denn mit ihm wird der real durchaus nicht undenkbaren planetarischen Zerstörung der Menschheit wahnhaft eine kathartische Funktion zugesprochen. Sie taugt nurmehr als Beleg dafür, daß eine Theorie recht behalten will, die sich hybrid hinters Ende der Geschichte stellen möchte, weil sie sich aller Sicherheiten entschlagen zu haben behauptet.

V

Meist aber geben sich die Dunklen mit weniger zufrieden als mit Untergängen und Katastrophen. Die Grenzerfahrung einer Darstellung gerade von Sinnlosigkeit als Sinn soll dann nur jenseits der alltäglich eingespielten wissenschaftlichen Kommunikation die ostentativ unterstellte Exklusivität ihrer Theorie bestätigen. Das Risiko, von Teilen des Publikums kaum verstanden zu werden, nehmen sie dabei bewußt in Kauf. Allerdings hüten sie sich davor, bei ihren Lesern komplettes Unverständnis zu erzielen. Denn einen vollständigen Übersichtsverlust würden die sich schwerlich bieten lassen. Er wäre nicht auszuhalten. Doch das prickelnde Zittern davor, daß es so weit kommen könnte, wirkt provokant und durchaus nicht unangenehm.

Das Unklare und Unverständliche ist also keineswegs das Unsinnige, ganz und gar Abwegige, sondern vielmehr dessen Rand, das Schräge und Schiefe, das Verquere und Verquaste. Folglich darf ein Text nicht einfach nur unverständlich sein, um interessant zu wirken, sondern er muß es in einer über weite Strecken hin nachvollziehbaren Weise sein. Auch im sprachlich Unklaren sind meist noch bestimmte Aussagen (wie immer undeutlich) zu ahnen.

An dieser Stelle hätte eine psychoanalytische Deutung von Wirkungsmechanismen der Unklarheit anzusetzen. Sie könnte ein gesteigertes sexualisiertes Interesse am Geheimnischarakter des Undeutlichen nachweisen. Es entsteht wohl dadurch, daß aufgrund einer Vertauschung in den archaischen Schemata unserer unbewußten Wahrnehmung jedes Geheimnis sexualisiert werden kann, weil umgekehrt Sexualität als *die* Sphäre des Geheimnisses erlebt wird. Im Unbewußten, das keine Entgegensetzungen kennt, steht eins für das andere ein. Daher kann auf einer frühen Stufe der Wahrnehmung jedes Geheimnis erregend und dadurch interessant werden. Wenn das Ungenaue triebhaft besetzt erscheint, so gerade deshalb, weil das Es seinerseits keine Genauigkeit erstrebt, sondern Erfüllung. Es ist nicht korrekt – sondern sucht, egal wie, immer nur Befriedigung. Auf Umwege und Feinheiten kommt es ihm nicht an. Daher kann alles Unregelrechte und Chaotische, wo es nicht durch drohende Überwältigung Angst auslöst, auch in einem triebhaften Sinn attraktiv werden. Die sexualisierte Erregung des Nichtverstehens muß sich jedoch in der Vorlust erschöpfen. Das Nichtverstehen kann und darf nicht über sie hinausgelangen, sondern muß sich immer nur mit ihr begnügen. Wären Geheimnisse in Texten »wirklich wirklich«, machten sie Angst. Sie wären unter Umständen nicht auszuhalten. Daher lebt das wissenschaftliche wie das sexuelle Geheimnis von dem nur angedeuteten Hinweis, es könnte eins sein. Man muß ahnen können, was man nicht wissen soll, aber doch irgendwie immer schon zu wissen glaubt, um genügend motiviert zu sein, es sich vorsichtig zuzumuten. Eben darin besteht das sexualisierte Moment des Nichtverstehens; denn auch in sexualibus gibt es ja eigentlich nur zu verstehen, was in Andeutungen belassen wird, weil es allbekannt ist.

Selbst in der neuesten Wissenschaft ist daher das Dunkel Verlockung und nicht einfach nur Blödsinn. Auch in ihr muß ein gerade noch *un*erträgliches Maß an Deutlichkeit erhalten bleiben. Denn sonst wäre auf seiten der Leser die Bereitschaft zu einer Fortsetzung der Lektüre nicht länger gewährleistet. Auch im Schmerz an den Sinngrenzen des Verstehens bleibt zuweilen etwas erhalten vom Reiz des Drehschwindels, von der kindlichen Freude an übergreller Buntheit. Dieser Schmerz darf und soll keinesfalls vollständige Bewußtlosigkeit nach sich ziehen.

Undeutlich Geschriebenes zu lesen erfordert eine Anstrengung, die nicht prinzipiell verschieden ist vom Normalfall des Sinnverstehens. Folglich kommt es darauf an, nicht nur nach den Verstehensbedingungen des Unklaren zu fragen, sondern auch nach denen des Klaren. Immerhin ist sprachliche Klarheit (selbst unter Wissenschaftlern) oft durchaus weniger leicht zu erfassen als die allgegenwärtigen Unklarheiten, bei denen man sich schnell beruhigt, weil man sie kennt und mit anderen teilt. Kein Verstehen, selbst nicht das von scheinbar klaren Texten geht je ganz in dem Verstandenen auf. Das gilt nicht zuletzt für die hochgradig artifizielle und vielfach gefilterte Wissenschaftssprache, die zwar auf ein kollegiales Verstehen hin angelegt ist, aber seiner nie sicher sein darf. Klar ist, was sich nicht einfacher sagen läßt. Darum aber ist Klarheit keineswegs leicht. Sie ist, im Gegenteil, schwerer zu erzielen und zu erfassen als Unklarheiten.

Sprachlich erscheint sie insgesamt gesehen eher unwahrscheinlich. Das Undeutliche ist in jeder Kommunikation weit häufiger anzutreffen als das Deutliche. Es entlastet weitherzig von Sinnzumutungen, befreit von der Notwendigkeit, eine Situation mit ihrem Kontext und seinen möglichen Folgen zu früh und zu genau festzulegen. Es befriedigt die alltägliche Neugier aufs nicht schon Bekannte. Denn das ist allemal das Unkonturierte, oft das Ungeordnete, manchmal das Witzige und nur selten das Klare. Auch wer weiß, daß wieder nur dasselbe kommt, klammert seine Hoffnung an die Chance, es könnte diesmal vielleicht etwas anderes (wie immer undeutlich) zu hören oder zu lesen sein. Die Unsicherheitsmomente des Undeutlichen bieten den Reiz des Neuen, zuvor nicht Erwartbaren, noch nicht Routinisierten. Von diesem Reiz lebt ihre Spannung. Und in der Spannung wird die Zeit selbst zur Voraussetzung der Unsicherheit. Die Spannung des Undeutlichen aber hat keine Auflösung, sie suggeriert sie nur. Denn Undeutlichkeit ist letztlich nicht rätselhaft, sondern konfus, schlampig oder chaotisch, jedenfalls ohne denkbare Auflösung. Ihr Rätsel besteht darin, keins zu haben.

Unklare Texte ahmen nach, was klare können; sie bluffen ihre Leser, statt sie zu verblüffen. Undeutlichkeit treibt Mimikry an die Klarheit, wenn sie etwas ungesagt sein läßt. Denn nichts wirkt sprachlich konturierter, als etwas nicht zu sagen und es dabei gerade so *unausdrücklich* zu halten, daß es wie *ausdrücklich* verstanden wird. Klar ist nicht, was genau, sondern was prägnant erscheint. Sprache ist, wo sie Glück hat, nicht exakt, sondern geistesgegenwärtig, also nicht unbedingt und ohne weiteres eindeutig.

Darum bleibt alles Verstehen – auch das einer klaren Sprache – auf eine psychisch mehr oder weniger schmerzhafte Weise spannend. Seine Schmerzerfahrungen gehören in den Geisteswissenschaften zu jeder Wahrnehmung von Sinn, sind also etwas keineswegs Außergewöhnliches. Denn geisteswissenschaftliches Sinnverstehen ist keine Suchleistung nach etwas eindeutig Vorhandenem und nur Verstecktem. Es geht ihm nicht um das bloße Wiederfinden eines einfach zu Habenden oder zuvor von einem anderen Gehabten. Die Erkenntnis, zu der es führt, ist nicht Produkt einer Methode, bei der dem Objekt getrennt ein Subjekt gegenüberstünde. Einer solchen Methode entspricht das Modell einer Korrespondenztheorie der Wahrheit. Sie hat mit der subjektiven des Verstehens wenig gemein.

Dieses ist vielmehr eine komplexe Mischung aus projektiven und identifizierenden Vorgängen. Daß jemand beispielsweise einen Text ganz so versteht, wie sein Autor ihn verstand (oder auch nur, was nicht dasselbe ist: verstanden wissen wollte), ist ein Glücksfall, der höchst selten eintritt. Wer kann denn schon wirklich sagen, was er verstanden hat, wenn er behauptet, so weit zu sein. Und wenn er es erklärt, muß dann nicht derjenige, der ihm zuhört oder ihn liest, notwendig wieder etwas anderes verstehen, weil ja er es ist, der da versteht? Sind nicht gerade das identifizierende wie das projektive Moment am Verstehen unübertragbar oder zumindest intersubjektiv schwer vermittelbar? Aus beiden ergibt sich nur selten referentielle Eindeutigkeit. Daher die Unschärfe der Randzonen des Verstehens. Da es selbst kaum je eindeutig ist, kann es sich vor allem am Mehrdeutigen entfalten und bewähren. Und diese Eigenart des Verstehens führt zur schmerzlichen Unabschließbarkeit sinnwissenschaftlicher Darstellungen. Wo sie nicht ideologisch bandagiert werden, bleiben sie notwendig ohne festzustellende Ränder. Das heißt allerdings nicht, daß sie in ihren Ergebnissen insgesamt unscharf sein müssen. Wahrheit ist in ihnen durchaus zu haben, aber nicht einfach zu halten.

VI

Diesen Umstand machen sich die Protagonisten der neuesten Unklarheit zunutze. Wenn die Konturen jedes Sinns, der sich einem Verstehen erschließt, flimmern, meinen sie daraus die Berechtigung ableiten zu dürfen, auch ihre Texte flimmern zu lassen. Bis über die Schmerzgrenzen der Sinnlosigkeit entfernen sie sich von zwei elementaren Voraussetzungen traditioneller Wissenschaft: von Themen und von Argumenten.

Über lange Passagen hinweg verzichten sie zum einen darauf, sich nur *einem* Thema zu widmen. Statt dessen wenden sie sich eher Problemkomplexen oder Sinnfeldern zu, die kaum eindeutig zu umreißen sind. Weil sie von vielem gleichzeitig handeln, gewinnen ihre Texte etwas Schillerndes. Es beruht in erster Linie auf einem eigentümlichen Zitierstil. Er führt Informationen aus den entlegensten Realitätsbereichen an und gefällt sich darin, in einer nicht ohne weiteres nachvollziehbaren Form zwischen ihnen

hin und her zu springen. Dabei wird bevorzugt auf solche Bereiche verwiesen, in denen Geisteswissenschaftler mit einer eher
traditionellen Ausbildung die dargebotenen Zitate in bezug auf
ihre Geltung als Belege schwer überprüfen können. Das nährt
den Verdacht, daß es sich bei diesen Zitaten weniger um Beweis-
mittel handelt als um leeres Verpackungsmaterial. Bestärkt wird
dieser Verdacht durch die Beobachtung, daß das zitierend er-
zeugte Stimmengewirr zuweilen nicht mehr zu sein scheint als das
Symptom einer Verwirrung.

Wenn der herrschende Betrieb (oft fragwürdig genug) Prämien
für Interdisziplinarität verteilt, dann sind die neuen Unklaren
darüber jeweils schon hinaus; denn sie bewegen sich in den Sphä-
ren einer Transdisziplinarität, die keinerlei Grenzen anerkennt.
Sie stellen die Karikatur eines Universalismus her, der sich um
möglichst alles zugleich kümmern soll. Seine Überbietungsstra-
tegie gibt vor, alle denkbaren Themenstellungen bereits überholt
zu haben. Weil ein Thema eine nur begrenzte Perspektive eröffnet und nie alles auf einmal darzustellen vermag, überlassen sie
seine Behandlung lieber anderen, die nicht anstehen, sich als
auch in dieser Hinsicht beschränkt vorzustellen und sich damit in
ihren Augen freiwillig zu disqualifizieren. Denn die Formulierung nur eines Themas grenzt in den Gedanken der Undeutlichen
an eine Zumutung, weil sie absieht von den vielen Dingen, die,
wenn es nach ihnen ginge, jeweils auch noch zur Sprache kommen könnten, ja müßten.

Die innere Organisation undeutlicher Texte ist zum anderen
gekennzeichnet durch einen weitgehenden Verzicht auf Argumentation. Nicht zuletzt seinetwegen sind sie schwer zu verstehen. Argumente ziehen Argumente nach sich. Mit jedem von
ihnen, das als solches zu erkennen ist, wird die Möglichkeit des
Widerspruchs und der Einrede markiert. Die Texte der neuen
Dunklen bieten Negationen im einzelnen weniger Angriffspunk-
te. Das ist eine der Grundlagen ihrer Immunisierungsstrategie
und ihr taktischer Vorteil nach außen. Weil sie selten argumentieren, scheinen sie darüber hinaus ohne den Zwang zu Ableitungen
auskommen zu können. Und das ist ihr Vorteil nach innen. Denn

der Verzicht aufs geordnete Nacheinander von Argumentationen überholt zum Schein die als ärgerlich empfundene Zeitverhaftung eines Textes. Er gibt vor, dessen Sequenzialisierungszwänge zu durchbrechen und seinen Folgeverhältnissen jeweils schon voraus zu sein.

Undeutlichkeit ist darum, paradox gesagt, oft wahnsinnig schnell. Sie darf nicht verweilen, sondern muß beim Schreiben wie beim Lesen sprunghaft und augenblicklich im Bewußtsein auftauchen und aus dem Gedächtnis verschwinden. Nur dann kann sie überraschend wirken. Durch diese Plötzlichkeit ihrer Wirkung scheint sie in einer größeren Nähe zum mündlichen Ausdruck zu stehen. Das erweckt den Anschein, sie sei trotz ihrer Schriftform faszinierend spontan. Denn sie scheint die zeitlichen, sachlichen, vor allem aber: die persönlichen Entfernungen, die sich in den Wissenschaften zwischen Schrift, Druck und Lektüre auftun, durch größere Unmittelbarkeit unterlaufen zu können.

Die hohe Geschwindigkeit der Undeutlichen bietet ihnen den Vorteil einer beachtlichen Produktionssteigerung. Was im einzelnen nicht so genau genommen werden muß, ist insgesamt beschleunigungsfähig. Und wo nach der Devise verfahren wird, gut behauptet, sei schon halb bewiesen, lassen sich Publikationen in schnellerer Folge auf den Markt werfen. Vorgegangen wird dabei mit jener bitter lächelnden Lockerheit, die selbst vernichtende Kritik in Reklame zu verwandeln sucht. Einwände werden kaum ernst genommen, solange durch immer neue Produkte die Präsenz am Markt gesichert erscheint. Bestimmend für dieses Verfahren ist das Ineinander von Selbstdarstellung und Reklame. (In diesem Punkt erreichen die Undeutlichen ihre größte Nähe zur Lifestyle-Kultur der Yuppies, jener »Young urban professional people«, die gewiß nicht zufällig zeitgleich mit ihnen in Erscheinung getreten sind. Auch sie wissen sich dem Prinzip verpflichtet, daß nichts erfolgreicher ist als der Erfolg. Und den haben sie, koste es, was es wolle.)

Wo wissenschaftliche Kommunikation nicht mehr auf Themen und Argumente hin orientiert ist, wo sie berauscht ist von ihrer eigenen Reichweite und Geschwindigkeit, da kann sie sich als grandios und grenzenlos erfahren. Aus dieser Erfahrung speist sich das Selbstgefühl der neuen Unklaren. Sie rechnen es sich als außerordentliche Leistung zu, daß sie über jeden Einspruch hinaus zu sein meinen. Das steigert ihr Ichgefühl ins nur schwer Nachvollziehbare. In der Konkurrenz luxurierender Innerlichkeiten, als die sie das Geschäft der Geisteswissenschaften offenkundig erleben, halten sie sich für die Größten. Denn ihre Undeutlichkeit ist uneinholbar. Nimmt es da wunder, daß sie den Gegenhalt in einer objektivierbaren Realität verloren haben? Ihnen jedenfalls erscheint ihr grandioses Selbst, dem die Wirklichkeit kaum mehr widerständig entgegentritt, keineswegs verwirrt, sondern beneidenswert vielgestaltig und vielstimmig. Es objektiviert sich in Texten, und die vertreten ihnen die Welt.

Virtuosen der Unklarheit, die als Interkontinentalphilosophen lehren, behaupten allen Ernstes, daß die Realität verschwunden sei, sich verflüchtigt habe. Weniger exaltiert ausgedrückt meinen sie, die Wirklichkeit sei unerfahrbar geworden. Nirgendwo sei es mehr möglich, mit der Sprache hinter die Sprache zu kommen. Alles sei immer und notwendig nur Text. Es gebe gar kein Draußen, oder dieses sei gerade wegen der universalen Vertextung der Welt unerreichbar geworden. Diesem Textualismus zufolge überlagern durchweg Reproduktionen das Original, Interpretationen die Sachverhalte, Zeichen das Objekt. Ein globaler Hypertext sei unser Erfahrungshorizont, die Simulation das Wesen unserer Existenz.

Symptomatisch an solchen Diagnosen ist ihr brüllender Narzißmus. Denn letztlich geht es ihnen darum, die Textproduktion, also das Medium des Größenselbst ihrer Verfasser, als einzig verbleibende Wirklichkeit hinzustellen. Unverzagt posieren sie im Dunkeln. Narzißtisch spreizen sie sich vor ihren Gegenständen, bis die im Hintergrund verschwinden, zum bloßen Anlaß der Entfaltung jener Stilmittel werden, mit denen sie sie gleichsam zustellen. Beachtlich ist zudem ihr Unvermögen, in ihrer Selbstdarstellung auch nur einen Augenblick innezuhalten. Ihr zuweilen logomanischer Rede- und Schreibzwang zeugt von der Unfähigkeit, sich auf etwas einzulassen.

VII

Bemerkenswert bleibt, daß dieses Verfahren sich als Quelle einer rein subjektiven Wahrheit begreift. Gerade die aber gilt es, gegen die Dunklen zu verteidigen. Denn die Vorbehalte gegen ihre Verstiegenheiten dürfen nicht darüber hinwegtäuschen, daß sie insofern recht haben, als Wahrheit in einem emphatischen Sinn durchaus subjektiv sein kann. Nicht immer darf sie allein durch allgemeine Zustimmung als gesichert gelten. Daß da ein Mensch denkt und nicht eine Branche oder ein Zitierkartell – welchen wissenschaftlichen Texten merkt man das heute noch an? Ein subjektiver Wahrheitsbegriff beansprucht das Recht auf die eigene Sprache. Und die setzt eine gewisse Risikobereitschaft voraus, den Mut zu höchst privaten Abweichungen und Irrtümern, die sich oft gerade aus dem idiosynkratischen Eigensinn dessen ergeben, der sich freizuhalten sucht von den Undeutlichkeiten des gängigen Wissenschaftsjargons.

Ist denn etwa der rechte Winkel der Vater des Gedankens? Oder entstammt der nicht vielmehr dem irrlichternden Flackern eines nie ganz Sagbaren, vor allem aber dem sprachlich meist unaufhebbaren Unbehagen im Hier und Jetzt, einem oft kaum bewußten und nie ganz zu stillenden Orientierungsverlangen? Die Inkompatibilität von Erfahrung und Sprache läßt eine prinzipielle und abschließbare Eindeutigkeit des Sagbaren so wenig zu wie des Verstehens. In beiden Bereichen gilt es, referentielle Illusionen abzuwehren. Das Verlangen, etwas voll und ganz zur Sprache zu bringen, ist unerfüllbar und zwingt zu immer neuen Reformulierungen. Wenn jede unmittelbare Erfahrung erst einmal außerhalb des Horizonts des Sagbaren liegt und zunächst nur subjektiv zugänglich scheint, dann ist sprachliche Mimesis nicht möglich ohne einen Schuß ins Imaginäre oder gar Wahnhafte. Doch wo ist der kleine Unterschied wahrnehmbar, den es doch unbedingt festzuhalten gilt, zwischen dem imaginären oder wahnhaften Funken eines irrlichternden Gedankens und dem Irrlichtern eines nur imaginären oder wahnhaften Denkens?

Vielleicht liegt er in der Fähigkeit, die eigene wie die fremde Einbildungskraft beim Sprechen wie beim Schreiben so zu entzünden, daß in der reproduzierenden Wahrnehmung von Hörern und Lesern die sprachliche Synthesis des Denkens gelingt. Viel spricht dafür, daß die hier kritisierten Formen von Unklarheit Mimikry treiben an die Leistung der Einbildungskraft, spontan Sinn zu erzeugen, gerade ihn aber nicht dauerhaft begründen können. Da sie kaum einmal zu einer Synthesis gelangen, erschöpfen sie sich in einem Wortwirbel gegen die sprachliche Form diskursiver Erkenntnis. Ihr werfen sie die Banalität des phantasielos Sagbaren vor, nur weil sie sich als in die Sprache aller übersetzbar erweist.

Wer sich auf einen subjektiven Wahrheitsbegriff stützt, will Wahrheit nicht vermitteln, sondern schaffen oder lieber noch: sein. Das verheißt Chancen, die vielleicht nicht einmal ästhetisch, also in der Lyrik, voll einzulösen sind. Wissenschaftlich verführt es zu einer Sprache, die sich in jedem Augenblick als nicht wiederholbar und mithin als uneinholbar darstellen möchte. Sie verfällt einem Zwang zur Steigerung, zur Produktion des Allerneuesten, das sich apart selbst überholt und schon allein deshalb nicht klar sein darf, weil es dadurch in Einzelheiten negierbar wäre. Unterm Zwang einer ausschließlich subjektivistischen Wahrheitsfindung dürfte Theorie keine Stunde alt werden.

Herbert Gamper

»Keiner wagt mehr seine Person daran«

Zur Situation der Literaturwissenschaft nach vollendeter Marginalisierung der Literatur

> Wenn wir den grossen Knaul der Gelehrsamkeit denn nur immer auf- und abwinden sollten, ohne je mit ihm weiter zu kommen – welches traurige Schicksal um dies höllische Weben!
>
> Herder, Shakespeare (Ende 1. Kapitel)

> Der Henker hole alles Wissen und Schreiben, wenn dem Innern der Ausbildung als Mensch gar nichts davon zu gute kommt.
>
> Grillparzer, Tagebuch, 20.3.1826

These: Ohne eine vitale Literatur kann es auf Dauer keine lebendige Literaturwissenschaft geben; beide zusammen sind bedingt durch das Klima der Zeit, sei es unmittelbar, in direkter, symptomatischer Abhängigkeit, oder mittelbar, im Versuch auszuweichen, sich zu widersetzen.

I

Die Anfrage, diesen Beitrag betreffend, kam mir insofern gelegen, als ich bis wenige Tage, bevor sie mich erreichte, mich wieder einmal mit Thomas Bernhard auseinandergesetzt hatte, mit dem »Untergeher« und dem »Theatermacher«, und dabei von den Ergebnissen bereits Analogieschlüsse sich mir aufgedrängt hatten auf den Status der Literaturwissenschaft und der in ihrem Bereich Tätigen. In beiden Werken, den hinterlassenen Spuren einer unerbittlichen Gedankenbewegung in Widersprüchen, die sich gegenseitig neutralisieren, handelt es sich um Reflexionen des Autors auf seine Kunst und seine Existenz als Künstler; beide können kraft ihres Ranges – was hier, zumindest mit Bezug auf den »Untergeher«, vielleicht umschrieben werden kann, sie seien als durch und durch charakteristische Sprachbewegung realisierte Denkbewegung – beide können über ihr Besonderes hinausgehende Verbindlichkeit beanspruchen. Abgesehen davon, daß im »Untergeher« die Ohnmacht des Denkens als Bemühens um Erkenntnis demonstriert ist, heißt das, zusammengenommen, daß in beiden mit dem Begriff des Werks, das als leere Form, als Produkt des Scheiterns sich präsentiert, generell der Begriff des literarischen Kunstwerks sich aufhebt oder doch an eine äußerste Grenze stößt: Zwar ist die Kunst zum Kunststück geworden, zu purer Artistik, die keine Lebensmöglichkeit mehr erkennen läßt, im Gegenteil jede negiert, aber indem eben dies im Vollzug des Werkes reflektiert wird, hat dieses doch, auf der geschichtlichen Situation entsprechend gerade noch mögliche Weise, noch teil am Dichterischen. Dieses nämlich kann und will ich mir nicht anders denken, als daß es – wie Hofmannsthal dies im Hinblick auf Stifter bemerkte – zugleich eine Lebensmöglichkeit bezeichne, beziehungsweise eben auf eine solche – und sei es in der Art, daß ihr Verlust konstatiert wird – bezogen bleibt. Andernfalls hätten wir es mit sprachlichen Arabesken zu tun, einem unverbindlichen, mechanischen Spiel, das dem normalen, von Wackenroder beklagten Verhalten recht gäbe, die Kunst als Zeitvertreib wie irgend einen, zum Beispiel Kartenspielen (ein Vergleich, der bezeichnenderweise bei Thomas Bernhard wiederkehrt) anzusehen, nicht wert, Zeit und Mühe darauf zu verwenden. Das gleiche muß gelten für die Wissenschaft von der Literatur, die, wenn sie vom Lebensbezug, von lebendiger Erfahrung von Zeit und Umwelt sich ablöst, zur – mit Nietzsche gesprochen – »wissenschaftlichen Fabrik« zeitgemäß verkommt: »Sind das noch Menschen, fragt man sich dann, oder vielleicht nur Denk-, Schreib- und Redemaschinen?«.

Die im »Untergeher« festgehaltene Denkbewegung des Erzählers wird unterhalten durch die Absicht, Wesen und Entwicklung der drei Freunde – Glenn Gould, Wertheimer und der Erzähler: alle drei Facettierungen des Autors Bernhard – zu begreifen, eines jeden für sich und in ihrer Wechselwirkung aufeinander. Das geschieht vorwiegend durch Feststellung von Gemeinsamkeiten einerseits, Gegensätzen andererseits, wobei die letztern im Fortgang sich mehr und mehr aufheben und sich reduzieren auf drei Formen des Gescheitertseins, und da jeder am Ende ein Gescheiterter sei, ist das Wie auch wiederum belanglos. Der Preis, den Glenn für seine perfekte Kunst zu entrichten hat, ist, daß er als Mensch sich auslöscht und zur Kunstmaschine wird. Er ist »tot«, und das schauerliche Klavierspiel des wahnsinnigen Wertheimer am Ende ist so nicht nur Selbstverhöhnung des Gescheiterten im Hinblick auf gelungene Künstlerschaft, sondern objektiv – verantwortet vom Autor – auch Kommentar zu derselben, zur Kunstexistenz des von Wertheimer früher einmal als seinerseits wahnsinnig bezeichneten Glenn, dessen Goldbergvariationen nach Wertheimers Tod auf seinem Plattenteller liegen. Darin ist eben auch der in bürgerlicher Literatur, das heißt, seit dem 18. Jahrhundert obligate und sich mehr und mehr verschärfende Gegensatz von Kunst und Leben bis zur absoluten Unversöhnlichkeit getrieben, und da bei Bernhard – nicht nur bei Bernhard, aber bei ihm explizit – die Kunstexistenz, durch Wegfall einer metaphysischen Instanz, als Paradigma eben der gesellschaftlichen Rollenexistenz erscheint, aus der der Künstler sich zu salvieren dachte, ist damit auch die Unversöhnlichkeit von deren Mechanischem, Maschinellem mit dem lebendigem Leben bezeichnet: Es gebe keine Menschen mehr, nur noch Funktionäre.

Analoge Aporien kennzeichnen in den meisten Werken Bernhards, zum Beispiel im »Theatermacher«, die Relation zwischen dem Künstler oder einfach herausragenden Einzelkopf und der Gesellschaft sowie das Verhältnis zur geschichtlichen Überlieferung. Bruscon ist Opfer der Umgebung, der Zustände im Theater und außerhalb des Theaters, der »absoluten Geschmacklosigkeit« drinnen wie draußen. Utzbach ist die gänzlich Provinz gewordene Welt, Bruscon weiß: »Europa ist kaputt«. Aber, den man für einen aus dem Sumpf herausragenden Fels unter solchen

Voraussetzungen halten könnte, der leidet offensichtlich an Größenwahn, sein Geschichtsdrama scheint ambitiöser Blödsinn zu sein wie seine Darstellungskunst, was ihm selber dämmert, »Schmiere«, er ist eine lächerliche Figur. Das heißt aber nicht, daß er bezüglich der Umwelt sich täuschte: Beide Positionen heben sich wechselseitig auf. Bernhards Geschichtsbild schließlich ist geprägt zunächst durch einen mythisierten Dualismus von Einst und Jetzt, aufgefaßt als Harmonie gegen Kakophonie, »brauchbare Beziehungen unter den Menschen« gegen ihre insulare Isolation, »Menschlichkeit und Kultur« gegen Funktionärs- und Maschinenwesen usf. Aber die Tradition wird auch verantwortlich gemacht für das Jetzt und wird ihm darum geradezu gleichgesetzt. Das heißt, die Gegensätze, gleichbedeutend mit Wert und Unwert, werden nivelliert auf der untersten Ebene einer Geschichtlichkeit überhaupt negierenden schlechten Ewigkeit, ungegliedert, lächerlich, absurd. Das heißt aber wiederum nicht, jene Entgegensetzung sei falsch, sei gegenstandslos; es negiert wieder die eine Position die andere. So werden in allen späteren Werken Bernhards Bedeutungen und Wertungen, die zwar konstitutiv sind, doch desavouiert. Sie gelten als Züge in einem Spiel, das der Autor nur in Gang gesetzt zu haben scheint um des Vergnügens willen, die Figuren jederzeit umzuwerfen. Nichts gilt, nichts ist zum Nennwert zu nehmen. Einziges Movens des Schreibens ist lustvolle Selbstbehauptung, wie eben Bruscon sein Theaterspiel begründet mit dem »Selbsterhaltungstrieb«: »Wer existiert, hat sich mit der Existenz abgefunden«; nur Erfolg und Macht, anders als Werte und Überzeugungen, für die sich nur noch die über rechtgläubige Gedankenlosigkeit wachenden beamteten Schnüffler interessieren, sind nicht gleichgültig. Die ersten Worte in »Der Präsident«, die als Leitmotiv im Stück wiederkehren, bringen was übrig bleibt auf die Formel: »Ehrgeiz / Hass / sonst nichts«.

Daß es immer wieder, in den stehenden Gewässern seitwärts des Zuges der Zeit, in dem weiten, als Privatleben ausgesonderten Bereich, vielerlei anderes auch noch gibt, wird niemand in Abrede stellen wollen. Darauf aber kommt es, wenn die Diagnose eines Zeitalters mit seinen geschichtlich wirksamen Kräften und seiner herrschenden Tendenz zu stellen ist, nicht an. Thomas Bernhard, wie alle großen Künstler, mit Handke gesagt, »aufs Ganze« gehend, reflektierte unbestechlich, mit durchdringendem und standhaltendem Blick diese Zeit, diese Gesellschaft, deren korruptes Produkt er willentlich zynisch, contre coeur, war. In »Heldenplatz«, seinem letzten Stück, das in mancher Hinsicht eine Art Vermächtnis ist, zitierte er – ins Manuskript nachträglich eingefügt – die damals gerade aktuelle Bemerkung des derzeitigen österreichischen Bundeskanzlers, wer Visionen habe, brauche einen Arzt. Sie ist typisch wohl weniger für den Mann als für die ganze Politikerkaste, die ja im wesentlichen auf die Funktion sich beschränkt, auswuchernde Wirtschaftsmacht in Staatsgewalt und entsprechende Aktivität umzusetzen; sie charakterisiert das widergeistige Klima der Zeit, denn es ist anzunehmen, der Kanzler habe die Äußerung im Hinblick auf seine Wähler, also die Mehrheit des sogenannten Volkes getan, die dergleichen von ihren Repräsentanten erwartet. Die Mehrheit mit ihrer veröffentlichten Meinung usurpierte die Stelle, die der Wahrheit, der Erkenntnis des Notwendigen und Richtigen gebührte, das manipulierte Plebiszit ersetzt folgerichtiges Denken. Ideen sind verpönt als Beeinträchtigung des blinden, fraglosen Funktionierens der Gesellschafts- als Geschäftsmaschinerie, die lebendige Mannigfaltigkeit immer gefräßiger, immer schneller, immer effizienter einschluckt und zum indifferenten Kot des sogenannten Mehrwerts verarbeitet. Das System der total(itär)en Vermarktung hat längst auch auf den Bereich der nicht materiellen Ware, als welche jetzt alles Gedankliche und Künstlerische bezeichnet werden muß, übergegriffen.

Gut ist, was oder wer sich gut verkauft. Das Maß einer Ausstrahlung der Massenmedien ist die Einschaltquote, dasjenige zur Beurteilung einer Aufführung im Theater wie von dessen Leitung insgesamt die sogenannte Platzausnutzung; die Literaturkritik, orientierungslos, ohne qualitative Kriterien der Auswahl und Gewichtung, läuft vordergründig aktuellen Inhalten nach oder begleitet als Windmacherei den wahllosen Ausstoß der nach Futter verlangenden Produktionsmaschinerie der Verlage und bequemt sich der Bestsellerliste. Das Gegenteil, wie jede qualitative, nicht durch Abstimmung oder Umfrage ermittelte Wertsetzung, wäre undemokratisch, also wider die Regeln des totalen Markts. Dieser bemächtigte sich besonders auch der kulturellen Überlieferung, die, enthistorisiert, von der Freizeitindustrie ausgebeutet wird wie anders die Natur, und ebenso verschlissen, verramscht im postmodernen Ausverkauf. (Thomas Bernhard reproduzierte und reflektierte auch diesen Sachverhalt, besonders sinnfällig im »Theatermacher«, durch die Nivellierung von Wert und Unwert, von der schon die Rede war, und indem er, obzwar mit anderer Absicht und im vollen Bewußtsein seines Tuns, mit der auch von ihm enthistorisierten Tradition umgeht als mit einem Fundus, aus dem er ein Kostüm oder Requisit nach dem anderen hervorzerrt, es aushängt, sich damit drapiert – um es als abgebrauchten Fetzen oder Gerümpel wieder hinabzuschleudern). Gewissen und kritische Besinnung – von der normal funktionierenden ›aufgeklärten‹ Mehrheit, die das Maß von allem ist, als Phantomjägerei bestenfalls mit einem Achselzucken quittiert – sind sozusagen privatisiert, in die Wirkungs- und Belanglosigkeit des Privatlebens unvernünftiger Vereinzelter abgeschoben; sie haben kein respektiertes Forum mehr, von dem aus sie die jetzt keinerlei Rücksichten mehr nehmende und gerade darin als fortschrittlich geltende Verabsolutierung kommerzieller Rationalität in ihrer verächtlichen Vulgarität bloßstellen und dadurch vielleicht etwas moderieren könnten.

Unter solchen Voraussetzungen ist die Literatur, verstanden als geschichtlich wirksame, als bildende Kraft, die viele Einzelleistungen in einem bei aller individuellen Mannigfaltigkeit und auch Widersprüchlichkeit doch zusammenhängenden, im ganzen eine Richtung nehmenden Prozeß umschließt, marginalisiert oder grundsätzlich am Ende. Eben dies – das war mein Ausgang – wird mit der Gratwanderung von Bernhards späteren Werken, besonders durch den Formprozeß von »Der Untergeher«, demonstriert.

Und die Literaturwissenschaft sollte davon unberührt geblieben sein, sowohl von der Beschaffenheit des Gesellschaftsbetriebes, in den sie als Institution eingegliedert ist, wie von der Agonie ihres Gegenstandes? Es scheint in dem Maß, wie diesem die Luft auszugehen droht, die Flut der literaturwissenschaftlichen Publikationen anzuschwellen, die, zu einem großen Teil nicht lesbar, widerstrebend von denen gelesen werden, meist diagonal, von denen sie ex officio gelesen werden *müssen*, und die ihrer Menge wegen selbst mit dem besten Willen gar nicht mehr verarbeitet werden können. Der Betrieb – Wissenschaftsbetrieb, Lehrbetrieb, Institutsbürokratie – scheint sich in der gleichen Weise verselbständigt zu haben – und damit eben geht der Verlust qualitativer Kriterien einher, ihr Ersatz durch Quantität – wie in Bernhards letzten Prosawerken, von denen auch das letzte das dickste ist, sich die Form verselbständigt hat, mit dem Unterschied, daß Bernhard diesen Leerlauf zynisch bewußt inszenierte, als Reaktion auf den bewußtlosen der Gesellschaft. Dieser, so war die (durch Erfahrung nahegelegte) Folgerung, werde in Gang gehalten durch eben den Rest, der unter dem Strich nach der in Bernhards späteren Büchern stattfindenden Neutralisierung von Wert und Unwert – bei ihm als Motivation des Schreibens – übrigbleibt: Gewohnheit, dies besonders in der Sparte »Kultur«, und, vor allem, Kampf ums Überleben, Streben der konkurrierenden Einzelnen und der Interessenkoalitionen nach Geld und Macht. Mit Blick auf die Literaturwissenschaft würde das heißen, Stellung und Einkommen ihrer beamteten Funktionäre (die sich, soweit potentiell betroffen, naturgemäß erbittert zur Wehr setzen gegen das Vorhaben des österreichischen Unterrichtsministers, Professuren auf Zeit einzuführen), das Streben derer, die es noch nicht sind, es zu werden (*publish or perish!*), und schließlich der Zwang derer, die es bereits sind, sich gegenüber Kollegenschaft und politischen Instanzen Reputation zu bewahren oder zu verschaffen, ersetze und erübrige die Frage: Für wen und wozu?, aus der allein – und wenn es nur wäre, daß sie als offene stets gegenwärtig ist – dem maschinellen Betrieb Geist und Leben eingehaucht werden kann. Aber wie anders das philosophische Studium generale, das der Bildung (statt Ausbildung) diente, längst der Straffung der Studiengänge zum Opfer gefallen ist, so läßt die verschärfte Konkurrenz unter dem akademischen Nachwuchs, die immer weitere Herabsetzung der Altersgrenze als bequemes, vermutlich aus Verwaltungsgründen favorisiertes Selektionsprinzip, solche Besinnung zum Luxus werden. Die Folgen, das (in allen gesellschaftlichen Bereichen zu konstatierende) Verschwinden von Persönlichkeiten, die – wie immer man sich dann zu ihnen stellte: zu Stellungnahme, Farbe zu bekennen, auch vor sich selber, forderten sie auf jeden Fall heraus – dem besonderen Gegenstandsbereich ihrer Wissenschaft und also dieser selbst ihr unverwechselbares, von ihrer ganzen Person verantwortetes Gepräge geben konnten und so eine weitere Rechtfertigung zunächst einmal entbehrlich machten ... die Folgen hat Nietzsche so beschrieben:

»Glaubt es mir: wenn die Menschen in der wissenschaftlichen Fabrik arbeiten und nutzbar werden sollen, bevor sie reif sind, so ist in kurzem die Wissenschaft ebenso ruiniert wie die allzuzeitig in dieser Fabrik verwendeten Sklaven. Ich bedaure, daß man schon nötig hat, sich des sprachlichen Jargons der Sklavenhalter und Arbeitgeber zur Bezeichnung solcher Verhältnisse zu bedienen, die an sich frei von Utilitäten, enthoben der Lebensnot gedacht werden sollten; aber unwillkürlich drängen sich die Worte Fabrik, Arbeitsmarkt, Angebot, Nutzbarmachung – und wie all die Hilfszeitwörter des Egoismus lauten – auf die Lippen, wenn man die jüngste Generation der Gelehrten schildern will.«

Das Ideologem von der wertfreien und zweckfreien, uninteressierten Wissenschaft, deren Movens nichts anderes sei als unstillbarer Durst nach Erkenntnis (»Ich weiß schon viel, doch möcht ich alles wissen«) hilft diesen Sachverhalt auf höchst reputierliche Weise verbergen. Es ist damit zugleich auch die mit dem Verlust der Perspektive zwangsläufig sich ergebende Beliebigkeit der gerade aufgegriffenen Gegenstände – vielfach gemäß unterschwelligen Modetrends – gerechtfertigt. Noch einmal Nietzsche:

»Nehmen wir an, es beschäftige sich einer mit Demokrit, so liegt mir immer die Frage auf den Lippen: Warum nicht Heraklit? Oder Philo? Oder Bacon? Oder Descartes? – und so beliebig weiter. Und dann: Warum just ein Philosoph? Warum nicht ein Dichter, ein Redner?«

Warum gerade Benn und nicht mehr Brecht, usf.? Es bestehe, kann man zuweilen hören, eine, wie es heißt, Forschungslücke, als wären die Dichter Karnickel, die es durch einen lückenlosen und tief in den Boden eingesenkten, antisubversiven Maschenzaun am Entweichen zu hindern gelte. Eher geht es um Marktlücken: Wo ist ein freies Plätzchen auf der germanistischen Weide, das bei gründlichem Wiederkäuen den Nährstoff für eine Dissertation, für einen Aufsatz, eine Rede usf. abgeben könnte: Die Freude, die Lücke gefunden zu haben, überwiegt bei weitem die Wonnen allfällig daraus zu gewinnender Erkenntnis, und nur die Genugtuung, die Sache vom Hals zu haben – falls es denn so weit kommt – ist noch größer. Also warum überhaupt Literatur, warum Literaturwissenschaft, warum nicht sonst eine Betriebsamkeit, die ihren Mann (besser) ernährt?

Bevor ich weiterfahre, muß ich, meiner Spielregel gemäß, auch festhalten, daß mir die Frage besonders dringlich sich stellt, weil das Gewerbe mich zwar ernährt, mir aber, was heutzutage allein ins Gewicht fällt und ausschlaggebend ist, nicht die Mittel liefert, mir den aggressiven lärmenden Stumpfsinn zeitgenössischer Normalität einigermaßen vom Leibe halten zu können: Voraussetzung von Geistesarbeit, die dann ein Vergnügen ist und keiner weiteren Rechtfertigung und Motivierung bedarf. Jeder Kretin hat die Möglichkeit und das Recht, Gehör und Gehirn fortlaufend zu zerstören, der Freiheit zum Gegenstand und also meiner selbst mich zu berauben durch Drehen an einem Motoren- oder/ und Lautsprecherknopf. Der geistige Mensch, der sich nicht mit *materiellen* Mitteln schützen und zur Wehr setzen kann, ist vogelfrei. Und wenn nun dazukommt, daß, zum Beispiel im vorliegenden Fall, die durchaus dem Üblichen entsprechende Honorierung für nächtelange, jenen Vernichtigungen abgetrotzte Anstrengung nicht ausreicht, den Zehnminuten-Auftritt des Heizungsmonteurs, der eine wenige Monate vorher eingesetzte Zündkerze auswechselt, abzugelten, dann hält vorerst einmal keine Antwort auf die obenstehende Frage mehr stand. Ich finde mich in der Rolle eines Don Quixote, der sich mit den Augen Sancho Pansas sieht, und es ist ein schwacher Trost, daß die Rolle des Narren diejenige ist, die neueren Schriftstellern, von Wedekind bis Bernhard oder Handke, häufig als die für ihr Selbstverständnis angemessene erscheint. Warum also höre ich nicht auf, warum, konkret, habe ich mich nicht der Verpflichtung dieses Aufsatzes, sobald es sich als unmöglich herausstellte, den ursprünglichen Antrieb zu nutzen, entledigt?

JANNINGS (zu George), ohne ihn anzusehen: »Radschlagen!«
GEORGE steht still.
STROHEIM souffliert ihm: »Warum?«
GEORGE: »Warum?«
JANNINGS: »Du hast doch auch vorhin ein Rad geschlagen!«
Pause.
GEORGE schlägt ein Rad.

Trotz allem kann das nicht die abschließende Antwort sein: mit ihr stelle ich mich in die Phalanx zeitgemäßer Geist- und Phantasielosigkeit und -widerbellerei – wenn auch aus entgegengesetzten Gründen, nicht aus sozusagen freien Stücken, selbstverständlich, sondern gegen meinen Willen, aus der Erfahrung von Sinnlosigkeit, Ohnmacht und Resignation.

II

In ihren glorreichen Anfängen, bei Herder, traf auf die Literaturwissenschaft das von Friedrich Schlegel auf den Dichter gemünzte Wort vom rückwärtsgewandten Propheten zu: Die Erforschung der Volkspoesie, der Dichtung der Vorzeit, war nicht Selbstzweck, sondern sollte einer erst zu erschaffenden, unter den damaligen Voraussetzungen als national definierten Poesie die Richtung weisen. Herders »Briefwechsel über Ossian und die Lieder alter Völker« konnte mit dem Hinweis darauf schließen, daß der beinahe abgedorrte Stamm schon wieder zu grünen begonnen habe, und sein Shakespeare-Aufsatz mündet in eine Huldigung an Goethe, den Dichter des »Götz von Berlichingen«. Kunde von vergangener Literatur war der Nährboden einer künftigen, und diese wiederum implizierte einen in den Grundzügen beschworenen Geschichtsentwurf, zu dessen Realisierung sie mit beitragen sollte. Der kulturell die Führung übernehmenden Schicht sollte die neue Poesie zu einem neuen Selbstgefühl und zum Handeln befähigenden Selbstvertrauen verhelfen. Bildung eben dieser Schicht, des bürgerlichen Publikums, war der Sinn, Bildung als »plastische Kraft«.

Zuletzt bestand, wenn auch zur rationalistischen Konstruktion ausgedörrt, ein analoges Verhältnis in der marxistischen Literaturwissenschaft zu ihrem Gegenstand und beider zur Gesellschaft. Der in seiner verjährten Lauterkeit anrührende programmatische Aufsatz von Sebastian Kleinschmidt: »Kulturzeitschrift als Idee«, in »Sinn und Form« vom Juli/August 1989, scheint mir einerseits zwar ein Dokument der Befreiung von ideologischem Zwang zu sein, andererseits freizusetzen, was dem verordneten Schema ursprünglich an Leben und potentiell wirkender Kraft innewohnte. Der Aufsatz fügt sich der – ihrem Ursprung nach bürgerlichen – Tradition einer intellektuellen Elite ein, wie es sie so im deutschen Sprachbereich seit langem nur noch in der DDR gab. Im Horizont einer Idee, sie heiße Sozialismus, Menschenwürde, oder – mit Lessing und Herder – Humanität, scheiden sich wahr und falsch, gut und schlecht, würdig und unwürdig usf., sind die Phänomene perspektivisch aufeinander und auf ein die Perspektive verantwortendes, für sie einstehendes und mit ihr als Person sich konstituierendes Subjekt bezogen; nicht nur behalten sie dabei ihre Eigenart, Duft und Farbe: diese kommen so überhaupt erst zu ihrer Geltung, statt daß sie im auswuchernden Vielerlei und Allerlei, das zuletzt ein buntscheckiges Einerlei, untergingen. Von der besagten Intelligenz ging die als Erneuerung im

Sinn von Humanisierung intendierte politische und soziale Bewegung aus, die, indem sie zur Volksbewegung wurde, als Katarakt in den Lethefluß des westlichen Konsumismus stürzte. Ursprünglich ging es darum, die Ideale einzufordern, auf die die Staatsmacht mißbräuchlich, zu Propagandazwecken, sich berief; sie konnte immer wieder einmal in Verlegenheit gebracht werden, indem man ihr den ungedeckten Check präsentierte, den sie selber firmiert hatte. Analog hatte das ja zu Recht vielgeschmähte, 1968 endgültig in seinen letzten Überresten ausgetriebene Bildungsbürgertum die Chance geboten, ihm die Werte vorzuhalten, mit denen es seine Fassade dekorierte. Es gab in beiden Fällen noch eine wenigstens nominell respektierte ideelle Instanz, wenigstens die Vorspiegelung einer Perspektive, eines Horizonts, worauf, und sei es nur um der Aufrechterhaltung eines noch schamhaft für nötig erachteten Anscheins willen, ein Minimum an tatsächlicher Rücksicht zu nehmen war. Daran konnte sich noch immer Hoffnung klammern, es werde vielleicht gelingen, die zu Gespenstern ausgezehrten Ideale, wenn man sie beharrlich genug beschwor, wieder mit Leben, mit wirkender Kraft zu erfüllen. Mit der Beseitigung dieser letzten Hemmung im Kampf um Geld und Macht und in der dazu komplementären effizienzsteigernden Durchrationalisierung aller Existenzbereiche, ohne Rücksicht auf Folgen ohne erheblichen Geldeswert und für die aus was für Gründen immer, akzidentiell oder dauernd, von der statuierten Norm abweichenden einzelnen ... mit der Beseitigung der letzten Hemmungen, im Westen 68, im Osten nach 89, ist der Bereich, wo einst Ideen, »Visionen«, Einbildungen der Dichter einen humanen Horizont von Möglichkeiten offenhielten, soweit nicht vermarktbar, aus dem System ausgegrenzt, und das heißt auch – so Professor Robert in Thomas Bernhards Stück »Heldenplatz« –: »Der Einzelne spielt keine Rolle mehr.« Von diesem Aspekt soll im folgenden die Rede sein.

Dem unvernünftigen Unternehmer Quitt hält in Peter Handkes (nicht nach Gebühr geschätzten) Stück »Die Unvernünftigen sterben aus« (1973) die vernünftige Unternehmerin Paula Tax entgegen: »Sie sprechen (...) von sich wie der Stellvertreter des Allgemeinen. Was sie persönlich erleben, wollen sie für uns alle erleben (...). Ihr Ich will mehr als es selbst sein (...).« Der Vorwurf benennt eine grundlegende Voraussetzung der im Kern immer bekenntnishaften bürgerlichen Literatur. Quitt, wie anders seine Vorläufer Keith und – noch näher – Christian Maske in »1913«, ist nicht nur freie Unternehmerpersönlichkeit, sondern als solche, gemäß der im Stück offengelegten gemeinsamen historischen Wurzel derselben mit dem Originalgenie, auch Reflexionsfigur des Künstlers, spezifisch des Schriftstellers Peter Handke, der sich darüber im klaren gewesen ist, daß das in bürgerlicher Kultur wurzelnde Selbstverständnis des Künstlers illusorisch geworden sei: »Ihre Zeit als Quitt, welcher bürgerlich vorbildhaft das Leben erleidet, (ist) längst vorbei.«

Für die zeitgemäße Tax hat die Reklame die Stelle der Poesie eingenommen: Gefühle, die sie allenfalls hervorruft, sind solche des anonymen Konsumenten, und von Bedeutung nur, indem sie zum unwiderstehlichen Kaufreiz werden. Diesen ihren Ausdruck zu würdigen, sind die Ökonomen zuständig oder, im Vorfeld der Ökonomie, an Statistiken sich orientierende Verhaltensforscher. Wer aber soll zuständig sein, den Gefühlsausdruck Quitts zu würdigen? Den Voraussetzungen der Tax gemäß der Arzt, die Psychopathologie, oder allenfalls die Kulturgeschichte als imaginäres Museum, als Kuriositätenkabinett. Den Voraussetzungen Quitts gemäß jeder offene, empfindungs- und denkfähige Mensch, das Publikum, das, wie Grillparzer noch meinte, die »allgemeine Menschennatur« repräsentiere, und schließlich die – bürgerliche – Literaturkritik und -wissenschaft (in den Anfängen war beides nicht getrennt), die, der Idealkonstruktion zufolge, ihrerseits das Publikum repräsentierte. Hans freilich macht dagegen den auch für die weiland marxistische Literaturkritik und -wissenschaft verbindlichen Klassenstandpunkt geltend: daß die Gefühle des Herrn nicht diejenigen sein könnten des Knechts. Er geht noch weiter, einer These des doktrinären Teils der 68er-Bewegung gemäß das Kind mit dem Bad ausschüttend: Gefühle, Aufmerksamkeit auf sich selber, Empfindlichkeit, das sei überhaupt Luxus der Privilegierten und lenke ab von dem, worauf es ankomme. Die Forderung der Unempfindlichkeit war objektiv fortschrittlich und überlebte die Klassenkampf-Rhetorik. Hans setzt auf die falsche Karte mit seinem Bemühen, durch angestrengte Aufmerksamkeit auf sein Innenleben – die Ausbeute ist kläglich – doch Quitt nachzueifern und so, wie er meint, die künftige Herrenrolle einzuüben; sein Verhalten, ähnlich dem der Horvathschen Kleinbürger mit ihrem Bildungsjargon, ist, wie sehr auch Karikatur, der kollabierenden bürgerlichen Kultur verpflichtet und ebenso anachronistisch wie das seines Herrn. Da es aber nur angenommene Attitüde ist, wird er schnell umlernen können; für Quitt hingegen steht mit dem Zweifel an der Bedeutsamkeit seiner Subjektivität die Existenz auf dem Spiel: »Aber ich möchte, daß es sich, wenn auch ein letztes Mal, um mich handelt, und nur um mich. Ich käme mir sonst endgültig abgeschrieben vor, maschinell, würde kein für jemand andern bestimmtes Wort mehr herausbringen.«

Auf seiner Subjektivität insistierend, stößt Quitt sich den Schädel ein. Insofern ist er noch repräsentativ; er ist mit seinem Starrsinn tragikomisches Opfer (darin ähnlich Bernhards Kalkwerk-Bewohner Konrad) der geschichtlichen Konstellation, deren Beschaffenheit in seinem konsequenten Untergang zwingend hervortritt. Wie immer man seine finale Haltung auch noch wird deuten können: sicher ist in ihr die Unmöglichkeit (mit)bezeichnet, das Besondere (das Subjekt) noch mit dem Allgemeinen (der Gesellschaft) frei zu vermitteln (statt daß jenes diesem sich blind unterwirft und in ihm sich auslöscht), die eigene Subjektivität gerade durch ihre konsequente Entwicklung, also durch Bildung, zu transzendieren, sowie (eins bedingt das andere) durch authentische Artikulation eigener Wahrnehmung, Empfindung, Erfahrung – nur so und nicht anders – objektiv Triftiges zu sagen statt dadurch in unerhebliche, der Mitteilung nicht fähige und nicht werte Privatheit zu fallen (und in der Folge zu verstummen) oder sich zu verlieren, wie einige Protagonisten Bernhards, in weltloser Einsamkeit des Wahns. Ebendies scheint zuletzt auch Quitts Dilemma zu sein: der Einzige stößt sich den Kopf ein am Felsen, um noch ein Gegenüber zu spüren.

Daß Handke die Gefahr des Weltverlustes anscheinend als eigene erkannte, mag die befremdliche Anziehungskraft erklären (befremdlich für mich, der ich mir wie Quitt lieber alles andere als »maschinell« vorkommen möchte), die das entgegengesetzte Extrem, die jede spezifische Artikulation und also Authentizität ausschließende Anonymität, welche die Tax als Sprecherin des monopolistischen Kartells vertritt, auf ihn selber immer wieder einmal ausgeübt hat: am konsequentesten dokumentiert mit den 1969 in einem Kleinverlag herausgekommenen »Deutschen Gedichten«, bestehend, unter einem Buchumschlag, aus zusammengehefteten Couverts, die Abschriften von alltäglichen Zeitungsmeldungen enthalten (Marktbericht, die Lottozahlen vom 30.11.1968, die Zeiten der Sonntagsgottesdienste in Garmisch-Partenkirchen und dergleichen mehr). Die Auswahl ist grundsätzlich beliebig, die Beispiele sind in ihrer Besonderheit belanglos. Soweit die Auswahl doch nicht ganz zufällig ist, sondern bedingt durch Empfindungen, Assoziationen, Erinnerungen des auf die Funktion des sprachlosen Herausgebers reduzierten Autors, verbleibt dieses subjektive Moment im Privaten, also wiederum Beliebigen. Es wäre nicht sinnvoll, ein weiteres Mal ein solches Nicht-mehr-Buch zu veröffentlichen; es demonstriert provokativ, im Extrem, daß die Voraussetzungen für Lyrik nicht mehr gegeben seien, im weitern für Literatur überhaupt, sofern diese aufgefaßt ist als authentische Manifestation eines unverwechselbaren Subjekts, welche überpersönliche Bedeutung, als ästhetisches Ereignis, gerade kraft ihrer konsequenten Eigenart erreicht, ein verantwortliches Subjekt aber (und auch da ist die Literatur der Spiegel eines gesamtgesellschaftlichen Sachverhalts) im Abstrakt-Allgemeinen beziehungsweise im zu diesem in Korrelation stehenden Zufällig-Vereinzelten verschwunden ist. Quitt zur Tax: »Übrigens kam es mir gerade ungehörig vor, nach ihrer Abstraktbehandlung meiner Person so etwas wie eine Geschichte zu erzählen.«

»Der Einzelne spielt keine Rolle mehr.« Damit eben ist die heute in allen Bereichen außer dem intim Privaten selbstverständliche

»Abstraktbehandlung« der Person verbunden, gegen die Quitt anrennt und die ihm wie seinem Urheber die Sprache verschlagen will. Noch dem Skeptiker Grillparzer, der sich für den letzten Dichter hielt, schien die Anerkennung einer »allgemeinen Menschennatur« als verbindlicher, vom Publikum repräsentierter Instanz, nicht unvereinbar gewesen zu sein mit der Subjektivität von Dichtung: »Eine Poesie, die nicht subjektiv ist, gilt mir nicht als Poesie«, notierte er noch 1864 im Tagebuch. Jetzt aber findet der einzelne sich als Vereinzelter unter zahllosen anderen Vereinzelten und jeder sich gegenüber dem Abstrakt-Allgemeinen, falls sie nicht es vorzogen, in diesem sich aufzulösen. Denn – so Horkheimer: »Die Objekte der Organisation werden als Subjekte desorganisiert«, und so überlebten sie sich leibhaftig selber – wie eben die typischen Protagonisten Thomas Bernhards, die »über ihr Ende hinaus« seien. Ernst Jandl hat auf diese Gegebenheiten mit einem nicht wiederholbaren Geniestreich reagiert, mit seinem Stück »Aus der Fremde«, das konsequent das Subjektive als das nur noch Private vorstellt und eine formale Allgemeinheit doch erzielt, indem das Zufällig-Private mittels der durchgehenden indirekten Rede zum Paradigma von Entfremdung wird.

Die Werke der deutschsprachigen Literatur seit dem Ende der sechziger Jahre, die als Exponenten des literaturgeschichtlichen Prozesses gelten können, sind immer wieder so gerade noch einmal möglich geworden, sozusagen auf des Messers Schneide, gegen die, wie man hätte meinen sollen, sie verunmöglichenden Voraussetzungen. Freilich war seit Beginn des bürgerlichen Zeitalters den Autoren von Rang nicht nur ihre Stellung in der Gesellschaft, sondern damit auch ihr Tun und also dessen Ergebnis, wie zum Beispiel die zitierte Äußerung Wackenroders zeigt (Kunst als Zeitvertreib wie Kartenspiel), zunehmend problematisch. Das dürfte mit ein Grund sein, daß, im Gegenzug, die Kunst (auch bereits bei Wackenroder) mit pseudoreligiösen Weihen versehen und der Sprache eine Wesentlichkeit zugesprochen wurde, die aus der entzauberten Welt sich verflüchtigt hatte. Bei Handke, nach der großen Krise der siebziger Jahre, ist diese Tendenz wieder feststellbar, obzwar durch nüchternen Formwillen und entsprechendes Vermögen, sowie wache, den eigenen Standpunkt auch relativierende Reflexion sowohl eingeschränkt als auch beglaubigt. Botho Strauß freilich, vor dem Hintergrund seines postmodernen Eklektizismus seltsam genug, erklärte jüngst mit dogmatischer Unbedingtheit den literarischen Text zur Hostie aus Wörtern (DIE ZEIT Nr. 26 vom 22.6.1990). Indem solche von antiaufklärerischem Furor getragene Sakralisierung die geschichtliche Bedingtheit von Literatur leugnet, reagiert sie, so kommt es mir vor, auf die desolate Situation mit einer Flucht nach oben; von dorther solle der Literatur wieder Repräsentanz – ketzerisch gesprochen, da es sich vielmehr um die »Realpräsenz« des Großen Unbekannten handle – verliehen sein. Aus der Ecke heideggerisierenden Raunens innerhalb der Literaturwissenschaft dürfte der Applaus nicht ausbleiben.

Allerdings wird oft, ohne daß man sich darüber Rechenschaft gibt, unwillkürlich, vage, eine Art metaphysischer Instanz vorausgesetzt, durch welche der Literatur, und so mittelbar den Aussagen über sie, für selbstverständlich erachtete Verbindlichkeit zuwachse: ein wenig von dem, in sozusagen homöopathischer Dosis, womit Strauß provokativ auftrumpft. Wie sonst könnte sich die Aussonderung eines Literaturverständnisses auf der Grundlage der jeweiligen geschichtlichen Gegebenheiten – also dessen, was Grillparzer »Schicksal« nannte – als gesonderte, häufig (und infolge der Ghettoisierung auch häufig zu Recht) scheel angesehene Subdisziplin mit der Bezeichnung Literatursoziologie halten? Als wüchse der schöpferische Prozeß aus im wesentlichen unbeschränkter Freiheit – und die, beziehungsweise was durch sie kund werde, komme von oben.

Die Literaturwissenschaft also scheint im allgemeinen nicht das Bedürfnis zu haben, die prekären Voraussetzungen der Literatur der Zeit als mit ihr gemeinsame zu reflektieren, als wäre sie nicht von dieser Welt. Das Dilemma, wie es Handke in seinem Stück entwickelte, bleibt ihr verborgen, wenn sie entweder selber ihren Gegenstand so abstrakt behandelt wie die Tax den Poeten Quitt oder wenn eine beschränkte, in der Regel von der Interessenlage bestimmte Perspektive dieser ihrer Beschränktheit nicht gewahr wird, nicht gewahr werden will. Das Eingeständnis, ausschließlich für die Mitglieder einer – überhaupt nicht repräsentativen – Sekte von Wiederkäuern zu sprechen und zu schreiben (das Gleichnis hat Nietzsche gebraucht), und innerhalb derselben wieder nur für eine spezielle Gruppe, muß sich ebenso lähmend auswirken wie dasjenige, nur gerade Hüter eines imaginären Museums historischer Kuriositäten zu sein (sofern da nicht eine spezielle Motivation hinzutritt). Auf diesen letzten Status aber, der eine massive Schrumpfung des Faches mit sich bringen müßte, weisen die Zeichen hin. Hermann Broch erkannte: »Verfall im Elend führt zum Vegetieren, doch einer im Reichtum führt zum Museum. Das Museale ist Vegetieren im Reichtum (...)« (Hofmannsthal und seine Zeit, BS S. 43).

Nietzsche hat dieses Museale als antiquarische Historie beschrieben, und zwar in ihrem *status corruptionis*, der die Literaturwissenschaft, wie sie praktiziert wird, ohnehin zu einem beträchtlichen Teil entspricht. Ich kann es mir nicht versagen, aus der zweiten der »Unzeitgemäßen Betrachtungen«, »Vom Nutzen und Nachteil der Historie«, erneut zu zitieren. Sie erschien mir, als ich sie wiederlas, als so aktuell und beinahe erschöpfend im Hinblick auf das in Rede stehende Thema, daß ich am liebsten auf eigene Formulierung (die ja in der Regel eigen auch nur in dem Sinn heißen kann, daß die Herkunft nicht mehr erinnerlich) verzichtet und nur Zitate daraus montiert hätte – womit ich freilich einem zunftspezifischen Übel verfiel, das Nietzsche so formulierte: »Keiner wagt mehr seine Person daran, sondern maskiert sich als gebildeter Mann.« Also ich zitiere:

»Die antiquarische Historie entartet selbst in dem Augenblicke, in dem das frische Leben der Gegenwart sie nicht mehr beseelt und begeistert. Jetzt dorrt die Pietät ab, die gelehrtenhafte Gewöhnung besteht ohne sie fort und dreht sich egoistisch-selbstgefällig um ihren eignen Mittelpunkt. Dann erblickt man wohl das widrige Schauspiel einer blinden Sammelwut, eines rastlosen Zusammenscharrens alles einmal Dagewesenen. Der Mensch hüllt sich in Moderduft; es gelingt ihm, selbst eine bedeutendere Anlage, ein edleres Bedürfnis durch die antiquarische Manier zu unersättlicher Neubegier, richtiger Alt- und Allbegier herabzustimmen; oftmals sinkt er so tief, daß er zuletzt mit jeder Kost zufrieden ist und mit Lust selbst den Staub bibliographischer Quisquilien frisst.«

Die Klage über gelehrtenhafte Gewöhnung anstelle von pietätvoller Überlieferung ist gleichbedeutend mit der eingangs getroffenen Feststellung, aus dem selbstgenügsamen Wissenschaftsbetrieb sei die leitende Idee verschwunden. Pietät zeigt den engagierten Bezug des Überlieferten zur eigenen Gegenwart und Zukunft; es ist darin implizit, für das Gefühl, die Frage beantwortet – die Frage, die allein die besinnungslose »Alt- und Allbegier« verhindern kann –, mit welchem Ziel, unter welcher Perspektive überliefert werden solle, und also, mit welchen Kriterien die unvermeidliche Auswahl getroffen werde. Da berührt sich die antiquarische Historie mit der kritischen, welche die gegenwärtigen Mißstände zurückverfolgt und wenn möglich in ihren Wurzeln aufsucht und angreift, und mit der monumentalen, die aus Ekel vor den Zeitgenossen und um nicht resignieren zu müssen, humane Möglichkeiten aus der Vergangenheit heraufruft – und sei es nur, daß sie nicht ganz vergessen gingen und vielleicht in einer fernen Zukunft, die nicht mehr, wie in der Vorrede zum Programm des Steirischen Herbstes von den neunziger Jahren in Verlängerung der Gegenwart gesagt wird, »eine substanz- und sprachlose Zukunft« wäre, reaktiviert werden könnten. Doch allein schon das Bewußtsein für die geschichtliche Bedingtheit von Verhaltens-, Denk- und Empfindungsweisen – und ›pietätvoller‹ Umgang mit Literatur aus vergangener Zeit trägt zu seiner Entstehung vorzüglich bei –, muß mißtrauisch machen (Herder wußte um diese mögliche politische Wirkung historischer Besinnung wohl) gegen die absolute Geltung beanspruchenden Setzungen der Gegenwart. – An der um solche Fragen unbekümmerten soignierten Belanglosigkeit, die so verbreitet ist, dürfte freilich unwillkürliche oder auch bewußte Selbstzensur, geübt, um nicht anzuecken, nicht die Stellung, das Fortkommen zu gefährden, einen nicht geringen Anteil haben: »Keiner wagt mehr seine Person daran.« Eben dies, obzwar unzeitgemäß, ohne tragfähigen geschichtlichen Boden, ist aber die einzige Chance, daß sich noch etwas bewege.

III

Es gibt keine ein für allemal gültigen, zwingenden Argumente gegen die Resignation, eher laufen die meisten darauf hinaus, sie zu bestätigen. Ich muß mich immer von neuem aufraffen, dagegen – auch wider, wie es scheint, bessere Einsicht – das Wünschenswerte, vielleicht trotzdem Mögliche, die vielleicht Wirklichkeit erschaffende Illusion zu beschwören; ich bin es mir selber, will ich mich nicht preisgeben, und bin es dem Gegenstand schuldig. Kultur ist schöpferische Fiktion und ist nie etwas anderes gewesen, man wußte es bloß nicht, so lange sie allgemein war. Jetzt bin ich immer wieder zurückgeworfen auf mich selber, angewiesen auf Selbstmut. Und damit folge ich als Literaturwissenschaftler nur dem Vorbild, das in der zeitgenössischen Literatur Handke selber gegeben hat, dessen hilflos-trotziges Bekenntnis, 1988 zu Protokoll gegeben: »Was ich schreibe, ist doch nur meine geformte Existenz«, Zweifeln abgewonnen ist, wie sie eben zum Beispiel das Stück »Die Unvernünftigen sterben aus« zum Ausdruck brachte, und sich über sie hinwegsetzt; es ist eine existentielle Setzung, über die man im letzten nicht rechten kann.

Literatur entsteht aus der Wechselwirkung einer lebendigen Individualität mit ihrer Erfahrungswelt, und indem dazu auch Geschriebenes gehört, besteht ein gleitender Übergang zur Wissenschaft von der Literatur (wie ja auch in umgekehrter Richtung, indem die primäre Umwelt ins Empfinden und Denken auch des Literaturwissenschaftlers hineinwirkt, ob er es wahrhaben will oder nicht); immer ist ernstzunehmende Literatur auf diese oder jene Weise »geformte Existenz«. Herder, in der nach wie vor wegweisenden Einleitung zu »Über Thomas Abbts Schriften«, sagt von diesen, sie seien »lebendige Abdrücke von dem

Geiste ihres Verfassers«. Als Leser – und das bin ich ja doch zunächst einmal als Literaturwissenschaftler – lasse ich mich, sofern mich der abstumpfende Lärmzwang, die wirksame Polizei zur Unterdrückung nicht konformer Gedanken, solcher also, die »noch nicht mit Worten abgestempelt sind« und deren Entstehen im »Vertrauen zu eigener Empfindung« (Nietzsche) eher zu belauschen als willkürlich zu steuern ist, ausnahmsweise in Freiheit gewähren läßt … als Leser lasse ich mich erfüllen von diesem Geist, nehme ich teil an jener Existenz, sei es, daß ich in ihrem Spiegel mich und ›meine‹ Welt Betreffendes wiedererkenne und mich identifiziere, sei es, daß ich – wieder laut Handke – über Abweichendes, Gegensätzliches mir Rechenschaft gebe und mich distanziere. Auf jeden Fall aber gilt: »Ich will mit jemandem zu tun haben, wenn ich ein Buch lese« (Grillparzer in der »Selbstbiographie«). Es gilt auch, wenn ich ein Buch oder einen Aufsatz über Literatur lese.

Literaturwissenschaftliches Verhalten, das nicht bloß museal, steril antiquarisch sein will, sollte sich – Quellensicherung und -forschung immer ausgenommen – das Schielen nach so etwas wie exakter Wissenschaft mit ihrer vermeintlichen oder innerhalb gewisser Voraussetzungen wirklichen Objektivität abgewöhnen. Dem von der Subjektivität ihres Urhebers geprägten Gegenstand begegne ich meinerseits subjektiv – und im Glücksfall entsteht aus dieser Begegnung wieder eine Art »geformter Existenz«, und ob dieses Ergebnis dann Wissenschaft heiße und in der Vorstellung damit verbundenen Normen genüge, das hat mich nicht zu kümmern; was mich leiten soll, ist, was Handke zufolge auch den Schriftsteller leitet: Gewissenhaftigkeit – und zwar nicht so sehr die des pflichttreuen Beamten (die kommt allenfalls in der Schlußphase einer schriftlichen Arbeit hinzu), sondern die dessen, der aufmerksam zuhört, in sich selber hineinhört und sich bemüht, dem Gehörten redend, schreibend *gerecht zu werden*.

Ich begegne also dem subjektiv geprägten Gegenstand meinerseits subjektiv, und zwar als lebendiger Mensch in Raum und Zeit, mit aller der damit verbundenen Bedingtheit, nicht als transzendentales Gespenst, nicht als Cartesische Denkmaschine, die als abstrakt-allgemeines Subjekt die neuzeitliche Wissenschaft begründet und bis heute geprägt hat, mit den Folgen für die lebendige Mannigfaltigkeit, die für Thomas Bernhards Maler Strauch, die erste seiner Kopfexistenzen (»Frost«), sich zu dem Alptraumbild verdichteten, daß sein aufgeblähter Kopf über eine blühende Landschaft rolle und Farben und Klänge vernichte in Finsternis und Geschrei. Man wird einsehen, warum es zur Sache gehört, daß ich von den Umständen sprach, die dieser Niederschrift vorangingen, sie begleiten und sie nahezu unmöglich machten, wenn ich aus dem »Discours« zitiere (nach Helmut Arntzen: »Der Literaturbegriff«): »Daraus« – nämlich aus der vorerst hypothetischen Vernichtung der Welt und der eigenen Person mit Ausnahme des Kopfes –: »Daraus erkannte ich, daß ich eine Substanz bin, deren ganzes Wesen oder deren Natur darin besteht, zu denken, und die zum Sein keines Ortes bedarf, noch von irgend einem materiellen Dinge abhängt (…)«. Weil diese »Erkenntnis« grundlegend für das Selbstverständnis einer Epoche wurde, sind die Umstände und Zustände so, wie ich sie erfahren muß, sind Sorgsamkeit, Umsicht und Rücksicht (Kultur kommt bekanntlich von *colere*: hegen, pflegen) zwangsläufig aus der Welt verschwunden: Unempfindlichkeit gegenüber innerer und äußerer Zerstörung (und komplementär dazu Rücksichtslosigkeit, die diese hervorbringt), ist in Wahrheit systemimmanentes Postulat und jeder Verstoß dagegen polizeiwidrig, sorgsamer Umgang mit Literatur, unter anderem, ist polizeiwidrig, desgleichen die im Lehrbetrieb zu eben diesem Zweck und in seiner Ausübung – im Idealfall – erfolgende Sensibilisierung, mit der untrennbar die Entwicklung kritischer Intelligenz einhergeht. Dem gegenüber sollte endlich jeder sich dazu bekennen, daß er, und so jeder andere, ein sinnliches, empfindendes Subjekt ist und sehr wohl von materiellen Dingen abhängt, … sollte der überfälligen Einsicht gemäß sich verhalten, daß mit dem *cogito ergo sum* eine Perversion des Humanen am Anfang der Neuzeit steht, in der die Reduktion des Menschen auf die Maschine, zuletzt die *money making machine*, programmiert ist, und daß also dagegen endlich Nietzsches *vivo ergo cogito* mit allen seinen Konsequenzen zu setzen sei (ohne daß daraus gleich wieder ein ideologisch aufgeheizter Lebenskult werden müßte).

Die Wahrheit der Literaturwissenschaft kann nicht eine beweisbar-allgemeingültige sein, die kann nur, wie Fritz Blanke mit Bezug auf Hamann in seinem Kampf gegen die mechanistische Aufklärung formulierte, eine »existentiell-geschichtliche Wahrheit« sein. Bei Hamanns Schüler Herder, in »Vom Erkennen und Empfinden der menschlichen Seele« (SWS 8,199) lesen wir: »(...) eben im besten Erkenntnis können und müssen alle (Leidenschaften und Empfindungen) wirken, weil das beste Erkenntnis aus ihnen allen wird und nur in ihnen allen lebt. Lügner oder Entnervte, die mit lauter reinen Grundsätzen prahlen, und Neigungen verfluchen, aus denen allein wahre Grundsätze werden!« Der ganze Mensch, oder was von ihm übrig blieb, ist gefordert, und als solcher lasse er sich verlauten: Was nicht persönlich gesagt ist, wie es persönlich empfunden und gedacht ist, als etwas, das mich als Sprechenden, Schreibenden in dieser oder jener Weise anrührt, betrifft, ergreift usf., ist unerheblich, ist Bauchrednerei, nämlich Reden aus dem Bauch der Mächtigen, die ja bestimmen, was Objektivität sei; es ist zutiefst inhuman, in eben dem Sinn, wie Lessing von Maschinen sprach (und daß er dabei an die höfische Gesellschaft dachte, schmälert nicht die Anwendbarkeit auf die gegenwärtige technokratische, die im Gegenteil zu jener sich verhält wie ein Supercomputer sich zu Maelzels Schachspielenden Türken) ... von Maschinen, die es in Menschen zurückzuverwandeln gelte. Daß sie mit dazu beitrage, darin erblickte er den Sinn der Literatur; die Wissenschaft von ihr sollte durch ihre eigene Praxis diese Absicht zumindest nicht desavouieren.

Vor der Gefahr des nur Singulären glaube ich mich insofern bewahrt, als mein Empfinden und Denken ja das Produkt ist der Wechselwirkung von individuell-zufälligen mit allgemeingeschichtlichen Faktoren und ich imstande sein sollte, ebendies zu reflektieren. Selbstreflexion ist immer auch Reflexion der geschichtlichen Situation mit ihren Zwängen, und umgekehrt: Reflexion der aktuellen geschichtlichen Gegebenheiten (also auch der im Hinblick auf das in Rede stehende Thema zu exponierenden) muß ihren Ausgang nehmen von Selbstreflexion. In diesem Zusammenhang kam mir eine Bemerkung von Hanno Helbling kürzlich in der Literaturbeilage der Neuen Zürcher Zeitung (Nr. 232, 6./7. 10.1990) gelegen: »In jeder Zuwendung zu einem kulturellen Phänomen schwingt die Aufmerksamkeit für die eigene Person mit – und umgekehrt; denn das Wirkliche hat keinen anderen Zugang zu uns als über uns selbst, und wir finden das ›Objektive‹ allein in der möglichst genauen Rechenschaft über subjektive Wahrnehmung.« Und wenn ich nun um das Verständnis »geformter Existenz« mich bemühe, so kann auch das nur im Horizont meines Selbstverständnisses geschehen, und umgekehrt wird dieses, als geschichtliches, durch jenes Bemühen gefördert: Die gültige Literatur dieser Zeit, indem ihr Subjekt in der schöpferischen Auseinandersetzung mit sich selber und seiner Welt zwangsläufig geschichtliche Erfahrung objektiviert, trägt auch dazu bei, daß ich meine eigenen entsprechenden Determinationen wahrnehme. Eben dies kommt aber nicht nur dem Verständnis der Gegenwartsliteratur zugute, sondern ist auch Voraussetzung eines perspektivischen Blicks auf Literaturwerke der Vergangenheit – der mir umgekehrt wiederum, indem er gegenwärtige Erfahrung in den geschichtlichen Zusammenhang einfügt, das Verständnis der Gegenwart vertieft und erweitert.

So trat mir beispielsweise in Fredi Murers eindrücklichem Film »Der grüne Berg«, im Kampf der Nidwaldner Bauern, Menschen in einer individuell mannigfaltigen und reichhaltigen Lebenswelt, gegen die Abstraktionen – Pläne, Modelle, Statistiken, Bilanzen – der als unbewegte Masken erstarrte Sprachformeln wiedergebenden Funktionäre der Wirtschaft, Hamanns und Herders Kampf gegen die Abstraktionen der ahistorischen, Sinne und Seele verleugnenden Aufklärung entgegen. Der Film, als ästhetisches Ereignis und mit der in ihm dargestellten Problematik (beides bedingt und ergänzt sich wechselseitig), gewann für mich durch die historische Dimension an grundsätzlichem Gewicht, umgekehrt die Auseinandersetzung mit Herder durch diese Aktualität an drängender Lebendigkeit und Anschaulichkeit. Hier und dort: mea res agitur. Dabei handelt es sich nicht um einen unhistorischen Kurzschluß, sondern um die Wahrnehmung der Konstanz einer, vielleicht der entscheidenden, mit dem bürgerlichen Zeitalter vorgegebenen und sich stetig verschärfenden Problematik.

Ich habe Murers Film als Beispiel gewählt, weil ich kein Werk der Gegenwartsliteratur kenne, das solche inhaltliche Fülle und Konkretheit vereint mit so hohem ästhetischem Niveau. Das Beispiel sollte aber doch zuletzt noch sinnfällig machen können, inwiefern und warum Produktion und kritisch-historische Reflexion, also im besondern zeitgenössische Literatur und Literaturwissenschaft, wenn diese lebt, einander bedingen, aufeinander angewiesen sind. Wie dann konkret eine Literaturwissenschaft aussähe, welche die Voraussetzungen erfüllt, das muß, nein das darf offenbleiben. Sie würde so vielfältig sein wie die historische Situation verschiedenen und auf verschiedene Weise ihr ausgesetzten Individualitäten bei gewissenhafter Reflexion Spielraum läßt. Damit wäre theoretisch auch die Möglichkeit einer dem jeweiligen literarischen Werk Resonanzen gebenden »Wirkung auf Leben und Handeln« (Nietzsche) gegeben. De facto allerdings ist nicht abzusehen, wie auf diese Zeit, gegen die Koalition von Stumpfsinn und mächtigen Interessen, noch mit anderen Mitteln als technischen und ökonomischen oder durch primitivste Masseninstinkte aufrührende Lügen und Wahnvorstellungen zu wirken sei, nachdem eine tonangebende Schicht, die empfänglich für die feineren Wirkungen wäre, nicht mehr vorhanden ist: darin eben gründet die letale Krise der Künste ebenso wie der Geisteswissenschaften. Erkenntnis aber um ihrer selbst willen, spezifisch die sich selbst genügende Interpretation literarischer Texte, ist ein Zeitvertreib wie Kreuzworträtsel lösen.

Andererseits … Trotzdem … und so weiter im Kreis.

Joseph Peter Stern

Vermischte Gedancken zur Literatur(wissenschaft?)*

> Das ist allein Gewinn: *latente* Dinge *sensibel* zu machen…
>
> G.C. Lichtenberg[1]

Wer fängt auch gleich mit dem Ende an (z. B. mit Julien Sorels)? Und doch bietet gerade dieses, oder vielmehr die Art, wie es gehandhabt wird, ein gutes Beispiel der ontologischen Konfusion, die der Poststrukturalismus mit seinem Bestreben, die Literatur zu pragmatisieren, angerichtet hat; etwa mit der ›These‹: ›Die Hinrichtung Julien Sorels ist Henri Beyles Rache an Stendhal und Stendhals Kapitulation vor der Bourgeoisie‹. Wer das Ende (=*closure*, *clôture*) eines Lebens, einer Epoche oder einer Tradition, eines Romans oder Dramas statuiert (so heißt es), der unterbindet alle weitere Auseinandersetzung mit dem, was beendet wurde; und von dieser Behauptung ist's nur ein Sprung zu der leicht hysterischen Anklage, hier sei wieder einmal ein (der?) Wille zur Macht am Werk. Dabei ist die Konfusion, um die es geht, eher komisch, da ja nichts anderes geschieht, als daß Worte über Taten mit Worten über Worte verwechselt werden. (Daß Worte in gewissen Situationen zu Taten werden können, steht auf einem anderen Blatt.)

›Am Ende‹ einer Epoche fängt ja die Auseinandersetzung mit ihr erst an. Was dem Ende vorausging, ist eben das, was beschrieben, gewertet, revidiert wird, wobei Beschreibung, Wertung, Re-

* Mein Dank gilt der Fritz Thyssen Stiftung, deren Forschungsbeihilfe mir die Ausarbeitung dieser ›Gedancken‹ ermöglicht hat.
1 *Schriften und Briefe*, hgg. W. Promies, München 1971, Band II, K 327. (=*G.C.L.*)

vision an dem, was sich ereignet hat, nichts verändern, zum Sich-Ereigneten nichts hinzutun (ob es sich nun in der Welt ereignet hat oder in der Literatur, die ja auch in der Welt ist). Was sich ändert, ist die Interpretation und somit das, was sich ereignen *wird*.

Anders gesagt: *Beendet* ist nicht *erledigt*. (Salman Rushdie blickt mich nervös und mit leichtem Schweiß auf der Oberlippe vom Fernsehschirm an: ›Wem sagen Sie das?‹)

*

Brusttonüberzeugungssätze wie ›Büchners Danton ist das typische Produkt des revolutionären Dramas‹ erinnern mich immer an kritische Entdeckungen von der Art ›Phèdre leidet unter dem wachsenden Druck der Alexandriner‹.

*

Das ›Bestreben, die Literatur zu pragmatisieren‹ hat viele Formen; etwa die Behauptung, daß die *vraisemblance*, die der mimetische (= realistische) Text schafft, ihn zum Komplizen des autoritären Denkens macht, denn ›die Ordnung der Mimesis schließt die Welt der Dinge-wie-sie-sind durch ihre Vertrautheit gegen jede Kritik ab‹. Oder: ›Mimesis ist in einen Diskurs der Macht verstrickt, in Propaganda für die *doxa* (Gegenteil der Wahrheit) und Stärkung der »gemeinen Meinung« – verstrickt in jenen Komplex von Mystifikationen innerhalb der bürgerlichen Kultur, die Barthes in seinen *Mythologies* demystifiziert hat‹. Oder: ›Je überzeugender die mimetische Darstellung, desto größer die Versuchung, mit der dargestellten Ordnung konform zu handeln‹. [2] Kurz: ›Realismus=Konformismus‹. Wie wäre zu beweisen, daß diese Gleichung nicht stimmt? Nur durch den Hinweis, daß ja auch das Gegenteil, ›Realismus ist die heroische/revolutionäre/kompromißlos ehrliche Schreibart‹ nicht weniger plausibel ist, weil ja der gleiche unbeweisbare, unerweisbare Stuß gemeint ist.

*

---

2 Zitate aus Foucault, Deleuze, Barthes u.a. in Stirling Haig, *Stendhal: the Red and the Black*, Cambridge (*Landmarks of World Literature*) 1989, S. 95.

Antirealismus als politisches Programm? Solche Sandkasten-spiele sind eher psychologisch interessant. Sie erinnern an A.D. Achtundsechzig – an jene Scharen von Akademikern und -innen, die sich wohl politisch betätigen wollten, allerdings ›innerhalb der Institution‹, also ohne Wahlkampf, aber mit monatlichem Scheck.

*

Noch zur Pragmatisierung der Literatur. Ein weiteres Beispiel wäre der Verdacht, auch die Schreibweise des allwissenden Autors sei ja ›eigentlich nichts anderes als‹ ein kaum verdeckter Wille zur (All)Macht. Das mag an sich stimmen oder nicht, je nach-dem. Was gewiß nicht stimmt, ist der Schluß, um dessentwillen dieses Stück psychologischer Hausmannskost serviert wird. Es ist der Schluß von der Modalität oder Moralität des Werdens auf die Qualität des Seins, als ob die Motive, aus denen ein Kunstwerk oder überhaupt irgendein Menschenwerk entsteht, seinen Wert bestimmten. (Nicht, daß sie irrelevant sind, aber: nicht von ihnen hängt ihre Relevanz ab). Es ist die Konfusion, die schon Thomas Hobbes mit seiner Unterscheidung von *generation* und *subsistence* zu vermeiden lehrte. (Das führt zu der interessanten Frage, was vom Marxismus und von der Psychoanalyse übrigbliebe, wenn sie sich an die Hobbes'sche Maxime hielten.)

*

Ideen (unter denen sich auch die Ideale befinden) sind nur inso-fern wichtig, als ihnen Widerstand geboten wird; diesen gibt es in zwei Fassungen. Einmal ist es der Widerstand, den der literarische Realismus den Ideen entgegensetzt, um ihre literarische Lebensfä-higkeit zu prüfen, zum anderen ist es der Widerstand der Dinge jen-seits des Geschriebenen. Zwischen ihnen besteht wohl eine Analo-gie, aber keine Identität. Den ersten begründen formale Erwägun-gen, den zweiten verursacht die Beschaffenheit der Welt. (Das soll allerdings nicht heißen, daß Formales nicht in die Welt gehöre.)

*

›Die Objekte, auf die sich die Literatur richtet, sind nicht die unveränderlichen Objekte der Naturwissenschaften, und die für die Naturwissenschaften wesentliche systematische Eliminierung des *feed-back* im Bereich des Beobachtens hieße innerhalb der Literatur, ihr alle Wirkung abzusprechen. Die Analogie zu einer progressiven Geschichte der Naturwissenschaft versagt, sobald wir die Literatur als eine Aktivität des Geistes verstehen, dessen Objekte wiederum geistiger Art sind ...‹. [3] Da stimmt *das meiste* nicht. ›Der Geist‹ ist da wie dort, in der Literatur- wie in den Naturwissenschaften aktiv, und die modernen Physiker würden sicher die Objekte ihrer Forschung nicht für unveränderlich halten. Dann: Nicht die Tätigkeit des Geistes ist wichtig, sondern die Produkte dieser Tätigkeit. Auch die (mehr oder weniger) systematische Eliminierung des *feed-back* in den Naturwissenschaften hat ihre Analogie, insofern als das Studium (= das gute Lesen) der Literatur u.a. auch in der Befreiung des Textes vom Tang und den Seegewächsen des *genus* Rezeption besteht. Was stimmt dann doch an der ›These‹? Die *progressive* Geschichte der Naturwissenschaften hat keine literarische Analogie. Interessant ist allerdings, daß die durch den Fortschritt der Naturwissenschaften eliminierten veralteten Einsichten, zu Kuriositäten geworden, manchmal einen ästhetischen Wert zugesprochen bekommen; also doch noch in die Nähe der Literatur rücken.

*

Wenn auch Worte mit Taten verwechselt werden, so heißt das nicht, daß zwischen beiden ein *scharfer* Trennungsstrich gezogen werden kann. Übrigens hat sich *in puncto* Dichotomien seit Lichtenbergs Zeiten nicht viel gebessert, noch immer halten wir auf ›gewisse Schriftsteller [die] nachdem sie ihrer Materie erst einen derben Hieb versetzt haben hernach sagen sie zerfalle von selbst in zwey Theile‹. [4]

*

---

3 J.P. Stern, *Über literarischen Realismus*. München 1983, S. 198 (=*Lit.R.*).
4 Ludwig Wittgenstein, *Philosophische Untersuchungen*, Oxford 1953, §§ 19, 546 (=*Phil.U.*) und *GCL*, D 272.

Aus einem Interview mit Václav Havel: ›Was ein Mensch braucht, um Schriftsteller zu werden? Vor allem sollte er doch wohl die eigene Sprache kennen und sie ehren – wissen Sie, aber selbst das ist mir nicht so ganz klar. Ich denke da an den X.Y. Der macht in jedem zweiten Satz irgendeinen [grammatischen] Fehler, und dabei ist er ein besserer Autor als viele, die die Sprache viel besser kennen‹.[5]

Es gibt also keine Regeln. Oder besser: Natürlich gibt's welche, aber immer nur neue. Z.B.: ›Als Gregor Samsa eines Morgens aus unruhigen Träumen erwachte, fand er sich in seinem Bett zu einem ungeheuren Ungeziefer verwandelt.‹ Die Unmöglichkeit dieses Satzes wurde mir erst klar, als ein Student übersetzte: ›… he found that he had turned into a beetle.‹ Warum (so fragte ich ihn) hatte er ›ein Ungeziefer‹ derartig verniedlicht? Wie sonst, entgegnete er, hätte er das Wort übersetzen sollen? Ich blieb ihm die Antwort schuldig. Denn es fiel mir ein, daß ›… that he had turned into (a?) vermin‹ völlig unmöglich ist, nämlich noch weniger möglich als ›ein Ungeziefer.‹

Kannte Kafka seine Muttersprache nicht? Ehrte er sie nicht? Und doch kenne ich keinen kritischen Leser (= Kritiker), der ›ein Ungeziefer‹ als falsch empfunden hätte. Heißt das, daß es keinen ›Geist der Sprache‹ gibt, der unabhängig vom Geist oder Ungeist der Sprecher waltet und schaltet und dem der Schriftsteller folgen muß? Der Geister, die im Vokabular kultureller Institutionen herumspuken, gibt's viel zu viele. (Geist der Sprache, Volksgeist, Zeitgeist, adliger, revolutionärer und sportlicher … und unlängst las ich ›geistlicher … Geist‹, allerdings waren Adjektiv und Substantiv durch einen langen Nebensatz getrennt.)

Die Möglichkeiten dichterischer Abweichungen vom normalen Sprachgebrauch scheinen unbeschränkt zu sein, die Behauptung, sie alle seien gerechtfertigt durch den ›Geist der Sprache‹, ist willkürlich (wenn auch weniger willkürlich als die komischen Maximen, ›Poesie sei nichts anderes als Abweichung vom normalen Sprachgebrauch‹ oder ›Poesie liege im Unübersetzbaren.‹) Was legitimiert die als ›Sprachfehler‹ empfundene Abweichung?

---

5 Václav Havel, *Dálkový výslech*, London 1989, S. 83.

›Der Leser empfindet Kafkas Gebrauch nicht als falsch.‹ Gibt es also zum Satz ›Die Bedeutung eines Wortes ist sein Gebrauch in der Sprache‹[6] ein Pendant, das lautet ›Die Grammatik eines Wortes wird bestimmt durch seinen Gebrauch in der Sprache‹? Das aber hieße: ›Der richtige Gebrauch eines Wortes ist sein Gebrauch in der Sprache‹, was offensichtlich entweder falsch oder tautologisch ist, denn dann gäbe es keine Fehler in der Sprache. Soll nun der Kritiker sagen: ›Die Grammatik eines Wortes wird legitimiert durch seinen poetischen oder literarischen Gebrauch in der Sprache‹? Auch diese These stimmt nicht ganz, denn sie wird durch einen jeden anderen, bisher als falsch empfundenen, dann durch inerte Wiederholung legitimierten Gebrauch, z.B. in der Sprache der politischen Propaganda, widerlegt. (Auch die Politik legitimiert den Sprachgebrauch: An ihrem Ende hat sich nur der Springer-Verlag auf die Anführungszeichen in der ›Deutschen Demokratischen Republik‹ versteift.) Doch etwas stimmt an der These. Es ist eine der Aufgaben des Kritikers, den bisher falschen, ›idiolektischen‹ Sprachgebrauch durch sein Argument als den rechten zu legitimieren; etwa so, daß er, an das appellierend, was im Wort ›Ungeziefer‹ anklingt und mitschwingt, die Notwendigkeit dieses und keines anderen Wortes erweist; beweisen kann er sie nicht.

›Sein Argument legitimiert den Gebrauch‹: Das heißt aber: seine *persuasio*, seine Rhetorik. Sollten wir da nicht etwas genauer über den rechten Abstand zwischen zwei Arten der Sprache – der des Werkes und der seiner Kritik – nachdenken?

*

Die überzeugende Interpretation als Paradigma der Kritik bestimmt den optimalen Abstand zwischen den literarischen und kritischen Schreibweisen. Was über diesen Abstand hinausgeht, vereitelt das Überzeugen. Daher die Eigentore der technischen Jargons.

*

---

6 *Phil. U* § 49.

Ein Album der Porträts all der Intellektuellen, die an Ästen sägen, auf denen sie sitzen, wäre schon interessant.

*

Nur die falsche Orientierung an den ›strengen‹ Wissenschaften läßt den Verdacht entstehen, daß die Rhetorik der überzeugenden kritischen Einsicht und mithin die Hermeneutik selbst eine flaue Sache sei. Im Gegenteil: Unser bestes Wissen und unsere wichtigsten Erfahrungen – all das, was das achtzehnte Jahrhundert *den ganzen Menschen* nannte – sollen hier am Werk sein, erst das Aufgebot von Erkenntnis-und-Erfahrung legitimiert den pädagogischen Wert der Hermeneutik.

*

Daß das kritische Interpretieren reich an Themen ist, aber arm an beruhigender Gewißheit, ist nicht die geringste seiner Tugenden.

*

Auch die Theorie von der performativen Funktion der Sprache führt zu manchem plausiblen Schluß, der nicht stimmt. So gibt es eine ganze Reihe von Büchern, die darlegen, die NS-Sprache hunzt, das Alltagsleben korrumpiert, und so. (NB! Nicht die Deutschen, sondern die … Sprache.) Das ist gewiß human und aufklärerisch gedacht, stimmt jedoch nur in beschränktem Maß, nämlich dort, wo die NS-Sprache eine abstrakte Terminologie benutzte, um Verbrechen zu verschleiern (auch Schleier sind übrigens durchsichtig). In allen anderen Fällen ist der Nexus zwischen Sprache und politischer (und jeder anderen) Moralität keineswegs direkt und sicher nicht allgemein determinierbar.

Leute ohne mittlere Reife haben gewöhnlich ein geringes Sprachbewußtsein. Die Tatsache, daß sie häufig in Klischees sprechen, ist nicht ohne Bedeutung; sie bedeutet, daß Leute ohne mittlere Reife häufig in Klischees sprechen. Manche dieser Klischees sind politisch gefärbt (Johann Georg Elser, der Mann ohne Ideologie, sprach vor Gericht ausschließlich von der ›Führerschaft‹ und von seinem Platz in der ›Volksgemeinschaft‹),[7] manche sind es nicht. Moralität soll nicht mit einer etepete Ästhetik verwechselt werden; des Bösen ist genug geschehen, geschieht genug, man muß es nicht noch um das Häßliche oder Stumpfe vermehren.

Nicht die NS-Sprache ist es, was an Hitlers Reden auffällt, sondern Wendungen wie ›Ich kann ruhig behaupten, daß …‹, ›So habe ich mich ruhig entschlossen, daß …‹, ›sie sollen mal ruhig versuchen …‹[8], also Wendungen, die nicht an der Peripherie, sondern im Zentrum der Lexis des Alltags liegen. Andererseits: ein Zeitgenosse Hitlers spricht von der ›ewigen Geschichte unseres Volkes‹, von seinen ›zahllosen Helden‹ und seinem ›zähen und hoffnungsstarken Wesen‹, konstatiert den ›Kraftunterschied zwischen dem Volk und dem Einzelnen‹ und kokettiert zu guter Letzt mit dem ›Charakter der Volksgenossen‹,[9] und doch ist dies kein Grund, seine Erzählungen als Vorläufer der NS-Literatur anzusehen.

*

Ein möglicher Nexus von Sprache und Ethos: ›Schon Solon hatte für seine große Eigentumsentziehung »Lastenabschüttelung« gesagt. Spätere nannten die Huren »Hetären«, die Tribute »Zuschüsse« …, das Gefängnis »Wohnung«; Lysias brauchte im Gegensatz zur glücklichen Lage des Staates nicht das Wort »schlecht«, sondern »ungeschickt« oder »fahren, wie wir lieber nicht wollten« … Das wären an und für sich nichts als nette Schattierungen gewesen, wenn nicht die Sache durch jene furchtbare, auf ganz Griechenland bezügliche Schilderung im dritten Buch des Thukydides vervollständigt würde, wo die Entwertung und Veränderung der Ausdrücke als Begleiterscheinungen der Zersetzung und des Verfalls namhaft gemacht werden‹.[10] Begleiterscheinungen sind weder Ursachen noch Gründe.

*

7 Vgl. J.P. Stern, *Hitler: der Führer und das Volk*, München (dtv) 1981, 17. Kapitel.
8 Ebenda, S. 63.
9 Zitiert aus Franz Kafka, ›Josefine, die Sängerin oder Das Volk der Mäuse‹, in *Die Erzählungen*, Frankfurt am Main 1961, S. 186-203.
10 Jacob Burckhardt, *Griechische Kulturgeschichte*, Darmstadt 1957, Band IV, S. 201.

Kant meinte, in einer jeden Naturlehre sei ›nur soviel eigentliche Wissenschaft enthalten‹, als sie quantifizierbar sei.[11] Das wäre dann, auf die Literaturwissenschaft angewandt, das Eldorado der Silbenzähler, Stilstatistiker, Konkordanzenschuster und Computersüchtigen. Aber auch eine weniger rigorose Definition von Wissenschaft versagt – ich denke etwa an die kritische Mode, die ›Quantifizierung‹ durch ›Theoretisierung‹ ersetzt. Theorien erheben Anspruch auf proleptische Gültigkeit; d.h., sie sollen anwendbar sein auf zukünftige, mehr oder wenige gleichartige Betätigungen. (Ich möchte hinzufügen: Theorien müssen einfacher sein als das, was sie theoretisieren, aber da wäre noch zu fragen, was hier mit ›einfach‹ gemeint ist.) Proleptische Anwendbarkeit hieße: Es gibt eine Theorie, aus der eine Methode abgeleitet werden kann, mit deren Hilfe ich literarische Werke kritisch zu erfassen / zu analysieren / zu deuten vermag. Alle Werke? Alle, die zu einer literarischen Schule oder historischen Epoche gehören? Oder zu einer Gattung? Aus einer sozialen Klasse kommen? Eine Gruppe von Problemen erhellen, eine Gruppe von Stimmungen darstellen? Eine Art von Metaphysik veranschaulichen, eine Onomatologie, Rhetorik verkörpern? Um alle einschränkenden Bedingungen auszusondern und aufzuzählen, brauchen wir eine zweite Theorie, deren Bezug auf die erste eine dritte Theorie erfordert ...

Wie sieht das in der kritischen Praxis aus? Wir kommen da nicht ohne Werturteile aus: *Bedeutende* Kritiker (sagen wir) sind in ihren Schriften identifizierbar, jedoch nicht aufgrund irgendeiner Theorie, die sie gewählt haben und nun immer wieder anwenden, sondern weil sie gute Schriftsteller sind: Ihre Werke zeigen Familienähnlichkeiten, [12] die ihren Ursprung verraten. Auch das Werturteil ›ein guter Schriftsteller‹ kann begründet werden, nicht ›theoretisch‹, mit Hilfe einer ›Definition‹, sondern mit einer Beschreibung der Familienähnlichkeiten, die ihre kritischen Einsichten implizieren. (Die Schwächen der Auerbachschen *Mimesis*

---

11 Immanuel Kant, *Metaphysische Anfangsgründe der Naturlehre*, Berlin 1911, Band IV, S. 470.

12 Ludwig Wittgenstein, *The Blue and Brown Books*, Oxford 1964, S. 17f.

sind in seinen Analysen moderner Texte spürbar, nämlich dort, wo er Einsichten anwendet, die er uns aus älteren Texten erschlossen hat.)

Gewiß heißt das nicht, daß ›kein Unterschied besteht zwischen Text und Kritik‹, sondern: Man kann sagen, *Text* und *Kritik* sind Begriffe ›mit verschwommenen Rändern. – Aber ist ein verschwommener Begriff überhaupt ein *Begriff*? Ist eine verschwommene Photographie überhaupt ein Bild eines Menschen? Ja, kann ein unscharfes Bild immer mit Vorteil durch ein scharfes ersetzt werden? Ist das unscharfe nicht oft gerade das, was wir brauchen?‹[13] (›Komm morgen zum Abendessen. Um halb acht. Sei aber bitte pünktlich!‹ Heißt ›pünktlich‹ hier ›19.25 bis 19.35‹, aber nicht ›bis 19.36‹?)

Edmund Burke nimmt die Wittgensteinsche Methode der unscharfen Ränder vorweg: ›Though no man can draw a stroke between the confines of night and day, yet light and darkness are upon the whole tolerably distinguishable.‹[14]

*

Genauigkeit ist also ein relativer Begriff. (Das hat schon Aristoteles erkannt, dabei verwendet er allerdings einen quantitativen, also irreführenden Begriff der Genauigkeit: ›… denn der Gebildete verlangt in den einzelnen Gebieten [der Untersuchungen] *nur so weit* Genauigkeit, als es die Natur des Gegenstandes gestattet‹.)[15] Was die Genauigkeit einer kritischen Einsicht in ein dichterisches Gebilde bestimmt, ist nicht ein proleptisches Schema, sondern das dichterische Gebilde selbst, wie es im unvoreingenommenen Lesen des Kritikers erscheint. Wer sagt, ein Kritiker ›könne nicht umhin‹, von seinem historischen und sozialen Standort und dem daraus entspringenden Vorurteil beeinflußt zu sein, plappert entweder einen Gemeinplatz nach, oder aber er ist

---

13 *Phil.U*, § 71

14 Edmund Burke, ›Thoughts on the Causes of the Present Discontents‹, in *Works*, London 1803, Band II, S. 269.

15 *Nikomachische Ethik*, übersetzt von J.H. von Kirchmann, Leipzig 1876, 109 4b; vgl. *Lit.* R., §§ 86, 87.

auf dem Weg, dieses Vorurteil zu beschreiben; je besser, je genauer er dies tut, desto näher kommt er dem unvoreingenommenen Lesen: ›Es gilt, der eigenen Voreingenommenheit innezusein, damit sich der Text selbst in seiner Andersheit darstellt und damit in die Möglichkeit kommt, seine sachliche Wahrheit gegen die eigene Vormeinung auszuspielen.‹[16] Was allerdings nicht heißt, daß ›erst das Scheitern des Versuchs, das Gesagte als wahr gelten zu lassen, zu dem Bestreben [führt], den Text als die Meinung eines anderen »zu verstehen«‹.[17] Literatur ist das Gebilde, das uns den Umweg erspart, ›den Text als die Meinung eines anderen zu verstehen‹, da die Erwartung der meisten Leser – wenn auch nicht die der stalinistischen Kommissare – die Fiktionalität des Textes als selbstverständlich voraussetzt; Fiktionen sind nicht Meinungen.

*

Allerdings gibt es kritische Autoren, die mitsamt ihren Vorurteilen lesenswerter sind, als wenn sie, wie Don Quixote in der Sierra, vor lauter Unvoreingenommenheit splitterfasernackt umeinandlaufen.

*

Auch der grau-in-graue Arbeitskittel ziert: ›Ich bin kein theoretischer Denker‹, schrieb T.S. Eliot,[18] ›wenn ich überhaupt ein Denker bin. Ich bin abhängig von Intuitionen und Wahrnehmungen‹, nicht von Theorien; seinen Erfolg als Kritiker, ›der mich in Verlegenheit bringt‹, verdanke er ›ein paar Sätzen, die notorisch geworden sind‹, übrigens müsse der Kritiker ›einfach intelligent sein‹, und das genügt. Dieses Repertorium der Eliotschen *understatements* sagt weniger über das Werk des Kritikers als über das Talent nicht nur des Schriftstellers, sondern auch des Dichters.

*

16 Hans-Georg Gadamer, *Wahrheit und Methode*, Tübingen 1986, Band I, S. 274.
17 Ebenda, Band II, S. 298.
18 Zitiert nach *Columbia Literary History of the United States*, hgg. Emory Elliott, New York 1988, S. 994 ff.

Paradoxon der *Critical Theory*[19] in der Epoche der realen Demokratie: Sie wird immer abstrakter und ausgetüftelter, verlangt ein immer esoterischeres Lesen und Auslegen in einer Zeit, da immer weniger ›Texte‹ immer schlechter und ungenauer gelesen werden, jedenfalls in Amerika und in England; in Deutschland liegt die Sache wohl anders, da lesen die Studenten der Literatur eher ›Materialien zu …‹.

*

Aus einem Hegel-Seminar Adornos wird berichtet: Als einer der Teilnehmer die professorale Auslegung dadurch zu widerlegen suchte, daß er das betreffende Werk vom Regal der Seminarbibliothek nahm und die erörterte Stelle wörtlich zitierte, entgegnete Adorno, das eben sei das Charakteristische an der Hegelschen Dialektik, daß sie auch das Gegenteil impliziere. Tut sie auch. Denn es gibt eben keine Regel, die bestimmt, was implizierbar ist und was nicht; wie es auch keine Regel gibt, die besagt, was als Metapher von was verwendbar ist; wie groß der Abstand sein darf zwischen dem Gesagten und dem Gemeinten, zwischen *tenor* und *vehicle*.[20] Allerdings: was *möglich* ist, ist noch nicht zweckmäßig, geschweige denn vernünftig. In der literarischen Kritik ist der Begriff der ›mittleren Distanz‹ gewiß nützlich und hat viele Anwendungen.[21] Zur Bestimmung und Bewertung *guter* Metaphern (geschweige denn zu ihrer Schöpfung) taugt er nicht. (Selbst ihr Eigenlob stimmt uns vergnüglich; so Lichtenbergs ›Mich dünckt, ein gutes Gleichniss ist etwas, worauf sogar die Policey ein Auge haben sollte.‹)[22]

*

Aus der Einsicht, daß die Variationen der Elemente möglicher Metaphern zahllos sind, sollten die Dichter eher Nutzen ziehen als ihre Kritiker.

*

19 *Critical Theory since 1965*, hgg. Hazard Adams, Leroy Searle, Tallahassee 1986.
20 Vgl. William Empson, *The Structure of Complex Words*,[3] New Jersey 1979, S. 331.
21 *Lit.R.*, Kapitel VII.
22 *G.C.L.* Band I, E 501.

Es ist ein lehrreiches Paradoxon der Wittgensteinschen philosophischen Untersuchungen, daß das Schönste an ihnen, ihr Reichtum an guten Metaphern, durch nichts, was sie sagen, erklärt oder legitimiert wird. Nicht einmal einen Ansatz zu einer ›Theorie der Metaphern‹ enthält das (bisher veröffentlichte) Werk. Ich glaube, er hätte eine solche Selbstbefragung für indezent gehalten.

*

›Vorstellungen sind auch ein Leben und eine Welt‹.[23] Das eigenständige Leben der Theorien: liegt darin nicht sowohl der Wert wie die komische Sünde aller intellektuellen Unternehmungen?

Gewiß der Wert: Die konsequente Ausführung eines Gedankens, die freie Entwicklung der Elemente, die in einer Einsicht verborgen liegen, sind mit die schönsten Gaben unserer Ratio. Wie sollen wir vorher wissen, vorher bestimmen, wohin uns die Gedanken führen werden?

Hier ist ein grundsätzlicher Unterschied zwischen Dichtung und Kritik; denn der Prozeß, der die Kritik von ihrem Gegenstand weg- und weiterführt, in Gegenden, aus denen dieser kaum mehr sichtbar ist, bis er zuletzt entschwindet, einem anderen Gegenstand Platz macht – dieser Prozeß kann ja die Dichtung selbst bilden. Mancher Dichter weiß, wie sein Gedicht enden wird, mancher weiß es nicht; es gibt Dichter, die auf ihr Nichtwissen stolz sind und meinen, es sei ein Beweiß der Spontaneität ihrer Schöpfung. Wie immer dem auch sei (die Einsicht des Dichters in sein Werk ist nicht immer unverläßlich), das Gedicht unterscheidet sich von seiner Kritik dadurch, daß es keinen Gegenstand hat, der da wäre, bevor es da ist. Die Kritik hat einen solchen Gegenstand und soll sich an ihn halten. Wer sagt da ›soll‹? In einer alexandrinischen Zeit hat auch der Kritiker als *poète manqué* seine Berechtigung; nur: Wer Margarine verkauft, der soll sie nicht für Butter ausgeben, auch wenn sie frei von Cholesterin ist. Und die Philosophie? ›Es ist unvermeidlich, daß die Sprache der Philosophie … ihren Gegenstand niemals vorfindet, sondern

---

23 *G.C.L.* Band I, F 542.

selbst erst aufbaut‹?[24] (Wäre da nicht zu fragen, was mit ›aufbaut‹ gemeint ist, wo die Bausteine herkommen?) Dies eben, meinte Wittgenstein (wie übrigens auch Luther), das sich aus sich selbst vermehrende Eigenleben, sei das Übel der Philosophie.

*

Was ich '64 in Berkeley lernte, wo man um 3 Uhr früh auf der Sproul Plaza barfuß und ohne sich den Hintern zu verkühlen sitzen konnte, habe ich nie wieder vergessen. Es war die Politisierung der Literatur. Ich hatte damals eine Menge revolutionärer Studenten und Freunde (die einen schlossen die anderen nicht aus), die mich mit den Schriften der Großen der Bewegung, des Free Speech Movement, vertraut machten – allen voran natürlich mit Naphta Marcuse, Siegfried Crokowski, Che Guebloch und Benjamin Walter (der allerdings manchmal mit seinem Namensvetter Bruno Walter verwechselt wurde). Wir sprachen vom literarischen Kunstwerk; einmal als Gebrauchsartikel, dann wieder als Waffe im Klassenkampf, schließlich als Vernebelungsmanöver und so. Uns Gastprofessoren gab Ronald Reagan, Oberhaupt der Universitätsregenten, Kaffee und Streuselkuchen: ›Wie in der Reichskanzlei‹, sagte ein deutscher Kollege, der es ja wissen mußte. Alteingesessene ödete der Campus an. ›Sehen Sie sich mal diesen blöden Himmel an. Wolkenlos. Charakterlos. Leer, wie die amerikanische Seele‹, klagte mein altösterreichischer Gastgeber und Chef. Mir war alles andere als öde zumute, ich war aufgeregt.

Eines schönen wolkenlosen Tages kreuzten auf der Plaza erst die Leute von Dow Chemical, dann weitere Vertreter der Rüstungsindustrie auf, um Personal anzuwerben, ich leitete ein Seminar über die *Duineser Elegien*. Wie waren diese mit dem Krieg, der in Vietnam drohte, zu vereinbaren? Vielleicht bin ich die Antwort nicht schuldig geblieben. Wir alle – meine Studenten und ich – waren für die Elegien und gegen Vietnam. Die Kritik, die ich zu vermitteln suchte, war kaum sehr originell: Die Lebenswelt der

---

24 Gadamer, Band II, S. 507.

Elegien war die des Einzelnen, auch das ›Wir‹ der Gedichte war eine Metapher für ein dichterisches Ich; die Bilder der Sozietät und Gemeinschaft in der Zehnten Elegie gingen kaum über die ›Leidstadt‹ in satirischer Ausführung hinaus. Die Welt ohne Sozietät und Politik, sagte ich, die gibt's nicht, da ist ein Loch in der Dichtung. Doch ›gleich dahinter ist's wirklich‹: Plötzlich verstand ich, warum die Referate pünktlich eintrafen, trotz Streiks und Protesten und kurzfristiger Inhaftierung einiger Teilnehmer (einer schrieb sein Referat im Polizeigefängnis), warum die Leerstelle in den Gedichten die Studenten nicht bekümmerte. Über soziales Verhalten brauchten sie, Kinder der demokratischen Gesellschaft, keine Unterweisung, keine Aufklärung, keine dichterische Erleuchtung. Was ihnen fehlte, war, was der Einzelne träumt und hofft, woran er sich zu stärken, zu erfreuen vermag. Auch das ist Politisierung der Literatur.

*

Wie weit kommt man mit einer Hermeneutik ohne Irrelevanzprinzip? Wenn das Ende der zehnten Elegie von den Toten, die ›... zeigten vielleicht auf die Kätzchen der leeren / Hasel, der hängenden‹ mit ›they'd be pointing, perhaps, to the / dead little cats hanging from / empty hazeltrees‹ übersetzt wird (*nicht* in Berkeley), gehört das auch noch in die Rezeptionsgeschichte der *Elegien*?

*

(1) Die gesamte Rezeptionstheorie, (2) Widerlegung der Behauptung, Dichtung und Kritik gehören nicht unter ein Dach, (3) Widerlegung *detto*, ›Dichtung über Dichtung‹ sei eine dekadent-esoterische oder jedenfalls ziemlich verschnupfte Sache, (4) kurzer Ausdruck und Überwindung des Ethos einer Epoche – all dies vermag der Dichter in ein paar Zeilen zu subsumieren:[25]

---

25 Bertolt Brecht, *Gesammelte Gedichte*, Frankfurt am Main 1976, Band I, S. 387.

Wie lange
Dauern die Werke? So lange
Als bis sie fertig sind.
So lange sie nämlich Mühe machen
Verfallen sie nicht.

Einladend zur Mühe
Belohnend die Beteiligung
Ist ihr Wesen von Dauer, so lange
Sie einladen und belohnen.

Dazu kommt dann noch (5) für den Auslandsgermanisten das
Vergnügen der Interpretation in Form von Übersetzung:

How long
Do works endure? As long
As they are not done with.
As long (I mean) as they still need effort
They do not wither.

Inviting effort,
Rewarding concern,
Their being endures so long
As they invite and reward.

*

Über Fehler in Werken, die man liebt. Vier Beispiele: (1) Der
immer wiederkehrende Triumph des Kunstvollen und Künstlichen in Stefan Georges Gedichten gehört zu dem schönsten, was
die deutsche und somit die europäische Moderne auszeichnet,
erinnert an die Eleganz und Schönheit des arithmetischen Kal-
küls – und doch gibt es Stellen in Georges Gedichten (z.B. in ›Der
Krieg‹), die ich nicht anders als infam zu bezeichnen weiß. (2) In
der Gestalt Adrian Leverkühns und in seiner Lebenswelt ersteht
das wohl nie übertroffene Bild eines ganzen Zeitalters (ein ganzes Panorama von Möglichkeiten des Lebens in der historischen
Zeit) – und doch führt die Allegorese ›Leverkühn = Deutschland‹ auf dem Weg über die beiden gemeinsame Opfer-Ideologie

zu einer Rechtfertigung des Dritten Reiches, die der Autor kaum intendiert hat. (3) Von Lenin über Stalin bis zum Fall der Berliner Mauer geht die Prozession der marxistischen Missetaten, die dann immer wieder als Abweichungen vom wahren Weg des realen Ehschonwissens apologetisch als die geringeren Übel interpretiert werden – auch von Bertolt Brecht; und doch haben seine Gedichte mit ihrem auf Gerechtigkeit-und-Barmherzigkeit gestimmten Grundakkord nicht ihresgleichen. (4) Nirgends ertönt Rilkes Lob der Innenwelt stärker, überzeugender, als in seinem Rühmen der Dichtung, während doch die Seinsweise aller Dichtung (was immer ihr Ursprung) die Außenwelt impliziert, in Worten sich *äußert*; auch seine orphische Paramythie ist ein Triumph nicht des (privaten) Schweigens, sondern der öffentlichen, dem Dichter und Leser gemeinsamen Sprache.

Viermal Widersprüche. Ich zweifle, ob sie mit *einem* Argument, in *einem* Gedankengang zu lösen sind; sicher kommen wir nicht weiter, wenn wir sie Paradoxien oder Antinomien nennen. Zur Not kann ich mir Überlegungen vorstellen, die es uns ermöglichen, sie zu vermeiden, doch wer solche Widersprüche einmal eingesehen hat, kommt an ihnen nicht vorbei. Es bleibt ihr oder ihm nichts übrig, als sie so genau wie nur möglich – also schonungslos, weder Dichter noch Leser schonend – kritisch nachzuvollziehen. Alle Kritik ist eine Art Nachvollzug.

Das sind Widersprüche, gewiß – aber *Fehler*? Die dichterische Imagination ist gesetzgebend, sagen Schiller und Shelley.[26] Hier sind Fälle, Einzelfälle, wo wir die dichterische Autorität nicht anzuerkennen vermögen.

*

Übrigens hat die Rilkesche Aporie den großen Vorteil, daß sie uns auf die ›schlafenden Metaphern‹ verweist: alle Wörter, die geistige Handlungen und Zustände benennen oder beschreiben,

---

26 Vgl. Schillers Brief an Goethe vom 31. VIII 1794 (›… sobald es (dem Menschen) gelingt … seine Empfindung gesetzgebend zu machen‹) und Shelleys ›The Defence of Poetry‹, geschrieben 1821 (die Dichter als ›unacknowledged legislators of the world‹).

sind abgeleitet von älteren Namen und Beschreibungen körperlicher Handlungen und Zustände. Das sollte eine gewisse Nüchternheit in psychologischen Argumenten zeitigen, doch zugleich auch die Einsicht: Ursprünge beweisen nichts.

*

So erinnert mich das Heideggersche etymologische Getue an den Stoßseufzer des Autors der *Diapsalmata*: ›Mein Leben ist absolut sinnlos. Wenn ich über die verschiedenen Perioden nachdenke, in die es zerfällt, dann erinnert es mich an das Wort »Schnur« im Wörterbuch, das erstens eine Strippe bedeutet und zweitens Schwiegertochter. Jetzt fehlt nur noch, daß das Wort »Schnur« drittens ein Kamel und viertens eine Staubbürste bedeute.‹[27]

Aus W.H. Audens Falstaff-Essay: ›Lachen und Lieben haben manches gemeinsam. Lachen ist ansteckend, jedoch nicht unwiderstehlich, wie physische Gewalt. Man spricht wohl manchmal über das »Gelächter« zorniger oder hysterischer Menschen, doch keiner kann die Geräusche, die sie dabei machen, mit wirklichem Lachen verwechseln. Wirkliches Lachen hat absolut nichts Aggressives an sich; der Wunsch, Menschen oder Dinge, die wir amüsant finden, zu verändern, ist uns völlig fremd … Wirkliches Lachen ist sozusagen »entwaffnend««‹.[28]

Mit anderen Worten: der Humor, der uns zum Lachen bringt, ist Todfeind der Satire; auch sie kann uns zum Lachen bringen, doch nicht zu jenem harmlosen, entwaffnenden Gelächter, das Shakespeare in Falstaff verwirklicht und durch ihn auslöst. In dem Augenblick, wo die Satire als *sæva indignatio* moralische Töne anschlägt, wird's bitter ernst. Wie erwartet, fängt Karl Kraus' Geschichte vom gestohlenen Biberpelz[29] satirisch an, das Buch entgleitet der Hand, herrjemine, kommt er auch hier, bei dieser harmlos netten Geschichte, nicht ohne eine moralische Botschaft aus, kann er denn wirklich nicht anders? Und siehe da, er kann:

---

27 Søren Kierkegaard, *Either/Or*, Oxford 1946, Band I, S. 27.
28 W.H. Auden, *The Dyer's Hand and Other Essays*, London 1962, S. 207 f.
29 Karl Kraus, ›Der Biberpelz‹, in *Auswahl aus dem Werk*, München 1957, S. 81.

Aber als ich nach einer Woche mich behutsam in das Stammlokal wagte und den Weg von hinten nahm, da trat mir die Toilettenfrau entgegen und sagte: »Mir hat's furchtbar leid getan!« Als ich hineinkam, waren aller Augen auf mich und meinen Überrock gerichtet, und als ich diesen an den Kleiderstock hängte, rief's aus einem Winkel: »Aber jetzt heißt's doppelt vorsichtig sein!« Und aus dem anderen Winkel: »Ja, durch Schaden wird man klug.« Als ein Kellner dazwischentrat und sagte: »Aber der Herr gibt ja so wie so acht«, rief eine Stimme aus dem Spielzimmer: »A gebranntes Kind fürchtet das Feuer!« Der Kellner sagte: »Wann i nur amal so einen derwischen könnt, den – « Ich zahlte sofort und nahm mir vor, das Lokal nur des Nachts zu besuchen, wenn ein anderes Publikum da wäre. Kaum hatte ich unter veränderten Umständen Platz genommen, drehte sich ein englischer Trainer zu mir herum, schob seinen Sessel vor und begann, die Arme auf die Lehne gestützt: »Einmal mir ist gestohlen ein Pferdedecke …«

Vermag die Kritik mehr zu tun, als die schöne Interesselosigkeit der komischen Szene herausstellen? Allerdings: Über Satire sprechen, wäre einfacher.

Sollte uns die schöne Interesselosigkeit des Komischen wie des Lachens nicht als Musterbeispiel bei der Lektüre von Lyrik dienen? Uns den Mut zur Freude und zu nichts mehr geben? (›Même quand (M. Swann) ne pensait pas la petite phrase, elle existait latente dans son esprit au même titre que certaines autres notions sans équivalent, comme la notion de lumière, de son, de relief, de volupté physique, qui sont les riches possessions dont se diversifie et se pare notre domaine intérieure.‹)[30] (Da wäre allerdings zu fragen, wie sich pure Freude mit ›sollte‹ und ›Musterbeispiel‹ verträgt …)

*

Weil mir kein deutsches Beispiel einfällt, denke ich an die Inkarnationen des guten Soldaten Švejk, als da sind: der kleine böhmische (also mitteleuropäische) Mensch, der sich gegen das Fa-

---

30 Marcel Proust, *A la recherche du temps perdu*, Paris 1968, Band I, S. 379.

tum, die historischen Mächte wehrt; Verhöhner des Kaiserreichs, vielleicht des Kapitalismus; tschechischer Patriot; Pazifist; die einzige dreifach populäre Figur der modernen europäischen Literatur (er und sein Autor kommen aus dem Volk, das Buch ist für das Volk geschrieben, das Volk verehrte es und ihn, lange bevor die Kritiker sie entdeckten); Bewahrer des Enigmas der freien Persönlichkeit – wo Josef K. versagt, siegt Josef Švejk … Gewiß, das alles sind mehr oder weniger plausible Interpretationen. Doch vor und hinter und über ihnen steht der spaßige Einfall, der pure Witz des Autors, Jaroslav Hašeks, der, intentionslos, aber stark angeheitert, zu später Nachtstunde im Juni 1911 ins Ehebett fällt, nachdem er schnell noch notiert hat: ›Idiot bei der Companie. Läßt sich prüfen, ob er im Stande ist, als ordentlicher Soldat aufzutreten.‹[31] Was sonst auf dem Zettel steht, ist unlesbar.

Die bekannte Schopenhauersche Definition des Komischen – ›Das Lachen entsteht jedesmal aus nichts anderem, als aus der plötzlich wahrgenommenen Inkongruenz zwischen einem Begriff und den realen Objekten, die durch ihn, in irgendeiner Beziehung, gedacht werden, und es ist selbst eben nur der Ausdruck dieser Inkongruenz‹[32] – stimmt ganz genau: Die Inkongruenz zwischen dem Begriff des Sich-prüfen-Lassen und dem ordentlichen Soldaten ist tatsächlich ›lächerlich‹. Nur leider stimmt die Definition auch überhaupt nicht, denn die erwähnten Inkongruenzen können natürlich völlig sinn- und witzlos sein.

*

1911, Geburtsjahr des guten Soldaten: also Hoch-zeit der Wiener Moderne, Innerlichkeit mit Taxushecken, das Schweigen bei Hofmannsthal … Mit dem ›Schweigen bei …‹ ist das auch so eine Sache. Es wird damit viel Aufsehens gemacht, wie ja die ältere deutsche Kritik gern bei angeblich mystischen Aperçus verweilt. Doch wie sähe ein Satz ohne Schweigen aus? Erwärekaumdenk-

---

31 Vgl. J.P. Stern, ›War and the Comic Muse‹ in *Comparative Literature*, Band xx, No. 3, 1968, S. 193-216.
32 Arthur Schopenhauer, *Die Welt als Wille und Vorstellung*: Erster Band. Leipzig, o.D., S. 101.

bar. Erst Wort + Schweigen + Wort ergeben Artikulation der literarischen Sprache, erst Artikulation gibt Sinn. Genau wie bei Kafkas Josefine: erst das Schweigen der Sängerin stiftet Gesang.

*

Es sieht manchmal so aus, als ob man die ganze Literaturwissenschaft unter dem Begriffspaar ›abstrakt – konkret‹ subsumieren könnte; dann wieder wird versucht, die kritische Agenda auf ›Mimesis – *pro* und *contra*‹ zu beschränken; *aficionados* setzen auf Rezeptionsästhetik, Strukturanalyse, *deconstruction* … Literarische Szenerien haben Ähnlichkeiten mit Familienstreitigkeiten: Eine jede muß auf ihre eigene Art geschlichtet werden. Lichtenbergs Kritik beschränkt sich keineswegs auf die ihm vertraute naturwissenschaftliche Domäne: ›Alle mathematischen Gesetze, die wir in der Natur finden, sind mir trotz ihrer Schönheit immer verdächtig. Sie freuen mich nicht. Sie sind bloss Hilfsmittel. In der Nähe ist Alles nicht wahr.‹[33]

*

Germanisten Ost und West: zwei Vignetten aus den Couloirs einer internationalen Konferenz.

(1) *A.:* Sie haben das sicher auch gemerkt, Herr Kollege. Ich meine diese Mischehen, noch dazu zwischen Deutschen und Japanerinnen, das kann einfach nicht gut enden. Anfangs geht's ja noch ganz gut, aber nach ein paar Jahren, da muß eine jede solche Ehe einfach scheitern, da ist nichts zu machen. Das geht kaputt, beim besten Willen in der Welt, die Unterschiede in der Kultur sind eben zu gewaltig.

B.: Wie etwa bei den jüdisch-arischen …?

A.: Na hören Sie mal!? Es ist doch wohl an der Zeit, daß wir uns abgewöhnen, in dieser Terminologie, nicht wahr!? Wir haben doch schließlich was dazugelernt in all den Jahren, Herr Kollege, bei Ihnen doch hoffentlich auch, nicht wahr?

---

33 G.C. Lichtenberg, *Physikalische und mathematische Schriften*, Göttingen 1800-1806, Band IX, S. 145 f.

(2) *B.:* Ich glaube wirklich, Sie machen sich das etwas zu leicht, lieber Kollege, mit dieser Theorie der Alterität. Das Interesse am Anderen, am Fremden, das ist doch gewiß etwas Schönes, Humanes, Generöses. Aber schwebt da nicht im Hintergrund ein Schleier von Wirtschaftswunder, gesunden Exportbilanzen und massiver Freundlichkeit? Man müßte doch auch darüber nachdenken, wie die Literatur aussieht in einem Land, wo das Interesse am Fremden als Verrat oder mindestens als Bedrohung des Eigenen empfunden wird, wo alles Andere als Fremdes und alles Fremde als Feindliches erscheint.

A.: Das mag wohl für Sie – entschuldigen Sie bitte, ich will mal ganz offen sein – als Auslandsgermanist wichtig sein. Leider, *leider* bin ich nicht so gut unterrichtet, was bei Ihnen und so. Sollte ich sein, gewiß, *mea culpa*. Aber für uns Deutsche – wenn ich das so sagen darf, und das sind wir nun mal, ich will da ganz offen sein – wissen Sie, für uns Deutsche ist die Sympathie mit dem Fremden und seine Aneignung, na ja, wenn ich mir erlauben darf, dies zu sagen, die einzige Möglichkeit. Nur hier – bitte, verstehen Sie mich recht, – liegt sozusagen unser Heil. Denn daß wir von dem Fremden viel, ja fast alles zu lernen haben, das ist doch klar. Besonders heutzutage. Denn ohne das Andere versanden wir einfach …

A.: Du gehst und gehst – wie weit? Da mußt du eben die Schritte zählen. Wozu zählst du sie? Nur so? Nein, nicht *nur so*, sondern zu einem bestimmten Zweck; z.B., um diesen Weg zu jenem Ziel zu wählen, weil er kürzer ist als jener, der zu dem gleichen Ziel führt. Zweck ist Ziel im Physischen, Sinn ist Ziel im Geistigen. Zählen ohne Ziel, *nur so*, hat keinen Sinn. Sinn – warum suchen wir ihn? Weil wir keine Gebote haben. Gebote und ihr Erfüllen war einst mit Sinn identisch. Vielleicht war der kategorische Imperativ das letzte Gebot, an das geglaubt wurde, d.h., dessen Erfüllung ein Wert war. Er war ein den Sinn enthaltendes, sinnvolles Gebot: eine letzte Koinzidenz von Gebot und Sinn. Die Gebote sind zusammen mit dem Gebieten abhanden gekommen, der Sinn, den wir suchen, soll sie ersetzen. Wir wollen ihn als ungebotene, freie Menschen finden, jeder und jede für sich selbst.

B.: Wenn ich also meine, eine rein metrische, technische, prosodische (oder welch immer) Untersuchung sei uninteressant, ein bloßes zielloses Schrittezählen, sei nur insofern interessant, als sie zu einem nicht metrischen, nicht technischen, nicht prosodischen Ziel führt, dann meine ich dies nur deshalb, weil – insofern – ich einen Sinn suche; weil – insofern – ich Literaturwissenschaft und -geschichte für eine sinnvolle Betätigung halte; für mehr als ein *nur so*.

A.: Soll die Germanistik eine Zukunft haben, dann muß …

B.: Doch ›die Germanistik‹ hat keine ›Zukunft‹, das sind alles Modelle von Maggi-Extrakten, Suppenwürfel aus Holz. Natürlich gibt es ›das Fach‹ und ›den Fachbereich‹, doch eben nur dort, wo es Kompetenzprobleme zu lösen gibt.

A.: Also doch Grenzen?

B.: Gewiß, aber nur im Überschreiten.

Natürlich bin auch ich geschworener Feind aller ethnischen Witze und nationaler Verallgemeinerungen und muß mich beim Leser entschuldigen, aber ich glaube, ›Ein jedes Land, ein jeder Kulturraum hat seinen eigenen Kanon der Weltliteratur‹ wird nur einer meiner deutschen Kollegen behaupten.

A.: Aber die historische Zuordnung, das werden Sie doch zugeben müssen, die kann nie fehl am Platz sein!

B.: Gewiß nicht. Deshalb beteuerte ja auch ein jeder Kritiker, der Prinz Lampedusas *Il gattopardo* rezensierte, im Jahre 1958 sei es völlig unmöglich, daß ›ein wirklicher historischer Roman‹ geschrieben werde. Mal Pech gehabt.

*

Noch einmal zum Widerstand gegen die Ideen. Was aus einer Sprache in die andere – und das heißt ja auch: aus einer Literatur in die andere – so schwer zu übersetzen ist, sind nicht nur die Eigenheiten der Lexis, der Syntax, der Metrik und Phonologie (von der Idiomatik ganz zu schweigen), also Eigenheiten, die mit der ›Sprache im engeren Sinn‹ verbunden sind. Da sind auch noch die Unterschiede in der kritischen Bewertung der Abstraktion von einer Sprache und Literatur zur anderen zu erwägen. Es gibt wohl keine Regeln, um zu bestimmen, was mit Dichtung vereinbar sei und was nicht, doch gewisse praktische Maßstäbe gibt es wohl. So ist es sinnvoll zu fragen, wie weit englische, französische oder amerikanische Leser im *Mann ohne Eigenschaften* oder im *Glasperlenspiel* kommen, bevor sie die Flinte ins Korn werfen.

*

Das Nachdenken über die Abstraktion ist einer der vielen Stege, welche die Literatur mit ihrer Umwelt verbinden und wieder zu ihr zurückführen. Hier einige Variationen auf dieses Thema.

(1) … Da liegt der Steinklopferhans, der Ärmste der Armen, im Gras am Straßenrand, die Sonne scheint, er denkt, jetzt wird er bald sterben. Als er am Abend erwacht, wird ihm ›inwendig so wohl, als wär's hell Sonnenlicht von vorhin in mein' Körper verblieb'n … und da kommt's über mich, wie wann eins zu eim'm andern red't: Es kann dir nix g'schehn!‹ Der junge Wittgenstein war von diesem Monolog aus Ludwig Anzengrubers Bauernkomödie *Die Kreuzelschreiber* (1872) tief betroffen; ein Kommentator spricht von dem ›stoischen Gedanken‹ dieses Monologs und meint, Wittgenstein hätte darin ›die Möglichkeit der Religion‹ erkannt.[34] Der Gedanke ist nicht religiös, ist das Gegenteil von mystisch, er ist jedenfalls das Gegenteil von ›Seid umschlungen, Millionen!‹, nämlich: ›Ich bin allein, nichts ist außer mir, nicht einmal ein »Sieh, ich lebe!« wird ausgesprochen, nichts (nichts mehr) kann mich verletzen.‹ In diesem ›Es kann dir nix g'schehn‹ liegt *eine* Grundart der Abstraktion.

Was das mit der Literatur zu tun hat? Die Sprache diese ›Es kann dir nix g'schehn‹ ist die Sprache des Jüngerschen Kriegers und seiner ›Räume‹, ›Gebiete‹, ›Reviere‹, ›Residenzen‹ und ›Landschaften‹, doch bei Ernst Jünger ist sie zu einem Solipsismus geronnen, in dem das ›Sieh, ich lebe!‹ eine aggressive Konnotation hat.

(2) Eng verbunden mit diesem Begriff der Abstraktion als Abwehr ist die Abstraktion als jene Bedingung, welche die gehar-

---

34 Vgl. Brian McGuinness, *Wittgensteins frühe Jahre*, Frankfurt am Main 1988, S. 159 f.

nischte Betrachtung von Schmerz und Leid, die Furchtbarkeit *und* das Fürchten möglich machen soll. In dieser Form ist sie einer der Urfeinde der Literatur, der z.B. Passagen in den *Betrachtungen eines Unpolitischen* und im *Untergang des Abendlandes* ruiniert. Eben diese Empfindungslosigkeit hat Gottfried Benn in seinen *Morgue* Gedichten (1912: auch wieder zur Zeit der Wiener Innerlichkeit) erkannt und auf seine Art bekämpft. Sind diese Gedichte nicht sensationslüstern und unappetitlich? Vielleicht. Blutbefleckt und morbid? Gewiß. Grausam? Hin und wieder. Das Leid ironisierend? Schon. Vor allem aber sind sie dem Schmerz des Menschlichen ausgesetzt.

(3) Die Abstraktion als feindlicher Abstand von dem Individuellen, Vereinzelten und Schwachen, und somit als ›Verachtung des Einzelfalls‹.[35] Sie überschneidet sich mit der Verallgemeinerung, ist mit ihr aber nicht identisch. Sie setzt auf die Erwartung, daß ein Opfer leicht zu verschmerzen ist, wenn es als eines unter hunderte eingereiht wird, denn hunderte Opfer bedeuten weniger als eins, weil (*c'est la vie*) man sich halt an alles gewöhnt – kurz: ich kommentiere einen der genialsten Sätze des Welttheaters, das mephistophelische ›Sie ist die Erste nicht‹. Kafka kommt dieser Einsicht nahe: Was kann der schwache Josef K. in seiner Vereinzelung anderes tun, als sich in der Menschheit verstecken: »›Ich bin aber nicht schuldig‹ sagte K., ›es ist ein Irrtum. Wie kann denn ein Mensch überhaupt schuldig sein. Wir sind hier doch alle Menschen, einer wie der andere.‹ ›Das ist richtig‹, sagte der Geistliche, ›aber so pflegen die Schuldigen zu reden.‹ ‹[36] Wobei der Erzähler unentschieden läßt, ob der Geistliche ein maliziöses Nonsequitur oder das gerechte Urteil über Josef K. ausspricht.

Nun ist es aber an der Zeit, daß wir uns in freundlichere Gefilde begeben, wo die Abstraktion am rechten Platz ist und unersätzliche Dienste leistet.

(4) Die Suche nach Übersichtlichkeit, das zusammenfassende Urteil, die Gerechtigkeit (die ja vom Einzelfall abstrahieren

35 Ludwig Wittgenstein, *The Blue and Brown Books*, Oxford 1964, S. 17 f.
36 Franz Kafka, *Der Prozeß*, ›Neuntes Kapitel: Im Dom‹, Frankfurt 1976, S. 180.

muß, um zu ihm zurückzukehren), die über den Einzelfall hinaus gültige Einsicht – sie alle sind ohne Abstraktion undenkbar, besonders in philosophischen Texten. Und in der Literatur? Eigentlich ist es erst die Wilhelminische Epoche, die ihr abstrakte Ambitionen zugesteht. Hierher gehört z.B. einerseits der Stil des Nietzscheschen Philosophierens, der manchmal zum konkreten Exempel, vor allem aber zu Tropen wie Metapher, Metonymie, Anekdote greift, um das *odium theoriae* zu meiden; andererseits der Romancier einer Kultur, die sich gerne auf ihre Sensibilität in psychologischen und philosophischen Dingen beruft: ›Gott weiß, wieviel (Hanno) begriff. Das eine aber war sicher, und sie fühlten es beide, daß in diesen Sekunden, während ihre Blicke ineinander ruhten, jede Fremdheit und Kälte, jeder Zwang und jedes Mißverständnis zwischen ihnen dahinsank, daß Thomas Buddenbrook, wie hier so überall, wo es nicht um Energie, Tüchtigkeit und helläugige Frische, sondern um Furcht und Leiden handelte, des Vertrauens und der Hingabe seines Sohnes gewiß sein konnte.‹[37] (Der deutschen Leserin kann es nicht schaden, wenn sie sich in eine Kultur versetzt, die es gar nicht für selbstverständlich hält, Nietzsche als Philosophen, Thomas Mann als Romancier zu betrachten.)

Hier und überall fragen wir: Wer spricht? Der Erzähler, der nicht nur uns in Hannos Bewußtsein versetzt, sondern auch das Verständnis des Vaters wiedergibt, oder jedenfalls die Möglichkeit eines solchen Verständnisses? Der auf die Gattung ›Roman‹ vorprogrammierte Leser ist nicht bereit, dem Text mehr als ein gewisses Maß an -heiten, -keiten und -schaften zuzugestehen, was darüber hinausgeht, wird ihm ›zu abstrakt‹ etc. Nur wenn die Antwort auf die Frage: Wer spricht? ihn in die Erzählung selbst zurückführt, löst sich die Aporie.

(5) ›Abstrakt‹ und ›konkret‹ sind keine absoluten Bezeichnungen. Was als dies und was als jenes empfunden wird, äußert und ändert sich je nach Zeitalter und nationalen Kontexten (T.S. Eliots ›Tradition and the individual talent‹). Doch Kulturen sind nicht

---

37 Thomas Mann, *Buddenbrooks*, Berlin 1923, Band II, S. 337 f.

autistisch, wie Spengler meinte, sondern kommunikativ. In der Literatur geht der Einfluß wohl immer in *eine* Richtung, vom Konkreten zum Abstrakten (von Shakespeare zum deutschen Geist).

(6) Sind das nicht alles Kartenhäuser? Vielleicht genügt es, wenn man sagt: Die Literatur nimmt die Abstraktion nicht ernst ... Sie spielt mit ihnen, ist vor allem dann in ihrem Element, wenn sie sie in einer (mehr oder weniger) erlebten Rede (›Wer spricht?‹) verpackt, wobei der erlebende Redner ja nicht immer unbedingt ein Professor sein muß. (Nichts Peinlicheres als die Musilsche Verlegenheit, das abstrakte Denken irgendwie irgendwo unter Dach zu bringen: ›Als Agathe so weit gelesen hatte, glaubte sie, auf dem Kies des Gartens Ulrichs zurückkehrende Schritte zu hören, und schob alle Blätter eilig in die Lade zurück. Als sie sich aber davon überzeugt hatte, daß ihr Gehör sie getäuscht habe, und gewiß geworden war, daß ihr Bruder noch im Garten weilte, zog sie die Blätter wieder hervor und las noch ein Stück des Folgenden weiter ...‹)[38] Na ja, die Agathe, getäuscht *und* gewiß, die muß halt. Aber der Leser?

*

Gehört also die Frage ›Wer spricht?‹ zu den unentbehrlichen ›heuristischen Hebezeugen‹ der Zunft?[39] Gewiß nicht. Die Frage gehört zu *unserem* kritischen Rüstzeug, bringt *uns* dies und jenes näher. Wer wollte daraus schließen, daß wir bessere Leser sind als unsere Vorgänger? In der Goetheschen Prosa gibt es gar manche Stellen, die nur deshalb als erlebte Rede betrachtet werden, weil der Setzer die Anführungszeichen vergaß.

*

Das literarische Kunstwerk als Gebrauchsartikel im Nexus von Nachfrage und Angebot: Diese post-marxistische Theorie scheint ein zäheres Leben zu haben als der politische Marxismus selbst, in der Frage-und-Antwort-Hypothese wird sie noch einmal

---

38 Robert Musil, *Der Mann ohne Eigenschaften*, hgg. Adolf Frisé, Hamburg 1981, Band II, S. 1146.
39 *GCL* Band II, K 312.

durchexerziert. Nämlich in der Definition des literarischen Kunstwerks als Antwort auf die von der Zeit (früher hieß es: vom Zeitgeist) gestellte Frage. Schwer zu sagen, wie diese Hypothese zu begründen wäre, welche Art von Evidenz sie begründen soll.

Einerseits: ›Die Zeit fragt, das Werk antwortet.‹ Da ist doch immer etwas am Werk, das über die Frage hinausgeht; nämlich das, was sein Dasein als Kunstwerk ausmacht.

Andererseits: ›Das Werk fragt, die Zeit antwortet.‹ Und wenn sie nun falsch antwortet, wie es sowohl die Ankläger als auch die Verteidiger in Flauberts *Bovary*-Prozeß taten?

Das Werk ist organisiert, hat eine Struktur; die Zeit ist ein Bündel aus kürzeren und längeren, hier herausragenden, dort kaum erkennbaren Erfahrungen, Einsichten, Handlungen, Entscheidungen.

*

›To bring gaiety into scholarship‹, riet mein Lehrer Michael Oakeshott. Dem werten Leser sei versichert, daß dies natürlich nie das einzige Ziel einer respektablen Wissenschaft sein kann. Aber helfen tut's doch, besonders wenn's ernst wird:[40]

> Um den Beliebigkeitsgrad literaturwissenschaftlicher Aussagen möglichst klein zu halten, muß eine Literaturwissenschaft die Textsprache der jeweils thematischen Werktexte zum intersubjektiven Bezugspunkt wählen, d.h. sie muß ausgehen vom allen Lesern gleichermaßen zugänglichen Werktext und ihre Feststellungen nachprüfbar auf diesen beziehen.

Muß die Wissenschaft dies alles wirklich müssen? Hier stimmt doch eigentlich nur, daß ein Buch zum ›intersubjektiven Bezugspunkt‹ gewählt, will sagen gelesen werden sollte, womit es zum Gegenstand der Forschung wird. Das mit dem ›allen Lesern gleichermaßen zugänglichen Werktext‹ ist gewiß nett und demokratisch gedacht, hat allerdings gewisse Nachteile, z.B. den, daß es eine gute Hälfte der Auslandsgermanistik um ihre *raison d'être* bringt: denn

---

40 S.J. Schmidt in *Zur Grundlegung der Literaturwissenschaft*, hgg. S.J. Schmidt, München 1972, S. 51.

sie beschäftigen sich ja mit ›Werktexten‹, die – und weil sie – den meisten Lesern, für die jene Kollegen aus fernen Landen schreiben, gar nicht oder nicht in ihrer ursprünglichen Form zugänglich sind. Wenn dann zuletzt verlangt wird, die wissenschaftlichen ›Feststellungen‹ müßten ›nachprüfbar‹ sein, ist damit mehr als die gute Sitte des Zitierens gemeint? Gewiß, wenn ich gezeigt habe, wie Philines Auftritt in den *Lehrjahren* (viertes Buch, fünftes Kapitel) mit Worten wie ›sie wollte vor Kichern und Lachen ersticken ... das Terrain rekognoszieren ... sich einnisten‹ eingeleitet wird, wie diese Bilder ihr nun folgendes böses Necken des guten Wilhelm bestimmen (›Hier geht es bunt zu ...‹), und wenn ich aus all dem auf das Künstlerische, Intrigenhafte, Theatralische dieses Auftritts schließe, so mag meine ›Feststellung‹ durch weitere Zitate erhärtet werden und in diesem Sinne ›nachprüfbar‹ sein. Doch das ist schließlich nur *eine* Art, dem Leser literarische Texte nahezubringen und zu erhellen. Texte stehen in Kontexten, deren Darstellung und Kritik manchmal etwas andere Schreibweisen erfordert:[41]

Der verstorbene Münchner Komiker Karl Valentin – einer aus dem Geschlecht der metaphysischen *clowns* – spielte einmal folgende Szene: Der Vorhang geht auf, die Bühne bleibt dunkel bis auf den Lichtkegel einer Straßenlampe. Valentin, das lange Gesicht in sorgenvollen Falten, geht immer wieder um den Kreis herum, scheint verzweifelt etwas zu suchen. Ein Polizist tritt auf und fragt: ›Was haben'S denn verloren?‹ ›Den Hausschlüssel.‹ Der Polizist sucht mit, sie finden nichts. Nach einer Weile fragt er: ›Sind'S ganz sicher, daß Sie ihn hier verloren haben?‹ ›Nein‹, antwortet Valentin und zeigt in die dunkle Bühnenecke, ›Dort drüben.‹ ›Ja warum suchen'S denn dann hier?‹ ›Dort drüben ist kein Licht!‹

Ist diese Anekdote, die die Literatur der Moderne beleuchten soll, weniger wirksam, weniger überzeugend als jenes Stück Textkritik? Gewiß ist auch sie ›nachprüfbar‹, allerdings in einem

---

41 Erich Heller, *The Disinherited Mind*, Cambridge, 1952, S. 154.

ganz anderen, ›wissenschaftlich‹ kaum erwarteten Sinn: Ich wette, mein Leser wird sich an sie (nämlich an die Anekdote) länger und öfter erinnern als an die Thesen des intersubjektiven Beziehungspunktverfassers.

*

›Die Literaturwissenschaft gibt keine Werturteile ab. Vorwissenschaftliche Werturteile über literarische Texte … sind vielmehr Voraussetzungen dafür, daß sich die Literaturwissenschaft mit gewissen Texten befaßt, mit gewissen anderen Texten nicht.‹[42] So – jetzt wissen wirs halt. Mir scheint hingegen, daß Voraussetzung einer solchen wertfreien ›Wissenschaft‹ eher eine ›captive audience‹ von Studenten ist, die eben (mehr oder weniger begeistert) das lesen, was man ihnen vorlegt; auch wenn ihnen niemand erklärt, wie zu erfahren wäre, was daran gut ist und warum. Auch hier könnte einiger Kontakt mit einer Germanistik, deren Existenz weniger selbstverständlich ist, zu weniger peremptorischen Tönen führen.

*

Sätze haben mindestens zwei Funktionen: sie sagen etwas, und demonstrieren dabei ein Stück Grammatik, Semantik, Logik etc. Ein jeder Text ist immer *langue* und *parole*. Ein jedes Kunstwerk, das seine Zeit überdauert, ist in der Zeit geboren; immer erscheint es zugleich als Stufe einer (literatur)historischen Entwicklung *und* als Monument.[43]

An diese Überlegungen erinnerte ich mich während unseres Besuches der großen Gartenanlage, in der die Heian Tempel von Kyoto stehen. Nun war die Besichtigung des Haupttempels fast zu Ende, und wir waren daran, uns nach unseren Schuhen umzusehen und uns von der eleganten Fremdenführerin zu verabschieden. Vor uns lag, von einem schwer beschreibbaren, leuchtenden Grün umsäumt, der stille, schläfrig-dunkelgrüne Teich; zu dessen

42 H. Weinrich in Schmidt, *op. cit.*, S. 9.
43 Vgl. *Lit.R.*, §§ 122,123.

anderem Ufer führten ein Dutzend Trittsteine in nicht ganz regelmäßigen Abständen, doch einen gut begehbaren Steg bildend. Als ich, der Fremdenführerin folgend, von einem Stein zum anderen schritt, merkte ich, wie ähnlich sie einander waren und wie doch jeder sich von seinem Nachbarn unterschied, sowohl in der Form der geglätteten Fläche, die über dem Wasser ruhte, wie auch in der Aderung der senkrechten Seiten, die aus dem Wasser ragten. So schritten wir den Steg entlang, während sie die schönen Formen beschrieb und die symbolischen, uns unbekannten Bedeutungen nannte, die jene Formen versinnbildlichen.

III. Perspektiven

Adolf Muschg

Erlaubt ist, was gelingt

Der Literaturwissenschaftler als Autor

Die Beziehung Autor-Literaturwissenschaft wird man provisorisch als »befangen« bezeichnen dürfen: als Komplex im volkstümlichen Sinn des Wortes. Da gibt es einen, der weiß nicht, was er tut, aber er tut's. Da gibt es einen andern, der ihm sagen kann, was er tut – aber selber tun kann er's nicht. Dazu fallen einem die bekannten Eunuchenwitze ein, oder Bernard Shaw: *Who can, does; who cannot, teaches; who cannot teach, teaches teachers*. Wo solche Witze gemacht werden, liegen Ressentiments begraben, kann ein Mangel vermutet werden, der vielleicht nicht zum Lachen ist. Wir haben es mit einer Rollenverteilung zu tun, bei der beide Seiten nicht glücklich sein können – warum sollten sie einander sonst Invalidität vorhalten; da muß wohl über einen eigenen Schaden geschwiegen werden. Max Frisch hat den Abbruch seines Germanistikstudiums zu den Glücksfällen seines Lebens gerechnet: es habe ihm nur »Scheinnähe« zur Literatur vermittelt. Die Germanistik, die er meinte – ich habe sie als Student noch kennengelernt -, hat ihn damit gestraft, daß sie ihm die Weihe eines *wirklichen* Dichters vorenthielt. Damit ist sie bei lebenden Dichtern ohnehin sparsam umgegangen. Um so mehr hat sie die Studenten auf ein dienstbares Verhältnis zu wenigen zeitlosen Geistern verpflichtet. »Gipfel der Zeit« hieß ein Titel Emil Staigers. Es verstand sich, daß solche Gipfelnähe unanständige Gedanken – etwa den an eigenes Schreiben – verstummen ließ.

Das ist lange her. Aber das Entweder-Oder – Autor *oder* Germanist – geistert als beinahe moralische Frage weiterhin durch Podiumsdiskussionen, Leserzuschriften und auch durch die akademische Praxis. Zwar halten Schriftsteller heute Gastvorlesungen über Poetik oder werden in Schreib-Seminaren – *creative writing* – beschäftigt. Aber was diese Spielwiesen attraktiv macht, ist gerade ihr Abstand zum Betrieb von Lehre und Forschung; dort werden lebende Autoren lieber im Abwesenheitsverfahren behandelt. Der Billigkeit halber sei hinzugefügt, daß sie es selbst kaum anders wollten. Es liegt ihnen wenig, als ihre eigenen Conferenciers und Bescheidwisser aufzutreten: Sie beanspruchen keine Schlüsselgewalt über ihr Werk. Sie erleben ja schon in Schreibkursen nicht nur die Grenzen des Germanistikstudiums, sondern vor allem ihre eigenen. Da pflegt weniger ihre literarische Kompetenz gefragt zu sein als ihre Bereitschaft, sich an elementarer Ausdrucksnot zu beteiligen; aufzufangen, was das Studium an Kommunikation und Unmittelbarkeit zu wünschen übrig läßt.

Auf der andern Seite bekommen literarische Abstecher dem Wissenschaftler selten gut. Schon der Versuch, ja der Verdacht kompromittiert dann auch seine Wissenschaft. Hat er das nötig? Er darf es nicht nötig haben, er muß wissen, wohin er gehört. Der dichtende Professor sieht immer noch aus wie Felix Dahn oder Ludwig Uhland – um anders auszusehen, haben gelernte Germanisten wie Enzensberger oder Martin Walser ihr Fach mit deutlicher Geste verabschiedet. In ihren Dissertationen lassen sie maliziös drucken, es sei ihnen leider nicht überall gelungen, das Werk »vom Germanistischen ins Deutsche zu übersetzen«. Germanistik erscheint hier sozusagen als verunglückte, mißgeleitete Produktivität, als untauglicher Dressurversuch, dem man gerade noch entronnen ist.

Daß Germanistik keine Kunst sei, jedenfalls keine schöne Literatur sein dürfe, würden die meisten Germanisten ja unterschreiben. Daß die zugleich gebotene und tabuisierte Nähe zum »Schöpferischen« ein Problem sei, vermutlich auch. Nur für allfälliges Leiden an diesem Problem darf an der Universität kein Raum sein; es gibt auch außerhalb keine Sympathie dafür. Der beamtete Schöngeist tut sich schwer mit seinem Balance-Akt? Dafür wird er bezahlt. Jedenfalls balanciert er nicht ohne Netz …

Damit ist ein gern verschwiegener Teil unseres Komplexes angesprochen – und eben darum ein interessanter, in dem Moral und Neid sich zu einem soliden Vorurteil verbinden. Der Beamte, der Deutschlehrer, der Germanistikprofessor hat die Sicherheit gewählt – dann steht ihm aber, bitte, die dichterische Freiheit nicht mehr zu. Dieser haftet ein existentieller Mythos an, den die »freien«Autoren auch dann gern bestätigen, wenn sie ihn durchschauen. Jeder von ihnen weiß natürlich, daß der »Freie« zum Verzweifeln abhängig ist, von Auftraggebern aller Couleurs, von den Launen der Kritik, von der Stimmung der Konjunktur, die auf die eigene Stimmung ungedämpft durchschlagen kann. Er bezahlt sie teuer, die Freiheit, ganz selten das schreiben zu können, wovon er träumt. Um so demonstrativer verteidigt er seinen Dschungel gerade gegen das akademische Milieu und seine Schutzraum-Atmosphäre. Und auch in diesem Ehrenpunkt hat der Autor im Literaturwissenschaftler einen bereitwilligen, wenn auch unfröhlichen Mitspieler. Auch diesem sitzt das Bild des kühnen Dichters, der den Einsatz seines Lebens *nicht* gescheut hat, als lebendiger Vorwurf und Gewissensstachel im Nacken.

Die Germanistik, die ich als Student kennengelernt habe, wußte sich in diesem Dilemma noch zu helfen. Sie hat aus dem Bewußtsein ihrer Subalternität einfach etwas Großartiges gemacht. Sie hat ihren Dienst für die ganz großen Dichter reserviert, denn da schändete er nicht. Sie hat die Deutung von Texten als weltlichen Gottesdienst zelebriert. Und wer so ein Priesteramt versah, der war nach der andern Seite auch zum Richten berufen. Die »Kunst der Interpretation« hielt sich für ihre heimlichen Verzichte schadlos an Autoren, die sich zur Verehrung nicht eigneten. Dazu gehörten damals die politischen Autoren der Vergangenheit von Heine bis Tucholsky – und die meisten lebenden. Als Student wagte ich an diesem Selektionsverfahren nur das kulturelle Niveau zu sehen, nicht die Angst vor Zeitgenossenschaft oder gar die prekäre Selbsteinschätzung. Heute sehe ich *auch* einen sozialen und psychologischen Schutzmechanismus darin. Wer in der Literaturgeschichte nur sichere Werte feierte, der brauchte sich auch seine bürgerliche Sicherheit nicht zum Vorwurf zu machen. Die bösen Zungen real existierender Dichter berührten ihn dann so wenig wie ihre Not.

»Vom Germanistischen ins Deutsche übersetzt« – hier bekommen wir vielleicht noch eine andere Seite unseres Komplexes zu fassen: die deutsche Spezialität. In keiner andern nationalen Kultur (und als »Kultur« bezeichnete sie sich ja mit Nachdruck selbst, im Gegensatz zur »Barbarei« im Osten, zur bloßen »Zivilisation« im Westen) sind Literatur und Literaturkunde, Dichter und Akademiker so scharf auseinandergetreten. In keiner andern hat der abstrakte Kult des »hohen« Dichters so exakt einer faktischen Geringschätzung der lebenden Dichter entsprochen. Dieser hat an der deutschen Universität, je weiter ihre große Zeit, das 19. Jahrhundert, fortschritt, immer weniger zu suchen gehabt. Der deutsche Literaturprofessor eiferte auch in seinem Fach einem Wissenschaftsbegriff nach, den die Naturwissenschaften etabliert hatten. Da sich sein Stoff dafür nie so recht hergab, wachte er um so mehr durch die Aufrichtung akademischer Hürden und ein zünftiges Brauchtum über die Legitimität seines Nachwuchses.

Ihre wahre Glorie aber schöpfte die alte Germanistik aus der Repräsentation nationaler Werte und der Verbreitung vaterländischen Wesens. Autoren, die den Namen verdienten, konnten in diesem Klima nicht gedeihen. Diese Deutschkunde hatte die Lieder vergessen, die ihr zu Jacob Grimms Zeiten an der Wiege gesungen worden waren. Das Bündnis des Gelehrten mit dem Dichter, das damals wenigstens ein Postulat gewesen war, rückte in immer weitere Ferne. Die Gewißheit, eine Kultur zu »haben«, blendete gerade gebildete Augen dafür, wie wenig man – im vollen, das heißt: alltäglichen Wortsinn – eine Kultur *war*. Jene deutsche Kultur, die sich für einen Pleonasmus hielt, brachte die Kultur nicht auf, die Dichter, die sie die »ihren« nannte, an ihren Institutionen – vom Staat bis zur Schule – real zu beteiligen. Sie war auch noch stolz auf die Apolitie, die Politik-Ferne ihres Geistes. Und sie gab diesen Geist noch lange nicht auf, als er braune Uniformen angezogen hatte – ziemlich spät rang sie sich dazu durch, ihn wenigstens »Ungeist« zu nennen. Damals war das Exil der deutschen Literatur auch keine Metapher mehr – die Betroffenheit deutscher Germanistikprofessoren hielt sich in Grenzen.

Man hatte sich längst daran gewöhnt, seine Wissenschaft von den Dichtern ohne die Dichter zu betreiben. Diese »Kultur« beschränkte sich damals keineswegs auf das Dritte Reich. Drei Jahre nach der »Machtergreifung« kam die ›Neue Zürcher Zeitung‹ mit der tröstlichen Nachricht heraus, die Dichter seien in Deutschland geblieben, nur die Literaten hätten es verlassen – eine Unterscheidung, die gerade an der deutschen Hochschule Tradition hatte und die den Verfasser der »Betrachtungen eines Unpolitischen« zwang, sich von einer Kultur, die ihm sein konservatives Bekenntnis so schmählich dankte, öffentlich zu trennen und sich auf die Seite der »Zivilisation« und ihrer »Literaten« zu schlagen.

Es mag nicht fair sein, das schizophrene Verhältnis Literaturwissenschaft-Literatur an seiner fatalsten Episode zu messen. Man hatte den Dichter ja einmal zu ehren gemeint, als man ihn überlebensgroß auf ein Podest hob und für Abstand sorgte. Indem man ihm Niederungen – etwa die der Parteien, der Politik – nicht zumutete und die Erlaubnis, ihm zu nahen, an strenge Examina band, bekleidete man ihn mit dem Volkstümlichsten, was es in Deutschland gibt: mit Autorität. Noch mehr: mit messianischen Erwartungen. »Der Dichter als Führer« war nicht das Buch eines Nazi, sondern des feinsinnigen George-Schülers Professor Max Kommerell. In heruntergekommener und rührender Form kann der Autor der Bitte um Führung bei seinen Lesern immer noch begegnen, und sie beschämt ihn. Aber es ist nicht zu leugnen, daß er auch seinerseits an der Fabrikation dieser Aura redlich beteiligt war und daß noch die Wirksamkeit des engagierten, des politisierenden Autors auf der schiefen, aber schmeichelhaften Stellung beruht, die ihm die deutsche Literaturgeschichte zugedacht hat. Der Fall, daß ein Autor einen Germanisten an der Entstehung eines Romans beteiligt oder daß umgekehrt der Germanistikprofessor sich über theoretische Fragen des Dramas bei einem Dichter Rat holt – dieser Fall ist mir bei Gottfried Keller und Hermann Hettner begegnet – das ist 130 Jahre her. (Seither soll es allerdings anläßlich des »Treffens von Teltge« zu einer entsprechenden Zusammenarbeit zwischen Günter Grass und Albrecht Schöne gekommen sein.) Die Regel war, daß der Einspruch des Dichters die Germanistik *störte*; daß sie ihre Unlust die kleinen, die häßlichen Dichter büßen ließ, die Unartigen – wenn sie ihre Unart nicht zur Tragik verklären konnte. Und die Frage bleibt, wie sich die vorgebliche Lust an allem Großen und Schönen mit dieser Unterdrückungsleistung, diesem Entweder-Oder von Verherrlichung und Vernichtigung verträgt; ob sie nicht ebenfalls ein Werk der Unlust sein könnte – am Wagnis der Literatur, aber auch: am akademischen Anspruch, der akademischen Enge, der eigenen Tätigkeit. Auch die Germanistik, wie die Dichter, fühlte sich einsam in ihrem Geschäft.

So erinnert das Spiel von Projektion und Gegenprojektion, das Dichter und Germanisten miteinander, gegeneinander getrieben haben, an die Arrangements, die Berne in seinem Buch »Games People Play«, auf deutsch: »Spiele der Erwachsenen«, beschreibt. Nur: von einer erwachsenen, gelassenen, konfliktfähigen Kultur zeugt es wohl gerade nicht. Der zeitgemäße Jargon würde es ein Scheißspiel nennen. Es ist weder den Autoren noch den Germanisten gut bekommen. Es hat etwas wie Literaturkritik – längst bevor sie Goebbels expreß verboten hat – wo nicht ganz verhindert, so doch – siehe Walter Benjamin – von den Lehrstühlen ferngehalten. Es hat den Essay als legitimen Vermittler zwischen Literatur und Gesellschaft zu keinen Ehren kommen lassen. Es hat sich für eine Hauptperson der Literatur, den Leser, wenig interessiert. Es hat literarischen Autoren bis vor kurzem die Lust verdorben, ihre eigenen Literaturgeschichten zu schreiben. Die gab es nur im wissenschaftlichen Singular, und als solcher gehörte sie den Germanisten. Sie haben die Literaturgeschichte zu lange zu einer akademischen, nur auf Knien zu betretenden Landschaft gemacht und den Weg dahin mit Zollstationen, Warnungsschildern und Andachtsplätzen verlegt.

Wer erinnert sich noch an Emil Staigers Rede, 1966, beim Empfang des Zürcher Literaturpreises? Hier wurde die Interpretation noch einmal als Kunst öffentlich geehrt – und der Geehrte war weit entfernt, darin ein Problem oder gar einen Widerspruch zu bemerken. Der wurde um so deutlicher durch Max Frisch angemeldet, der sich die summarische Exekution der zeitgenössischen Literatur – »in welchen Kreisen verkehren sie?« lautete das Stichwort – öffentlich verbat. Damit begann der sogenannte Zürcher Literaturstreit, der sich zu einer der im deutschen Raum seltenen Kulturdebatten entwickelte. Die Du-Form, in der Frisch seinen Kontrahenten anredete, war nicht das am wenigsten Symbolische dabei. Der Autor bestätigte dem Literaturdeuter noch einmal die Intimität des Kollusions-Verhältnisses, das er zugleich aufkündigte. Im Dichter als zeitlosem Wohltäter der Kultur, den Staiger gefeiert hatte, wollte er sich nicht mehr wiedererkennen. Eigentlich war die Sache längst ein Nachspiel – auch unter seinen Kollegen fand Staiger damals kaum einen Verteidiger mehr; übrigens, wie bei Vatermorden üblich, nicht nur aus sachlichen Gründen. Aber es war doch überraschend, wie alt eine Germanistik über Nacht aussehen konnte, die sich die Mühe nicht genommen hatte, ihre Geschichtlichkeit zu reflektieren und damit ihre versäumte Schuldigkeit gegenüber der jeweils lebenden Literatur anzuerkennen. Diese Unempfindlichkeit geradezu als Menschenliebe auszugeben – das ging nun wohl in der Tat nicht mehr.

Aber daß dieser Eclat Literaturwissenschaft und Literaten ebenso schlagartig von ihren gegenseitigen Komplexen befreit habe, wird dennoch niemand behaupten. Die Berührungsangst war bewußter geworden; das schaffte sie nicht aus der Welt. Eher war es nun so, daß die Literaturwissenschaft ihre Stellung gegenüber der Literatur erst recht als Konflikt erlebte. Die Einfühlung in das Kunstwerk, die Staiger unbefangen zur Voraussetzung der Interpretation erklärt und zur eigenen Kunst entwickelt hatte, erschien jetzt als naive Anbiederung. Sie war als Ideologie denunzierbar, gerade weil sie von Ideologie nie etwas hatte wissen wollen. Der hermeneutische Zirkel – wonach ich nur begreife, was mich ergriffen hat – wurde als tautologisches Manöver verpönt. Aber wie mußte die Sachlichkeit aussehen, mit der man der Sache Literatur eher gerecht wurde? Wie nahm man den rechten wissenschaftlichen Abstand zu ihr ein? Wie war dem Grund des Vergnügens an ästhetischen Gegenständen beizukommen, wenn die Methode streng genug und doch nicht unempfindlich sein sollte – und wenn es schon mit der Gegenständlichkeit dieser Ge-

genstände eine so eigene Sache war? Oder hatte man sich einfach
das Vergnügen daran zu verbieten und durch etwas politisch Seri-
öseres zu ersetzen?

Der bekannte Methodenstreit der Germanistik hatte natürlich
nicht auf Staigers Zürcher Rede gewartet. Die Frage nach dem wissenschaftlich zureichenden Grund des Faches ist so alt wie es selbst
und wohl nicht von ungefähr sein besonderes Kreuz. Sehr grob,
dafür nicht ganz ernsthaft betrachtet, hat die Germanistik der Not
mit ihrem Gegenstand in zwei Richtungen zu entgehen gesucht.
Einmal durch Auswanderung. Sie siedelte ihr Fach ganz oder
stückweise auf einem anderen Territorium an. Oder – das war die
radikalere Lösung – sie sprengte es durch eine andere Sprache.
Das erste Verfahren erlaubte ihr, ihren Gegenstand neu zu sehen;
das zweite schaffte ihn sozusagen *als* Gegenstand aus der Welt und
ersetzte ihn durch klare Verhältnisse. Im ersten Fall schützte sich
die Literaturkunde durch vermeintlich solidere Gehilfen selbst vor
der Versuchung, Kunst zu werden – ungenügende Kunst. Im andern Fall stellte sie fest, daß diese Sorge auf einem Mißverständnis
beruhte. Sie brauchte keine Kunst zu werden. Sie war schon eine.
Das konnte sie im strengen Sinn methodisch beweisen.

Der erste Fall: als illustrierte – auf literarische Gegenstände an-
gewandte – Psychoanalyse, Sozialkunde, Wirtschaftsgeschichte,
Spiel- oder Kommunikationstheorie öffnete sich die alte Germanistik neue Horizonte, lernte ihre Prämissen kritisch reflektieren
und durfte hoffen, die Sünden gutzumachen, die sie durch die
Isolation des ästhetischen Interesses – auch die kulturwidrige
Sonderbehandlung der Autoren – begangen hatte. Sie hatte die
Wertfreiheit, die man einer Wissenschaft zuzuschreiben pflegt,
als Illusion der Ideologie durchschaut und zog die Konsequenzen: sie engagierte sich. Das Publikum, das sie dabei fand, war
wachsam, kritisch und zahlreich. Auch wo die Literatur selbst als
überflüssig, bürgerlich und tot erklärt wurde, konnte die Literaturwissenschaft das Gefühl haben, sich nützlich zu machen.

Es dauerte einige Jahre, Jahre der hochfliegenden gesellschaftlichen Erwartung und ihrer schleichenden Desillusion, bis der
Einwand sich wieder hervorwagte, daß sie ihr Thema – den Ei-

gensinn ästhetischer, literarischer Phänomene – verfehlt habe. Trotz aller dialektischen Umsicht suggeriere sie unzureichende Kausalitäten, behandle das Kunstwerk wieder als ableitbare Größe, nicht viel anders als die germanistischen Urgroßväter, die sich ihren »Werther« oder »Grünen Heinrich« noch aus dem Erlebten, Erlernten und Ererbten ihrer Autoren zusammengereimt hatten. Auf einmal begegnete eine soziologisch, psychoanalytisch, politologisch aufgeklärte Germanistik wieder dem Vorwurf, sie habe nicht so sehr Neuland erobert als ihren Boden preisgegeben. Auch der fortgesetzte Ideologieverdacht erschien auf einmal als Ideologie, und zwar als besonders dürftige und mechanische. Die Nachrede des Eskapismus, der sie hatte entrinnen wollen, kam ihr von unerwarteter Seite wieder entgegen: jetzt war sie auf einmal vor der Sinnlichkeit des Kunstwerks ausgewichen, hatte die echte Begegnung mit ihm versäumt.

So stolperte die Literaturwissenschaft wieder über die Nabelschnur, mit der sie an die Literatur gebunden war. Die Gretchenfrage ihrer Kunstpflichtigkeit, das heißt: die Erwartung blieb gestellt, daß ein ästhetisches Gesetz, das man wahrnimmt, auch durch die Form erfüllt sein muß, in der man davon spricht.

Dieses Sprachproblem hatte eine andere Schule der neueren Literaturwissenschaft auf radikale Weise gelöst. Ausgehend von der Tatsache, daß die Informationen des Kunstwerks an seine Form gebunden sind und nur als diese Form etwas zu bedeuten haben, hat diese Schule die Bedeutungsfrage überhaupt abserviert und Komposition, Konstellation, Konfiguration als das eigentliche Signifikat des Kunstwerks behandelt. Sie hat ihre Aufgabe darin gesehen, für dieses System eine signifikante Terminologie, einen Code von nahezu mathematischer Schlüssigkeit zu entwickeln. Wenigstens für ihre Kenner verbindet diese Metasprache endlich einen wasserdichten methodologischen Anspruch mit einem hohen ästhetischen Reiz, der dem des Kunstwerks analog ist – auch wenn unbewaffnete Augen darin nur ein Glasperlenspiel sehen können. – So neu der Strukturalismus und seine Spielarten einmal ausgesehen haben, seine Vorgeschichte ist natürlich alt – bei weitem älter als die Germanistik. Seine Wurzeln reichen hinter de Saussure oder die russischen Formalisten zurück – sogar hinter die Universalzeichensprache des Novalis und Jacob Boehmes theologische Lautsymbolik. Es steckt pythagoräische und kabbalistische Spekulation in dieser Reduktion der Sprache auf klare Verhältnisse – eine Dunkelheit und sinnliche Alchemie, die man ihren aseptisch wirkenden Epigonen nicht gleich ansieht und auf der doch ihre Faszination beruht: auf der Vision einer Ordnung, die wichtiger ist als ihr Sinn.

Lassen Sie mich spaßeshalber noch von einem dritten Anlauf reden, die sinnliche Verheißung des Kunstwerks germanistisch einzulösen, oder – um mich hier passend auszudrücken –: sich ihr zu stellen, ihr echt zu begegnen, womöglich: auf sie zuzugehen. Ich meine eine neue Subjektivität, der ich immer öfter in germanistischen Arbeiten begegne. Ihre Verfasser bekennen sich in der Ich-Form dazu, daß ihr Interesse an Literatur ein persönlich lebensrettendes, der ästhetische Reiz des Kunstwerks nur ein Auslöser für Selbsterfahrung ist. Diese Sprache tendiert ihrerseits zur Literatur, zur schönen, noch lieber: zur authentischen; sie ist bestrebt, aus dem als Fessel erfahrenen akademischen Sprachgebrauch zu einem primären durchzustoßen.

Auf den ersten Blick scheint kein schärferer Gegensatz denkbar als der zu den Semioten und Strukturalisten, die die Sekundärsprache gewissermaßen auf die Spitze treiben, indem sie sie zum System formalisieren. Aber da auch die Welt der Literaturwissenschaft endlich ist, mögen sich die gegenläufigen Verfahren hintenherum berühren – jedenfalls im Effekt, den sie beim Leser machen. Die strukturalistische Musteranalyse von Baudelaires »Les chats« durch Jakobson und Lévi-Strauss einerseits, eine echte Literaturbegegnung von und mit Gisela Dischner andererseits provozieren bei mir dasselbe Heimweh nach dem Text – nicht dem Text als solchem, oder als meinem, sondern als *diesem*. Ich ertappe mich sogar bei einer regressiven Sehnsucht nach der »Kunst der Interpretation«. Sie kennen die Keuner-Geschichte vom Gärtner, der sich damit plagt, einen Baum kugelförmig zu schneiden, und als er soweit ist, fragt Herr Keuner: »Da ist die Kugel, aber wo ist der Baum?« Das ist die Frage an den Formalisten und seinen meta-menschlichen Purismus – während ich die Neue Subjektivität fragen möchte, warum ich den Baum besser sehen soll, wenn sie mir die Nase in die Blätter drückt. Ob von einem Gedicht nichts mehr übrig bleibt, als daß ich mich darin spüre – oder nichts mehr, weil mir das Gefühl dafür überhaupt wegstrukturiert wird –: beide Male werde ich um die Wahrnehmung seiner Angebote, und damit um seinen Reiz, seine Irritation, seinen Widerstand, kurzum: seinen Körper gebracht. Dieser Körper mag methodisch unhandlich und auf reinliche Art gar nicht zu fassen sein. Aber auch als schwieriger bleibt er das Maß, das einzige Maß für die Richtigkeit oder Stimmigkeit meiner eignen Wahrnehmung. »The grin without the cat« lasse ich mir bei Alice im Wunderland gefallen – bei einer literaturwissenschaftlichen Arbeit vermisse ich etwas – übrigens ebenso bei der Katze ohne Grinsen.

Womit das Geständnis überfällig ist, daß das Problem adäquater Begegnung des Literaturwissenschaftlers mit seinem Objekt, das nicht so recht Objekt werden möchte, theoretisch ja unlösbar sein mag – und sich doch bei jeder lebendigen, durch ein interessantes Interesse motivierten Deutung von selbst erledigt. Natürlich kommen die literaturwissenschaftlichen Typen, die ich gezeichnet habe, in Reinkultur (fast) nicht vor. Aber daß die Probleme, die ich durch Karikatur pointiert habe, für jeden Germanisten existieren, sich vor jedem Text neu stellen, bei jedem etwas anders und immer wachsam beantwortet werden müssen, schlüssig, nämlich mit einem System, nicht beantwortet werden können, lasse ich mir nicht nehmen. Es entspricht meiner Erfahrung als Leser – und gelegentlich: Schreiber – literaturwissenschaftlicher Arbeiten. Also denn: »Erlaubt ist, was gelingt«? Das scheint denn doch ein kleinmütiger, wenig verpflichtender, wenig wissenschaftlicher Gradmesser für akademischen Ernst. Leider weiß ich keinen besseren. Wenn ich mich vor einem konkreten Kunstwerk für eine Methode seiner Darstellung entscheide, weiß ich nichts Klügeres, als mit dieser Methode zu *spielen* – es scheint mir der einzige Weg, in ihr das spielen zu lassen, was am Kunstwerk die Kunst, also die Hauptsache ist. Vor dem Richterstuhl der Wissenschaft mag ein solches Spiel ja ein starkes Stück sein – *wenn* es ein starkes Stück sein sollte, wäre ich lange zufrieden. Außerdem ist der Begriff strenger Wissenschaft selbst seit einiger Zeit wegen Unempfindlichkeit eingeklagt. Natürlich verdient das *genaue* Leben, das in einem Kunstwerk konzentriert ist, eine nicht minder genaue Beachtung. Aber methodische Strenge könnte eben dafür ebenso unbrauchbar sein wie vage Empfindung. Ein englischer Kritiker hat den Metaphysical Poets des 17. Jahrhunderts nachgesagt, sie hätten es verstanden, mit dem Kopf zu empfinden und mit dem Bauch zu denken. Das scheint mir keine schlechte Maxime für schöpferische Arbeit – literarische und literaturwissenschaftliche, poetische und germanistische.

Warum können wir nicht einfach von Autoren reden, im einen wie im andern Fall? Unsere deutschen, unsere historischen, unsere methodologischen Komplexe in Ehren – die Ehre, unserer Erfahrung zu widersprechen, verdienen sie denn doch nicht mehr. Eine Erfahrung, die ich auf Französisch gemacht habe: an der Eidgenössischen TH finden regelmäßig Vorträge französischer Schriftsteller statt. Keine Lesungen, sondern »Conférences«: Robbe-Grillet spricht über sein Verhältnis zu Balzac, Nathalie Sarraute über die Sprache des Todes im 19. Jahrhundert, Michel Butor über die Metaphorik des Wassers. Sie reden so gut wie frei, lassen sich zu Exkursen hinreißen, schämen sich nicht, vom Hundertsten ins Tausendste zu geraten, das sich plötzlich als das Erste erweist, was sie hatten sagen wollen. Manchmal schweigen sie ohne Scheu; dann fällt ihnen ein, was zu diesem Schweigen zu sagen wäre. Die Sozialpflichtigkeit des Schriftstellers ist für sie kein Fall für Demonstrationen und Bekenntnisse. Sie kommen aus einer öffentlichen Kultur und haben gelernt, nie zu belehren, ohne zu unterhalten: eine Sache sozialen Anstands auch für Verrückte. Sie zeigen ihre Belesenheit nicht vor, aber geben sich unbefangen als Leser zu erkennen. Sie scheinen gewohnt, ihre Arbeit an früherer Arbeit zu messen, die Praktiken literarischer Vorgänger zu loben, zu kritisieren. Ihr Interesse an der Literaturgeschichte ist vital; es ist professionell, denn sie schreiben selbst; aus dem gleichen Grund ist es dilettantisch. Es teilt sich mit. Natürlich verraten diese Causerien ihre Herkunft aus dem Salon. Aber ist nicht auch die Französische Revolution im Salon vorbereitet worden?

Es ist diese Sachkunde des Liebhabers, die man auf Deutsch so lange beim Professor nicht hinreichend seriös gefunden, beim Schriftsteller gar nicht gesucht hat. Das Modell doppelter Invalidität traute dem blinden Dichter kein Sehvermögen auf seinem dunklen Weg, dem sehenden Akademiker auf seinem Rücken keine eigene Bewegung zu. Noch immer klingt die Frage, wie ich denn meine Schriftstellerei vereinbaren könne mit meinem Lehrauftrag an einer Hochschule, wie ein moralischer Vorwurf. Wenn es mit rechten Dingen zugeht, kann es dann wohl mit beidem nicht ganz richtig sein. Ich bin ein Leser gewesen, bevor ich ein Schreiber geworden bin, müßte ich antworten. Und durch das Schreiben glaube ich ein besserer Leser geworden zu sein. Jetzt erst lese ich Goethe und Keller, Kafka und Beckett mit der aus Neid und Staunen gemischten Neugier, die sie verdienen, und es ist kein leeres Wort mehr, daß ich bei ihnen lerne. Es drängt mich, das, was ich an ihnen gefunden habe, andern mitzuteilen. Daß ich dafür auch noch bezahlt werde, ist zwar mein Glück; davon wird es noch nicht zum Unrecht. Je weniger ich in mir selbst Schriftsteller und Germanist auseinanderhalte, desto eher glaube ich meinen Lohn wert zu sein.

So sollte ich reden, es ist nur die Wahrheit. Nicht immer habe ich den Mut dazu. Dazu sitzen auch mir zu viele Überväter im Nacken, akademische und literarische, und präsentieren mir ihr gespaltenes Schicksal wie einen Schuldschein. Daß es historische Gespenster sind, die endlich einmal ruhen dürften, begütigt sie nicht. Ich stelle fest, daß ich anders schreibe, wenn ich ein germanistisch vorbelastetes Thema anfasse. Ich fühle mich sofort auf einer Bühne, die zum Tribunal wird. Meine Sprache verfällt in eine Art Stelzgang, den ich erst durch lange mühselige Märsche, sozusagen durch Erschöpfung loswerde – wenn ich Glück habe. Wenn Sie ihn auch in diesem Vortrag bemerken: seien Sie froh, daß Sie drei frühere Fassungen nicht gehört haben. Der Komplex lebt – leider.

Aber der Schaden, den er anrichtet, braucht vielleicht kein bleibender mehr zu sein. Auch deutschsprachige Schriftsteller lassen sich die Beschäftigung mit ihren früheren Kollegen nicht mehr von Germanisten nehmen und abnehmen. Rühmkorf über »Walther von der Vogelweide, Klopstock und ich«, Dieter Kühn über Oswald von Wolkenstein, Martin Walser über Robert Walser – die Liste wird länger, und die romanhaften, darum keineswegs undeutlichen Begegnungen – Härtlings mit Lenau oder Hölderlin, Christa Wolfs mit Kleist und der Günderrode – sind noch nicht mitgezählt. Was Martin Walser zugunsten der fundamentalen Ironie seines Namensbruders und zuungunsten der konventionellen Ironie Thomas Manns zu erinnern hat, müßte auch in der germanistischen Diskussion des Phänomens neue Maßstäbe setzen. Umgekehrt kenne ich mehr als eine Handvoll Literaturwissenschaftler, bei denen literarische Autoren nicht nur lesen, sondern auch schreiben lernen können. Ich nenne hier nur den Erlanger Mediävisten Karl Bertau, weil er mir einen Autor geschenkt hat, von dem ich nur ahnte, es sei der wichtigste deutscher Sprache; jetzt weiß ich es: Wolfram von Eschenbach.

Daß der Germanist, wenn er gut ist, so gut ein Schriftsteller ist wie ein anderer, wäre auf Französisch keine Neuigkeit. Ecrivain, écriture sind dort keine Spezialwörter für Belletristen. Ich hoffe, es wird auch auf Deutsch bald kein Gegenstand der Aufregung mehr sein. Daß einer sich entschließt, Dichter zu werden, ist – leider – so wenig eine Frage allein seiner literarischen Begabung, wie es ein Fall *keiner* literarischen Begabung ist, wenn einer an die Universität geht. In England oder den USA (um nicht schon wieder von Frankreich zu reden) brauchte sich sein Talent auch in seinem Fach nicht bloß akademisch zu äußern. Es ist gut, daß er es auch in Deutschland immer weniger verstecken muß. Die Gründe für diese Spaltungsneurose werden so historisch werden, wie sie es verdienen.

Schließlich ist es nicht nur in der Sache, es ist auch in der Geschichte mit ihnen nicht so weit her – nicht einmal in der deutschen Geschichte. Der Poeta doctus war bis ins frühe 19. Jahrhundert eine so normale, ja exemplarische Figur wie der musische

Gelehrte – und oft traten sie in Personalunion auf. Im Grund hat erst die industrielle Revolution auch den Gelehrten vom literarichen Autor wegspezialisiert und den einen zu einer »Freiheit« verurteilt, die er dann nur ausnahmsweise hatte; den andern unfreier gemacht, als er hätte sein müssen. In dieser Selbstentzweiung des Autors – neben so viel massiveren Entfremdungsprozessen nur eine Fußnote – zeigt sich nebenbei der Widerspruch, um nicht zu sagen: der Hohn des neuen Produktivitätsbegriffs. Der literarische Autor durfte sich produktiv nennen, weil er sich immerhin, wie erfolglos immer, zu Markte trug; der akademische Autor war höchstens fleißig und gewissenhaft, obwohl seine Lehre und Forschung ebenfalls als »frei« galten, denn er befand sich in abhängiger Stellung – auch wenn sie im deutschen Autoritätsstaat eine angesehene, ja glänzende war. Aber vor seinem Gewissen – und womöglich: seinem Stolz – blieb auch der akademische Staatsdiener ein Diener, während der »richtige« Schriftsteller wenigstens ein marginaler Unternehmer war. Wenn zwei so verschieden unglückliche, in ihrer Imponiersprache so unverträgliche Sozialcharaktere in *einen* Kulturkäfig zusammengesperrt werden, kann es darin nicht sehr kollegial zugehen. Gerade weil die Aufgabe gemeinsamer Identität noch fühlbar, aber nicht mehr zu bewältigen ist, wird sie durch gegenseitige Empfindlichkeit ersetzt, kämpft jeder mit dem andern gegen den eigenen Schatten. Solche Schattenkämpfe können nur lächerlich, als lächerliche besonders schmerzhaft sein. Denn jeder verletzt dabei ja immerfort auch sich selbst.

Man kann für das Mißverhältnis zwischen »Autoren« und Germanisten, »primärer« und »sekundärer« Literatur gute Gründe, aber muß darin keinen Sachzwang mehr sehen. Auch die guten Gründe sind immer schlechter geworden. Es gibt an einer akademischen Tradition wenig Kultiviertes, aber viel Barbarisches zu bemerken, die den Dichter als Wilden behandeln mußte, um ihn in dieser Eigenschaft – wie andere Wilde der Kolonialgeschichte – gleichzeitig unterdrücken und verklären zu dürfen; die den Tod dieser Wilden abgewartet (um nicht zu sagen: gewünscht) hat, um sie auf den Seziertisch zu legen und ihre edlen Formen zu preisen. Totenkult ist kein Ersatz für Partnerschaft, und Nekrophile müssen sich den Verdacht gefallen lassen, daß sie sich selbst nicht leiden können. Auf die Germanistik kommt ohnehin eine neue Rolle zu, wenn ich recht sehe; eine bessere, vielleicht, eine schwerere ganz sicher, ich meine: eine lebenswichtige.

Denn die Schwierigkeiten, die die Gesellschaft mit der Literatur, mit dem Lesen anspruchsvoller Texte, mit den leidigen Dichtern hat, sind in ein neues Stadium getreten, das alles, was einmal Kulturleben heißen mochte, zu überholen droht. Die Zeiten, als Kulturteilnehmer noch Muße hatten, sich um ihre Kulturträger zu streiten; als Dichter keine anderen Sorgen hatten, als die Repräsentation dieser Kultur abzulehnen (und sie eben durch geistvolle Ablehnung repräsentierten); als es, von der Frankfurter Schule bis in jedes Provinzfeuilleton, ein Bewußtsein dafür gab, daß die Dichtung auch als kaputte, vielleicht nur als kaputte, die Utopie einer ganzen Kultur bei einer tief defekten anmahnte: diese Zeiten sind vorbei, sie beginnen vor unseren Augen Vergangenheit zu werden, die nicht einmal die Nostalgie zu verklären vermag. Tatsache ist, daß die Literatur für immer weniger Zeitgenossen ein selbstverständlicher Teil des Lebens, schon darum nicht einmal mehr ein Ärgernis ist. Daß die Buchmesse floriert, daß die Medien immer noch gegen Mitternacht Kultur, auch Literatur, aus ihren Sendegefäßen laufen lassen, ist kein Gegenargument. Zu den Beschäftigungstherapien, mit denen uns die Freizeitindustrie versorgt, gehört auch das Angebot von Exklusivität, der Anreiz kulturellen Prestiges. Das sogenannte Umfeld sorgt schon dafür, daß der Anspruch nicht in Widerspruch ausartet und die anästhetische Wirkung garantiert bleibt. Im Herstellungsprozeß unserer »Sicherheit« werden auch nicht-aggressive, unsere Emotionen beruhigende Verfahren verwendet, und dabei erfüllt der Kulturteil, das Lob des Funktionslosen, eine nützliche Funktion. Nein, ich dämonisiere nichts – ich stelle nur fest, daß dieser Markt sogenannter Informationen sich nicht einmal selbst für die Buchware interessiert, die er umschlägt, geschweige denn andere dafür interessieren kann. Nichts in diesem Angebot kann den

Empfänger lesen lehren, er erfährt höchstens, was »man« liest. Was ein Buch ausmacht, läßt sich nicht übersetzen in die Sprache eines Fernsehbildes, verschwindet nirgends gründlicher als in dieser Übersetzung. Das Buch hat, scheinbar paradoxerweise, im Prozeß seiner Verbreitung keine Stütze mehr. Unter den Zeichen, die der Zeitgenosse erfassen und verarbeiten muß, vom Lichtsignal auf der Straße bis zum Steuergerät am Arbeitsplatz, kommt den Gutenbergschen ein immer geringerer Stellenwert zu – und wird das literarisch eingesetzte Zeichen vollends zur Hieroglyphe, zum unerschwinglichen und unverständlichen Anachronismus.

Die Universität, die philosophische Fakultät, die Wissenschaft von der Literatur könnte bald die letzte gesellschaftliche Station sein, wo solche Zeichen empfangen und entziffert werden können. Wo »gepfleget wird der veste Buchstab und Bestehendes gut gedeutet« – auch wenn die Pflege des literarischen Wort-Lauts heikler, schwieriger ist als die Haltung von Riesen-Pandas; gut gedeutet, auch wenn das »Bestehende«, das die Texte beschwören, *nicht* gut genannt werden sollte. Man wird immer weniger wissen, wozu, und auch: wogegen Literatur gut ist: die Literaturwissenschaft kann es zeigen. Gedichte erscheinen in keinem öffentlichen Haushalt, wohl aber Lehrstühle – und solange sie dort geführt werden, könnte ihre Überflüssigkeit den Politikern weniger auffallen als die schwieriger Gedichte und vertrackter Romane. In der Perspektive kulturellen Notstands – ganz besonders: des verschleierten, hinter Kulturfassaden versteckten Notstands – fällt der Literaturkunde ein Platz zu, der ihre Rollenprobleme im Verhältnis zu den Autoren zum reinen Luxus macht. Ganz wird er nicht aus der Welt zu schaffen sein, der Widerspruch von Literatur und Reden über Literatur, von Gedicht und Lehrstuhl – für manche mag er so fundamental bleiben wie derjenige zwischen Christus und seinem Großinquisitor in Dostojewskis Erzählung. Aber bei allem Verrat, den die Kirche an ihrem Erlöser geübt hat, – *als* Institution üben mußte –, und bei aller Anfechtung durch ihre eigene Botschaft ist die Botschaft doch nur über diese Institution auf uns gekommen. Das Evangelium, ihr schlechtes Gewissen, hat sie immer wieder daran gehindert, auf das Ärgernis der Bergpredigt, die Torheit der Liebe, die Utopie des Friedens *nur* wie eine Institution unter andern zu reagieren – es hindert sie bis heute daran. Ihre eigene Fragwürdigkeit ist die Not, die sie fragen gelehrt, zum Nachfragen ermutigt hat.

Der Vergleich von Kirche und Germanistik einerseits, Bergpredigt und Gedicht andererseits mag frivol und unpassend erscheinen. Aber es ist mir ernst mit der Überzeugung, daß das Spielpotential, das Menschheitsgedächtnis, die sinnliche Intelligenz, die Anleitung zum Handeln und zum Widerstehen, die in literarischen Texten zu finden sind –: daß diese Möglichkeiten des Menschen ebenso lebenswichtig und nicht weniger bedroht sind als Wälder und Flüsse. Die Zeit könnte sehr nahe sein, wo man nur noch aus Gedichten erfährt, was Wälder und Flüsse sein können. Ich glaube, daß diese leicht verlierbare, keineswegs narrensichere Nachricht einer Institution zu ihrer Überlieferung bedarf, die sich Empfindlichkeit leistet. Die Sinnlichkeit der Literatur braucht berufene Mitspieler, gebildete Mitwisser – eine öffentlich-rechtliche Trägerschaft von Komplizen, die sich ebenfalls als Autoren von Literatur verstehen. Noch bezahlt der Staat die Literaturwissenschaft für einen Dienst, von dem er nicht so sicher sein kann, ob er ihm auch dient, und wie – während er das literarische Buch dem freien Markt, und das heißt praktisch: dem Untergehen in der Flut sogenannter neuer Medien überläßt. Das Literaturstudium ist eine der letzten Gelegenheiten, wo Leute Zeit bekommen, sich nachhaltig mit etwas so Funktionswidrigem zu beschäftigen, etwas so Zweckfreiem nachzuhängen, wie es – nach dem Glauben der Aufklärung – das individuelle Leben selbst zu sein verdient. Hier ist der Ort, wo Leute mit einem eigensinnigen Gegenstand so sorgsam und widerspruchsfähig umgehen lernen, wie wir mit unseresgleichen zu selten umgehen; wo der Sinn für das Mögliche – das beste und das schlimmste Mögliche – geübt, wachgehalten werden kann. Aus dieser Übung nichts weiter als einen Job zu machen, würde auch dann nicht ganz gelingen, wenn der Stellenmarkt für Deutschlehrer anders aussähe.

Ich bin nicht stolz auf die Tatsache, daß das Germanistikstudium heute in der Tat gewissermaßen ziellos und zweckfrei verstanden werden muß – als Schonzeit und Galgenfrist, um die Stunde der Wahrheit etwas hinauszuschieben: der Wahrheit, daß die Fähigkeit, die man sich hier erwirbt, nicht zu verkaufen ist. Aber es ist auch wahr – jedenfalls entspricht es meiner Beobachtung –, daß das Studium von den Studierenden nicht mehr bloß als Aufenthalt, als Stufe einer Treppe nach oben, sondern als persönliche Lebenszeit verstanden wird. Das Interesse an der Karriere hat nicht nur, weil sie so verbaut ist, bei vielen einem wirklichen Interesse Platz gemacht. Auf das Spielangebot der Literatur antwortet eine tiefere, verständnisvollere Nachfrage. Wer spürt, daß wir als Kultur nicht mehr viel Zeit haben könnten, nimmt sich Zeit für eine eigene Erfahrung.

Mehr und mehr sehen Literatur und Literaturwissenschaft wie eine Not- und Überlebensgemeinschaft aus. Ein Grund mehr, der beste Grund, daß sich beide den Spaß an ihrer Sache nicht nehmen lassen. Es ist nicht nur die gemeinsame Sache von Dichtern und Germanisten. Es ist die Sache eines lebenswerten Lebens. Das steht nicht in literarischen Texten. Aber sie stellen es frei.

Marburger Studium-generale-Vortrag, gekürzt unter dem Titel »Der Krieg ist vorbei« in: Die Zeit, Nr. 17 (1985)

Kaspar H. Spinner

Bildung im Literaturstudium?

Für eine hochschuldidaktische Neubesinnung

Lamentationen und Heilserwartungen

Von einer Legitimationskrise der Geisteswissenschaften zu sprechen, gehört heute schon fast zum guten Ton. Die Lehrerarbeitslosigkeit der vergangenen Jahre hat die Fachvertreter zu einer Rechtfertigung ihrer Existenz gezwungen und dadurch eine schwelende Krise zum Ausbruch gebracht: Es fehlen die Argumente, die die Öffentlichkeit der modernen, technischen Welt von der Bedeutung philosophischer, historischer, sprachlich-literarischer Fachstudien überzeugen könnten. So fliehen die Professoren in beschwörende Warnungen oder in praktische Betriebsamkeit. Die einen werden zu Propheten, die den Menschen als verantwortliches Subjekt in der technisierten Welt untergehen sehen, falls die Geisteswissenschaften ihre Stellung nicht halten, die anderen versuchen die Nützlichkeit des eigenen Tuns unter Beweis zu stellen, indem sie verwertbare Erkenntnisse und Fertigkeiten, z.B. in der computergestützten Textverarbeitung, vermitteln. Von dem Selbstbewußtsein, mit dem sich die Geisteswissenschaftler einst als das Zentrum der Universität und damit der geistigen Elite empfanden, ist dabei kaum mehr etwas übrig. Die neue Studentenschwemme, die jetzt die Fakultäten überflutet, mag die Selbstbefragung verstummen lassen, aber die innere Orientierungslosigkeit der Geisteswissenschaften wird als Sinnleere weiterbestehen, wenn es nicht gelingt, eine neue Perspektive zu gewinnen.

Bei den Versuchen der letzten Jahre, die Geisteswissenschaften zu rechtfertigen, hat vor allem Odo Marquards These von der

Kompensationsrolle Aufmerksamkeit erregt[1]; angesichts der Schäden, die die Modernisierung verursache, falle den Geisteswissenschaften die Aufgabe zu, von den geschichtlichen Herkunftswelten zu erzählen, das Bestehende und Vergangene zu bewahren und für das Ästhetische zu sensibilisieren. Die Germanistik hätte danach eine vor allem tradierende und, wie man wohl sagen darf, traditionelle Rolle. Damit wollen sich aber die Fachvertreter, die sich noch nicht resignierend mit der zunehmenden gesellschaftlichen Bedeutungslosigkeit der Germanistik abgefunden haben, nicht begnügen. Sie erwarten von der Literatur und der wissenschaftlichen Beschäftigung mit ihr eine Sinnperspektive für die von Zerstörung bedrohte Welt, eine Orientierung an humanen Werten, die in der Literatur, noch nicht korrumpiert durch Macht und Geld, wirksam seien. Die moderne Literatur verweigert sich allerdings einem solchen Anspruch, denn sie zeigt gerade den Verlust von Sinnorientierung auf. Nicht einmal die kritische, auf gesellschaftlichen Fortschritt zielende Aufgabe, die sich die Germanistik in den siebziger Jahren gestellt hat, dürfte im Zeitalter der Postmoderne noch glaubhaft sein. Die Erwartung, Literaturwissenschaft könne Orientierung geben in einer zunehmend orientierungslos werdenden Welt, läuft Gefahr, sich als überheblich zu erweisen und ins Lächerliche umzukippen. Den Sinnstiftern und den Untergangspropheten unter den Germanisten mag man den kichernden Engel von Thomas Rosenlöcher entgegenhalten[2]:

Der Kicherengel

An langen Bärten hängen die Propheten
und klopfen mit dem linken Fuß im Takt
flammenden Auges düstre Abzählverse
vor sich hinmurmelnd: Eene, meene, mink.

---

1 Odo Marquard: Über die Unvermeidlichkeit der Geisteswissenschaften. In: O.M.: Apologie des Zufälligen. Stuttgart: Reclam 1987, S. 98-116
2 aus: Thomas Rosenlöcher: Schneebier. Salzburg: Residenz 1988, S. 58

Doch statt zu schluchzen muß der Engel kichern.

Daß es den Onkels das Kontinuum
der Menetekel durcheinandermüllert,
und sie auf einmal selber nicht mehr wissen,
was kommen wird. Mink, meene oder eh?

Als ändere ein Kichern schon die Welt.

Entfremdendes Studium

Schutzlos der Orientierungslosigkeit ausgeliefert sind die Studierenden, die das Fach als ein Sammelsurium von Spezialveranstal-
tungen erleben, in denen die unterschiedlichsten, oft nicht einmal dargelegten Methoden praktiziert werden. Da wundert es
nicht, daß bei entsprechenden Umfragen regelmäßig der Ruf
nach mehr Überblicksveranstaltungen ertönt. Den Studienbetrieb erfahren die Studierenden als ein Hin und Her zwischen Beliebigkeit und Wissenschaftlichkeit: Eine immer elaborierter werdende Fachterminologie weist das Tun als wissenschaftlich aus,
aber warum denn nun dieser oder jener Gegenstand behandelt
wird, erscheint zufällig. Und immer neue Fragestellungen und
Gegenstände drängen in die Literaturwissenschaft ein; Triviall-
iteratur, Verfilmungen, Textverarbeitung, Geschichte des Lesens,
Literatur und Mentalitätsgeschichte usf. reichern das Spektrum
an und vergrößern ständig das Zufallsprinzip, nach dem der einzelne Studierende je nach den Forschungsliebhabereien der Dozenten mal dies und mal jenes in den Veranstaltungen zu hören
bekommt. Die Vielfalt ist zweifellos anregend und hält das Fach
lebendig, aber wenn die Zusammenschau fehlt, ergibt sich
schnell ein Spezialistentum, bei dem das Warum und Wozu immer
weniger beantwortbar ist. Kein Wunder, daß sich viele angehende
Germanisten wie Bälle in einem Spiel vorkommen, das sie nicht
selber in der Hand haben. Die Entfaltung eines persönlichen Be-

zugs zu den Gegenständen des Faches, den literarischen Texten, gelingt, wenn überhaupt, eher neben als in dem Studium.

Krise und Erneuerung des Bildungsbegriffs – auch im Studium?

Die zunehmende Spezialisierung innerhalb des Faches hat die Germanistik vom Bildungsbegriff abgekoppelt, der lange Zeit für sie leitend gewesen ist. Wenn man früher davon ausgehen konnte, daß der Germanist einen umfassenden Einblick in die deutsche Literatur vor geistesgeschichtlichem Hintergrund besaß, so läßt sich heute kaum mehr angeben, was von einem Absolventen erwartet werden kann. Versuche, einen einheitlichen Kanon z.B. mit dem Mittel zentral gestellter Klausurthemen noch zu retten, wirken hilflos, weil sie erst recht zu einem Lotterieverfahren führen: Glück hat, wer sich zufällig auf die richtigen Gebiete vorbereitet hat. Es ist freilich nicht nur die innerwissenschaftliche Entwicklung, die die tradierte Bildungsvorstellung in eine Krise gebracht hat. In einer internationalen Welt kann ein literarischer Kanon, der an der Nationalliteratur oder der abendländischen Literatur ausgerichtet ist, nicht mehr zentraler Bildungsinhalt sein; ebenso ist die Beschränkung auf die Buchkultur kaum geeignet, Bildung in der Mediengesellschaft zu verbürgen. An die Stelle eines vorwiegend über die Inhalte definierten Bildungsbegriffs ist deshalb in Schule und Hochschule schon seit den sechziger Jahren die methodische Kompetenz als Zielvorstellung getreten: Nicht die Aneignung der literarischen Tradition, sondern die Fähigkeit zu Analyse und Kritik soll Ziel von Unterricht und Studium sein. Solche Kompetenzen sind auf verschiedene Gegenstände anwendbar, so daß auf eine Auswahl von Kulturgütern als Bildungsinhalte verzichtet werden kann. Erkauft hat man sich diese Befreiung vom traditionellen Bildungsbegriff mit einer Abwertung der inhaltlichen Dimension. Die dadurch entstandene Entfremdung gegenüber den Gegenständen des Faches empfinden Studierende als ein Hauptproblem des germanistischen Studiums.

So stellt sich heute die Frage, ob die universitäre Lehre nicht doch wieder ein Ort werden sollte, wo nicht nur Texte als Analyseobjekte untersucht und theoretische Modelle diskutiert werden, sondern Erfahrung mit Literatur sich ereignen kann. Das würde heißen, daß der eigene Verstehensprozeß mit den subjektiven Anteilen, die jede lebendige Rezeption literarischer Texte kennzeichnen, in den Veranstaltungen in den Mittelpunkt rückt. Eine solche Ausrichtung des Studiums entspräche der Erneuerung des Bildungsbegriffs, wie sie derzeit in der Erziehungswissenschaft vollzogen wird. Die einseitige Betonung des Lernaspekts, der die Bildungspolitik vor allem der 70er Jahre kennzeichnete und sich etwa in durchstrukturierten, lernzielorientierten Lehrplänen für die Schulen auswirkte, wird heute als eine technokratisch ausgerichtete Verengung gesehen, bei der es nur auf den Erwerb von Wissen, Fertigkeiten und Fähigkeiten ankomme und nicht auf die Ermöglichung erfüllten Menschseins. Mit der gegenwärtigen Erneuerung des Bildungsbegriffs ist nicht eine Rückkehr zu der verdinglichten Auffassung des 19. Jahrhunderts gemeint, wo Bildungswissen zum Ausweis bürgerlicher Gesellschaftsfähigkeit geworden war; es geht heute um die (spät-) aufklärerische Tradition, nach der die Entfaltung aller inneren Kräfte in der Auseinandersetzung mit den Gegenständen gemeint ist. Nicht auf die einzelnen Wissensinhalte soll es ankommen, sondern auf die innere Prägung, die der Mensch durch die Auseinandersetzung mit den Bildungsinhalten erfährt. Das erfordert eine Verstärkung des personalen Aspektes in den Bildungsprozessen und bedeutet bei der Beschäftigung mit Literatur, daß Entfaltung von Kreativität, Förderung der Imaginationsfähigkeit, Herstellung von Bezügen zwischen eigener Erfahrungswelt und literarischem Text mindestens ebenso wichtig sind wie textgerechtes Interpretationsergebnis und literaturhistorische Einordnung. In der Schule sind entsprechende Umorientierungen bereits in vollem Gange, in den Hochschulen finden sich erst Ansätze dazu.

Nun kann man den Ausbildungsauftrag der allgemeinbildenden Schule natürlich nicht einfach mit den Zielen einer universitären Ausbildung gleichsetzen. Aber bloßes Spezialwissen macht m.E. den kompetenten Germanisten noch nicht aus; er sollte vielmehr befähigt sein, literarische und sprachliche Bildung in der Gesellschaft – für Heranwachsende und Erwachsene, in Unterricht, Vortrag, Rezension, Edition usw. – zu vermitteln; für die Ausbildung bedeutet dies, daß Studierende einerseits selbst vielfältige Bildungserfahrungen machen sollen, daß sie aber zugleich eine Vermittlungskompetenz erwerben. Beidem wird ein Studium, das als entfremdend erfahren wird, nicht gerecht. Der Anspruch von Studierenden, daß es im Studium auch um ihre eigene Bildung, um die persönlich verantwortete Auseinandersetzung mit literarischen Erfahrungen gehen soll, ist nicht nur ein begreiflicher subjektiver Wunsch, sondern zielt auf die Voraussetzung, die überhaupt erst ermöglicht, der gesellschaftlichen Vermittlungsaufgabe gerecht zu werden. Von dieser allerdings entfernt sich eine Germanistik zusehends, wenn sie sich einer Fachsprache bedient, die einem allgemeineren Publikum kaum noch verständlich ist, und wenn sie sich auf Analysemethoden beschränkt, die nur von Spezialisten beherrscht werden können. In der Lehre müßte immer wieder die Brücke zur Allgemeinverständlichkeit geschlagen werden. Daß Germanisten es in den vergangenen zwei Jahrzehnten zusehends verlernt haben, so zu sprechen, daß sie auch von einer breiteren Öffentlichkeit verstanden werden, hat zweifellos ganz wesentlich dazu beigetragen, daß das Ansehen des Faches abgesunken ist. Der oft geradezu krampfhafte Versuch, es den exakten Wissenschaften in der Formalisierung und Spezialisierung gleichzutun, hat nicht die gesellschaftliche Anerkennung gebracht, die man sich damit erwünschte. Mehr als in anderen Fächern liegt der Sinn des Studiums nicht so sehr in der Wissensvermittlung als in der Art des Umgangs mit den Gegenständen, in den Prozessen der Aneignung und der Weitergabe. Im Widerspruch dazu steht die Tatsache, daß germanistische Veranstaltungen vielerorts von einer geradezu erschreckenden Einfallslosigkeit geprägt sind. Viele Studierende lernen in ihrem Studium nichts anderes kennen als die wissenschaftliche Vorlesung der Dozenten und einen Seminarbetrieb, in dem in jeder

Sitzung ein Referat gehalten und anschließend eine Diskussion geführt wird, die sich allzuoft in einem Zwiegespräch zwischen dem Dozenten und dem Referenten erschöpft. In einer studentischen Erstsemesterzeitschrift, die zu Beginn des laufenden Semesters (Winter 1990/91) erschienen ist, lese ich im Beitrag einer Magisterstudentin: »Zu 99 % wird ein Referat von mehr oder weniger guter Qualität gehalten, während der Rest gelangweilt und passiv dasitzt. Außer Dozent und Referent trägt niemand aktiv etwas zum Thema bei. Eine Diskussion kann so kaum entstehen. So stößt man denn auch während der Lehrveranstaltungen selten auf neue Erkenntnisse, es sei denn, man informiert sich selber.«

Wenn die Universität nicht auf den Anspruch, ein Ort für Bildungserfahrungen zu sein, verzichten will und wenn sie die Befähigung zur Vermittlung von Bildungserlebnissen als ein Ziel in der geisteswissenschaftlichen Ausbildung sieht, dann wird sie zu anderen und vielfältigeren Lehrformen finden müssen.

Perspektiven einer veränderten Lehre

Vermittelnde Sprache

Germanistikstudium heißt für Studierende heute zunächst einmal, sich die Gepflogenheiten des germanistischen Sprachgebrauchs anzueignen. Wie prägend dies ist, erfahre ich immer wieder in den Schulpraktika der Gymnasialstudenten, die im Unterricht Mühe haben, eine für Schüler verständliche Ausdrucksweise zu finden. Die Fähigkeit, Fachinhalte über die Fachgrenzen hinaus zu vermitteln, wird in den literaturwissenschaftlichen Veranstaltungen offensichtlich mehr ausgetrieben als entwickelt. Damit verfehlt das germanistische Studium nicht nur einen Qualifikationsanspruch, der für die überwiegende Mehrzahl der Absolventen gerade wichtig wäre, sondern etabliert auch im Bewußtsein der Studierenden eine elitäre Bildungseinstellung: Man weist sich dadurch als kompetent aus, daß man mit der Fachsprache umzugehen weiß. Das verführt zum Einschüchterungsgehabe: Wer mitreden kann, gehört zum Kreis der Gebildeten. Ein gesellschaftlicher Einfluß eines solchen Bildungskapitals[3] ist im Zeitalter der Medien allerdings immer weniger gegeben; die Germanistik manövriert sich vielmehr in eine Ghettosituation hinein, wenn sie sich in dieser Weise ihre Bedeutung beweisen will; die Eingeweihten verstehen sich, aber außerhalb kümmert man sich nicht mehr um diese Spezialisten, deren Wissen verzichtbar erscheint.

Ich halte es deshalb für wichtig, daß im Studium nicht nur der Weg hin zur germanistischen Fachterminologie, sondern ebenso derjenige zurück zur allgemeinverständlichen Sprache gezeigt wird. Der kompetente Germanist ist dann nicht derjenige, der seine Fachsprache zur Schau trägt, sondern derjenige, dem es gelingt, die Inhalte und Verfahren, mit denen sich die Germanistik beschäftigt, allgemeinverständlich (und dennoch genau und differenziert) zu vermitteln. Es geht dabei nicht einfach um Übersetzung von Fachsprache in Alltagssprache, sondern um eine vermittelnde Sprache, bei der z.B. dort, wo ein Fachbegriff präziser ist, auf diesen hingeführt wird (was größere Redundanz zur Folge hat) und die Vorwissen und -erfahrungen der Rezipienten einbezieht. Konkret wäre deshalb für das Studium zu fordern, daß schriftliche Formen wie Rezension, Essay, Autorenporträt ebenso wie der allgemeinverständliche Vortrag geübt werden.

Entdeckendes Lernen

Immer häufiger treffe ich in der letzten Zeit bei Germanistikstudenten die Einstellung an, man dürfe mündlich und schriftlich im Studium nur das äußern, was man als gesicherte wissenschaftliche Erkenntnis irgendwo gefunden habe. Die heutige Lehre in den Hochschulen ist offenbar dazu angetan, nicht das eigene Denken der Studierenden, sondern die Wiedergabe von Gelesenem und Gelerntem zum Ausweis von Studienerfolg werden zu lassen. Es mangelt an methodischen Anstrengungen, die Lehre

---

3 Begriff nach Pierre Bourdieu

so zu gestalten, daß die Selbständigkeit im Umgang mit den literarischen Texten angemessen gefördert wird. Das zeigt sich besonders deutlich an der Art und Weise, wie die germanistische Fachsprache vermittelt wird: Den Studierenden wird kaum die Gelegenheit gegeben, die Fachbegriffe in der Auseinandersetzung mit den Gegenständen selbst zu gewinnen, vielmehr werden die Termini einfach vorgegeben, wenn nicht sogar vorausgesetzt. Das verhindert die entdeckende Arbeit an den Gegenständen, weil sich zwischen den Untersuchenden und den Gegenstand der Begriff drängt, der vorab schon das Ergebnis festlegt. Ich habe mehrfach Verwunderung bei Studierenden festgestellt, wenn ich sie mit meiner Erwartung konfrontiert habe, daß sie bei der Annäherung an einen Gegenstand oder ein Problem mit eigenen Beobachtungen und Empfindungen beginnen sollten. Gewiß hängen solche Reaktionsweisen auch mit dem grundsätzlichen Wandel in der Einstellung zum Studium, wie er in den vergangenen fünfzehn Jahren erfolgt ist, zusammen. Die heutige Studentengeneration ist eher bereit, sich auf ein bloßes Reproduzieren von angeeigneten Erkenntnissen einzulassen – nicht weil sie denkfaul wäre, aber vielleicht weil in der modernen, anregungsreichen Welt für viele das Studium nicht mehr der zentrale Ort ist, an dem die Auseinandersetzung mit grundlegenden Lebensfragen stattfindet. Die Hochschule wird eher als ein Dienstleistungsbetrieb betrachtet, an dem man sich die für die Karriere notwendige Qualifikation holt. Während der Dozent vor zehn oder zwanzig Jahren davon ausgehen konnte, daß – aufgrund der kritischen Einstellung vieler Studierender – nicht einfach Vorgesetztes übernommen, sondern die Auseinandersetzung in die Seminare hineingetragen wurde, muß er heute die Anstöße zu eigener Reflexion und selbständigem Umgang mit den Gegenständen gezielt einbringen. Mir scheint, daß die Hochschullehrer die dafür zur Verfügung stehenden Methoden noch lange nicht ausgeschöpft haben und es vielleicht oft auch allzusehr als bequem empfinden, daß der Studienbetrieb konfliktloser verläuft.

Als Verdeutlichung meiner Vorstellung einer abwechslungsreicheren, stärker studentenorientierten Lehre nenne ich ein Beispiel: Zu den lange bekannten Verfahren in Seminaren gehört der Vergleich verschiedener Fassungen eines Gedichts. Schon im Material liegt dabei der Ansatz zum entdeckenden Lernen: Der literarische Text wird nicht in seiner endgültigen Fassung, sondern in seinem Entstehen vorgeführt. Die Interpretation kann aus der Beobachtung der Genese gewonnen werden. Dieses genetische, entdeckende Lernen kann nun noch verstärkt werden, wenn man nicht einfach die verschiedenen Fassungen (z.B. des »Römischen Brunnens« von C.F. Meyer, um das bekannteste Beispiel zu nennen) gleichzeitig den Studierenden vorlegt, sondern zuerst nur eine frühe mit dem Auftrag, die Teilnehmer möchten sich überlegen, was sie, wenn sie der Autor wären, am Text ändern würden. Erst dann wird eine spätere Fassung bekannt gegeben, die nun mit den eigenen Änderungsvorstellungen verglichen wird. Wenn noch weitere Fassungen des Autors vorliegen, kann die Arbeit in gleicher Weise weiter fortgesetzt werden. Es kommt dabei nicht darauf an, möglichst die Änderungen des Autors zu treffen. Die Studierenden schlagen u.U. ganz andere Wege ein als die, die der Autor gewählt hat, was dann dessen Stilwillen um so deutlicher sichtbar werden läßt (bei Meyer z.B. Abkehr von der spätromantischen Ausdrucksweise zugunsten einer Hinwendung zum Bildgedicht). Insgesamt hält eine solche Vorgehensweise im Seminar zu einer besonders genauen Beobachtung von Einzelheiten an, die bei der Interpretation eines isoliert vorgelegten Textes oft nur mit Hilfe gängelnder Einzelfragen gelingt. – Solche Verfahren des entdeckenden Lernens sind nicht einfach methodischer Trick, sondern Ausdruck einer Grundeinstellung, die den Studierenden vermittelt werden soll, nämlich Neugierde für die Gegenstände des Faches, Vertrauen in die eigene Entdeckerfähigkeit und Lust am selbständigen Denken.

Chancen und Grenzen des fragend-entwickelnden Lehrgesprächs

Als eine Hauptmethode, das selbständige Denken zu entwickeln, gilt das fragend-entwickelnde Lehrgespräch, das – neben dem

Referat – als die verbreitetste Vermittlungsform in geisteswissenschaftlichen Hochschulseminaren gelten kann. Es ist in der Spätaufklärung mit Berufung auf Sokrates als sogenannte sokratische Lehrmethode eingeführt worden; es sollte die dozierende Methode, bei der der Unterrichtende nur vorträgt und dann das vermittelte Wissen abfragt, ablösen. Bei der sokratischen Methode wird der Stoff nicht einfach vorgetragen, vielmehr stellt der Unterrichtende Fragen, die die Teilnehmer selbst schrittweise zu den geplanten Erkenntnissen gelangen lassen. Im aufklärerischen Sinn sollte so die geistige Selbsttätigkeit als Hinführung zur Mündigkeit entfaltet werden. Man kann sagen, daß selbst heute, 200 Jahre nach der Aufklärung, die Kritik an den nur dozierenden Lehrformen nicht überflüssig geworden ist; noch immer läuft so manches Seminar überwiegend als Monolog des Dozenten ab, selbst wenn diesem die Gesprächsform als angemessenere Lehrform vorschwebt. Allerdings hat auch das fragend-entwickelnde Lehrgespräch seine Tücken. Obschon im Namen einer Erziehung zur Selbständigkeit eingeführt, wird es immer wieder zu einem Instrument der Gängelung: Der Lehrende hat eine klare Zielvorgabe, auf die er mit Fragen so hinsteuert, daß das herauskommt, was er sich vorgenommen hat. Da interessiert dann sehr rasch nicht mehr, was die Studierenden wirklich denken, sondern nur noch, ob ihre Beiträge in den vorgesehenen Seminarfahrplan hineinpassen. Die Studierenden lernen, daß sie die Bausteine zu liefern haben, die der Lehrende für sein Interpretationsgebäude braucht. Entweder werden sie zu braven Gefolgsleuten, die es verstehen, dem Dozenten von den Lippen zu lesen, oder sind berührt von einem Gefühl der Peinlichkeit angesichts der Fragen, die für den Fragestellenden gar keine wirklichen Fragen sind, und verstummen. – Die Einsicht in den dialektischen Umschlag, der das fragend-entwickelnde Lehrgespräch mit seinem ursprünglich emanzipatorischen Charakter zu einem Instrument der Gängelung werden läßt, sollte nun allerdings nicht eine Rückkehr zu rein dozierenden Vermittlungsformen rechtfertigen; der Anspruch, der hinter dem aufklärerischen Lehrverfahren steht, ist aufrechtzuerhalten. Einlösbar ist er aber nur, wenn das Lehrgespräch nicht streng gesteuert verläuft, sondern von Fragestellungen ausgeht, die Spielraum in der Bearbeitung eröffnen und zu einer Auseinandersetzung zwischen den Beteiligten führen können. Von seiten des Lehrenden muß ein Interesse an den Denkschritten der Studierenden, an ihren eigenen Überlegungen, ihrer Sicht der Sachverhalte vorhanden sein. Dies ist gerade im Literaturstudium auch durch die Sache, um die es geht, geboten, provozieren literarische Texte doch immer wieder unterschiedliche Interpretationen, die z.T. durchaus nebeneinander ihre Rechtfertigung besitzen. Das fragend-entwickelnde Lehrgespräch sollte deshalb immer im Hinblick auf ein freies Gespräch eingesetzt werden, in dem es nicht mehr die eindeutige Positionszuweisung für den Fragenden und den Antwortenden gibt. Dies kann sich als Ablauf oft schon innerhalb einzelner Seminarsitzungen ergeben, wenn sie mit stärkerer Lenkung durch den Leiter (der auch mal ein Studierender sein kann) beginnen und dann in eine freie Diskussion übergehen.

Personaler Bezug

Der Anspruch, literarische Texte im Studium nicht losgelöst von persönlicher Betroffenheit als bloße Analyseobjekte abzuhandeln, erfordert eine Berücksichtigung der emotionalen und imaginativen Ebene. Das schließt auch Bezüge zur eigenen Erfahrungswelt ein. Wie aber ist dies in der Hochschule möglich? Eine Rückkehr zum andächtig-ergriffenen Zelebrieren von Dichtung, wie es bis in die sechziger Jahre hinein gerade von den bedeutendsten Fachvertretern gepflegt wurde, ist nicht gemeint, denn den Studierenden blieb da nur das Nachempfinden. Ausgehend von der Rezeptionsästhetik wird heute die Vielfalt der je subjektiven Zugänge zu den literarischen Texten betont. Soll also das Hochschulseminar zum Lesezirkel werden, in dem man seine Eindrücke austauscht und den eigenen Lebensproblemen in gruppendynamisch gefärbter Atmosphäre nachgeht? Unsere Zeit mit ihrer Bevorzugung des Privaten ist solchen Tendenzen nicht abgeneigt. Therapieerwartungen dringen in alle gesellschaftlichen Bereiche, auch in die Hochschule ein. Ein kennzeichnendes Beispiel für den Wandel, der sich im alltäglichen Reden über Literatur in den letzten Jahren vollzogen hat, ist für mich die Tatsache, daß man heute (selbst vor laufender Fernsehkamera) ganz ungeniert und mit leuchtenden Augen davon sprechen kann, man habe bei der Lektüre eines Buches sehr geweint. Solche Intimisierungen sind m.E. in der Hochschule fehl am Platz. Hier ist eine Balance zwischen privatem Bezug und wissenschaftlich-öffentlichem Anspruch anzustreben; das widerspricht nicht dem Wesen der Literatur, sondern greift ein Kennzeichen ihrer Wirkungsweise auf: Fiktion handelt nicht von ihren Lesern, ermöglicht diesen aber, Eigenes in der Maske des Fremden wiederzufinden. Sie bildet einen Schutz, da das Private nicht ausgesprochen, aber doch mitgemeint sein kann.

So wäre auch in der Hochschule davon auszugehen, daß die Lehrformen den impliziten persönlichen Bezug ermöglichen, aber nicht eine Erwartung subjektiver Bekenntnisse entstehen lassen. Das läßt sich schwer in handfeste Lehrmethoden umsetzen, denn es geht um das, was jeweils zwischen den Zeilen bzw. gesprochenen Worten mitschwingt. An einem Beispiel möchte ich aber zeigen, daß es auch bestimmte Verfahren gibt, den persönlichen Bezug einzubeziehen, ohne Privates zum öffentlichen Thema zu machen. Ein Seminar über den Tod in der Literatur habe ich damit begonnen, daß ich zwei Fragen an die Tafel geschrieben habe: »1. Angenommen, ein Freund (eine Freundin) von mir stirbt. Was geht mir durch den Kopf? – 2. Wie möchte ich am liebsten sterben?« Die Studierenden sollten je eine kurze Antwort zu den beiden Fragen auf einen Zettel schreiben. Diese Antworten wurden weder vorgelesen noch eingesammelt, sie blieben eine rein persönliche Notiz. Aber sie bildeten für jeden einzelnen die Folie, vor der er dann die von mir referierten Hauptthesen der Geschichte des Todes nach Ariès und dann die literarischen Texte wahrnehmen konnte. Wissenschaftliche Theorie und Literatur wurden so zum persönlichen Alltagsbewußtsein in Beziehung gesetzt. Die mentalitätsgeschichtliche Fragestellung vermittelte dabei zwischen Alltagsleben und Literatur und ermöglichte zugleich eine Objekivierung. – Ich meine, solche kurzen selbstreflexiven Phasen sollten stärkere Berücksichtigung finden. Sie zielen nicht auf einen direkten Erkenntnisertrag, sondern signalisieren, daß ein persönlicher Bezug, auch wenn er nicht ausdrücklich im Seminargespräch thematisiert wird, mitgedacht werden kann. – Eine ähnliche Zielsetzung verfolge ich, wenn ich in Literaturvorlesungen Textauszüge vorlese, und zwar nicht nur als belegende Zitate, sondern um den literarischen Text in seiner sprachlichen Qualität zur Wirkung kommen zu lassen. Schon die völlige Stille, die sich in solchen Situationen im Hörsaal einstellt, zeigt, daß im Hören auf einen Text eine Konzentration möglich wird, die mit theoretischen Ausführungen kaum erreichbar ist; statt des ständigen Drüber-Redens ereignet sich Literatur im Hier und Jetzt als Erfahrung für den Hörer. Es soll bei einem solchen Vorlesen nicht um schauspielerisch-rhetorische Leistung gehen, in der sich mehr der Vortragende zur Schau stellt, als daß er den Text vermittelt. Kein Aufdrängen von Empfindungen soll erfolgen, wohl aber Raum geschaffen werden, daß ästhetisches Erleben stattfinden kann.

Studierende nehmen solche Signale des Erfahrungsbezugs dankbar auf. Ihnen ist dabei auch wichtig, daß sich der Unterrichtende als Person zu erkennen gibt, als jemand, der nicht nur neutraler Vermittler fertiger Erkenntnisse ist, sondern der sich selbst kognitiv und emotional mit den Texten auseinandersetzt, der sich Fragen stellt, sich neuen Erfahrungen aussetzt. Dieses Sichtbarmachen der Person des Lehrenden bedeutet keine Rückkehr zu den herrscherlichen Allüren von Großordinarien, wie sie vor der Studentenrevolte nicht selten waren; aber wir sollten uns als Lehrende nicht so zurücknehmen, daß unser eigenes Interesse an den Gegenständen nicht mehr sichtbar ist. Wenn es eine zentrale Funktion von Literatur ist, daß sich der Leser durch Lektüre mit sich selbst auseinandersetzt, dann muß etwas davon auch im Hochschulbereich spürbar werden. Der persönliche Bezug des Lehrenden und des Lernenden zu den Gegenständen und Fragestellungen ist Voraussetzung dafür, daß sich Bildung im oben angedeuteten Sinne ereignen kann.

Fremdverstehen

Die gesellschaftliche Bedeutung der Literatur würde allerdings einseitig gesehen, wenn man nur von der Auseinandersetzung des Subjekts mit sich selbst spräche. Literarische Texte lassen den Leser auch fremde Erfahrungsperspektiven nachvollziehen, führen ihn damit über sich selbst hinaus. Nicht nur Neugier aufs Andersartige wird damit befriedigt, die Literatur hat vielmehr Teil an der Entfaltung der Fähigkeit zu Empathie und Perspektivenübernahme, die in einer entwickelten Gesellschaft für das menschliche Zusammenleben unerläßlich ist: Wo jedem das Recht zugesprochen wird, ein Individuum zu sein, kann der soziale Zusammenhang nur gewahrt bleiben, wenn jeder zugleich auch in der Lage ist, Wahrnehmungs-, Erlebens- und Denkweisen anderer nachzuvollziehen. Bis in ihre Ausdrucksmittel hinein – etwa die Mittel des inneren Monologs oder der erlebten Rede – erweist sich in diesem Zusammenhang die Literatur als Medium, das uns fremde Innensicht vermittelt und so zur Empathie und Perspektivenübernahme anhält. Für den Leser bedeutet das, daß er sich auch unbequemen Ansichten aussetzen muß, daß er Widersprüchliches nicht übergehen darf und bereit ist, eingefahrene Vorstellungen und Denkweisen probeweise zu verlassen. Wenn dieser Aspekt von der Literaturwissenschaft ernser genommen würde, könnte wohl besser, als dies in der Regel geschieht, auch gegenüber der Öffentlichkeit deutlich gemacht werden, daß literarische Bildung mit elementaren sozialen Fähigkeiten zu tun hat und daß sie auch im Medienzeitalter ihre Funktion nicht verloren hat, denn kein Medium vermittelt so intensiv Innensicht wie die literarische Sprache. Eine verstärkte Berücksichtigung des Fremdverstehens im Literaturstudium hat nicht völlig veränderte Lehrmethoden zur Folge; sie erfordert aber den Vorrang für ein ernsthaftes Sich-Einlassen auf die Texte, auf die in ihnen gestalteten Inhalte, Personenkonstellationen, Konflikte. Eine Germanistik, die sich statt um die Inhalte mehr um die stilistischen Strömungen oder die formalen Merkmale kümmert, wird die Dimension des Fremdverstehens nicht zur Entfaltung bringen. Der Entwicklung der Figuren, ihren Auseinandersetzungen, ihren Motiven, ihren wechselseitigen Erwartungshaltungen nachzuspüren, erweist sich, so bescheiden und traditionell sich das anhören mag, als eine nach wie vor aktuelle Aufgabe literarischer Bildung und literaturwissenschaftlicher Beschäftigung.

Literarische Schreiberfahrungen

Eine Möglichkeit zur Vertiefung von Empathie und Perspektivenübernahme bieten literarische Schreibübungen. Die Einbeziehung des sogenannten kreativen Schreibens in das Studium stellt die vielleicht auffälligste hochschuldidaktische Änderung der letzten Jahre dar. Statt nur interpretierend und analysierend Figuren zu untersuchen, kann schreibend die Perspektive entfaltet werden, etwa durch die Ausformulierung eines inneren Monologs, den eine Figur an einer gegebenen Stelle für sich gesprochen haben könnte, durch Umerzählen einer Episode aus veränderter Perspektive, durch Gestaltung eines möglichen Dialogs. Allerdings finden gerade diese Formen des kreativen Schreibens, die sich ohne weiteres in Interpretations- und Analyseseminare einbauen lassen, eher weniger Berücksichtigung. Das kreative Schreiben wird in der Regel in gesonderten Schreibwerkstätten, die inzwischen an fast allen Hochschulen zu finden sind, praktiziert. Im Vordergrund steht dabei das expressive, personale Schreiben, der literarische Ausdruck eigener Erfahrungen. Auch dieses personale Schreiben hat seine Funktion für die germanistische Ausbildung, lassen sich doch die Verfahren, Möglichkeiten und Schwierigkeiten des literarischen Ausdrucks auf diese Weise sozusagen am eigenen Leibe erleben. Das kreative Schreiben sollte allerdings nicht als Kompensation der objektivierenden Literaturanalyse zum bloßen Spielfeld für Selbstausdruck werden, so sehr die Psychologisierungstendenzen unserer Zeit dazu verführen. Ich bin im Universitätsbereich deshalb eher etwas zurückhaltend mit dem Einsatz expressiver[4], autobiographisch aus-

---

4 Zum Begriff vgl. Jürgen Fröchling: Expressives Schreiben. Frankfurt a.M.: Lang 1987

gerichteter Schreibverfahren; ich zeige den Studierenden die Möglichkeiten, die es hier gibt, schreibe mit ihnen in den Sitzungen und bespreche die Erfahrungen, die dabei mit dem Schreiben gemacht werden. Aber ich betone den Versuchscharakter unseres Vorgehens, damit nicht der Eindruck entsteht, man sei schon ein bedeutender Schriftsteller, wenn man in der Schreibwerkstatt persönliche Texte verfaßt hat. Wichtig ist mir, daß darüber hinaus auch das literarische Schreiben als Auseinandersetzung mit dem Fremden zu seinem Recht kommt. Schreibarrangements, die darauf abzielen, sind auch besser mit den institutionellen Bedingungen einer Universität vereinbar, denn sie sind auch in größeren Gruppen und mit Teilnehmern, die sich kaum kennen, durchführbar. Bei allen Formen des kreativen Schreibens im Germanistikstudium kommt es weniger auf das Produkt, den gelungenen Text, als auf die Schreiberfahrung, den Einblick in Gestaltungsprozesse an. Für viele Studierende ist es wichtig, daß zunächst überhaupt einmal Schreibblockaden, die sich in ihrer schulischen und universitären Sozialisation ergeben haben, abgebaut werden. Die Möglichkeiten, die die Schreibwerkstattarbeit dafür bietet, werden vor diesem Hintergrund als befreiend empfunden. Die intensive Beschäftigung mit formalen und inhaltlichen Gestaltungsfragen, die durch das eigene Schreiben erfolgt, eröffnet dann Einblicke in Fragen der Poetik, sensibilisiert für Bedeutungsdimensionen und macht auf die Wechselwirkung zwischen innerer Vorstellungsbildung und sprachlichem Ausdruck aufmerksam. Darüber hinaus hält das literarische Schreiben zum genauen Wahrnehmen, Empfinden und Denken an, denn literarische Sprache zeichnet sich, wo sie ernst genommen wird, durch Prägnanz und Dichte aus (deshalb muß man der Gefahr der Gefühlsduselei, die beim kreativen Schreiben auch gegeben ist, ggf. gezielt begegnen – weniger durch Kritik als durch Schreibarrangements, die zur Entdeckung differenzierterer Ausdrucksmöglichkeiten anhalten).

Bei der Einbeziehung literarischer Schreibversuche nimmt auch der Dozent eine etwas veränderte Position ein; da er immer auch selbst mitschreiben sollte, ist er nicht mehr nur derjenige, der die Veranstaltungen leitet, Wissen und Methoden vermittelt, sondern einer, der selbst in der Situation Erfahrungen macht, tendenziell ein Gleicher unter Gleichen. Natürlich hat er die Aufgabe, zu den Schreibversuchen hinzuführen, sie einzubetten und damit zugleich zu zeigen, wie man in dem sehr sensiblen Bereich des kreativen Schreibens Anregungen geben, Wege öffnen, Vertiefungen erreichen kann. Aber er ist immer zugleich ein Mit-Betroffener, der sich dem literarischen Gestalten selbst aussetzt.

Zum Schluß

Die hier genannten Perspektiven, die mir für ein lohnendes Germanistikstudium vorschweben, gründen letztlich alle in der einen Überzeugung, nämlich daß die Literatur nicht einen vom Alltagsleben abgehobenen Bereich darstellt, sondern daß sie in ihren Inhalten, ihrer Wirkung und ihren Formen auf das Alltagserleben reagiert und auf es einwirkt. Darin sehe ich eine Rechtfertigung für die Beschäftigung mit Literatur, und darauf sollte auch das Studium bezogen sein. Man kann, was Literatur bewirkt, Bildung nennen, nicht im Sinne eines Bildungswissens, sondern im Sinne der Bildung zum Menschsein, zur Fähigkeit der Selbsterkenntnis und des Fremdverstehens, zur differenzierten Problemsicht, die nicht auf vorschnelle Lösungen drängt und auch Widersprüche aushält. Der Germanist sollte mit solchen Bildungserfahrungen vertraut sein und zugleich die Fähigkeit haben, andere Menschen an die literarischen Erfahrungen heranzuführen.

Hanns-Josef Ortheil

Lesen Schreiben Deuten

Vorschläge für einen Studiengang »Kreatives Schreiben«

I

Robert, Student der Literaturwissenschaft im fünften Semester, ist seit einigen Wochen Teilnehmer des Hauptseminars »Annäherung an Franz Kafka«. Das Seminar wird im Studiengang »Kreatives Schreiben«, der das literaturwissenschaftliche Studium eigenständig begleiten, erweitern und ergänzen soll, angeboten.

»Annäherung an ...« – schon diese Themennuance macht den besonderen Akzent deutlich, der in diesem Studiengang beim Umgang mit Texten gesetzt wird. Texte sollen hier nicht methodengerecht verarbeitet, »Diskursstrategien« zugeordnet oder durch sonstige sterile Themenstellungen neutralisiert werden; statt vorgezeichnete Bahnen weiter auszutreten, sollen die Teilnehmer sich auf produktive Weise Wege zu den Texten bahnen, sollen sie möglichst selbständig sensiblere Verfahren entwickeln, um sich den großen, schwer zugänglichen Textblock Franz Kafka zugänglich zu machen.

Notieren, Skizzieren und Schreiben im Blick auf diesen Textblock – das wird von den Studierenden in einem solchen Hauptseminar verlangt. Sie sollen versuchen, Szenen, Bilder oder Erzählungen zu komponieren, die sich dem Textraum Kafka annähern. *Schreiben* – das wäre eine phantasiebezogene Forschungsarbeit, die in späteren Schritten selbst der Deutung bedürfte. Die anfängliche Perspektive bleibt daher zunächst noch peripher: vage Punkte, Linien und Zusammenhänge zu finden, die einen ersten Blick auf Franz Kafka gestatten.

Die studentische Arbeitsgruppe, der sich Robert zugesellt hat, will »Das Porträt einer Familie« entwerfen. In kollektiver Arbeit soll ein längerer Text entstehen, der die Familienverhältnisse Kafkas in verschiedenen Perspektiven ausleuchtet. Robert behandelt die Beziehung Kafkas zu seiner Lieblingsschwester Ottla. Er beginnt mit der Lektüre der Briefe, die Kafka an Ottla geschrieben hat; Tagebuchaufzeichnungen bilden ein zweites Forschungskonvolut; schließlich kommen Fotografien und andere Dokumente hinzu.

So arbeitet Robert am Lebensbild Ottlas. Wer war diese junge Frau, welche Stellung hatte sie in der Familie, warum bedeutete sie Kafka so viel? Aber auch: Wo trafen Kafka und die Schwester sich? Wie gingen sie miteinander um? Worüber unterhielten sie sich?

Allmählich häufen sich die Quellen auf Roberts Schreibtisch: Manche Fotografien hat er vergrößert, ein Stadtplan Prags um 1900 ist besonders wichtig. Vorläufig sammelt er aber nur Notate in dem großen, unlinierten Heft, das er sich extra für seine Recherchen angeschafft hat. Die Notate werden Personen zugeordnet: Was hat Kafka über Ottla gesagt, wie haben beide die Familiensituation beurteilt, wie wird Ottla als selbständige Gestalt neben dem Bruder erkennbar?

Mit der Zeit ergeben sich kleine Skizzen: Ansichten einer Person. Robert läßt sie nebeneinander stehen. Dann erweitert sich das Ganze zu kleinen Erzählungen: Bruder und Schwester beim heimlichen Gespräch im Badezimmer der Familie, Dialoge auf Spaziergängen. So wuchern durch das dokumentarische Material Varianten und Spielformen; Robert begreift dieses Material immer mehr als Stoff für Phantasien und Überlegungen.

Schließlich beginnt er mit der Niederschrift seines Ottla-Porträts. Es entsteht eine Art Flickenteppich aus Vermutungen, kleinen Szenen, lautwerdenden Reflexionen, immer neu ansetzend. Manchmal schreibt Robert wie ein distanzierter Beobachter, der das Verhältnis von Schwester und Bruder knapp und sachlich beurteilt. Dann aber versucht er, die Personen selbst zu Wort kommen zu lassen: Er läßt Ottla ein Tagebuch schreiben und über den Bruder reflektieren, er fingiert einen kleinen dramatischen Auftritt (Streit).

Kein einheitliches Bild ist gefordert, sondern eine Projektion dessen, was das dokumentarische Material in Robert ausgelöst hat. Robert wird diese Projektion in seiner Arbeitsgruppe zur Diskussion stellen; gemeinsam wird man überlegen, wie sie in das Großporträt der Kafkaschen Familie integriert werden kann.

Andere Arbeitsgruppen thematisieren Sektoren wie »Kafkas Freundeskreis«, »Kafka auf Reisen«, »Kafka als Angestellter«, »Frauen um Kafka«. Aus all diesen Splittern entsteht langsam ein biographischer Film, der auf die Auseinandersetzung mit dem Kafkaschen Werk vorbereiten soll.

Die Erzählungen »Das Urteil« und »Die Verwandlung« werden dann als Einstieg in die Werkanalyse benutzt. Aber auch hier wird es nicht darum gehen, diese Werke in der konventionellen Manier zu interpretieren. Vielmehr kommen hier die Arbeitsgruppen mit ihren spezifischen Themen erneut zu Wort.

Roberts Gruppe etwa wird das aus den biographischen Dokumenten gewonnene Familienporträt nun um solche Porträts erweitern, die aus den Familienkonstellationen der Erzählungen abgelesen werden können. Welche Rolle – wird Robert sich dann fragen – spielt die Figur der Schwester in der »Verwandlung«?

Robert wird diese Figur aus der Erzählung herauslösen. Er wird die Geschichte der »Verwandlung« neu erzählen, aus der Perspektive der Schwester. Wird er dazu die Ich-Perspektive wählen? Wird er einen Brief fingieren, den die Schwester ihrem Bruder schreibt? Wird er eine neutrale Erzählerposition einnehmen?

Solche Fragen strukturieren den Kafkaschen Erzählzusammenhang um. Sie entwickeln in Robert ein Gespür dafür, warum Kafka so erzählt hat, wie er erzählt hat. Der Kafkasche Text wird auf diese Weise zu einem eher porösen, durchlässigen Gebilde, in das der Interpret Schritt für Schritt eindringt. »Annäherung an …« – das beinhaltet in diesem Seminar die Rückerfindung des Kafkaschen Schreibens.

II

Um an dem Projektseminar »Annäherung an Franz Kafka« teilnehmen zu können, muß Robert bereits einige Techniken des Schreibens beherrschen. Diese Techniken sind im Grundstudium des Studienganges »Kreatives Schreiben« geschult worden. So müssen die Studierenden zum Beispiel wissen, wie man das Porträt einer historischen oder fiktiven Gestalt entwirft.

Übungen im Grundstudium haben solche Entwürfe an Romanfiguren ausgerichtet; Robert etwa hat ein Porträt der Effi Briest geschrieben, eng orientiert an der Vorlage von Fontanes Roman. Im Proseminar »Das literarische Porträt« sind an Beispieltexten Kriterien für die Arbeit entwickelt worden; diese Kriterien haben die Studierenden an eigenen Textübungen erprobt. Die entstandenen Texte sind im Seminar verlesen und von den Teilnehmern eingehend diskutiert worden. Mit der Zeit wurde der Kriterienkatalog immer präziser; inzwischen weiß Robert, wie man das angeht, ein Porträt zu schreiben. Er beherrscht also das Handwerkszeug, um im Hauptseminar über Kafka gut mitarbeiten zu können.

Dazu gehört auch, daß Robert in seinen ersten Studienjahren mit vielen Texten konfrontiert wurde, zu denen ihm zunächst nicht viel einfiel, weil diese Texte ihn in ihrer Aktualität überforderten. Pflichtseminar im Grundstudium war nämlich das Seminar »Offene Textwerkstatt«, in dem die Studierenden eigene Arbeiten, kurze, maximal zwölfseitige Prosatexte, vorstellten. Man ging genau so vor, wie es die Gruppendiskussionen in der Gruppe 47 vorgemacht hatten: Der Autor las seinen Text und mußte dann schweigen. Aus dem Feld der Seminarteilnehmer (höchstens zwanzig) wurde in jeder Sitzung eine neue Jury von sechs Juroren gebildet, die auf den verlesenen Text spontan zu reagieren hatten. Danach kamen die anderen, die noch das Wort wünschten, dran.

Die Teilnahme am Seminar »Offene Textwerkstatt« hat Robert sehr viel weiter gebracht. Denn in diesem Seminar ist er auf viele Gegen-Stimmen gestoßen. Er hat erlebt, wie vielfältig und extrem verschieden Antworten auf Texte sein können. Die teilweise sehr heftigen Diskussionen haben ihn meist noch die ganze Nacht nach dem Seminar beschäftigt. Ablehnung, Identifikation, vorsichtiges Sich-Herantasten – solche Formen der Entgegnung auf ganz frische Texte, für die es noch kein festes Rezeptionsgerüst geben konnte, haben Robert verwirrt.

Dabei bildeten sich in den Diskussionen allmählich auch Kriterien für einen solchen, freien Umgang mit Texten heraus. Gefragt wurde nach der Konsistenz der Texte, nach der stilistischen Prägnanz, nach der Durchgestaltung von Charakteren, auch dem Einhalten von Erzählperspektiven; vor allem sprachliche Klischees fielen mit der Zeit immer mehr ins Auge, die Sensibilität für abgegriffene Wendungen und überzeichnete Situationen wuchs.

So bildeten die Diskussionen in der »Offenen Textwerkstatt« gleichsam das strategische Operationsfeld für den Blick auf ein eigenes mögliches Schreiben in der Zukunft. Sie wurden belebt durch Diskussionen über Erzähltexte deutscher Gegenwartsliteratur, durch die die Studierenden mit den aktuellen Tendenzen und Stilrichtungen zeitgenössischen Schreibens vertraut wurden. Auch hierbei galten dieselben Prinzipien: Lektüre eines Textes (ca. 30 Minuten) mit anschließendem intensiven Gespräch, Herstellung eines Kriterienrasters zur Erfassung von Stil- und Konzeptionseigentümlichkeiten.

Robert kennt sich also in der deutschen Gegenwartsliteratur der letzten Jahre recht gut aus. Ihre Themen, Sprachformen und Gestaltungstricks sind ihm geläufig. All diese kritischen Übungen an neuen Texten haben ihm geholfen, auch ältere Texte sicherer zu beurteilen. Denn darum geht es natürlich in erster Linie: die Studierenden zu befähigen, in ihrem literarischen Urteil prägnanter und sicherer zu werden. Keinesfalls sollen sie Texte schlucken, um später noch so gekonnte Interpretationen auszuspucken; sie sollen vielmehr die literarische Gewalt von Texten so erkunden, daß sie ihren eigenen Geschmack erfahren und begründen können. Blieb die Haltung des Literaturwissenschaftlers zu Texten meist blaß oder völlig neutral, leugnete sie Teilnahme, Widerspruch oder Emphase, so soll der literarische Umgang mit

Texten gerade die bisher verworfene und immer mehr unterdrückte Seite der Textaufnahme ansprechen: die Wahrnehmungsformen des individuellen Lesers, der sich zu Texten in Beziehung setzt.

III

Die Schulung dieser Wahrnehmungsformen, die ein literarisches Urteil erst ermöglicht, ist im Grundstudium dann in Seminaren zur »Literarischen Kritik« erweitert worden. Die Teilnehmer dieser Seminare haben sowohl berühmte Kritiken der Literaturgeschichte wie gerade erschienene Kritiken in den größeren Tageszeitungen untersucht. Dabei bildeten sich mehrere Typen von Kritiken heraus, an deren Konzeption sich die Studierenden versuchten.

Diese Arbeit wurde durch Übungen in »Literarischer Essayistik« ergänzt; gefordert war hier eine längere essayistische Abhandlung über ein literarisches Werk. Der Niederschrift dieser Abhandlung war ein Studium essayistischer Techniken vorhergegangen; gerade von diesem Kurs hatten die Studierenden besonders profitiert.

Literarische Kritik und literarische Essayistik – dieses andauernde Training in den Darstellungsformen des Urteils und der möglichst prägnanten Wiedergabe einer geschulten Wahrnehmung hat Robert allmählich aus dem diffusen Dämmern seiner ersten Semester befreit.

Wenn er sich an diese Semester erinnert, so trifft er auf nichts anderes als den permanenten Zweifel. Jeder gelesene Text hatte in Robert zwar »etwas ausgelöst« und jenen Widerhall erzeugt, der eine gewisse Beunruhigung hinterließ. Doch war es ihm ganz unmöglich vorgekommen, sich über diesen Widerhall klarer zu werden. Er hatte sich einfach nicht ausdrücken können, immer wieder war er diesem Phänomen begegnet: einer Art Würgen angesichts des Textes, einer niederschmetternden Ohnmacht, keine Spur von sprachlicher Eleganz oder präziser Analyse.

Robert hatte unter einer sprachlichen Hemmung gelitten, einem Erdrücktwerden durch Texte, und die Literaturwissenschaft war dieser Hemmung lediglich mit den Notlügen ihres Fachvokabulars zu Leibe gerückt. Gerade dieses Vokabular hatte die Sache jedoch nur noch schlimmer gemacht; es hatte sich in Roberts Arbeiten als ein mattes Kauderwelsch schlecht ausgewiesener und müder Begriffe niedergeschlagen, die nicht einmal schwach mit dem zu tun hatten, was er an den Texten entdeckt hatte.

Literaturwissenschaft, falsch verstanden – das hatte Robert schnell begriffen –, bedeutete: Einübung der Entfremdung gegenüber den Texten, sterile Anpassung an Fachsprachen, unorganisches Sprechen und Denken.

IV

Der Entkrampfung von Schreib- und Denkhemmungen galten im Grundstudium des Studienganges »Kreatives Schreiben« besondere Anstrengungen. Zunächst gab es da stilistische Übungen, Übungen in der Beherrschung längerer sprachlicher Perioden, Übungen zur Gestaltung des Prosarhythmus.

Hier hatte Robert gleichsam ganz von vorne begonnen: wie schwer war es doch, ein klares, aber dennoch packendes Deutsch zu schreiben, wieviel schwerer noch, der Sprache rhythmische Bewegungen abzutrotzen und sich dadurch einer dichten, homogenen Stilstruktur zu nähern!

Die Arbeit in solchen Seminaren war ein Studium kleiner Textpartikel: zwei, drei Seiten Thomas Mann, eine Prosaseite Benn – mit der Untersuchung der Feinfermente des Stils waren Stunden zugebracht worden. Schließlich hatten die Studierenden sich in imitierenden, parodierenden Übungen versucht.

Daneben ging es aber auch darum, vorliegende Texte stilistisch zu verbessern, sie also umzuschreiben, zu verknappen, zu kürzen, ihnen jene sprachliche Geschmeidigkeit zu geben, die man auf den ersten Blick kaum bemerkte.

Ergänzt wurden solche Versuche in sprachlicher Konzentration durch Stilübungen, die der Beschreibung von genau fixierten Phänomenen galten. Fotografien, Bilder – sie stellen das Rohmaterial für eine Anschauung, die in möglichst klare und unverfremdete Wahrnehmungsprosa übertragen werden sollte.

Ganz anders arbeitet man im Themensektor »Assoziatives Schreiben«. Hier einigten sich die Studierenden auf ein Stichwort, das sie in freier, assoziativer Komposition einkreisten. Galten die stilistischen Übungen dem sicheren Ausdruck, so lockerten die Übungen in freier Assoziation den Sprachgebrauch.

Sie waren damit ein erster Schritt in die Richtung eines Phantasietrainings, das in jenen Seminaren betrieben wurde, die der Entstehung kleiner Prosaformen gewidmet waren.

Märchen, Mythen, vorgegebene Stoffe und Motive der Weltliteratur sollten von den Studierenden variiert und in eigene Fassungen transponiert werden. In solchen Fällen war die Geschichte, das Handlungsgerüst, vorgegeben; es ging darum, dieses Gerüst durchaus unkonventionell mit neuem Leben zu füllen und seine Valenzen zu erproben.

Schließlich die einfachen Übungen in »Textbezogenem Schreiben«. Hier lagen den Studierenden Textausschnitte vor, die allesamt der Erweiterung bedurften: es gab offene Stellen, die durch eigene Texte gefüllt, es gab Erzählanfänge, die fortgesetzt, es gab dramatische Dialoge, die zugespitzt werden mußten.

In diesen Sektor des Grundstudiums gehörten auch die »Lyrischen Sprachspiele«. Hier trainierten die Studierenden den Gebrauch lyrischer Formen (Ode, Sonett, Lied, etc.), hier schrieben sie Gedichte um, parodierten den lyrischen Gestus eines Brecht-Gedichts oder übten, Gedichte in Prosa oder Prosatexte in Gedichte zu übertragen.

V

Im Lauf der Zeit hat Robert sein Grundstudium im Studiengang »Kreatives Schreiben« als Arbeit in einer Werkstatt verstanden.

Die vielfältigen, auf eine Sensibilisierung der Sprachbeherrschung abzielenden Programme, durch die Schreibversuche verschiedenster Art angeregt wurden, haben ihm allmählich auch die Beschäftigung mit seinen eigenen, ganz privaten Themen ermöglicht.

Robert ist dazu übergegangen, autobiographische Texte zu schreiben, Texte über seinen Alltag, seine Erfahrungen, nichts Spektakuläres. Durch solche Versuche ist jedoch sein Interesse für den Schreibprozeß gewachsen. Dem kamen jene Seminare entgegen, die für »Poetische Themen« reserviert waren. Es waren Seminare, die etwa Kafkas Notizen zum Schreibvorgang untersuchten oder die poetologischen Ansätze in der Gegenwartsliteratur (Poetik-Vorlesungen) behandelten.

Solche »Poetik-Seminare« bilden gleichsam eine Ausdehnung der Diskussion in der »Offenen Textwerkstatt« hin auf ein literarisches Niveau. Gerade diese Spannung wurde im Verlauf des Studiums immer deutlicher: daß alle Schreibanstrengungen sich stufenweise vom bloßen Training, Ausprobieren, Enthemmen hin zu einer immer unmerklicheren und selbstverständlichen Beherrschung literarischer Mittel entwickelten.

In diesem Sinn empfand sich also Robert in einer Werkstatt: er lernte, seine eigenen Schreibversuche mit denen der »hohen Literatur« zu vergleichen.

VI

Blenden wir uns aus Roberts Studienanstrengungen aus. Den Studiengang »Kreatives Schreiben«, den ich hier skizziert habe, gibt es an deutschen Hochschulen leider noch nicht. Ich habe lediglich Schreibstrategien genannt, die ich in den letzten Jahren mit Studierenden deutscher und amerikanischer Universitäten erprobt habe.

Diese Strategien galten dem Ziel, den Studierenden Lust aufs Schreiben zu machen, ihre Sprachbeherrschung zu verfeinern, ihnen Techniken anzubieten, den literarischen Umgang mit Texten zu entwickeln.

Mit solchen Seminaren habe ich vor einigen Jahren begonnen, als ich den sprachlichen Zustand der eingereichten schriftlichen Referate zu den gängigen literaturwissenschaftlichen Themen als katastrophal empfand. Den meisten Studierenden war es nicht möglich, ihre Gedanken Schritt für Schritt zu erweitern, sie in einer angemessenen präzisen Diktion vorzutragen.

Die extremen Schreibstörungen bedingten einen Ausdrucksstau, der sich völlig orientierungslos und fremdgesteuert zwischen Zitaten aus der Primär- und Sekundärliteratur hin und her bewegte. Literaturwissenschaftliche Methoden wurden offenbar als Zwangskorsette empfunden, denen man sich hilflos anzupassen habe.

Dabei klagten die Studierenden immer lauter darüber, daß ihnen das eigene Denken und Wahrnehmen ausgetrieben würde. So verschanzten sie sich bald immer mehr hinter einer Diktion, die Souveränität, Strenge und Eindeutigkeit ausstrahlen sollte; in Wahrheit wälzten sie jedoch nur jene Floskeln und Wendungen weiter, die ein falsch verstandener Ehrgeiz den gängigen Methodendiskussionen abgetrotzt hatte.

Das literaturwissenschaftliche Studium wurde dadurch mit der Zeit zu einer einzigen Qual. Leselust, Vergnügen an sprachlichen Feinheiten – das alles ging immer mehr verloren. Domestiziert, auf ein armseliges Zitieren und Berichterstatten zurückgeschraubt, widmeten die Studierenden sich den »selbstreflexiven Aussagen im Werk Thomas Bernhards« oder den »ödipalen Spiegelbildern bei E.T.A. Hoffmann«.

So begann die Literatur aus den literaturwissenschaftlichen Texten zu verschwinden. Statt dessen entstanden monströse Abhandlungen, Wortgefechte zwischen Theorielagern, Debatten über die Vor- und Nachteile poststrukturalistischer Ansätze.

Ästhetische Erfahrung war in diesen Debatten nicht mehr gefragt. Dies zeigte sich vor allem in der großen Unsicherheit gegenüber Texten, die noch nicht zum Gegenstand von Theoriediskussionen geworden waren. Gerade hier versagte das Methodenlatein gründlich. Die zu absoluter Passivität herabgezüchtete ästhetische Erwartung kapitulierte vor neuen Erzählansätzen.

Solchen depressiv stimmenden Erscheinungen wollte ich in Seminaren begegnen, die den Studierenden Möglichkeiten anboten, sich gestaltend, erfindend, jedenfalls schreibend mit Texten auseinanderzusetzen.

»Kreatives Schreiben« war dabei zunächst nur eine Formel, die sehr vage den Weg andeutete; ich benutzte sie auch lediglich als Wegweiser, ohne mich auf die seit den siebziger Jahren entstandenen Theoriekonzepte zu beziehen.

VII

Wer heute gestandenen Literaturwissenschaftlern gegenüber das Stichwort »Kreatives Schreiben« ins Feld führt, erntet meistens ein müdes Lächeln. Das Thema ist durch den Psychoboom der letzten Jahrzehnte schwer belastet und leidet unter dem Klischee von therapiesüchtigen Schreibnotständlern, die ihre eigene sprachliche Kompetenz maßlos überschätzen.

Die meist mit einiger Arroganz vorgetragenen Einwände deklamieren selbstsicher, daß man gutes Schreiben nicht lehren könne, daß es vermessen sei, den »Dichtern« Konkurrenz zu machen, daß die Schreibübungen meist in betulicher Naivität steckenblieben.

Solche Vorurteile sind schnell zu entkräften. Natürlich geht es in Schreibseminaren nicht darum, serienmäßig »hohe Literatur« herzustellen; andererseits bedeutet diese Skepsis gegenüber literarischen Hochleistungen noch lange nicht, daß Studierende nicht darin geschult werden können, besser und gut zu schreiben.

Was den Vorwurf des Betulichen und der in herkömmlichen Schreibpraktika vorherrschenden Therapiegläubigkeit betrifft, so stimme ich ihm zumindest teilweise zu. Die vor allem in der Laienschreibdidaktik vorliegenden Konzepte sind meist durch ein Übermaß an erwünschter autobiographischer Katharsis ganz unsinnig belastet.

Zudem haben derartige pädagogische Ansätze das Schreiben fast ausschließlich unter dem Aspekt des therapiebedürftigen

Subjekts thematisiert. »Kreatives Schreiben« ist dadurch oft mit einer Schreibpraxis verbunden, die den Schreibimpuls als bloßen Stimulus der Selbsterfahrung verkümmern läßt. Schreiben ist dann lediglich Ausdruckssuche eines »Wegs nach innen«, eines diffusen und meist partiell steckenbleibenden Psychotrainings.

Als sinnvoller Einstieg in therapeutische Bemühungen könnten solche Versuche jedoch nur dann dienen, wenn sie Teil einer erfahren geleiteten Analyse wären; bleiben sie aber auf Laienübungen von Schreibwerkstätten beschränkt, die schlechte Sprache als Ausdruck bemitleidenswerter Seelen produzieren, eignen sie sich nicht dazu, Erfahrungen wirklich zu formen.

Sowieso kann die Arbeit an Hochschulen nicht darauf zielen, den Studierenden Einblicke in ihr Seelenleben oder letztlich trivial bleibende narzißtische Schreibbefriedigung zu verschaffen. »Kreatives Schreiben« sollte hier vielmehr eng an interpretierendes Deuten angekoppelt werden; in diesem Sinn wäre es ein außerordentlich nützlicher Beitrag zur Gewinnung ästhetischer Erfahrung.

VIII

Bisher hat sich die Literaturwissenschaft nicht auf Formen ästhetischer Erfahrung eingelassen, die sich in der auch aktiven Mitarbeit von Lesern niederschlügen. Die traditionelle Rezeptionsästhetik hat den Leser vielmehr lediglich als stummen Deuter gesehen, der sich das literarische Werk in verschieden akzentuierten Interpretationen vor allem theoretisch erschließt.

So blieb ästhetische Erfahrung gleichsam immunisiert; sie war stille Teilhabe am Werk, kein aktives Eindringen in einen Deutungszusammenhang.

Dem arbeiten die oben dargestellten Ansätze kreativer Deutungsarbeit entgegen. Sie ist zunächst nicht nur Theorie, die ihre Deutungsschritte laufend reflektiert und ausweist, sondern Praxis. Die Aufforderung an den Leser lautet nun: Bewege Dich aufs Werk zu und sieh Dich darin um! Gleichgültig, wohin Du Dich bewegst, gleichgültig, mit welchen Momenten des Werks Du paktierst, es kommt vorerst nicht darauf an, eine Mitte zu finden, nicht darauf, einen homogenen Deutungsstrom herzustellen, sondern darauf, das Werk als Labyrinth schreibend zu erkunden!

Derartige Erkundungen von literarischen Werken haben darstellenden, erzählenden Charakter. Sie berichten vom Aufenthalt des Lesers im Werk. Dabei wird die herkömmliche Distanz zwischen Werken und Lesern ignoriert. Nicht gepflegte Anschauung, nicht historisierende Durchdringung sind gefordert, sondern schreibende Aneignung, die das Werk gleichsam in Fermente auflöst.

Solche erzählerischen Fermente bedürfen aber in weiteren Schritten wiederum der Deutung. Schreiben kann in diesem Sinn nur dann eine Ergänzung des Lesens sein, wenn es nicht als ultima ratio der Textaneignung verstanden wird.

Denn das Geschriebene muß selbst wieder in Bezug zum Werk gesetzt werden. So muß der Schreibende seine eigenen Texte doppelsinnig lesen lernen: als Hervorbringung individueller Produktivität wie als Antworten auf Textbestände.

Anders gesagt und am obigen Beispiel orientiert: Robert muß lernen, das von ihm entworfene Porträt von Kafkas Schwester Ottla zu deuten. Zu dieser Deutung kann ihm das Gespräch in der Seminarrunde verhelfen: Es wird beleuchten, *wie* Robert arbeitete, strukturierte, *wie* er erzählte, als er Ottlas Bild entwarf; und es wird zweitens deutlich machen, welche *anderen* Antworten, welches *andere* Schreiben im Blick auf Kafkas Schwester noch möglich wären.

In solchen Akten der deutenden Gewinnung von Einsichten gegenüber dem Geschriebenen ersteht die zuvor ignorierte Distanz von Werk und Leser in neuem, aber hellerem Gewand: Der Leser ist gleichsam durch das Fegefeuer der produktiven Aneignung gegangen, um diese Aneignung dann aus der Distanz als Wechselspiel von Textvorgabe und eigener Phantasietätigkeit zu erleben.

Werk und Leser gehen also in den Prozessen kreativer Deutung ein ganz neues, historisch noch nicht erprobtes Verhältnis ein. Der früher kohärent und dicht gedachte Werkzusammenhang wird gesprengt, der Leser transplantiert Fermente und Passagen, um sich am Ende gleichsam als vom Werk hervorgebrachter Autor zu verstehen.

IX

Solche Überlegungen deuten an, wohin die Beschäftigung mit Formen der kreativen Aneignung von literarischen Werken führt: zu einer völlig neu zu schreibenden Theorie der ästhetischen Erfahrung. Dafür gibt es bisher Bausteine, nicht mehr.

Von den Verwirrungen und den Schwierigkeiten, denen sich eine solche Theorie ausgesetzt sieht, handelt, wie ich hier einmal deutend vermute, Borges in einem seiner frühen essayistischen Texte.

Dort bezieht sich Borges auf ein Romanfragment von Henry James mit dem Titel *The Sense of the Past*. In diesem Fragment begegnet die Hauptfigur, Ralph Pendrel, einem ihn verwirrenden, äußerst faszinierenden Bild. Unzweifelbar stammt dieses Bild aus dem achtzehnten Jahrhundert, und doch glaubt Pendrel sich auf ihm wiederzuerkennen. Denn das Gemälde stellt einen jungen Mann dar, der ihm derart ähnlich ist, daß Pendrel sich bei der Betrachtung des Bildes in dieses hineinverliert. Das Bild saugt ihn auf, nimmt ihn in Besitz: Pendrel verschwindet darin und findet sich auf wunderbare Weise im achtzehnten Jahrhundert wieder, wo er – ebenso wunderbar – dem Maler des Bildes begegnet. Dieser Maler aber ist nun wiederum von Pendrel, von seiner Gestalt, seinem Auftreten und Aussehen, derart beeindruckt und angezogen, daß er beginnt, Pendrel zu porträtieren. So eben entsteht das Porträt, in das Pendrel sich hineinverlor …

Einer um »kreatives Schreiben« erweiterten Literaturwissenschaft wären viele Lehrer zu wünschen, die den Studierenden den Weg des jungen Pendrel ermöglichten und ihnen gleichzeitig (deutend) dazu verhülfen, den Zauber des Werkes zu bannen.

Harald Fricke/Rüdiger Zymner

Parodieren geht über Studieren

Ein neues Konzept des literaturwissenschaftlichen Studiums als aktive Entmythologisierung

> Ein sorgfältiger Ausleger muß die Naturforscher nachahmen. Wie diese einen Körper in allerhand willkürliche Verbindungen mit andern Körpern versetzen und künstliche Erfahrungen erfinden, seine Eigenschaften auszuholen; so macht es jener mit seinem Texte. Ich habe des Sokrates Sprüchwort mit der Delphischen Überschrift zusammen gehalten; jetzt will ich einige andere Versuche thun, die Energie desselben sinnlicher zu machen.
>
> J.G. Hamann:
> Sokratische Denkwürdigkeiten

I. Learning by doing

Kann man Literaturwissenschaft eigentlich lernen? Die Erfahrungen mit der Praxis akademischer Lehrveranstaltungen lassen da gewisse Zweifel aufkommen. Die Studierenden gehen in unsystematisch zusammengestellte Vorlesungen (jedenfalls hin und wieder mal) und schreiben dort hektisch mit (ohne diese Notizen in der Regel jemals wieder anzusehen); sie besuchen Pro- und später Hauptseminare, schaffen sich zähneknirschend die per Leseliste dafür angegebene Pflichtlektüre an (lesen aber oft nicht mehr als ein paar Kapitelanfänge) und analysieren in zähen, nur von wenigen aktiv bestrittenen Seminargesprächen Texte von der Wahlanzeige bis zu

Goethes »Faust« nach verschiedenartigsten, selten aber miteinander zusammenhängenden Gesichtspunkten (und fragen sich deshalb am Ende jedes Semesters erneut, was sie hier nun eigentlich hätten gelernt haben sollen); und etwa jedes zweite Semester tippen sie eine kleine Seminararbeit über ein möglichst originell und dissertationsreif klingendes Einzelthema (die dann von überlasteten Lehrkräften lustlos korrigiert und gelegentlich mit Zustimmung, meistens aber mit kopfschüttelnder Resignation akzeptiert wird, solange nur bibliographisch korrekt zitiert worden ist).

Da man auf diese Weise kaum einmal das Gefühl hat, etwas Handfestes gelernt zu haben und über eine sichere Metierbeherrschung zu verfügen, geht man dem herannahenden Abschlußexamen mit zunehmendem Unbehagen entgegen. Die Prüfer (und genauso die in seltenen Glücksfällen zur Verfügung stehenden Prüferinnen) haben sich darauf natürlich längst eingestellt und die erwarteten Prüfungsleistungen nicht allein immer weiter reduziert, sondern auch möglichst weitgehend von den ohnehin in jedem Fall völlig unterschiedlichen Studieninhalten abgekoppelt. Im Ergebnis hat dann das Examen kaum etwas mit dem zu tun, was man in acht bis zwölf Semestern literaturwissenschaftlichen Studiums betrieben hat: Eine Untersuchung zu einem größeren Zusammenhang in der Art der Examensarbeit hat man noch nie geschrieben, einen Aufsatz in vierstündiger Klausur meist seit dem Abitur nicht mehr, und mündliche Prüfungen hat es im ganzen hochschuldidaktisch betont ›modernen‹, also auf ›gleichberechtigten‹ Diskussionen beruhenden Studiengang niemals gegeben (zumal solche zu den berüchtigten, nicht reversiblen Scheinfragen mit feststehender Antwort nach dem Schema »Wie heißt doch gleich noch dieses Versmaß in Schillers Dramen? – Ja, richtig, Blankverse!«). Deshalb hat die Verabredung immer enger gefaßter ›Spezialthemen‹ Konjunktur, für die man sich in der Examenszeit ad hoc zum Experten ausbildet – freilich mit einem absurden Resultat: Ein einigermaßen begabter, also mit einer gewissen sprachlich-literarischen Sensibilität und mit etwas rhetorisch-argumentativem Talent ausgestatteter Studienanfänger, der sich drei Monate lang intensiv auf angekündigte Klausurbereiche und auf zwei bis drei mündliche Spezialthemen vorbereitet, hat bessere Aussichten im abschließenden Examen als jemand, dessen Vorbereitung allein in acht bis zehn Semestern gründlichen Fachstudiums besteht. Ein Ausbildungsgang aber, der sich für das Bestehen der Abschlußprüfungen als weder notwendig noch hinreichend erweist, ist überflüssig.

Es geht aber auch anders. Statt nämlich literarische Texte oder Textausschnitte nur rezeptiv zu analysieren, kann man auch vom ersten Tag des Studiums an aktiv, durch ›learning by doing‹, mit ihnen umgehen: Man kann sie parodieren. Damit ist hier nicht gleich das Herstellen selbständiger Kreationen im Rahmen der eingeführten literarischen Gattung ›Parodie‹ mit künstlerischem Eigenwert gemeint, sondern Parodieren einfach als ›Nachsingen‹, als verfremdendes Imitieren literarischer Schreibweisen und Darstellungsverfahren. Denn wie ein Mediziner, ein Naturforscher, ein empirischer Sozialwissenschaftler mit seinen Forschungsgegenständen experimentieren muß, so sollte auch ein Literaturwissenschaftler in der Lage sein, seine Forschungsobjekte zu Erkenntniszwecken fachkundig und gezielt zu verändern. Kaum etwas macht ja eine literaturwissenschaftliche Argumentation so durchsichtig und überzeugend wie der sachverständige Einsatz von ›Variantentests‹: jene ›Weglaß-, Ersetzungs- und Verschiebeproben‹, die die Sprachwissenschaftler schon längst zur Funktionsbestimmung sprachlicher Elemente durch ›Kommutation‹ und ›Permutation‹ anwenden, bieten auch bei literarischen Texten die Möglichkeit zu sehen, was sich eigentlich ändert, wenn man eine bestimmte Versform, eine Erzähltechnik oder ein Element der Handlungsführung durch andere denkbare Varianten ersetzt.[1] Die handwerklichen Fähigkeiten dazu erwirbt man sich beim Schreiben von Parodien.

---

1 Vgl. dazu Christian Wagenknecht: Variationen über ein Thema von Gomringer. In: Text + Kritik, Heft 25: Konkrete Poesie, München 1971, S. 14 f.; Robert Gernhardt: Darf man Dichter verbessern? In: Die Zeit, Nr. 37 (7.9.1990), S. 64 f.; Klaus Weimar: Enzyklopädie der Literaturwissenschaft, München 1980 (= UTB Nr. 1034), S. 46 ff.; Harald Fricke: Moderne Lyrik als Normabweichung. In: Lyrik von allen Seiten. Gedichte und Aufsätze des dritten Lyrikertreffens in Münster, hrsg. v. L. Jordan, A. Marquardt u. W. Woesler, Frankfurt a.M. 1988, S. 171-185.

Muß, wer Literaturwissenschaft lernen will, also das Parodieren lernen? Das ist nicht das Ziel der Sache; aber es ist ein möglicher Weg – und ein Weg, der bislang zu wenig beschritten wird. In den meisten akademischen Lehrveranstaltungen werden literarische Texte lediglich gelesen und besprochen oder ex cathedra interpretiert. Man hat aber einen Versbau erst wirklich durchschaut, wenn man Verse von entsprechender Art selber bauen kann; man hat einen literarischen Stil erst gründlich analysiert, wenn man ihn parodistisch imitieren kann; man hat das Komödiantische einer Komödie erst hinreichend erkannt, wenn man zu erproben vermag, wie das entsprechende Stück als Tragödie aussähe. In diesem Sinne geht Parodieren über Studieren, oder genauer: Das Studieren von Literatur geht am besten übers Parodieren von Literatur.

Aus diesen Gründen haben wir seit einer Reihe von Jahren unsere Proseminare an den Universitäten Göttingen und Fribourg nach und nach vollständig durch ein Grundstudium in Gestalt parodistischer Übungen ersetzt (und auch in einem Arbeitsbuch[2] zusammengefaßt). An die Stelle der handelsüblichen ›Einführung in die Stilistik‹ (bzw. in die ›Textanalyse‹) tritt also ein Proseminar »Stil-Parodien«; entsprechend folgen später »Lyrik-Parodien«, »Erzähl-Parodien« bzw. »Dramen-Parodien« anstelle der landläufigen, an Lehrbüchern und Schulbeispielen orientierten metrischen, erzähltechnischen und dramentheoretischen Grundkurse.

Bei dieser Art des Umgangs mit Texten wird die Beziehung zu ihnen nicht nur anders, sondern unvergleichlich intensiver. Wenn man etwa den Stil eines Zarathustra-Kapitels von Nietzsche im Rahmen eines Fußballberichtes parodiert, lernt man die zahlreichen Wiederholungs- und Kontrastfiguren des rhetorischen Ornatus weit besser durchschauen und unterscheiden (nämlich: selber konstruieren) als durch bloßes Vokabellernen nach dem Rhetorik-Lehrbuch. Wenn man einen banalen Satz aus dem Universi-

---

2 Harald Fricke/Rüdiger Zymner: Einübung in die Literaturwissenschaft: Parodieren geht über Studieren. Paderborn 1991 (= UTB Nr. 1616).

tätsalltag in zehn verschiedene Gruppensprachen bzw. Stilebenen übersetzt oder durch zehn verschiedene Metaphern-Typen und andere Formen uneigentlicher Rede ausstattet, hat das ganz andere Folgen für die Sensibilität und Sicherheit im Umgang mit solchen Stilfiguren. Wenn man Gattungsstile anhand von Aphorismen und Gesetzesparagraphen, Epochenstile anhand altmodischer wie moderner Briefe oder ausgeprägte Personalstile wie die von Jean Paul und Arno Schmidt parodistisch imitiert, erwirbt man dabei neben stilistischem auf gleichsam spielerische Weise auch sprach-, kultur- und literaturgeschichtliches Wissen in vielfältiger Auffächerung.

Entsprechendes hat sich im Zusammenhang mit dem Verfassen von Lyrik-Parodien bestätigt: Auch das Kleine Einmaleins von Reim und Vers erwirbt und festigt sich weit besser durch aktive metrische Umformung von Vers-, Strophen- und Gedichtmaßen verschiedenster Art als durch eine rein theoretische Klopfkunde. Passagen aus einer auktorial erzählten Goethe-Novelle in den Bewußtseinsstrom des »Ulysses«-Schlußkapitels von Joyce zu transformieren (und umgekehrt!), verschafft wesentlich tiefere und motiviertere Einblicke in Art und Auswirkung erzähltechnischer Kunstgriffe als das langwierige Studium erzähltheoretischer Typenkreise. Und was eine fiktionsinterne Exposition, ein fiktionsdurchbrechender V-Effekt, eine tragische Peripetie oder eine situationskomische Erkennungsszene der Sache nach wirklich sind, das alles lernt man am gründlichsten wie am unterhaltsamsten, indem man es einmal selber beim Schreiben parodistischer Szenen ausprobiert.

Unsere Erfahrungen in mittlerweile etwa einem Dutzend solcher Seminare sind sowohl bezüglich der Seminaratmosphäre als auch des nachgewiesenen Lerneffekts von der Art, daß wir alle Verantwortlichen für Kurse im literaturwissenschaftlichen Grundstudium (ähnlich aber auch in der gymnasialen Oberstufe bzw. in der Erwachsenenbildung) nur ermutigen können, es auch einmal auf diese Weise zu versuchen. Auf der einen Seite werden die üblichen und allerorten beklagten ›Motivationsprobleme‹ germanistischer Lehrveranstaltungen hier so gut wie vollständig vermieden (wer das ›learning by doing‹ nicht mag, kommt gar nicht erst oder scheidet frühzeitig aus; die anderen schreiben sich in zunehmendem Engagement die Finger wund). Auf der anderen Seite setzt dieses Verfahren aber auch die Bereitschaft zu ständiger aktiver Mitarbeit geradezu voraus – und vor allem die Bereitschaft, laufend eigene Texte zu verfassen und die Ergebnisse von anderen Teilnehmern diskutieren zu lassen. Darüber hinaus werden die verfaßten Texte regelmäßig auch noch von der verantwortlichen Lehrkraft selber durchgesehen und ggf. kommentiert; das macht zwar viel Arbeit, aber auch unerhört viel Spaß – und ermöglicht im übrigen ein weitaus besseres persönliches Kennenlernen der Teilnehmer. Wichtiger noch sind, im Interesse der Teilnehmer selbst, zusammenfassende Lernzielkontrollen am jeweiligen Semesterende durch selbständige Textanalysen oder auch harte Terminologie-Tests. Gerade bei einer Lehrveranstaltung dieser Art wollen und sollten die Beteiligten wissen, was sie über die verschiedenen Erfahrungen und Lust/Unlust-Erlebnisse hinaus alles an handfestem Metier-Wissen gelernt haben.

Spätestens damit sollte auch ein möglicherweise naheliegendes Mißverständnis unseres Vorschlags ausdrücklich ausgeräumt sein: Daß nämlich Literaturwissenschaft hier auf eine vergnügliche Weise eingeübt wird, soll in keiner Weise bedeuten, daß Literatur bzw. der Umgang damit als ein bloßer ›Jokus‹ angesehen würde. Im Gegenteil entspringt die hier entwickelte Konzeption der Auffassung, daß es in jeder Phase der akademischen Ausbildung gilt, sich der speziellen Verantwortung des Literaturwissenschaftlers bewußt zu werden und in aktiver Weise zu stellen.

II. Verantwortung und Entmythologisierung

In welchem Sinne trägt denn eigentlich die Literaturwissenschaft ›Verantwortung‹? Ganz allgemein setzt Verantwortung eine Person in Beziehung einerseits zu einer Aufgabe oder Handlung, andererseits zu einer Instanz, vor der die Person ihr Handeln zu rechtfertigen hat. Die Person hat die Verantwortung für dies oder das und muß dafür ›geradestehen‹. In der Begründung literaturwissenschaftlichen Handelns geht es um den Literaturwissenschaftler (als Typus) und seine Rechtfertigung für sein Tun als Literaturwissenschaftler. Es geht also nicht um die Verantwortung, die ein konkreter Literaturwissenschaftler als Person in anderen Lebensbezügen außerdem noch hat, z.B. in seiner Rolle als mündiger Bürger, in seiner Rolle als Beamter, in seiner Rolle als Mitmensch. Natürlich gibt es niemanden, der nur Literaturwissenschaftler ist und sonst nichts. Es ist jedoch vorteilhaft, das Geflecht der verschiedenen Rollen einer Person zunächst unbeachtet zu lassen und lediglich einen Strang daraus isoliert zu betrachten. Zudem ist präzisierend zu sagen, daß es bei der Begründung literaturwissenschaftlichen Handelns um ein handlungsleitendes Prinzip geht, das für ›die Literaturwissenschaft‹ insgesamt rekonstruiert werden kann; erst danach geht es um die durch dieses Prinzip begründeten und diesem Prinzip nachgeordneten konkreten Tätigkeiten des Literaturwissenschaftlers (für die dann eventuell ›abgeleitete‹ Verantwortungen zu übernehmen wären).

Die Verantwortung des Literaturwissenschaftlers hängt mit seinem Gegenstand zusammen: Er beschäftigt sich, jedenfalls vorwiegend, mit Texten. Das gilt über alle vermeintlichen methodologischen und vorparadigmatischen Grenzen einzelner Richtungen oder ›Schulen‹ hinweg. Seien es nun ›Hermeneutiker‹ oder ›Strukturalisten‹, ›historisch-dialektisch‹ oder ›dekonstruktivistisch‹ ausgerichtete Forscher, ›Literaturpsychologen‹ oder ›Literatursoziologen‹: sie alle haben es mit Texten zu tun, und zwar mit solchen Texten, die als eigener institutioneller Bereich von Sprache, als Bereich der ›poetischen‹ Sprache nämlich, mit Ausdrücken wie ›Literatur‹, ›Dichtung‹ oder ›Poesie‹ von anderen Bereichen der Sprache abgegrenzt werden. Mit oder an diesem besonderen Bereich von Sprache beschäftigen sich natürlich nicht nur die *Literatur*wissenschaftler (also die Wissenschaftler *als Leser*), sondern z.B. auch Halbwüchsige (freiwillig mit der Taschenlampe unter der Bettdecke durch das wilde Kurdistan oder unfreiwillig in der Schule als junge Leidende), auch Hausfrauen (nur der Pudding hört ihr Seufzen) und auch Hausväter (trotz all ihrer Sorgen): Sie alle lesen ›Literatur‹, und es mag nicht nur deshalb gelegentlich problematisch sein, den *Literatur*wissenschaftler von diesen anderen Gruppen zu unterscheiden.

Für den Literatur*wissenschaftler* (also den Leser *als* Wissenschaftler) gilt das Gesagte jedoch nicht in gleicher Weise. Mag er sich als *Literatur*wissenschaftler auch von der spannenden Frage fesseln lassen, wer denn nun all die Mönche in Ecos Kloster umgebracht hat, mag er mit roten Wangen und verweinten Augen sein ›Buch der Lieder‹ verschlingen, mag er sich mit wollüstigem Schauer an den ›Blumen des Bösen‹ oder auch mit wohliger Zwerchfellerschütterung an den ›Blusen des Böhmen‹ ergötzen: Stets stellt er als Literatur*wissenschaftler* z.B. auch die Frage nach dem Grund der Spannung, der Rührung, des Vergnügens, er fragt stets nach der Bedingung ihrer Möglichkeit im Text. Als *Literatur*wissenschaftler darf er sich von einem Text fesseln lassen, als Literatur*wissenschaftler* muß er sich von ihm befreien. Er geht auf Distanz zum Text, um sich und anderen Lesern erklären zu können, ›wie das Gelesene es eigentlich macht‹, Spannung, Rührung oder Vergnügen zu erzeugen. Er geht auf Distanz, um den Text zu durchschauen in seinem Zusammenhang und Zusammenspiel von Informationsgehalt und Mitteilungsweise.

Das Ergebnis dieser distanzierten Untersuchungen behält der Literaturwissenschaftler anschließend nicht etwa für sich: Er ist nämlich auch ein ›Infomane‹ aus Pflicht (und oft zusätzlich aus Neigung), der allerdings nicht bloß seine persönlichen Meinungen mitzuteilen sucht, sondern nach Möglichkeit für alle Leser gültige und nachprüfbare Erkenntnisse über den Gegenstand ›Poesie‹. Indem der Literaturwissenschaftler den Text nicht nur liest, sondern darüber hinaus distanziert-erklärende Beobachtungen am oder zum Text *formuliert* und mitteilt, redet oder schreibt er *in* einer bestimmten Sprache (nämlich in seiner Fachsprache, die freilich zum großen Teil syntaktisch, lexikalisch, semantisch mit den Konventionen seiner alltagssprachlichen Sprechergemeinschaft übereinstimmt) *über* Sprache. Er nennt beispielsweise dieses Textelement eine »Metapher« und jenen Text ein »Drama« und folgt so einer bereits eingeführten Semantik dieser Ausdrücke oder legt diese Semantik erst fest. Zugleich macht er den literarischen Text damit als eine bestimmte (nämlich ›dichterische‹ oder ›poetische‹) Verwendung von Sprache *für andere Leser* verfügbar. Sie können fortan den ganzen Text oder Teile daraus benennen und z.B. sagen: »Der Ausdruck ›X‹ da in dem Text ist eine Metapher. Solche Metaphern lassen sich auch in den Texten A oder B finden.« Seine Fachsprache teilt der Literaturwissenschaftler nämlich ebenso mit (lesenden) Kollegen wie (wenigstens partiell) mit den Mitgliedern der allgemeinen Sprechergemeinschaft, der er angehört. Seine Sprache ist also nie ausschließlich *seine* Sprache, sondern als Sprache ein System von Konventionen und deshalb sowohl gemeinschafts*bildend* als auch gemeinschafts*abhängig*. Indem er mit dem ›Gemeinschaftswerkzeug‹ Sprache z.B. die sprachlichen Mittel zur Erzeugung von Spannung, Rührung oder Vergnügen im literarischen Text beschreibt und benennt, macht er sie als einzelne Elemente (wieder) erkennbar. Auf diese Weise werden jene Mittel auch lehr- und lernbar.

Das reflektierte und auf intersubjektiven Diskurs ausgerichtete Erkunden und Einordnen von Literatur als eine Technik, sie in Form und Funktion zu erkennen, und als Bedingung der Möglichkeit, sich von undurchschauten Wirkungen der Poesie zu emanzipieren, ist die grundlegende Aufgabe des Literatur*wissenschaftlers*. Sie folgt einem Prinzip, das wir hier, in Anlehnung an Bultmanns ›Entmythologisierung der Bibel‹, als ›Entmythologisierung der Literatur‹ zusammenfassen wollen. ›Entmythologisierung‹ als handlungsleitendes Prinzip ist in seiner Ausrichtung auf die *sprachliche Verständigung* über literaturwissenschaftliche Sachverhalte ein aufklärerisches Prinzip. Es bietet die Chance zu einem mündigen und gleichberechtigten Umgang mit Literatur. Mündig wird der Umgang mit Literatur, wenn der literaturwissenschaftlich aufgeklärte Leser einen literarischen Text in seiner Gemachtheit offenlegen, sachkundig verändern und dadurch frei von undurchschauten Wirkungen auf ihn reagieren kann. Gleichberechtigt wird der Umgang mit Literatur, wenn es in der literaturwissenschaftlichen Auseinandersetzung mit ihr nicht auf die seherische Empfindsamkeit eines überlegenen Interpreten ankommt, sondern auf das durchschaubare und kritisierbare Argument. In diesem Sinne dienen parodistische und argumentationskritische Übungen gleichermaßen dem Ziel einer Entmythologisierung der Literatur wie der Literaturwissenschaft.

Genau hier liegt also die ›praktische‹ Begründung für ein literaturwissenschaftliches Grundstudium in Parodienform. Indem poetische Texte systematisch der respektlosen Frage unterworfen werden, ›wie es denn wäre, wenn es anders wäre‹; indem sie als ›Spiel‹- und ›Probiermaterial‹ ständig umgeformt statt bewundernd-unterwürfig verehrt werden, können ebenso ihre globalen Konstruktionsmuster wie ihre punktuellen poetischen Elemente herausgearbeitet werden. Wer etwas parodieren will, muß es erst einmal sehr genau kennen. Parodieren ist somit eine Form des *aktiven* Erkundens und Einordnens. Es lassen sich dabei nicht nur genauer und intersubjektiv verbindlicher diejenigen Elemente erkennen, die zu den konstituierenden und leserwirksamen Elementen des Textes gehören; sie lassen sich in ihrer Funktion und im Zusammenspiel mit anderen poetischen Elementen auch präziser bestimmen: Die (witzige) Parodie entmythologisiert, indem sie zeigt, daß und wie ›es gemacht ist‹.

Entmythologisierung als handlungsleitendes Prinzip der Literaturwissenschaft muß dabei nicht in jedem einzelnen Fall auch das konkrete Handeln eines Literaturwissenschaftlers leiten. Es geht hier lediglich um einen praktischen Begründungsdiskurs, um ein rekonstruierbares, handlungsleitendes Prinzip der Literaturwissenschaft; nicht jeder Literaturwissenschaftler muß sich der Leitmaxime ›Entmythologisierung‹ bei seinem Handeln auch bewußt sein, um ihr zu folgen. Als rekonstruiertes Leitprinzip erlaubt sie jedoch die einordnende Reflexion auf literaturwissenschaftliches Handeln im allgemeinen, auf theoretisch-methodische Grundannahmen und auf die Ziele einzelner ›Positionen‹ der Literaturwissenschaft.

Fragestellungen wie z.B. die nach der Beziehung zwischen den Wirkungsmöglichkeiten eines Textes und seinem historischen

Entstehungszusammenhang sind der Frage nach der sprachlichen Konstruktion dieser Wirkung sachlich nachgeordnet. Das macht sie als literaturwissenschaftliche Fragestellungen nicht überflüssig, ordnet sie jedoch an einer abhängigen Stelle ein. Bevor man etwa fragen kann, *warum* z.B. ›die Romantiker‹ so ›musikalisch‹ gereimt haben, muß man nicht nur an Texten ›der Romantiker‹ nachweisen, daß sich hier ›musikalische‹ Reime finden, sondern zunächst nachvollziehbar erläutern können, was das bezogen auf Texte überhaupt heißt.

Betrachtungsweisen, die demgegenüber literarische Texte als ›Zeugen‹ und ›Spiegel‹ der Vergangenheit benutzen, ohne dabei der Tatsache Rechnung zu tragen, daß es sich bei den vermeintlichen Zeugen um eine Sprachverwendung handelt, die sich unterscheidet von anderen Formen der Sprachverwendung wie z.B. der Geschichtsschreibung, sind nicht nur sachlich unangemessen, sondern degradieren die Literaturwissenschaft zu einer historischen Hilfswissenschaft niederer Güte. Bei allem historischen Interesse, das uns Literaturwissenschaftler leiten mag, bildet doch die Frage nach ›Bauelementen‹ und ›Bauweisen‹ der literarischen Texte, die Frage nach dem Poetischen der Poesie, unseren spezifischen Arbeitsbereich.

›Bauelemente‹ und ›Bauweisen‹: Das sind Formulierungen, die leicht den Eindruck erwecken könnten, es gehe bei der Entmythologisierung des Poetischen lediglich um ›formale Elemente‹, also z.B. punktuelle Stilelemente (wie Metapher, Epipher, Tautologie u.ä.), partielle Strukturelemente (wie die strophische Ordnung von Gedichten) oder globale Merkmalskombinationen (wie etwa die Gattungen Fabel, Komödie, Lehrgedicht usw.), nicht jedoch um die Semantik von Literatur, das, ›was sie uns sagt‹. Doch eine solche Trennung von Form und Sinn ist eine *Scheintrennung* zu vorläufigen Verständigungszwecken. Auch die Semantik eines literarischen Textes gehört zu seinen Bauelementen, da sie durch den Wortlaut des Textes determiniert wird. Der Sinn eines Textes ist nicht freischwebend vorhanden, sondern stets gebunden an die materiale Seite des Textes, an die Worte mit ihrem je eigenen semantischen Potential. Wenn wir also versuchen, die Form eines Textes zu interpretieren (und jedes einzelne Wort gehört zu seiner Form), so ist dies gleichzeitig auch ein Bemühen um seine Semantik.

Das handlungsleitende Prinzip der Entmythologisierung der Literatur im erläuterten Sinn wird in drei unterschiedlichen Anwendungsbereichen innerhalb der Literaturwissenschaft wirksam. Wir bezeichnen diese Anwendungsbereiche mit den Ausdrücken »Ordnung«, »Veränderung« und »Mitteilung«.

(a) »Ordnung«: Mit diesem Stichwort soll hier derjenige Anwendungsbereich des handlungsleitenden Prinzips ›Entmythologisierung‹ zusammengefaßt werden, in dem es darum geht, bereits vorhandenes Wissen über den Gegenstand ›Literatur/Poesie‹ in einem Ordnungssystem zu konservieren. Dies geschieht in der Praxis dadurch, daß die konkrete Forschungstätigkeit dieses Bereiches ganz im Rahmen der durch ein eingeführtes Ordnungssystem vorgezeichneten Fragen bleibt. In diesem Anwendungsbereich findet das statt, was man – in freier Anlehnung an Thomas S. Kuhn[3] – als ›normale Literaturwissenschaft‹ bezeichnen könnte. Was damit gemeint ist, sei knapp am Beispiel der Literaturgeschichtsschreibung verdeutlicht. Es ist die Arbeit der ›normalen Literaturwissenschaft‹ im Bereich der Literaturgeschichtsschreibung, bereits bewährte und allgemein akzeptierte Periodisierungsschemata wie »Barock«, »Aufklärung«, »Klassik«, »Romantik« zu überliefern und dabei auch mit neuen wissenschaftlichen Fragen literaturgeschichtlich doch immer im Gesamtrahmen der überlieferten Periodisierungsschemata zu bleiben. Der ›normalen Literaturwissenschaft‹ liegt es fern, ihre Gegenstände – verschiedenartige literarische Texte – zu ganz neuen historischen Gruppen zu ordnen (also z.B. in der Gattungsgeschichte der Parabel von der »Morgenlandphase« zu sprechen, wo sie sonst stets von »Aufklärung«, »Klassik« und »Romantik« spricht[4]). Sie erkennt ein vorgegebenes literaturwissenschaftli-

---

3 Thomas S. Kuhn: Die Struktur wissenschaftlicher Revolutionen, übers. v. H. Vetter, 2., revidierte Aufl., Frankfurt a.M. 1981.

4 Vgl. dazu Rüdiger Zymner: Uneigentlichkeit. Studien zu Semantik und Geschichte der Parabel, Paderborn 1991.

ches Ordnungssystem an und tradiert es mindestens so lange, bis es – oftmals als äußerste Form der Vereinfachung – im Schullesebuch als Sediment kulturellen Wissens landet.

Das ist kein unwichtiger Anwendungsbereich, denn die ›normale Literaturwissenschaft‹ ermöglicht erst eine Verfügbarkeit und Öffentlichkeit von Erkenntnis, die unabhängig ist von dem Wissen einzelner Forscher. Darüber hinaus kann diese Erkenntnis als vorerst gültig bezeichnet werden, weil sie von der ›scientific community‹ prinzipiell urteilsfähiger wissenschaftlicher Leser akzeptiert wird. Natürlich ist die Wahrheit nicht abhängig von der Zahl derjenigen, die sie kennen, aber literaturwissenschaftliche Erkenntnisse gelten doch zumindest so lange als ›richtige Vermutungen‹ über Literatur, bis sie ihrerseits als unzureichend oder gar falsch erkannt werden.

(b) »Veränderung«: Mit diesem Stichwort bezeichnen wir hier jeden Versuch von Literaturwissenschaftlern, die Grenzziehungen der alten anerkannten Ordnungssysteme zu verschieben oder durch neue zu ersetzen. Von ›Veränderung‹ sprechen wir, weil es sich hier nicht notwendigerweise insgesamt um eine Vermehrung von Wissen handeln muß, zu der man durch neue Fragestellung jenseits der alten Ordnung gelangt. Vielfach bedeutet die Veränderung von Ordnungsbereichen durch Grenzverschiebung oder durch Ersetzung lediglich, daß Wissen aus dem alten Ordnungsbereich aufgegeben und durch anders strukturiertes Wissen, zu dem man durch neue Fragestellungen kommt, abgelöst wird. Das neue Ordnungssystem ist also nur anders, nicht aber unbedingt inhaltsreicher. Als neues Ordnungssystem ist es dann aber anschließend ebenfalls angewiesen auf ›normale Literaturwissenschaft‹, die nun im neuen Rahmen arbeitet.

Für ›Grenzverschiebungen‹ oder gar ›Ersetzungen‹ alter Ordnungssysteme gibt es verschiedenartige Möglichkeiten – etwa die Veränderung des *Objektbereiches* von Literaturwissenschaft oder auch die Veränderung des *interpretativen Umgangs* mit dem Objekt Literatur. Eine Veränderung des Objektbereiches liegt beispielsweise dann vor, wenn Literaturwissenschaftler nicht mehr versuchen, *alle* poetischen Texte eines Volkes (oder einer Nation oder einer Sprache) zu studieren, sondern lediglich diejenigen, die als qualitativ hochwertig eingeschätzt werden (die ›Höhenkamm-Literatur‹), oder bloß noch diejenigen, die als Medium einer sozialen (Rand-)Gruppe betrachtet werden (die ›Underground-Literatur‹). Eine Veränderung des interpretativen Umgangs mit Literatur liegt beispielsweise dann vor, wenn poetische Texte als Königsweg zur Psyche ihres Verfassers betrachtet werden, statt wie zuvor als Ausdruck einer ›Volksseele‹. Ein Anwendungsbereich des handlungsleitenden Prinzips der Entmythologisierung ist die ›Veränderung‹ nicht nur deshalb, weil durch sie plötzlich neue und andere Texte als problematisch entdeckt werden können: Die Entdeckung neuer ›problematischer‹ Texte nämlich ist zugleich auch die Kritik bisher gültiger Ordnungssysteme der Literaturwissenschaft und somit der Versuch der Selbst-Entmythologisierung.

(c) »Mitteilung«: Das Gemeinschaftsunternehmen Literaturwissenschaft ist nicht nur auf die deutliche Verständigung seiner Mitglieder untereinander angewiesen. Vielmehr muß sein Wissen auch an solche weitergegeben werden, die u.a. für den Fortbestand des wissenschaftlichen Gemeinschaftsunternehmens sorgen könnten. Entmythologisierung als handlungsleitendes Prinzip findet seine Anwendung deshalb nicht nur in der Forschung (als ›Ordnung‹ und ›Veränderung‹), sondern auch in der akademischen Lehre. Die Studierenden sollen im Laufe des Studiums Fertigkeiten erwerben, die ihnen einen eigenständigen Umgang mit Literatur nach dem Prinzip der ›Entmythologisierung‹ erlauben. Und wo lernt man den Umgang besser als beim Umgang, wo das Singen leichter als beim Selbersingen, wo das ›Wie es gemacht ist‹ zwangloser als beim Parodieren? Freilich gehört hierzu auch, daß die intensive Textarbeit ergänzt wird durch den extensiven Erwerb von Kenntnissen – und das heißt zunächst: durch Primärtext-Kenntnisse, sodann durch reflektiertes historisches Wissen über die Literatur hinaus. Aber auch solche Kenntnisse kann man sich anhand zweckmäßig gestellter Aufgaben wenigstens teilweise en passant beim parodistischen ›Nachsingen‹ aneignen. Textanalytische Fertigkeiten zusammen mit möglichst vielfältigen Kenntnissen bilden erst insgesamt die Basis literaturwissenschaftlicher Urteilsfähigkeit.

Verantwortung, so war einleitend gesagt worden, setzt eine Person in Beziehung zu einer Aufgabe und zu einer Rechtfertigungsinstanz. Die Aufgabe des Literaturwissenschaftlers ist hier bestimmt worden als Entmythologisierung der Literatur und ihrer Wissenschaft. Nach diesem handlungsleitenden Prinzip sollte die Praxis in literaturwissenschaftlicher Forschung und akademischer Lehre ausgerichtet werden. Wir kommen damit zum zweiten Aspekt von ›Verantwortung‹, nämlich zu der Frage nach der Instanz, der der Literaturwissenschaftler für sein Handeln Rechenschaft geben muß. Antworten, die z.B. lediglich auf dienstliche Verpflichtungen verweisen (»weil das sein Arbeitgeber eben verlangt«), sind in diesem Zusammenhang sicher unzulänglich und erfassen nicht die spezifisch *ethische* Dimension der Frage. Eine Antwort auf die Frage nach der Begründung literaturwissenschaftlicher Verantwortung scheint möglich zu sein, wenn wir diese Frage koppeln an die Frage des *Zweckes* von Literaturwissenschaft. Einige Ziele des handlungsleitenden Prinzips ›Entmythologisierung‹ sind oben schon genannt worden: z.B. der mündige und gleichberechtigte Umgang mit Literatur, durch den der Leser seine Selbstbestimmung gegenüber dem Text erfährt und dokumentiert. Der Text ›beherrscht‹ nicht den Leser, sondern der Leser ›beherrscht‹ (wenigstens in gewisser Weise) den Text.

Literaturwissenschaft als Mittel der Selbstbestimmung des Lesers jedoch zielt ab auf das, was man mit einem etwas aus der Mode gekommenen Ausdruck als ›Humanität‹ bezeichnen könnte. Der Leser dokumentiert seine menschliche Entscheidungsfreiheit, indem er sich der Manipulation durch den ›Zauber der Poesie‹ entzieht. Vor dem und für den *Leser* ist die Literaturwissenschaft deshalb verantwortlich für das, was sie tut – und zwar nicht nur vor dem Leser, soweit er selbst Literaturwissenschaftler ist, sondern auch vor dem ›Laien‹-Leser, der vom Literaturwissenschaftler ernstzunehmende und verstehbare Antworten auf seine Fragen an und zur Literatur erwarten darf (im Unterschied zu divinatorischen Geniestreichen der Interpretation, die den Leser als Partner nicht ernstnehmen, sondern abkanzeln). Die Verantwortung des Literaturwissenschaftlers vor den Lesern, die in ein Sach- und Fachgespräch mit ihm eintreten, ist somit nur ein Spezialfall allgemeiner zwischenmenschlicher Verpflichtungen beim sprachlichen Handeln.

III. Parodieren und Argumentieren: das Beispiel »Kabarett«

Parodieren ist also im Rahmen akademischer Lehrveranstaltungen kein Selbstzweck, sondern dient dem besseren Studieren; im Endeffekt zielt es ab auf besseres literaturwissenschaftliches Argumentieren. Auch dieses freilich ergibt sich nicht eines Tages wie von selbst, sondern sollte ausdrücklich eingeübt werden. Zu einem vernünftigen literaturwissenschaftlichen Grundstudium gehört auch ein ›Basistraining‹ darin, wie man etwa eine Interpretations-These, einen hypothetischen literarhistorischen Zusammenhang oder eine philologische Beweisführung unmißverständlich formuliert, wie man den Behauptungen anderer gezielt widersprechen bzw. sie widerlegen kann, wie man Definitionen präzisiert oder kritisiert, kurz: wie man die Argumentationen anderer überprüfen und seine eigenen Argumente verbessern kann. Dem wird in der üblichen literaturwissenschaftlichen Ausbildung nur selten ausdrückliche Aufmerksamkeit gewidmet; andererseits nehmen die gängigen Logik-Kurse (z.B. an philosophischen Instituten) kaum einmal Rücksicht auf die spezifischen Probleme historisch-humanwissenschaftlicher Disziplinen im allgemeinen oder gar der Literaturwissenschaft im besonderen. Aus solchen Gründen haben wir in unser Arbeitsbuch explizit auch einen ›Grundkurs im literaturwissenschaftlichen Argumentieren‹ eingefügt, dessen Konzeption ursprünglich von Göttinger Philosophen und Germanisten gemeinsam entwickelt und mittlerweile mehrfach erprobt worden ist.[5]

---

5 Vgl. dazu den Bericht in Harald Fricke: Philosophisches Begleitstudium als Beitrag zur Studieneingangsphase. Erfahrungen aus interdisziplinären Seminaren für zukünftige Deutschlehrer. In: Georgia Augusta 23 (1975), S. 12-20.

Aber das Bedürfnis nach größerer wissenschaftlicher Genauigkeit stellt sich schon unmittelbar beim Parodieren selbst ein. Zur differenzierten Erfassung und parodistischen Imitation bestimmter schriftstellerischer Verfahren benötigt man nämlich arbeitsfähige, bis auf die operationale Ebene praktischer Ja/Nein-Entscheidungen hinunterdefinierte Begriffe. Die literaturwissenschaftlichen Handlexika und Sachwörterbücher stellen solche sprachlichen Präzisionsinstrumente in aller Regel nicht zur Verfügung; auf die komplexen Gründe für diesen bekannten Mißstand können wir hier nicht eingehen.[6] Für die zu den parodistischen Aufgaben der Seminare (bzw. des Arbeitsbuches) erforderlichen Kategorien haben wir deshalb ein Grundinventar von ca. 300 literaturwissenschaftlichen Analysebegriffen in Form von knappen und knapp exemplifizierten ›Explikationen‹ zusammengestellt, die in Sachfelder (wie z.B. Reimtypen) vernetzt sind und auf der Grundlage branchenüblicher Sprachverwendungen zu operational brauchbaren Präzisierungen kommen. Dabei haben sich in einer ganzen Reihe von Fällen erst beim Parodieren selbst interessante, literaturwissenschaftlich weiterführende Einsichten ergeben; zur Verdeutlichung führen wir hier erst zwei kurze Beispiele und dann ein etwas ausführlicheres an.

So werden etwa die beiden Termini »Stabreim« und »Alliteration« im praktischen Fachjargon, wie er sich auch in vielen germanistischen Nachschlagewerken niederschlägt, wie Synonyme behandelt und nach stilistischen Variatio-Prinzipien verteilt; oder man reserviert, sachlich schon etwas besser begründet, die Vokabel »Stabreim« für die altgermanische Versdichtung und verwendet »Alliteration« für jedwede Anlautgleichheit in neuzeitlicher Dichtung, ohne Unterscheidung zwischen Vers und Prosa. Trifft man dann aber in studentischen Parodien auf mißglückte Alliterationsversuche wie »Die Atmosphäre *und unsere U*mwelt sind

---

6 Vgl. dazu Christian Wagenknecht (Hg.): Zur Terminologie der Literaturwissenschaft. Akten des IX. Germanistischen Symposions der Deutschen Forschungsgemeinschaft Würzburg 1986, Stuttgart 1988, sowie Harald Fricke: Die Sprache der Literaturwissenschaft. Textanalytische und philosophische Untersuchungen, München 1977.

bedroht« oder einen Vers mit Pseudo-Stabreim wie »Laut sie Wind *und* Sturm *u*mheulen«, so wird auf einmal überdeutlich, daß mit Definitionsfragmenten wie ›Anlautgleichheit mehrerer aufeinanderfolgender Wörter‹ hier wenig auszurichten ist – und daß vor allem für eine poetisch markierte Anlautgleichheit in der Prosa ganz andere Kriterien gelten als im Vers. Damit drängt es sich geradezu auf, hier eine semantische Differenzierung zu verabreden und den Terminus »Alliteration« auf die Prosa zu beschränken, in der allein ›Autosemantika‹ (also Verben, Substantive und Adjektive/Adverbien) alliterieren; hingegen nur im Zusammenhang mit Versen von »Stabreim« zu sprechen, der sich hier auf alle und nur die metrisch akzentuierten Anlaut-Silben (auch von ›Synsemantika‹) erstrecken kann. Im übrigen erweist es sich in diesem Zusammenhang als wenig sinnvoll, noch nach dem Vorbild des altgermanischen Stabreims davon auszugehen, daß vokalischer Wortanfang mit einem Knacklaut (Glottisschlag) und mithin auch konsonantisch anlautet, also alle Vokale untereinander ›staben‹; demgegenüber sollte mindestens für den Bereich der Prosa festgesetzt werden, daß nur gleiche Vokale an Wortanfängen alliterieren können.

Eine ähnliche begriffliche Differenzierung legt sich im Zusammenhang parodistischer Praxis für die beiden sonst fast immer synonym gebrauchten Vokabeln »Refrain« und »Kehrreim« nahe. Es macht nämlich beim Schreiben einen ganz erheblichen Unterschied, ob man den Strophen eines Gedichtes oder Liedes einen gleichbleibend wiederholten Abschluß gibt (also beispielsweise an mehr oder weniger improvisierte Scherzstrophen ein »Sing man tau, sing man tau / Von Herrn Pastor sin Kau, jau, jau« anschließt) – oder ob man in allen analogen Positionen strophischer Gedichte eine bloß partielle Wortübereinstimmung anstrebt, bei der die leichten Abwandlungen im Wortlaut zuweilen nur den syntaktischen Anschluß betreffen, in der Regel jedoch ähnlich semantisch pointiert sind wie bei Wortspielen oder Anspielungen (eine besonders in Couplets gepflegte Technik der subtilen Zuspitzung, wie man sie etwa bei Nestroy, Tucholsky oder auch Wolf Biermann antreffen kann). Nur für den erstgenannten Fall vollständiger Wortübereinstimmungen in analoger strophischer Position sollte deshalb von einem »Kehrreim« die Rede sein, während für den Fall leicht variierter ›Minimalpaare‹ in analoger Position der Terminus »Refrain« vorbehalten bliebe.

Wie eng über solche Einzelfälle hinaus parodistische Praxis und theoretisch-begriffliche Weiterentwicklung ineinandergreifen können, ist uns besonders anhand eines Hauptseminars zur Theorie und Geschichte des Kabaretts deutlich geworden, aus dem heraus auch ein eigenes Kabarett-Programm entwickelt und zur Aufführung gebracht wurde. Wollen nämlich verschiedene Mitglieder einer studentischen Gruppe Texte zu einem gemeinsamen Programm verfassen, müssen ein paar grundsätzliche Fragen nicht bloß diskutiert, sondern entscheidungsfähig geklärt werden: Was heißt eigentlich »Kabarett«? Was für Texte passen in ein Kabarett-Programm, und welche nicht? Gibt es so etwas wie eine ›Sprache des Kabaretts‹? Wie fiktional muß bzw. darf Kabarett sein?

Zu grundsätzlichen Klärungen führt in einem solchen Zusammenhang schon die Frage, ob man denn Kabarett überhaupt ›schreiben‹, also wie eine der üblichen Gattungen innertextlich umgrenzen kann. Kabarett wird zwar durch die Art der darin verwendeten Textsorten bestimmt, ist aber selbst keine Textsorte (auch keine Textsortenfolge), sondern eine Theaterform: ein Typus der öffentlichen Aufführung. Ist Kabarett also ›gespielte Satire‹? Eine solche Definition würde am Nummern-Prinzip des Kabaretts vorbeigehen, folglich einerseits zu weit ausfallen (und z.B. geschlossene satirische Dramen wie Gogols »Revisor« zu Unrecht einschließen), andererseits zu eng (weil sich unter den Nummern eines Kabarett-Programms auch viele keineswegs satirische befinden können, z.B. ernste Chansons oder witzige Conférencen im Klartext).

Kabarett bedient sich nämlich nahezu des gesamten Arsenals überlieferter poetischer Formen (die sich im literaturtheoretischen Rahmen eines deviationspoetischen Modells[7] systematisie-

7 Vgl. dazu allgemein: Harald Fricke. Norm und Abweichung. Eine Philosophie der Literatur, München 1981.

ren lassen als Abweichungstypen): der funktionstragenden Normverstöße gegen Grammatik und Semantik in Wortspiel und uneigentlicher Rede; der abweichenden Verssegmentierung in Metrik und metrischer Pointe; der Wahrheitsverstöße kürzerer Erzählfiktionen; der pragmatischen Normabweichungen im vielseitig genutzten Feld theatralischer Elemente von Rollenfiktion und szenischer Fiktion; der Verfremdung intertextuell verwendeter literarischer Vorlagen durch Parodie, Travestie oder Kontrafaktur; schließlich sogar der logischen Normverstöße von Nonsens-Dichtung (etwa bei Karl Valentin).

Im Gegensatz zu vielen anderen Literaturformen werden die Normverstöße im Kabarett nicht durch Interne Funktionen legitimiert, sondern durch – dem in seinem gesellschaftlichen Vorwissen[8] aktivierten Publikum erkennbare – Externe Funktionen. Der Kabarett-typischen Tendenz zum Bruch von Namens-Tabus und zu anderen gesellschaftlichen Normverletzungen in politischer, religiöser oder sexueller Dimension steht eine ebenso notorische Tendenz zur staatlichen Reaktion mit Zensurmaßnahmen gegenüber. Über weite Strecken gehört Kabarett damit als Spezialfall literarischer Uneigentlichkeit zur ›Schlüsselliteratur‹. Das Publikum muß in der Lage sein, die literarischen Verfremdungen auf ihre aktuellen Referenzen hin zu durchschauen; das Gelingen dieser produktiven Rezeption zeigt sich im Gelächter.

Die entscheidende Differenzqualität des Kabaretts gegenüber anderen literarischen Formen (und auch gegenüber der geschriebenen Satire) liegt jedoch in der Abweichung von einer traditionellen literaturinternen Norm (besser: von einer ›literarhistorischen Quasi-Norm‹): Kabarett hält keine der von ihm aufgegriffenen literarischen Abweichungstypen global oder auch nur für längere Zeit aufrecht, sondern durchbricht die textimmanent aufgebauten Quasi-Normen und Publikumserwartungen durch den ständigen Wechsel der fiktiven Rollen, literarischen Genres und szenischen Darbietungsformen. Der zentrale (und damit auch einzig unverzichtbare) Abweichungstyp des Kabaretts ist also

---

8 Vgl. dazu Jürgen Henningsen: Theorie des Kabaretts, Ratingen 1967.

eine ›Normverschiebung‹, nämlich die innerliterarische Normabweichung des Nummernprinzips: Durch die theatralische Montage inkohärenter literarischer Formen wird die Verfremdung als Verfremdung kenntlich gemacht und damit in ihrem Charakter als Medium Externer Funktionen wirksam.

Aus den skizzierten Überlegungen und aus den praktischen Debatten bei der Vorbereitung eines eigenen Programms resultierte somit der folgende *Explikationsvorschlag*:

Kabarett ist (1) die *öffentliche Aufführung* (vor persönlich anwesendem oder zeitgleich dispersem Publikum) einer (2) *Abfolge* einzelner, distinkter Nummern (von durchschnittlich weniger als 20 Minuten Dauer), von denen wenigstens einige (3a) *zeitkritisch* oder auch (3b) *uneigentlich* oder auch (3c) *komisch* sind. Jedes Kabarett-Programm besteht (4) aus *Nummern*, die aus *mindestens zweien* der folgenden kabarettistischen Genre-Elemente stammen:

(a) Witzige Conférence
(b) Parodie einer öffentlichen Persönlichkeit
(c) Aktuelle Kontrafaktur einer literarischen oder auch musikalischen Vorlage
(d) Vortrag eines satirischen Gedichtes oder auch Erzähltextes
(e) Chanson
(f) Ensemble-Couplet
(g) Satirischer Rollenmonolog
(h) Sketch (incl. pantomimischer Fiktion)

Theoretischer Genauigkeitsanspruch und das Bewußtsein literaturwissenschaftlicher Verantwortung stehen also keineswegs im Gegensatz zum Spaß an der Sache; vielfältiges Parodieren hilft vielmehr beim aktiven Entmythologisieren. Die Lust an der Literatur gehört einfach zur Sache, sollte also auch in der Literaturwissenschaft – unbeschadet ihrer etwas anderen Zielsetzung – nicht verlorengehen dürfen. Die zwei größten Fehler einer literaturwissenschaftlichen Ausbildung (komplementär, aber leider durchaus kompatibel) wären es deshalb: einerseits den Beteiligten die spontane Freude am Umgang mit Literatur zu nehmen – und sie andererseits vor dieser Literatur begriffslos mit offenem Munde stehen zu lassen.

Ina Schabert

Creative Reading: Vom Erkenntniswert des kreativen Lesens

I. Lesetheorien und das kreative Lesen

Virginia Woolf konnte, als sie 1926 einen Vortrag über das Thema »How Should One Read a Book?« hielt, das Fragezeichen ihres Titels betonen und dem Leser die völlige Freiheit im Umgang mit dem literarischen Kunstwerk zugestehen: »To admit authorities, however heavily furred and gowned, into our libraries and let them tell us how to read, what to read, what value we place upon what we read, is to destroy the spirit of freedom which is the breath of those sanctuaries. Everywhere else we may be bound by laws and conventions – there we have none.«[1] Das hat sich mit der Entwicklung der Rezeptionsästhetik gründlich geändert: Lesen wird als Vorgang vorgezeichnet, in welchem wir in bestimmter Weise einen Text konkretisieren und aktualisieren sollen. »Indem der Leser nach Erlangung einer getreuen Rekonstruktion aller Schichten des Werkes und seiner Erkenntnis strebt, bemüht er sich, für die Suggestionen, welche das Werk liefert, empfänglich zu sein und gerade die Ansichten zu erleben, welche durch das Werk ›parat gehalten‹ werden«[2] – von solcherart normativen Leserspiegeln finden wir uns seit Roman Ingarden umstellt. Sobald die Leser zum Objekt der Literaturwissenschaft wurden, ist ihre Tätigkeit nicht so sehr beobachtet, beschrieben und erklärt worden, sondern vor allem von einer umfangreichen Gesetzgebung erfaßt worden.

---

1 Woolf, *Collected Essays*, 4 Bd., London: The Hogarth Press 1966-67, Bd. 2, S. 1.
2 Ingarden, *Vom Erkennen des literarischen Kunstwerks*, Tübingen: Niemeyer 1968; zitiert nach dem Auszug in der sehr nützlichen Anthologie *Rezeptionsästhetik*, hg. Rainer Warning, München: Fink 1975, S. 51.

Lesen erscheint in solchen Arbeiten als kompliziertes Spiel, in welchem nach kontextuell vorgegebenen oder im Text implizierten Regeln strategisch determinierte Deutungs-»züge« durchzuführen sind.[3] Besonders herausgestellt werden die Schwierigkeiten und Hindernisse, die sich richtigem Lesen in den Weg stellen, und so den Einsatz des Lesers in verstärktem Maß fordern, seine Aufmerksamkeit lenken und ihn die schließlich nachvollzogene Sinnkonstitution des Textes als seine eigene Sinnfindung erfahren lassen. Wolfgang Iser konzipiert das Lesen als geistige Kombinationsartistik, die der Text durch Unbestimmtheits- und Leerstellen dem Leser abfordert.[4] Stanley Fish sieht den Leser sich kontinuierlich in neue, vom Text angebotene falsche Fährten verlaufen, bevor er den richtigen Leseweg entdeckt. Auf diese Weise erfährt er die Sinnsuche intensiv als eine solche.[5] Michael Riffaterres Leser reagiert auf stilistische Auffälligkeiten und beginnt im Verlauf der Lektüre, in den wiederholt wahrgenommenen Stilfiguren spezifische Stilmuster des gelesenen Textes zu erkennen.[6]

Gemeinsam ist solchen Theorien, auch wenn sie sonst voneinander abweichen, daß Lesen – oder zumindest wissenschaftlich relevantes Lesen – als zwar recht anstrengende, aktive Tätigkeit gedacht wird, die sich aber im kontinuierlichen Gehorsam gegenüber den Leseanleitungen des Textes, in steter Beachtung seiner impliziten und expliziten Deutungssignale zu vollziehen hat: »Die Funktion des Lesers besteht darin, sich den vom Werk ausgehenden Suggestionen und Direktiven zu fügen und keine ganz beliebigen, sondern die durch das Werk suggerierten Ansichten zu aktualisieren.«[7] Es gibt ein richtiges Lesen, und dieses wird über den Text, seine Perspektivenführung, Erzählhaltung, Infor-

3 Elizabeth W. Bruss, »The Game of Literature and Some Literary Games«, *New Literary History* 9 (1977), S. 153-172.
4 *Die Appellstruktur der Texte – Unbestimmtheit als Wirkungsbedingung literarischer Prosa*, Konstanz: Konstanzer Universitätsreden 1971; *Der Akt des Lesens: Theorie ästhetischer Wirkung*, München: Fink 1976.
5 *Self-Consuming Artefacts: The Experience of Seventeenth-Century Literature*, Berkeley: University of California Press 1972.
6 *Semiotics of Poetry*, Bloomington: Indiana University Press 1978.
7 Ingarden, *Vom Erkennen des literarischen Kunstwerks*, in: *Rezeptionsästhetik*, S. 51.

mationsvergabe und Informationsverweigerung, seine Sympathielenkung und Normsetzung vorprogrammiert. Hans Robert Jauß kann diese Art von Leseraktivität deshalb auch als »passive Rezeption« bezeichnen.[8]

Aussagen, die eine freie Verfügungsmöglichkeit des Lesers über den Text, eine Gleichrangigkeit von Leser- und Autorenimagination, oder zumindest einen gewissen kreativen Freiraum für den Leser geltend machen, lassen sich zwar in solchen Abhandlungen über das Lesen verschiedentlich finden, doch werden sie regelmäßig im selben Text wieder zurückgenommen. Die Vorstellung einer »Interaktion von Text und Leser« löst sich wieder auf in die Leserpflicht des »Mitvollzugs der im Text angelegten Intention«; der Text muß zwar »einen Spielraum von Aktualisierungsmöglichkeiten gewähren«, aber das läuft dann doch nur auf die unleugbare Tatsache hinaus, daß der Text »zu verschiedenen Zeiten von unterschiedlichen Lesern immer ein wenig anders verstanden« wurde.[9] Die Begrenzungen des Spielraums und die Spielregeln innerhalb dieses Raums interessieren die Rezeptionsästhetik mehr als die spielerische Freiheit des Lesers. Daß dieser mit der Einbildungskraft, die ihm zugestanden oder gar abverlangt wird, mehr oder anderes imaginiert als die im Text vorgesehenen Leerstellen zulassen, ist nicht Anliegen ihrer Wissenschaft. Woolfs Vermutung, geglücktes Lesen und kreative Phantasie könnten miteinander verwandt sein – »perhaps the quickest way to understand the elements of what a novelist is doing is not to read, but to write« –[10] liegt ihr fern.

Den Lesern, den Arbeitern in den Werken der Literatur, verweigert die Literaturwissenschaft konsequent den Zugang zum Produktionsmittel der kreativen Phantasie, stellt Terry Eagleton in einem parodistisch zugespitzten Bericht über eine sich formierende RLM (Readers Liberation Movement) fest. Die gängigen

8 »Literaturgeschichte als Provokation der Literaturwissenschaft« (gekürzte Fassung der 1969 erschienenen Konstanzer Universitätsschrift), in: *Rezeptionsästhetik*, S. 126-163, Zitat S. 127 f.
9 Iser, *Appellstruktur der Texte*, in: *Rezeptionsästhetik*, S. 229,248,230.
10 *Collected Essays*, Bd. 2, S. 2.

Lesetheorien, so führt er aus, sind geschickte Verschleierungsmanöver für die bestehenden Machtstrukturen, oder bescheidene Kompensationsangebote für das im wesentlichen unveränderte Abhängigkeitsverhältnis der Leser- von der Autorenklasse; sie dienen letztlich dazu, das Imaginationsmonopol auf seiten der Literaturproduzenten abzusichern.[11] Auch Jonathan Culler, der in einem Buchkapitel »Stories of Reading« eine Reihe der aktuellen Lesetheorien Revue passieren läßt, stellt deren regelmäßige einseitige Priorisierung der Text- gegenüber der Leserinstanz fest. Culler erklärt das Phänomen jedoch nicht, wie Eagleton dies (scherzhaft?) tut, ideologisch, sondern aus dekonstruktivistischer Warte. Solche »Lesegeschichten« werden von narrativen Eigengesetzlichkeiten gefördert: Geschichten, die darstellen, wie der Leser sich nach einigen Konflikten dem Text fügt, lassen sich gut erzählen, da sie eine klare Dramatik haben – besser als solche, die von den kreativen Freiheiten des Lesers handeln würden. Zudem führen diese Geschichten zu dem befriedigenden *happy ending* einer gelungenen Sinnkonstitution.[12]

Eine Konzeption der Lektüre, die von derartigen Schilderungen des Lesevorgangs abweicht, ist jedoch in der Hermeneutik Hans-Georg Gadamers vorgezeichnet. In *Wahrheit und Methode* legt Gadamer dar, wie im Prozeß des Textverstehens zwei verschiedenartige Horizonte, der Horizont des gelesenen Textes und der Erfahrungs- und Wissenshorizont des Interpreten, aufeinandertreffen, sich überlagern, partiell ineinander verschmelzen, ohne daß ihre Differenz je völlig aufgehoben würde. Lesen vollzieht sich in einem Spannungsfeld zwischen der Intention eines fremden Textes und der eigenen Disposition des Lesers. Den Text verstehen bedeutet sodann weder, sich ganz in ihn einzufühlen, noch, ihn der eigenen Vorstellungswelt völlig zu unterwerfen. Das ›Spiel‹ des Lesens ist gemäß Gadamer ein »Ineinanderspiel der Bewegung der Überlieferung und der Bewegung des Interpreten.« Gelungenes Lesen wirkt sich sowohl für den Leser als

---

11 »The Revolt of the Reader«, *New Literary History* 13 (1982) 449-452.
12 Culler, »Stories of Reading«, in: *On Deconstruction*, London: Routledge and Kegan Paul 1982, S. 64-83.

auch für die Werkbedeutung horizonterweiternd aus. Es schließt nicht in einem *happy ending* ab, sondern ist stets weiter auf einen unendlichen Prozeß der Sinnausschöpfung hin geöffnet.[13]

In die Literaturwissenschaft eingebracht wurde dieses Konzept des Textverstehens kennzeichnenderweise in einer Teildisziplin, die nicht regeln kann, was geschehen soll, sondern feststellt, was geschehen ist, in der Literaturgeschichte. Jauß erklärt in der Schrift *Literaturgeschichte als Provokation der Literaturwissenschaft* den literarhistorischen Innovationsprozeß im Rückgriff auf Gadamers Hermeneutik. Neue literarische Werke sind demzufolge Dokumente, in denen ein Leser die Differenz zwischen dem Horizont eines gelesenen Texts und seinem eigenen, anderen, nachzeitigen Horizont festgehalten hat, in denen er sie als Autor in einen horizonterweiternden, die bestehenden literarischen Konventionen verändernden Text eingebracht hat. Die neuen Werke sind also Zeugnisse des kreativen Gegenlesens von Literatur.[14] Im angelsächsischen Bereich wird dieser Gedanke, daß Literaturgeschichte sich über ein von der Textintention abweichendes, eigenwilliges Lesen vollzieht, vor allem in Harold Blooms Arbeiten ausgeführt. »Strong poets«, so konstatiert Bloom, »make that history by misreading one another, so as to clear imaginative space for themselves.« In *The Anxiety of Influence* entwirft er eine umfangreiche Typologie von literarhistorisch relevanten Formen des ›Falschlesens‹.[15]

Ein solches Erklärungsmodell der literarischen Produktion tendiert dazu, dem Leser generell eine imaginative Eigenleistung zuzugestehen, die sich dann im Einzelfall zur Autorentätigkeit steigern, in einem eigenen Werk verfestigen kann. So unterscheidet Jauß zwar einerseits zwischen der »passiven Rezeption« von Lesern und Literaturkritikern und der »aktiven Rezeption« der Autoren, die sich in neuer Produktion niederschlägt. Anderer-

---

13 Gadamer, *Wahrheit und Methode*, 3., erw. Aufl. Tübingen: Mohr 1972, Zitat S. 277.
14 Siehe Anm. 8.
15 *The Anxiety of Influence: A Theory of Poetry*, New York: Oxford University Press 1973 (Zitat S. 5); vgl. auch *A Map of Misreading*, New York: Oxford University Press 1975.

seits schreibt er jedoch Lesern und Autoren beide Rezeptions-
weisen zu in einer Literaturgeschichte, die aufgefaßt wird als
»sich wandelnder Erfahrungshorizont einer Kontinuität, in der
sich die ständige Umsetzung von einfacher Aufnahme in kritisches Verstehen, von passiver in aktive Rezeption, von anerkannten ästhetischen Normen in neue sie übersteigende Produktion
vollzieht.«[16] Die Lektüre literarischer Werke findet statt innerhalb eines Kontinuums von identifikatorischem, kritischem und
revidierendem Lesen; letzteres kann sodann in neuen, horizonterweiternden literarischen Werken seinen Ausdruck finden. Für
Bloom ist das »starke Lesen« oder »kreative Falschlesen« (creative misreading), das sich in neuer Produktion niederschlägt,
noch eindeutiger als bei Jauß nur eine Intensivierung, nicht aber
etwas qualitativ anderes gegenüber dem normalen Lesen: »a misreading or misprision ... that does not differ in kind from the necessary critical acts performed by every strong reader upon every
text he encounters«.[17]

Bei Jauß, bei Bloom wird mit der Zulässigkeit eines kreativen
Elements im normalen Lesen verhindert, daß lesende Autoren
und lesende ›Nur-Leser‹ sich in zwei gegensätzliche Gruppen auf-
spalten, von denen die erstere kreativ lesen muß, die letztere dies
aber nicht darf. Die Lesetheorie ist hier durch eine produktions-
ästhetische Überlegung bedingt. Vom Eigenwert des kreativen
›Nur-Lesens‹ hingegen handeln die Gemeinschaftsarbeiten von
Kathleen McCormick und Gary F. Waller, *Reading Texts* und
»Text, Reader, Ideology«. Die Rede vom »Dialog« zwischen Leser und Text, die in der Rezeptionsästhetik üblich ist, wird hier
ernst genommen: Der Leser hört nicht nur dem Text aufmerksam
und verständnisvoll zu, sondern kann bei der Lektüre durchaus
auch Gegenvorstellungen entwickeln, kann eigene Auffassungen
in bezug auf die im Text evozierten Personen, Motivzuschreibun-
gen, Handlungsverläufe und Werturteile gegen den Text setzen.
Ein solches bewußtes Aktualisieren der eigenen Sehweisen, Vor-

---

16 »Literaturgeschichte als Provokation«, in: *Rezeptionsästhetik*, Zitate S. 141 und 127.
17 *A Map of Misreading*, S. 3.

stellungsbilder und Normen, des eigenen »Repertoire« gegenüber dem andersartigen Repertoire des gelesenen literarischen Werks bezeichnen die Autoren, wie Bloom, als »strong reading« oder auch als Gegen-den-Strich-lesen, »a reading that self-consciously goes ›against the grain‹ of a text«. Im Unterschied zu Bloom allerdings, für den es nur Varianten von »misreading« gibt, legen sie Wert auf die Forderung, daß in der Abhebung der Lesermeinung zugleich die andere Position des Dialogpartners Text verstanden wird, daß der ›starke‹ Leser bewußt eine eigene gegen eine lesend wahrgenommene fremde Perspektive setzt. »A strong reading is not a deliberate misreading. It is not perverse or imperceptive. It can only develop if a reader is aware of the dominant aspects of the text's repertoire and the conventions for interpreting it and chooses, for various reasons, to read the text differently.«[18]

Es soll hier nicht den verschiedenen, historischen, gesellschaftlichen und persönlichen Gründen nachgegangen werden, die für das abweichende Lesen maßgeblich sind, seine Richtung und seine Inhalte bedingen. Leserpsychologische Arbeiten, wie sie in einem Forschungsbericht von Volker Roloff auf ihre Einsichten betreffend die Freiheit des Lesens befragt werden,[19] geben darüber Aufschluß. Wichtig für unseren Kontext ist, daß auch aus Roloffs Perspektive die Duplizität des Lesevorgangs sichtbar wird. Auch sein Leser kann zugleich mit und gegen den Strich lesen. Roloff begreift diese doppelte Disposition als ein Rollenspiel, bei dem der Leser sich mit der durch den Text vorgegebenen Rolle identifiziert und sich zugleich als ein anderer weiß;[20] er

---

18 McCormick und Waller, *Reading Texts*, Lexington MA: D. C. Heath 1987; »Text, Reader, Ideology: The Interactive Nature of the Reading Situation,« *Poetics* 16 (1987) 193-208, Zitate 207.

19 »Der Begriff der Lektüre in kommunikationstheoretischer und literaturwissenschaftlicher Sicht: Überlegungen zu aktuellen Problemen der Leserforschung«, in: *Literatursemiotik I: Methoden – Analysen – Tendenzen*, hg. Achim Eschbach, Wendelin Rader, Tübingen: Gunter Narr 1980, S. 149-178.

20 »Identifikation und Rollenspiel: Anmerkungen zur Phantasie des Lesers«, in: *Erzählforschung 2: Theorien, Modelle und Methoden der Narrativik*, hg. Wolfgang Haubrichs, Göttingen: Vandenhoeck und Ruprecht 1977, S. 260-276.

erfaßt das Phänomen mit dem von Jean-Paul Sartre entlehnten Terminus ›Empathie‹ im Sinne eines »synthetischen Begriffs, in dem verschiedene, entgegengesetzte Einstellungen im Hegelschen Doppelsinn des Wortes ›aufgehoben‹ sind, und in dem überraschenderweise auch Einstellungen wie Kritik und Distanz integriert sind«.[21] Während McCormick und Waller den Leser als intellektuell selbständigen Dialogpartner des Textes sehen, eröffnet er sich, gemäß der leserpsychologischen Auffassung, mit dem abweichenden Lesen einen Freiraum der Phantasie, in dem sich seine eigenen Gefühle und Wünsche entfalten können. Charakteristisch für das psychologische Leserbild ist die von Roloff zitierte Äußerung Sartres, derzufolge das Lesen einerseits den Sinn eines literarischen Werkes erhellt, andererseits aber zugleich idiosynkratische Vorstellungen wachruft: »elle sert, en même temps, de prétexte à chacun pour revivre sa propre histoire et peut-être la scène primitive«.[22]

Die Möglichkeit, den Freiraum kreativ zu nützen, wird von Franz K. Stanzel in die rezeptionsästhetische Diskussion eingebracht. In einem Aufsatz mit dem auf die Leserimagination bezogenen Titel »Die Komplementärgeschichte« macht Stanzel den Versuch, die Redefigur vom Leser als »Mitautor« des gelesenen Textes wörtlich zu nehmen. Sein Leser stellt sich, während er liest, Komplementärgeschichten zur gelesenen Geschichte vor: alternative Geschehen gegenüber den im Text ausgemalten, angedeuteten und implizierten Vorgängen, Vorgeschichten und Fortsetzungsgeschichten für den Text. Diese Geschichten können, je nach Lesermentalität, banalisierende und trivialisierende Versionen sein oder aber Manifestationen eines kritischen Gegenlesens. Auch wenn sie sich zeitweilig wieder in die Leerstellentheorie zurückflüchtet, bleibt die Argumentation ein bemerkenswert mutiges Plädoyer eines Literaturwissenschaftlers für

---

21 »Empathie und Distanz – Überlegungen zu einem Grenzproblem der Erzähl- und Leserforschung (am Beispiel von Sartres *L'Idiot de la famille*)«, in: *Erzählforschung*, hg. Eberhard Lämmert, Stuttgart: Metzler 1982, S. 269-289, Zitat S. 271.
22 *L'Idiot de la famille*, 3 Bd., Paris: Gallimard 1971-72, Bd. 3, S. 55 (zit. bei Roloff, »Empathie und Distanz«, S. 282).

die kreative Freiheit des Lesers, der Stanzel, wie vor ihm Woolf, einen kulturellen Eigenwert zuerkennt. »Vielleicht«, so vermutet er, »erklärt gerade das relativ große Maß an Verfügbarkeit der fiktionalen Welt für die kreative Phantasie auch des Lesers den hohen Rang, den erzählende Literatur in unserer sonst so sachbezogenen Welt immer noch behaupten kann«.[23]

Stanzel macht darauf aufmerksam, daß Autoren offenbar viel selbstverständlicher als die Literaturwissenschaft mit eigenwilligen kreativen Leserreaktionen rechnen: Mit einer Reihe von Strategien suchen sie sich davor zu schützen. Durch ironische Brechungen der eigenen Textaussage, durch Selbstparodie und Burleske, durch komische Spiegelstellen, durch angedeutete und zurückgenommene Alternativgeschichten sind sie bemüht, das ihrer Autorität abträgliche Gegenlesen unter ihre Kontrolle zu bringen. Stanzel nimmt an, daß ihnen dies gelingt; daß zum Beispiel ein Leser von *Jane Eyre* genug damit zu tun hat, die ihm angebotenen Handlungsalternativen zum Zusammenfinden von Rochester und Jane in glücklichem Ehebund – also die Heirat von Rochester und Blanche Ingram, dann die Liaison von Rochester und Jane, danach den Tod Janes aufgrund der Trennung, und schließlich Janes Zukunft mit St. John Rivers – zu imaginieren, bevor der Text sie ihm wieder entzieht. Aber der Leser kann, wie wir sehen werden, auch eine ganz andere Komplementärgeschichte erfinden.

II. Literarische Konkretisationen kreativen Lesens

Das Mißtrauen gegenüber der Erkenntnisleistung kreativer Literatur charakterisiert die Geisteswissenschaften. Wissen ist in diskursiver Erörterung und in den Terminologien der jeweiligen Fachsprache zu artikulieren; die Zunahme an Wissen vollzieht

---

23 »Die Komplementärgeschichte: Entwurf einer leserorientierten Romantheorie«, in: *Erzählforschung 2*, hg. Haubrichs, S. 240-259, Zitat S. 243.

sich – abgesehen von epochalen Paradigmenwechseln – in der Anknüpfung an Forschungsergebnisse und der Weiterentwicklung von Forschungsmethoden der Disziplin. Die Historiographie reagiert allergisch auf das Unternehmen von Dramatikern und Romanautoren, Geschichte imaginativ zu rekonstruieren; die Philosophie hält wenig von der epistemologischen Reflexion, wie sie sich im fiktionalen Medium, vor allem im Roman seit der Romantik, vollzogen hat; die politische Wissenschaft nimmt nur ausnahmsweise dichterische Visionen gesellschaftlicher Ordnung ernst. Die Literaturwissenschaft verhält sich ähnlich abweisend gegenüber literarisch artikulierten Einsichten in literarische Werke. Da sie aber andererseits auf der Überzeugung basiert, daß ihrem Untersuchungsgegenstand eine besondere Erkenntnisqualität eignet, ist ihr Verhalten paradox. Was die Literaturwissenschaft der Literatur im allgemeinen zugesteht, nämlich das Verdienst, innovative Ansichten von Realität zu entwerfen, verweigert sie ihr in bezug auf den Realitätsbereich Literatur. Die Auffassung einer dichtungsgläubigen Vergangenheit, Gedichte seien am besten durch neue Gedichte zu erläutern – »With Poesie, to open Poesie« – ist heute kaum noch ohne geistesgeschichtlichen Kommentar nachvollziehbar.[24]

Doch bringt die Tatsache, daß eine im Medium des literarischen Werks sich artikulierende Respons auf Literatur weder durch das Raster wissenschaftlicher Analysekategorien gefiltert, noch auf die literaturwissenschaftlich legitimierten Perspektiven der Kritik eingeschränkt wird, offenkundige Vorteile mit sich. Es können so Wahrnehmungen erfaßt werden, die wissenschaftlicher Logik nicht zugänglich sind; es kann ein intuitives Unbehagen am gelesenen Werk zum Ausdruck gebracht werden, das wissenschaftlich nicht, oder noch nicht, begründbar ist; es können

---

24 Das Zitat stammt aus George Chapmans Gedicht »To the Reader« vor seiner Nachdichtung der *Ilias* (1609) (*The Poems*, hg. Phyllis Brooks Bartlett, New York: Russel & Russell 1962, S. 393). Zum geistesgeschichtlichen Zusammenhang siehe Schabert, »Die Trennung von naturwissenschaftlicher und dichterischer Wahrheit im England des 17. Jahrhunderts«, in: *Res Publica Literaria*, 2 Bd., hg. Sebastian Neumeister und Conrad Wiedemann, Wiesbaden: Otto Harrassowitz 1987, Bd. 1, S. 349-364.

Formen subjektiven Erkennens berücksichtigt werden, die wissenschaftlich tabu sind. Natürlich sind auch die fiktionalen Situationsbilder und narrativen Sequenzen der literarischen Lesegeschichten bestimmten Konventionen verpflichtet, aber diese sind nicht die Konventionen des wissenschaftlichen oder vor- oder pseudowissenschaftlichen Leseurteils. Und vor allem ist die Art, wie diese Konventionen im Lesedokument eingesetzt werden, bislang nur wenig konventionalisiert. Ohne die Notwendigkeit des literaturwissenschaftlichen Diskurses in Frage zu stellen oder gar einer blumigen Literaturkritik das Wort zu reden, sollen die nachfolgenden Ausführungen das kreative Lesen, das in einem literarischen Werk seinen Niederschlag findet, in seiner Bedeutung als komplementäres Erkenntnisinstrument zu erfassen versuchen. Wenn es darum geht, Perspektiven einer möglichen Literaturwissenschaft zu entwerfen, wird es sich lohnen, die irritierende, provozierende und anregende Konkurrenz der literarischen Auseinandersetzung mit Literatur in die Überlegungen einzubeziehen und darüber nachzudenken, wie diese alternative Literaturrezeption in den literaturwissenschaftlichen Erkenntnisprozeß integriert werden, wie sie ihn beleben, bereichern, verändern könnte.

Ein Beispiel: *Wide Sargasso Sea*. Robert Graves berichtet von sich, er wisse manchmal ganz sicher, daß sich etwas anders ereignet habe, als es in den Geschichtsbüchern dargestellt werde, ohne aber den wissenschaftlichen Gegenbeweis führen zu können. In solchen Fällen glaubt er sich befugt, in fiktionaler Form einen Entwurf dessen vorzulegen, was wirklich geschehen sein muß. Graves rechtfertigt so seine biographischen Romane über den römischen Kaiser Claudius gegenüber einer Historiographie, deren Claudiusbild von den Zufälligkeiten der Überlieferung und den wissenschaftlich zulässigen Rekonstruktionsmethoden bestimmt wird.[25] Jean Rhys geht aus ganz ähnlichen Motiven gegen eine literarische Darstellung an, von deren Unrichtigkeit sie als Leserin

---

25 »The Pirates Who Captured Caesar«, in: *Food for Centaurs*, Garden City, New York: Doubleday 1960, S. 321 f.

überzeugt ist. Was sie mit literaturwissenschaftlichen Argumenten nicht schlüssig widerlegen kann, kritisiert sie durch eine alternative literarische Version. Mit ihrem Roman *Wide Sargasso Sea* (1966) erläutert sie in einer eigenen Erzählung, wie das in Charlotte Brontës Roman *Jane Eyre* (1847) berichtete Geschehen wirklich abgelaufen sein muß: »the real story – as it might have been«.[26] Da Rhys ihre abweichende Lektüre und deren literarische Konkretisation in zahlreichen Briefen kommentiert, bietet sie uns ein besonders transparentes Beispiel des kreativen Lesens.

Rhys findet sich von *Jane Eyre* zugleich irritiert und fasziniert; Gegenlesen und identifikatorisches Lesen bilden eine konfliktreiche Erlebniseinheit. »I'm fighting mad to write *her* story«, sagt sie in bezug auf die Gegengeschichte, die sich ihr aufdrängt, doch sie fügt hinzu: »But it's a good book« (157). Der Dissens entzündet sich an der Vor- und Hintergrundgeschichte in Brontës Roman, die aus finanziellen Gründen eingegangene Mesalliance des jungen Rochester mit der reichen Kreolin Bertha Mason, welche zu einer schnellen Entfremdung des Paares, zu Berthas Verfall in Wahnsinn und später, zur Zeit der Romanhandlung, zu ihrem Gefangenendasein im Dachgeschoß von Rochesters englischem Landhaus führt. Diese von Brontë nur in groben Klischees gezeichnete Geschichte liefert ihrer Haupthandlung, der Liebesgeschichte von Rochester und Jane Eyre, wichtige Begründungszusammenhänge. Sie erklärt Rochesters byronische Schwermut, rechtfertigt die Verzögerung der Erfüllung des von beiden Seiten früh empfundenen gegenseitigen Begehrens bis zum Romanende und bietet damit Gelegenheiten für Prüfungs-, Bewährungs-, Läuterungs- und Selbstfindungsprozesse. Indem Bertha schließlich das Landhaus in Brand setzt, sich dabei selbst zerstört und zugleich Rochester seiner patriarchalischen Privilegien beraubt, sorgt sie sowohl für die juristische als auch die frauenemanzipatorische Legitimierung der endgültigen, mit archetypischer Intensität gestalteten Vereinigung der Liebenden.

---

26 Jean Rhys, *Letters 1931-1966*, ausgewählt und herausgegeben von Francis Wyndham und Diana Melly, Harmondsworth: Penguin 1985, S. 153. – Die nachfolgenden Zahlenangaben nach Zitaten im Text beziehen sich auf Seiten dieser Ausgabe.

Aus der Perspektive eines jungen Mädchens, das sich selbst nur unter Schwierigkeiten von der karibischen Heimat auf ein als feindlich und kalt empfundenes England umstellen kann, ist für Rhys die Funktionalisierung der in der Karibik lokalisierten Vorgeschichte für das viktorianische Liebesglück nicht akzeptabel: »I came to England between sixteen and seventeen, a very impressionable age«, so erinnert sie sich 1966 in einem Brief, »and Jane Eyre was one of the books I read then. Of course Charlotte Brontë makes her own world, of course she convinces you, and that makes the poor Creole lunatic all the more dreadful. I remember being quite shocked, and when I re-read it rather annoyed. ›That's only one side – the English side‹ sort of thing« (296 f.). Der Lesewiderstand dieser ersten Lektüre von 1907 verfestigt sich um 1947 zu dem Plan, die Geschichte von der nichtenglischen Seite aus gegenzuerzählen; ab 1957 arbeitete Rhys am Buch.

Primär ist Rhys an der Rehabilitation von Brontës Kreolin gelegen. Daß diese ein melodramatischer Schemen bleibt – »not once alive«, »a fat (and improbable) monster«, a »paper tiger lunatic« – [27] ist aus ihrer Sicht ein Ärgernis: »She's necessary to the plot, but always shrieks, howls, laughs horribly, attacks all and sundry«, so klagt sie (156). Ihre eigene Geschichte soll diese Figur lebendig und menschlich machen, und zwar innerhalb des Brontëschen Gerüsts von Vorgaben. Darauf legt Rhys großen Wert: Sie will keinen neuen Roman über eine andere in den Wahnsinn getriebene Kreolin der 1840er Jahre schreiben, sondern Brontës Kreolin Gerechtigkeit widerfahren lassen: »It is that particular mad Creole I want to write about, not any of the other mad Creoles« (153). Eine menschlich und damit mitleiderregend durchzeichnete Bertha aber hat unmittelbare Auswirkungen auf die Figur des Rochester, dessen Verhalten ihr gegenüber sodann herzlos und brutal erscheint: »Reading ›Jane Eyre‹ one's swept along regardless. But *I*, reading it later, and often, was vexed ... above all by the real cruelty of Mr Rochester« (262). Doch in Brontës Romanwelt muß Rochester Sympathieträger

---

27 Rhys, *Letters*, S. 156 und 262.

bleiben. An diesem Problem droht die Gegenerzählung, solange sie Rochesters Selbstdarstellung in *Jane Eyre* folgt, zu scheitern: »My Mr R was *all wrong*. Also a *heel*. First he coldly marries a girl for her dough, *then* he believes everything he's told about her, finally he drags her to England, shuts her up in a cold dark room for *years* and brings sweet little Janey to look at the result – this noble character«! (269). Erst nach vielen Entwürfen, die nicht integrierbar sind – »it did not click into place … it didn't click« (262) – glaubt Rhys, Rochester in seiner Beziehung zu Bertha richtig verstanden zu haben. Dies bedeutet, daß sie seinen eigenen rückschauenden Bericht in Kapitel 27 von *Jane Eyre* als nachträgliche Rationalisierung und Korrektur des tatsächlich Geschehenen liest; es muß sich, da Rochester ein menschlicher, wenn nicht gar sympathischer Charakter ist, etwas anderes zugetragen haben, als er selbst Jane erzählt. Er hat Bertha nicht aus kalter Grausamkeit, sondern aus unkontrollierter Leidenschaft Unrecht getan: »My Mr Rochester as I see him becomes as fierce as Heathcliff and as jealous as Othello. … He must have fallen for her – and violently too. The black people have or had a good word for it – ›she *magic* with him‹ or ›he *magic* with her‹. Because you see, that is what it is – magic, intoxication. Not ›Love‹ at all« (269, 262).

Rhys kommt zu dieser Erklärung, indem sie Gedichte des jungen Rochester über seine Erfahrung vor sich sieht, diese sogar aufnotiert. Von ihnen aus wird sein Handeln für sie plausibel. Rochester wird durch die Reise nach Jamaika und seine Verbindung mit der Kreolin in eine ihn überwältigende Welt fremdartiger Sinnlichkeit versetzt; seine sexuelle Neugier und Begierde aber schlägt aufgrund eines verleumderischen Briefes in Haß und viktorianische Prüderie um, was seine ganz junge, sensible, sich ihm rückhaltlos öffnende Frau zerbrechen läßt. Damit findet Rhys ihn zwar nicht entschuldigt, aber doch verständlich.

In einem Brief an eine mit ihr befreundete Schauspielerin vergleicht Rhys ihr Vorgehen in bezug auf *Jane Eyre* mit der Technik von Schauspielern, sich *off-stage*-Geschehen auszudenken und vorzustellen, um die szenisch zu realisierenden Momente ihrer Rollen überzeugend gestalten zu können (156). Erst von der Person der Bertha aus, sodann von Rochester her imaginiert Rhys die von Brontë ausgesparten Lebensphasen und erzählt sie in *Wide Sargasso Sea* aus der Innenschau dieser Figuren. Ihre Lektüre ist ein Prozeß, während dem sie sich mit der lesend erfahrenen Welt intensiv und lange beschäftigt, darüber »brütet« (262), in ihr eigene »Entdeckungen« macht (149), jene Welt voll und plastisch zu sehen beginnt: »I see it and can do it – as a book« (157). Die sich dabei abzeichnenden Widersprüche erfordern eine frei gestaltete Komplementärgeschichte, in der sie sich aufgehoben finden. Die Phantasie, die diese Geschichte schafft, gehorcht nicht subjektiver Willkür, sondern ist kreatives Medium des Textverstehens. So kann Rhys sagen: »The writer doesn't matter at all – he is only the instrument« (270).

Fast zwei Jahrzehnte hat es gedauert, bis die Literaturwissenschaft die in *Wide Sargasso Sea* entworfene literarische Ansicht von *Jane Eyre* nachvollzog. Eine einflußreiche Interpretation der späten 1970er Jahre bekräftigt eher noch die von Rhys intuitiv als semantische Ausbeutung abgelehnte Funktionalisierung der Kreolin für Zwecke der englischen Haupthandlung, indem sie Bertha der Titelfigur Jane als subversives, zu überwindendes *alter ego* zuordnet.[28] Im Bereich der marxistisch-feministischen Forschung jedoch wurde ungefähr zur gleichen Zeit ein historisch-ideologischer Kontext rekonstruiert, in dem die in *Wide Sargasso Sea* konkretisierte Lektüre von *Jane Eyre* verortet werden kann. Im englischen 19. Jahrhundert – so das Ergebnis dieser Arbeiten – vollzieht sich die Frauenemanzipation, soweit sie überhaupt stattfindet, im Einvernehmen mit der patriarchalischen Ordnung. Sie basiert auf der Absicherung gemeinsamer, männlicher und weiblicher bürgerlicher Privilegien gegenüber den unteren Schichten und den Kolonialvölkern.[29] Damit wird *Jane Eyre* zu

---

28 Sandra Gilbert, Susan Gubar, *The Madwoman in the Attic: The Woman Writer and the Nineteenth-Century Literary Imagination*, New Haven: Yale University Press 1979, Kap. 10.

29 Vgl. dazu Judith Newton und Deborah Rosenfelt, »Introduction« zu *Feminist Criticism and Social Change*, New York: Methuen 1985, S. XV–XXXIX (mit weiteren Hinweisen).

einem Text, der das geschichtliche Phänomen der viktorianischen Frauenemanzipation zu Lasten anderer, benachteiligter Gruppen unkritisch bejaht. Zahlreiche nationalistische Details des Romans fügen sich sodann zu der Gesamtbeobachtung, daß in diese Erzählung der britische Imperialismus eingeschrieben ist. Brontës Bertha wird nun, unversöhnlicher noch als bei Rhys, als Symptom englischer Überheblichkeit gelesen: »the woman from the colonies is ... sacrificed as an insane animal for her sister's consolation«.[30] Der Akt, in dem Rochester in Rhys' Version der Kreolin Antoinette den Namen Bertha gibt, den sie bei Brontë trägt, wird zum Schlüsselsymbol. Es ist die Geste, mit der der Kolonialherr Besitz ergreift und seine Sprache über das Fremde legt.

In einer weiteren Phase der Literaturwissenschaft wird solche Ideologiekritik dekonstruktivistisch transzendiert und der moralische Vorwurf für Brontë wieder aufgehoben. Brontë ist in ihrer geistigen Welt gefangen; die »real story«, die Rhys wahrnimmt,[31] – nämlich den Einbruch der karibischen Fremdheit in das symbolische Universum der englischen Kultur – ist ihr nicht zugänglich. *Wide Sargasso Sea* erfährt damit zugleich eine weitere Aufwertung: die Alternativgeschichte bricht die *master narrative*, Brontës verbindliches Erzählmuster, auseinander und läßt mit einer innovativen, fluiden, elliptischen Schreibweise das grundsätzlich »Andere« nichtwestlicher Erfahrung ahnen.[32] Demnach würde das »nichtenglische« Sehen, das Rhys mit ihrer Geschichte verwirklichen wollte, mehr bedeuten, als zu ihrer Zeit theoretisch überhaupt faßbar war.

Die Vielfalt der kreativen Lesedokumente. Das kreative Lesen ist erfinderisch. Seine Lesephantasie hat in verschiedenartigsten Texten Gestalt angenommen. Neben Leseerzählungen gibt es

---

30 Gayatri Chakravorty Spivak, »Three Women's Texts and a Critique of Imperialism« (1985), in: *The Feminist Reader: Essays in Gender and the Politics of Literary Criticism*, hg. Catherine Belsey, Jane Moore, London: Macmillan 1989, S. 175-195, Zitat S. 185.

31 Siehe Zitat weiter oben und Anm. 26.

32 Ellen G. Friedman, »Breaking the Master Narrative: Jean Rhys' *Wide Sargasso Sea*«, in: *Breaking the Sequence: Women's Experimental Fiction*, hg. E.G.F. und Miriam Fuchs, Princeton: Princeton University Press 1989, S. 117-128.

Gedichte und Dramen als schöpferische Antwort auf ein Leseerlebnis – man denke etwa an die ereignisreiche Geschichte des Neulesens und Gegenlesens von Petrarcas *Rime* in immer anderen Sonetten oder an die jahrhundertelange Sequenz von Adaptionen und »Ablegern« *(offshoots)*, die Shakespeares bekanntere Theaterstücke provoziert haben. Solche Lesezeugnisse mögen im angelsächsischen Bereich, wo die literarische Respons auf Literatur traditionell mehr gepflegt und eher geschätzt wird, besonders häufig sein, doch auch in anderen Literaturen gibt es sie – Texte zum Beispiel, die ein quichotteskes Lesen vorführen oder die parodierend gegenlesen oder einen vertrauten Klassiker wie Ovids *Metamorphosen* oder ein neues Modewerk wie Goethes *Werther* alternativ lesen.

Die kreativen Lesedokumente können, ähnlich wie *Wide Sargasso Sea*, eine von einer Deutungsidee ableitbare Lektüre illustrieren, sie können aber auch Aspekte des Werkerlebnisses zum Ausdruck bringen, die von der wissenschaftlichen Textanalyse gar nicht erfaßt werden, aus ihr verdrängt werden, sich auf sie nur indirekt auswirken: die Freude am Lesen, der Anreiz zum subjektiven Assoziieren, die Erfahrung des Lesens als quasimenschlicher Kontakt zum impliziten Autor, der Gewinn von Einsichten in die eigene Lebenswelt, die Steigerung des Lebensgefühls. »Then felt I like some watcher of the skies / When a new planet swims into his ken« – so zieht der junge Dichter Keats die Summe einer durchlesenen Nacht im Sonett »On First Looking Into Chapman's Homer«. Er verharrt in schweigender Verwunderung – »Silent«. Der Literaturwissenschaft werden diese existentiell bedeutsamen Momente des Lesens, die ihr Sinn geben, die sie aber zu zerstören droht, durch solche literarischen Lesezeugnisse bewußt gehalten.

Das im literarischen Medium festgehaltene Lesen kann eine bestimmte, unorthodoxe Ansicht eines Textes präsentieren, doch es kann auch die Vielgerichtetheit und proteushafte Wandelbarkeit des tatsächlichen Lesevorgangs vorführen, dessen Pluralität von heterogenen, sich übereinanderschiebenden, einander ablösenden affektiven Reaktionen, Deutungsimpulsen und kriti-

schen Reaktionen erfassen. Jonathan Culler hat den Literaturwissenschaftlern unlängst ins Gedächtnis zurückgerufen, daß
normales, vorwissenschaftliches Lesen eine amorphe Gesamter-
fahrung ist, aus der die Wissenschaft jeweils einige Elemente se-
lektiert und zu einer schlüssigen Lesegeschichte fügt.[33] Kreative
Lesetexte können – um es mit einem abgeänderten Zitat von
Woolf über die psychologische Wahrheit des Bewußtseinsromans
zu sagen – immerhin sechs oder sieben Lese-Ichs erfassen, wenn
auch nicht die ebensoviel Tausende von Lese-Ichs, die eine Person
wirklich haben kann. Ein gutes Beispiel für die Lesegeschichte,
welche der Gleichzeitigkeit widersprüchlicher Interpretations-
velleitäten im Lesevorgang Rechnung trägt, ist William Thacke-
rays Erzählung *Rebecca and Rowena* (1849), eine Komplementärgeschichte zu Walter Scotts *Ivanhoe* (1819). Thackeray nützt die
Freiheit der Burleske, um abwechselnd spöttisch und sentimen-
tal, destruktiv und konstruktiv, satirisch und melancholisch auf
den romantischen Idealismus, den Pandeterminismus, die sym-
bolisch übersteigerte Figurenzeichnung und die optimistische
Geschichtsvision des Scottschen Werks zu reagieren.

Wird hier die vorwissenschaftliche Widersprüchlichkeit der
Deutungsimpulse festgehalten, so findet in anderen kreativen
Lesedokumenten das wissenschaftlich verpönte quasibiographi-
sche Lesen seinen Niederschlag. Der gelesene Text gilt hier als in-
direkter Selbstausdruck seines Autors; der Leser gewinnt aus ihm
ein Bild des Menschen, der ihn verfaßt hat, stellt sich seine Persönlichkeit, seinen Erfahrungshorizont, sein Leben vor. Die Vermittlungsform solchen Lesens ist die fiktionale Biographie. Sie
kann, wie bei Anthony Burgess' Leserbiographien zu Shakespeare und John Keats (*Nothing Like the Sun*, 1964 und *Abba, Abba*,
1977) und George Garretts und Robert Nyes Leserbiographien
zu Sir Walter Raleigh (*Death of the Fox*, 1971 und *The Voyage of
the Destiny*, 1982), als psychologischer Roman gestaltet sein oder
aber, wie in Ludwig Harigs *Rousseau: Der Roman vom Ursprung
der Natur im Gehirn* (1978), in Julian Barnes' *Flaubert's Parrot*

---

33 Siehe Anm. 12.

(1984) und auch schon in Elinor Wylies Shelley-Phantasie *The Orphan Angel* (1926), von surrealistischen und phantastischen Elementen geprägt sein. Daß, im Fall von Willard R. Espys Buch *The Life and Works of Mr. Anonymous* (1977), auch für anonyme Texte ein Autorenbild entworfen wurde, zeigt, daß dieses primär eine Schöpfung der Leserimagination ist, obgleich in der Regel biographische Zusatzinformationen in solche Leseerzählungen mit einfließen.[34]

Die Literaturwissenschaft weiß zwar um die Horizontgebundenheit einer jeden Interpretation, doch kann sie in der Praxis nicht umhin, ihr eigenes Textverständnis gegenüber anderen Lesarten zu priorisieren. *Jane Eyre* ist, so erläutert Gayatri Chakravorty Spivak in ihrem Aufsatz,[35] Ausdruck des viktorianischen individualistischen Feminismus im Bündnis mit dem Imperialismus. Selbst wenn sie argwöhnen mag, daß dieser Deutungsvorschlag als Ausdruck des marxistischen Feminismus der 1980er Jahre ebenso zeitgebunden und einseitig sein könnte, läßt sich solcher Zweifel nicht ohne Schaden für die eigene Interpretation artikulieren. Jean Rhys hingegen relativiert ihre Lesart als eine durch ganz individuelle Erfahrung und besondere Parteilichkeit bedingte Alternative. Kreative Leseerzählungen können es sich leisten, die illustrierte Leseweise als zugegebenermaßen standortbedingte oder anachronistische Lektüre gegen die Intention des Textes zu setzen. Sie thematisieren ganz unbefangen, oder gar fasziniert von diesem Phänomen, die Diskrepanz zwischen verschiedenartigen Erfahrungswelten und Bewußtseinshorizonten; sie halten die konfliktreiche Vorstufe des Verstehens fest, das Stadium vor der Verschmelzung der differierenden Horizonte des Textes und des Interpreten zu einem neuen Textverständnis.

Nathaniel Hawthorne liest mit der Geschichte »The Celestial Railroad« (1843) John Bunyans allegorische Erzählung *The Pilgrim's Progress* (1678) neu und führt vor, wie das puritanisch-religiöse Ethos vom säkularisierten Puritanismus seiner Zeit über-

---

34 Zu diesem Typ der Leseerzählung cf. Schabert, »Interauktorialität,« *Deutsche Vierteljahrsschrift für Literaturwissenschaft und Geistesgeschichte* 57 (1983) 679-701.
35 Siehe Anm. 30.

fremdet wird. Upton Sinclair versetzt mit *Another Pamela* (1950) die Titelfigur aus Richardsons *Pamela* (1740) in sein zeitgenössisches Kalifornien und dessen Vorstellungen von modellhafter Redlichkeit einfacher Leute und unmoralischer Freizügigkeit der Geldaristokratie. Emma Tennant liest James Hoggs Erzählung von der geistigen Verwirrung, die aus puritanischer Gewissensfreiheit resultiert (*The Justified Sinner*, 1826), mit *The Bad Sister* (1978) als Geschichte, die von der Orientierungslosigkeit junger Menschen in ihrem *permissive age* handelt. Gail Godwin blendet im Roman *The Odd Woman* (1974) die Situation einer alleinstehenden Intellektuellen des amerikanischen Universitätsmilieus ihrer Zeit auf das Bild der sich intellektuell und materiell emanzipierenden Frauen des späten 19. Jahrhunderts, das George Gissing im Roman *The Odd Women* (1893) festgehalten hat. Das Gegenlesen eines englischen Klassikers vom nicht-westlichen Standpunkt aus, wie es Rhys mit *Wide Sargasso Sea* begonnen hat, findet sich in programmatischer Deutlichkeit fortgeführt im Roman *Foe* (1986) des südafrikanischen Autors J. M. Coetzee, in dem Daniel Defoes *Robinson Crusoe* (1719) auf die Figur eines stumm bleibenden, enigmatischen, das schlechthin »Andere« verkörpernden schwarzen Dieners Friday hin orientiert wird.

Wiederholt werden dabei über ein entsprechendes Lesemotiv die Differenzen zwischen der Textaussage und der aktualisierenden Lektüre thematisiert und so die Schwierigkeiten angesprochen, die sich einstellen, wenn der Leser versucht, den fremden Text auf die eigene Situation anzuwenden. Sinclairs »another Pamela« erinnert sich an Richardsons Heldin und deren ganz andere Zwangslage; Godwins »odd woman« liest im Romanverlauf Gissings *Odd Women* und kann sich in jenem Buch nicht recht wiederfinden. Christoph Ransmayr überläßt seinem Leser die Vergleichsaufgabe, indem er seiner eigenwilligen Aktualisierung von Ovids *Metamorphosen*, dem Roman *Die letzte Welt* (1988), ein »Repertoire« beigibt, das Figuren und Situationen von Primär- und Sekundärtext in Rubriken gegenüberstellt. Jedesmal wird das Postulat, daß kreatives Lesen, *strong reading*, kein bloßes Mißverstehen, sondern ein wissend von der Textintention abweichendes Lesen ist, im literarischen Lesedokument durch die Vergleichsgeste unterstrichen.

Geschichten vom falschen Lesen. Demgegenüber gibt es andere Leseerzählungen, in denen literarische Texte eindeutig mißverstanden werden. Im Unterschied zu den Komplementärgeschichten erschließen sie nicht Werkdimensionen, die von der Wissenschaft vernachlässigt werden, sondern machen durch Beschreibungen exemplarischen Fehlverhaltens auf die Bedingungen literarischer Kommunikation aufmerksam. Wie die phantastische Literatur die sonst unbewußt bleibenden Gesetzmäßigkeiten der realen Welt ins Bewußtsein hebt, so regen die Fiktionen des grotesken Lesens zum Nachdenken über die normale Leseerfahrung an. Die bekannteste dieser Geschichten ist natürlich die des Don Quichotte, die den Status literarischer Welten gegenüber der Erfahrungswelt des Lesers thematisiert. Der Ritter von der traurigen Gestalt und seine Nachfahren, die weiblichen Quichottes des 18. Jahrhunderts, Jane Austens »well-read Catherine« in *Northanger Abbey* (1818), Scotts Waverley (1814) – sie alle mißverstehen Romanzenwelt als Lebenswelt, anstatt den perspektivischen, deutenden, urteilenden Bezug der Literatur auf das Leben zu erkennen.

Im angelsächsischen Bereich dienen Erzählungen von falschem Lesen speziell dazu, die fraglos akzeptierte Werkwelt des Klassikers Shakespeare als perspektivische Aussage zu relativieren, als besondere Ansicht von Realität wieder erfahrbar zu machen. Gemeinsam mit Dramenbearbeitungen gegen den Strich in der Art von Tom Stoppards *Rosencrantz & Guildenstern are Dead* (1967), Edward Bonds *Lear* (1971) und Charles Marowitz' *An Othello* (1972) lassen solche Geschichten, in denen textinterne Leser Shakespeare massiv mißverstehen, für den textexternen Leser die vertrauten Konventionen des Shakespeareschen Werks, die jene übersehen, als solche sichtbar werden, sich von den alternativen Konventionen fehlgehender Lektüre abheben.

James Thurbers »The Macbeth Murder Mystery« (1953) handelt von einer Leserin, die *Macbeth* mit einem am Kriminalroman geschulten Leseverstand durchsieht. Wenn sie sodann, mit der Logik des *whodunit*, in völliger Verkennung von Shakespeares Psychologie des tragischen Helden, von elisabethanischen Stilkonventionen und symbolischen Darstellungsformen und von tragödienspezifischen Verfahren der Zuschauerinformation, einen ganz absurden Mordfall Duncan konstruiert, so wird der Leser von Thurbers Geschichte, der mit ihrer Lektüre konfrontiert wird, veranlaßt, sich der besonderen, geistes-und literaturgeschichtlich bedingten Sinnkonturen von Shakespeares Tragödie neu zu versichern.

Diese Art von Nachdenken wird weiter vorgetrieben in der Lesegeschichte von Laura Bohannan, »Shakespeare in the Bush« (1966). Es geht hier um den Versuch einer Anthropologin, den Ältesten eines afrikanischen Stammes *Hamlet* zu erzählen, und um die Reaktion der Afrikaner auf den fremden Text. Bevor sie ihm einen Sinn abgewinnen können, müssen ihn die Stammesfürsten nach Maßgabe ihrer eigenen Mythen gründlich revidieren. Von den Normen des strikten Patriarchats und des kollektiven Überlebenskampfs in der Wildnis aus entwerfen sie ihren, den »richtigen« *Hamlet*, in dem für den edlen Individualismus, den unpragmatischen Ehrenkodex, die komplexen Geschlechter- und Generationenbeziehungen und die gebrochene Reflexivität von Shakespeares Drama kein Platz ist. Auf verblüffende Art negiert »Shakespeare in the Bush« Shakespeares von christlichem Denken und Renaissancehumanismus geprägtes Welt- und Menschenverständnis. Was der Anthropologin zu Beginn als allgemeingültig erschien – »I protested that human nature is pretty much the same the whole world over; at least the general plot and motivation of the greater tragedies would always be clear everywhere« – wird ihr so als Setzung einer bestimmten Kultur bewußt.[36] Es gibt ein »anderes« Denken, in dem Shakespeares große Tragödien keinen Sinn haben; eine andere menschliche Realität, auf die sie nicht anwendbar sind.

---

36 »Shakespeare in the Bush«, *Natural History* 75 (1966) 28-33. Ich verdanke die Kenntnis dieses Texts einer in Peking arbeitenden Anglistin, Dr. Ursula Richter, die in ihm die Erklärung für die Schwierigkeit fand, Shakespeare jungen Chinesen verständlich zu machen.

III. Kreatives Lesen in der Literaturwissenschaft

Literarische Zeugnisse vom Lesen halten somit in ihrer unregularisierbaren Vielfalt der Literaturwissenschaft vor Augen, wie Lesen mehr und anderes sein kann als das, was ihre Rezeptionsästhetik wahrnimmt. Sie heben die existentielle Bedeutung des Lesens hervor. Sie thematisieren seine irrationalen und subjektiven Aspekte, indem sie, was die empirische Leseforschung in quantifizierender Umständlichkeit belegt, qualitativ pointierend vorführen. In lyrischer Form geben sie dem erstummenden Erstaunen vor dem Kunstwerk Ausdruck; die quasi-menschliche Begegnung zwischen Leser und Autor artikulieren und intensivieren sie in fiktionalen Biographien. In satirischen und burlesken Texten tragen sie den widersprüchlichen und gleichzeitigen Leseimpulsen von Identifikation und Distanzierung Rechnung; über Gegengeschichten machen sie den Dissens zu einem gelesenen Text nachvollziehbar. Sie heben durch groteske Überfremdung selbstverständlich gewordene Lesereaktionen ins Bewußtsein und lassen sie zum Gegenstand des Nachdenkens werden. Sie schaffen einen geistigen Raum, wo verfestigte Deutungskonturen in Bewegung geraten und habitualisiertes Leseverhalten fraglich werden kann. Sie locken gebildete und professionelle Leser aus ihren Selbstsicherheiten heraus und provozieren sie zu einer Legitimation oder Revision ihrer Lektüre.

Daß es sich erkenntnisfördernd auswirkt, wenn ein Interpret alternative Möglichkeiten zu einem literarischen Text mit in Betracht zieht, hat die Literaturwissenschaft für mikrotextuelle Untersuchungen seit jeher genützt. René Wellek und Austin Warren zum Beispiel zeigen in ihrer *Theory of Literature*, wie man die stilistische Analyse eines Gedichts dadurch präzisieren kann, daß man den Originaltext von imaginierten Textvarianten abhebt.[37] Der Dichter und Literaturwissenschaftler John Hollander entwickelt in einer Studie über audiovisuelle Aussageweisen lyrischer Texte, *Vision and Resonance* (1975), diese Technik zu einer

---

37 *Theory of Literature* (1949), 3. Aufl., Harmondsworth: Penguin 1963, S. 91.

konsequent angewandten Methode. Durch selbst verfaßte Gegentexte setzt er die Gedichtpassagen, deren subtile Effekte er erläutern will, scharf und klar in ihrer Eigenart ab. Auch in Arbeiten zu Erzählverfahren, etwa bei Dorrit Cohn und Franz Stanzel, werden, neben alternativen Versionen, die als Vorstadien von Originaltexten überliefert sind, selbstentworfene Varianten der Perspektivenführung und der Erzählhaltung dazu verwendet, die spezifischen Qualitäten einer zur Diskussion stehenden Erzählstrategie kontrastiv abzugrenzen und besser – oder überhaupt erst – sichtbar zu machen.

Es ist daher zu überlegen, inwieweit auch für makrostrukturelle Textuntersuchungen das Verfahren, mit einem imaginierten Gegenentwurf das Original abzuheben, hilfreich sein könnte. Der einzige mir bekannte Aufsatz, ein Artikel von Patricia Barber, der dieses vorschlägt, exemplifiziert das Vorgehen für den Bereich der *gender studies*. »What would happen«, so fragt Barber, »if Ulysses or Oedipus or the Redcrosse Knight or – to jump space and time – Ahab or Huck Finn or any male Hemingway hero became women? What if Eve were a man?«[38] Das Ausdenken von Antworten auf derartige Fragen in Form von ›geschlechtswechselnden Geschichten‹ (sex-changed stories) ist für sie eine heuristische Methode, mit der geschlechtskonnotierte gegenüber geschlechtsneutralen Komponenten eines literarischen Werks ausfindig zu machen sind. Sie führt das Verfahren in bezug auf Herman Melvilles Erzählung »Bartleby« (1853) im Detail vor: »What If Bartleby Were a Woman?« In ihrer Transformation gibt es anstelle des enigmatischen neinsagenden Bürogehilfen die ebenso reagierende Sekretärin Miss Bartleby. Wenn sie sodann analog zum Original darlegt, wie der Rechtsanwalt von den Begegnungen mit seiner Angestellten berichtet, so gelingt es Barber, zwischen dem Anwalt, der sich ganz uninvolviert gibt, und der seltsamen Figur, die in seinem Büro Tag und Nacht verharrt, eine eigenartige Bindung aufzuweisen. Eine homoerotische

---

38 »What If Bartleby Were a Woman?«, in: *The Authority of Experience: Essays in Feminist Criticism*, hg. Arlyn Diamond, Lee R. Edwards, Amherst: The University of Massachusetts Press 1977, S. 212-223; Zitat S. 213.

Komponente des Originaltextes wird auf diese Weise zum ersten Mal sichtbar gemacht. Mit dem Ineinandergreifen von selbstentworfenen Situationsbildern als Gegenbildern zu Melvilles Geschichte und der vergleichenden Auswertung stellt der Aufsatz eine bedenkenswerte neue Art des literaturwissenschaftlichen Diskurses vor. Daß er zugleich eine unterhaltsame Lektüre bietet, beeinträchtigt seine analytische Leistung nicht.

Kreatives Lesen ist in der Lage, Erkenntnisse zu artikulieren, die der Fachwissenschaft nicht, oder noch nicht, zugänglich sind, denn die literarisch-fiktionalen Lesezeugnisse sind von der Entwicklung literaturwissenschaftlicher Erkenntnismethoden unabhängig. Jean Rhys, so sahen wir, macht mit ihrer Lesegeschichte auf Besonderheiten des Primärwerks aufmerksam, die der Literaturwissenschaft erst zwanzig Jahre später aufgefallen sind. Insofern lohnt es sich, die kreativen Lesedokumente, die bisher nur sporadisch beachtet wurden und zum Teil schwer zugänglich sind,[39] auf ihr Potential innovativer Textausdeutung hin zu überprüfen.

Über *creative reading* läßt sich die spontane Respons auf Gelesenes festhalten, lassen sich Begeisterung, Bedenken, Irritationen artikulieren und können Deutungsideen konkretisiert werden, ohne zuvor in die wissenschaftliche Logik und Terminologie eingebracht und damit angepaßt zu werden. Von daher dürfte das Verfahren in der Ausbildung junger Literaturwissenschaftler besonders wichtig sein. Abgesehen davon, daß – wie ein anderer Aufsatz dieses Sammelbandes darlegt – *creative writing* ganz allgemein die Sensibilität für literarische Ausdrucksformen wirksam steigert, birgt das *creative writing* als Artikulation des Leseerlebnisses die Chance, sich einer selbständig erschlossenen, originellen Lesart zu versichern, bevor sie im Studium der Sekundärliteratur verlorengeht.

---

39 Lesegeschichten aus dem englischen Bereich, die mir bisher nicht zugänglich waren, sind Victor Gordon, *Mrs. Rushworth* (1988) zu Jane Austens *Mansfield Park*; Jeffrey Caine, *Heathcliff (1978)* zu E. Brontës *Wuthering Heights*; Harry Hamilton, *The Veneerings* (1922) zu Dickens' *Our Mutual Friend*; sowie Robert Graves, *The Real David Copperfield*.

Reaktionen wie: »ich finde das nicht richtig, wie die Geschichte endet«, oder: »ich kann mir gut vorstellen, wie es nach dem Roman weitergeht,«, oder: »die Hauptfigur mag ich gar nicht«, oder: »heute wäre das alles ganz anders gelaufen« sollten auf die Ermutigung stoßen, zu Gegengeschichten, Komplementärgeschichten, modernisierten Neufassungen ausgeschrieben zu werden, anstatt sobald als möglich weggedrängt und in Werkanalyse und historisch einordnendes Denken überführt zu werden. Auch hier ist es wieder das Unbehagen an der automatisierten Reaktion auf den Klassiker Shakespeare gewesen, das zuerst zu der Forderung vorgestoßen ist, die junge Generation solle die Texte nach Maßgabe eigener Vorstellungen nachvollziehen und weiterdenken dürfen.[40] Immerhin sind es literaturwissenschaftlich produktive Leser gewesen, die sich die Jugend von Shakespeares Heldinnen, Hamlet in Wittenberg oder Falstaffs Lebensgeschichte ausgemalt haben oder die, wenn sie nach Whitehall kommen, Mrs. Dalloway als uralte, korrekt gekleidete Dame am Straßenrand stehen sehen und sich von ihr streng angeschaut finden.[41]

Erica Jong berichtet, daß James L. Clifford, bei dem sie als Undergraduate von Barnard College in New York studierte, es seinen Studenten freistellte, statt wissenschaftlicher Hausarbeiten Pastiches zu den Werken des 18. Jahrhunderts zu verfassen, mit denen sie sich in den Seminaren beschäftigt hatten.[42] Von den so angeregten ersten Versuchen aus hat Jong, nachdem sie ihre akademische Ausbildung abgeschlossen hatte, sich an die literarisch anspruchsvolle Lesegeschichte *Fanny: Being the True History of the Adventures of Fanny Hackabout-Jones* gewagt, die 1980 als Roman erschien. Wie die zweifache Anspielung des Titels an-

---

40 Cf. Alan Sinfield, »Give an account of Shakespeare and Education, showing why you think they are effective and what you have appreciated about them. Support your comments with precise references,« in: *Political Shakespeare*, hg. Jonathan Dollimore, A. Sinfield, Manchester: Manchester University Press 1985, S. 134-157, bes. S. 150.

41 Die Beispiele beziehen sich auf H. Granville-Barker, *Prefaces to Shakespeare* (1927-1947); Goethe, *Wilhelm Meisters Lehrjahre* (1795-96); Robert Nye, *Falstaff* (1976), sowie David Lodge, *The British Museum is Falling Down* (1965).

42 »Afterword« zu *Fanny*, New York: New American Library 1981, S. 499-505.

deutet, ist die Erzählung als weibliches Pendant zu Fieldings *Tom Jones* eine *sex-changed story* im Sinne Barbers, während sie zugleich eine komplexe Gegengeschichte zu *Fanny Hill* darstellt, in der John Clelands pornographische Erzählung feministisch revidiert wird. *Fanny* ist vor allem ein Buch, das pikareskes Lesevergnügen zelebriert, doch impliziert seine Umdeutung der Bezugstexte von der Norm androgynen Denkens aus zugleich eine ungewöhnliche, optimistische Variante weiblicher Textwissenschaft.

Michael Steig sagt anläßlich einer empirischen Untersuchung zu studentischem Lesen, daß sein eigenes Werkverständnis durch die Konfrontation mit den unorthodoxen Lesekommentaren der Studenten zu Texten des literarischen Kanons manchmal wesentlich modifiziert worden sei – »prompting me to try to rethink my own long-rigidified understanding.«[43] Mir scheint hingegen, daß der literaturwissenschaftliche Nachwuchs, den wir ausbilden, allzu schnell dazu gebracht wird, akademische Vorbilder nachzuahmen und sich die jeweils aktuellen wissenschaftlichen Methoden und Sprachregelungen anzueignen. Nur von kreativen Lesezeugnissen – die ich nach Cliffords Vorbild anzuregen wage – habe ich derartige Impulse erfahren. Begabte Studenten verfassen Lesegeschichten, die eigenwillige, raffinierte, zumeist sehr kritische Deutungen der Originaltexte beinhalten. Bezeichnenderweise unternehmen sie in der Regel nur ungern und mit wenig Erfolg den Versuch, diese Deutungen zu konzeptionalisieren: Der literarische Gegenentwurf ist ihre Artikulationsform. Bevor wir die junge Lesergeneration auf die Schultern des literaturwissenschaftlichen Forschungsriesen heben, von dem aus sie dann altklug herabschauen können, sollten wir sie deshalb dazu ermutigen, in kreativem Schreiben die Lesebilder, die sie selbst haben, darzulegen. Es sind dies keinesfalls nur Visionen von Zwergen.

---

43 *Stories of Reading: Subjectivity and Literary Understanding*, Baltimore: Johns Hopkins University Press 1989, S. XVI.

Leo Kreutzer

Germanistik und ›Midlife-crisis‹

oder: Wie meine endgültige Literaturwissenschaft zu einer interkulturellen Entwicklungsforschung wurde

Gottfried und Klaus Günther Just
zu Gedenken

I

Wann eigentlich beginnt man, sich für Germanistik zu groß zu fühlen? Wann verliert sich die Zuversicht, daß es sich bei der Lektüre eines Romans um eine Beschäftigung handelt, welcher man sich auch dann, wenn man darüber nicht sogleich einen großen Aufsatz schreiben muß oder demnächst in Madison einen Vortrag zu halten hat, zu Tageszeiten widmen darf, da man die Altersgenossen im Bundeskabinett oder Wissenschaftsrat, in Kommissionen, Vorständen und Gremien, in Behörden und auf Baustellen, in Fabriken und Verlagen bei anerkannt wichtigem Tun weiß? Wer als Literaturwissenschaftler bis zur Professur ›durchkommt‹, der, denke ich mir, muß die Literatur einmal für vermögend genug gehalten haben, ein ganzes Leben, ein Leben ganz auszufüllen. Wann hört das auf?

Und wann muß das her: Der Vortrag oder gleich die Gastprofessur in den USA, die unablässige Mitarbeit an diesen unablässig inszenierten Sammelbänden, das durch ›Drittmittel‹ geförderte ›Projekt‹, der Vorstandssitz im Fachverband oder in einer der zahlreichen Dichter-Gesellschaften, die Mitgliedschaft in dem einen oder anderen Spitzen-Gremium, die Vizepräsidentschaft der Universität, die Zugehörigkeit zum Beraterkreis des Minister-Kandidaten? Wann muß dergleichen her, um dem in die Jahre kommenden Literaturwissenschaftler den häßlichen Verdacht zu nehmen, er habe sich seinerzeit, im ›jugendlichen Leichtsinn‹, einer Sache verschrieben, die sich der sorgenvollen Überprüfung in der Mitte des Männerlebens nun doch als arg abseitig und einflußlos darstellt.

Aber gibt es nicht auch eine Literaturwissenschaft nach der ›Midlife-crisis‹, eine endgültige Literaturwissenschaft jenseits der Anfechtungen eines Semi-Repräsentantentums?

II

Es hat sich für mich als Glücksfall erwiesen, daß ich zu einem Zeitpunkt, da ich die irritierende, offenbar keine Generation verschonende Erfahrung zu machen hatte, wie in der Rolle der anerkannt wichtigen Männer des Gemeinwesens die Großväter und Väter von Altersgenossen abgelöst werden, – daß ich also Ende der 70er Jahre Gelegenheit bekam, an einem Kongreß der französischen Hochschulgermanisten in der Hauptstadt von Senegal teilzunehmen: Für mich persönlich der Beginn einer nochmaligen Überprüfung meiner Option für die Literaturwissenschaft.

Auf diesem Kongreß lernte ich erstmals auch schwarzafrikanische Germanisten kennen, und ich erfuhr, meine Verblüffung darüber war grenzenlos, von der Existenz germanistischer Abteilungen an schwarzafrikanischen Universitäten. Ich habe diese ›Départements d'allemand‹, Abkömmlinge des französischen Bildungssystems in den ehemals französischen Kolonien, seither als Gastdozent kennengelernt. Die Auseinandersetzung mit afrikanischen Kollegen, alsbald auch mit Doktoranden und Habilitanden, die Arbeit mit Studentinnen und Studenten in Benin und Burkina Faso, in Elfenbeinküste und Togo, in Kamerun und Madagaskar haben mir eine Antwort auf die Frage abgefordert, weshalb eigentlich man dort deutschsprachige Literatur zur Kenntnis nehmen solle und weshalb man sie nicht nur deshalb ernstnehmen solle, weil sie Prüfungsstoff ist. Diese Frage, so stellte sich

261

indessen heraus, war nur zu beantworten als definitive Frage danach, wie ernst die Literatur überhaupt zu nehmen sei.

Die Bemühung, versuchsweise eine Sicht aus der Perspektive von sogenannten Entwicklungsländern einzunehmen, führt nach meiner Erfahrung zunächst vor allem dazu, daß die Begeisterung über eine kritische Funktion moderner europäischer Literatur einigermaßen relativiert wird. Denn da ordnet sich in die aus dieser Sicht überwältigende Erfolgsgeschichte europäischer Gesellschaften unversehens auch die sie in so vielem anfechtende kulturelle Moderne ein.

Aus einer solchen Perspektive wird man vollends gewahr, wie zur Karriere europäischer Gesellschaften ganz wesentlich eine kulturelle Infrastruktur beigetragen hat, welche dem jeweiligen Status quo die Zustimmung verweigerte und seine Nutznießer auf höchst entwicklungsfördernde Weise nötigte, Veränderungen zuzulassen oder gar, freilich auf ihre Art, herbeizuführen. Der andere Blick ist für mich zum Anlaß geworden, die Rolle eines Missionars der Negativität, die ich mir im Einklang mit der Selbstwahrnehmung der kulturellen Moderne zurechtgelegt hatte, aufzugeben und den Zusammenhängen von *Kritik und Entwicklung* nachzugehen. Denn gibt es, in der Tat, gegenwärtig etwas Dümmeres als den Alleinvertretungsanspruch der Ökonomie für Entwicklung, gibt es etwas Bedrohlicheres als dessen Folgen?

III

Jetzt möchte ich aber auf die Frage eingehen, wie man als hiesiger Literaturwissenschaftler der europäischen Literatur und europäischen Bewandtnissen gegenüber eine Sicht aus der Perspektive von Entwicklungsländern einnehmen kann, um herkömmliche Einseitigkeiten europäischer Selbstwahrnehmung zu korrigieren. Ich denke, als Literaturwissenschaftler kann und sollte man das auf die naheliegende Weise zu bewerkstelligen suchen, daß man die Literaturen der sogenannten Dritten Welt zu erkunden beginnt. Zu meiner endgültigen Literaturwissenschaft gehört, daß ich sie endgültig nicht mehr als germanistische zu betreiben vermag.

Das schafft in einem wohlgeordneten akademischen Betrieb Probleme. Sicherlich haben sich die Philologien bis zu einem gewissen Grade aus der Beschränkung auf Nationalliteraturen gelöst. So gilt mit Recht als ausgemacht, daß man sich als Germanist mit Cervantes und mit der französischen Aufklärung, mit Proust und Joyce einigermaßen auskennen sollte. Aber was die modernen Literaturen aus Lateinamerika, Afrika und Asien betrifft, so beginnen sich, soweit sie in englischer oder einer der romanischen Sprachen geschrieben sind, hierzulande Anglistik und Romanistik für sie zuständig zu erklären. Als Literaturwissenschaftler germanistischer Provenienz scheint man da außen vor bleiben zu müssen.

Es sei denn, man verfällt auf die Komparatistik, auf eine allgemeine und vergleichende Literaturwissenschaft. Auf sie konnte sich immer schon berufen, wen es in den Grenzen einer Nationalliteratur nicht hielt. Aber der Name des Faches signalisiert seine Kalamität: Es scheint sich die Freiheit, Sprachgrenzen zu überschreiten, um den Preis erkauft zu haben, ein für allemal nur das wahrnehmen und untersuchen zu können, was – wie und aus welchen Gründen auch immer – *vergleichbar ist*. Meine endgültige Literaturwissenschaft kann sich an ein solches Abkommen nicht halten.

Vergleichende Literaturwissenschaft hat die Kategorie, in deren Namen sie Texte und Sachverhalte aus mehreren Literaturen untersucht, bereits als Weltliteratur zu definieren beliebt, als sie darunter noch aufs unbefangenste eine Handvoll europäischer Literaturen bzw. deren ›Meisterwerke‹ zu verstehen pflegte. Sich als Ergänzung nationalphilologischer Forschung verstehend, hat sie die im europäischen Rahmen zahlreich zu registrierenden Grenzübertritte von literarischen Genres, Stilen, Stoffen und Motiven untersucht und überhaupt in einer auf gemeinsamen antiken und christlichen Traditionen beruhenden europäischen Kultur reichlich Anlässe zum Vergleichen gefunden.

Nun hat Europa es bekanntlich verstanden, auch seiner Kultur in aller Welt Geltung zu verschaffen. So liefe die Globalisierung einer Vergleichenden Literaturwissenschaft als Weltliteratur-Forschung, die diese Bezeichnung heute in vollem Sinne verdiente, nahezu unvermeidlich auf den an die positivistische Tradition des Faches anknüpfenden Nachweis einer Rolle Europas als globaler Lehrmeister in moderner Literatur hinaus. Diese Rolle hat Europa gewiß gespielt. Aber die Erkundung außereuropäischer Literaturen einzig oder doch vor allem unter dem Gesichtspunkt von – Vergleichbarkeit begründenden – europäischen Einflüssen wäre wenig geeignet, diesen Literaturen gerecht zu werden und womöglich unsererseits von ihnen zu lernen.

Eine ganz unabweisbar gewordene Einbeziehung der Literaturen Lateinamerikas, Afrikas und Asiens in ein zeitgemäßes Konzept von Weltliteratur und Weltliteratur-Forschung sollte sich vielmehr der Legitimierung durch eine literarische Vergleichbarkeit entziehen. So ist meine endgültige Literaturwissenschaft auch weniger eine vergleichende als eine, da sie nun einmal einen Namen haben muß, *interkulturelle Literaturwissenschaft*. Einstweilen stelle ich sie mir vor als Inszenierung eines egalitären Dialogs der Literaturen, einer gegenseitigen Befragung der sich in ihnen zu literarischem Wort meldenden Gesellschaften: Woher kommt ihr; welches sind eure Probleme und Widersprüche; was habt ihr für Visionen von der Zukunft? Die Literaturwissenschaft mithin als Veranstalterin imaginärer Konferenzen, auf denen die geladenen Teilnehmer, die jeweils aufgerufenen Literaturen und Bücher, einander tatsächlich mit der Würde und der Verpflichtung zur Wahrheit begegnen, die sonst auf internationalen Konferenzen um so pompöser zur Schau gestellt werden, je bedenkenloser man sie in Wirklichkeit mit Füßen tritt.

IV

Nun handelt es sich bei diesem Gerede von einer interkulturellen Literaturwissenschaft als Veranstaltung imaginärer bi- oder multilateraler Konferenzen zunächst um nicht mehr als um eine verführerische Metapher. Man stelle sich das Stimmengewirr vor!

Soll das wirklich funktionieren, dann muß für einen geordneten Ablauf gesorgt werden. Und da dieser Ablauf, das bleibt die Bedingung, wissenschaftlich begründet und organisiert sein soll, stellt sich das Problem der Konferenzthemen: der organisierenden Fragestellungen.

Neugier und Sorge, ich will denen nicht vorgreifen, werden da genug zu fragen finden. Meine endgültige Literaturwissenschaft hat sich fürs erste für ein Thema entschieden, welches ich das *Entwicklungswissen der Literatur* nenne. Was wissen die Literaturen der heute einerseits als ›hoch-‹, andererseits als ›unterentwickelt‹ geltenden Gesellschaften über gesellschaftliche Entwicklung, das außerhalb ihrer nicht, nicht mehr oder noch nicht gewußt wird? Was wissen sie über den heute globalen Vorgang einer permanenten gesellschaftlichen Modernisierung, über die vielfältigen Trennungsprozesse, denen die Subjekte bei diesem permanenten Vorgang unterworfen werden?

»Die mannigfaltigen Anlagen im Menschen zu entwickeln, war kein anderes Mittel, als sie einander entgegenzusetzen. Dieser Antagonism der Kräfte ist das große Instrument der Kultur, aber auch nur das Instrument; solange derselbe andauert, ist man erst auf dem Wege zu dieser.« So hat Friedrich Schiller am Ausgang des 18. Jahrhunderts, in seinen Briefen über eine »ästhetische Erziehung des Menschen«, zu den Erfahrungen einer anfänglichen Modernisierung in Westeuropa Stellung genommen. Es ist ein Plädoyer für Entwicklung, mit dem aber gleichzeitig ein Kriterium zu deren Beurteilung in jeder Phase formuliert wird. Soweit ich sehe, gilt es in der Literatur bis heute, denn sie allein fragt *umfassend* nach Nutzen und Nachteil für die beteiligten Subjekte, ein Gesichtspunkt, der in der öffentlichen Darstellung und Diskussion von gesellschaftlicher Entwicklung gern zu kurz kommt.

Meine endgültige Literaturwissenschaft ist also bis auf weiteres eine interkulturelle Entwicklungsforschung. Sie knüpft an den Umstand an, daß in der Literatur allenthalben Auseinandersetzungen ›traditionaler‹ Gesellschaften mit der sie angreifenden ›Moderne‹ Ausdruck finden. Was dabei insbesondere Industrialisierungsprozesse den Menschen bringen, möchte weltweit auf das gleiche hinauslaufen; was sie ihnen nehmen, ist hingegen regional unterschiedlich. Von den Unterschieden in der Angleichung spricht die Literatur, darin besteht ihr einzigartig menschenfreundliches Entwicklungswissen: Sie plädiert für eine Entwicklung der Unterschiede in der Angleichung, für synkretistische, nicht für universale Lösungen.

Herrenkulturen, sich als rein wünschend und wähnend, haben ihre Probleme mit dem Synkretismus. Sie mögen ihn, als minderwertig und verderbt, nicht wahrnehmen; wohl auch deshalb nicht, weil er Widerstand im Status langanhaltender Kolonialisierung ist. Aber da er eine je lokale und regionale und darin allemal ungleichzeitige Form von Widerstand ist, schätzen ihn Formen und Phantasien von Widerstand, die auf universelle Geltung bedacht sind, ebenso gering. Meine endgültige Literaturwissenschaft, an der Ermittlung einer Ästhetik gesellschaftlicher Modernisierung interessiert, scheint demgegenüber auf das Projekt der Erkundung und Verfechtung eines vielgestaltigen ästhetischen Synkretismus hinauslaufen zu wollen.

V

»Indem man sich zu einem Vortrag über irgendeinen Gegenstand anschickt, so ist es wohlgetan zu bedenken und sodann anderen mitzuteilen, wie man auf die Betrachtung gerade dieses Gegenstandes gekommen und unter welchen Umständen man demselben nach und nach mehrere Aufmerksamkeit zu widmen angeregt worden.« Nachdem ich diesem Rat des Naturwissenschaftstheoretikers Goethe gefolgt bin und in aller Kürze die Genese meiner endgültigen Literaturwissenschaft mitgeteilt habe, möchte ich, bevor ich exemplifiziere, was man mit ihr anfangen kann, noch etwas zu ihrer Geltung nachtragen.

Man kann die Literatur bekanntlich mit den unterschiedlichsten Verfahren traktieren, kann an ihr ungestraft die apartesten Exerzitien betreiben und die widersprüchlichsten Aufklärungs- und Verdunkelungsabsichten realisieren. Aber wem sie Organon geschichtlicher Erkenntnis und insofern der Erkundung der Gegenwart ist, der wird künftig eine Literaturwissenschaft benötigen, welche nicht nur gelegentlich einmal die Grenzen zwischen den Philologien überschreitet, vielmehr ihre Gegenstände aufsucht, wo immer sie dem Bemühen entgegenkommen, sich über die Grundbedingungen der Epoche und ihre Auswirkungen auf die Subjekte Klarheit zu verschaffen. Sie sind heute unumkehrbar weltgesellschaftlich.

So wird ihnen künftig auch nur eine Literaturwissenschaft beikommen, welche sich, jenseits allen überkommenen literarischen Vergleichens, als Weltliteratur-Wissenschaft reorganisiert und dabei Weltliteratur definiert als Literatur wirklich aus aller Welt und in dem Maße über die ganze Welt, wie sie je an ihrem Ort das Drama von Geschichte und Eigensinn erkundet, die Auseinandersetzungen also zwischen herkömmlich-partikularen und jetztzeitlich-weltgesellschaftlichen Lebensbedingungen.

Selbstverständlich neige ich zu der Ansicht, vor allem eine solche Literaturwissenschaft, meine endgültige Literaturwissenschaft, werde in Zukunft eine Funktion haben können. Es wird gewiß notwendig bleiben, daß Spezialisten uns auch weiterhin über bestimmte Aspekte der jeweiligen Nationalliteraturen Auskunft erteilen können; die eigene Nationalliteratur wird in einer interkulturellen Literaturwissenschaft eine privilegierte Stellung einnehmen, weil man an ihr die intimste Erfahrung machen kann, auf welche Weise überhaupt Literatur sich auf Geschichte und Gesellschaft bezieht. Aber eine Literaturwissenschaft, die aufnehmen und vermitteln will, wie Literatur dahinterkommt, was gespielt wird und woran es am schmerzlichsten hapert, kann und mag ich mir nur noch als eine solche vorstellen, die nach wohldefinierten Erkenntnisbedürfnissen die Auswahl ihrer Exempel ohne regionale und methodische Beschränkung vornimmt.

Jetzt folgt noch ein kleiner Versuch, der meine endgültige Literaturwissenschaft bei der interkulturellen Arbeit zeigen soll.[1]

---

1 Der folgende Versuch »Über die Antiquiertheit von Literatur aus der Dritten Welt« ist unter diesem Titel zuerst erschienen in: Buchmagazin. Hg. v. Gemeinschaftswerk der Evangelischen Publizistik. Heft Frühjahr/Sommer 1990.

VI

Das uns so geläufig gewordene Herzählen von Erster, Zweiter,
Dritter Welt wirkt sich auf die Formierung eines gegenwärtigen
weltliterarischen Bewußtseins so aus, daß wir uns daran gewöh-
nen, die Literaturen Asiens, Afrikas und Lateinamerikas als Literatur einer Dritten Welt, als eine Dritte Welt der Literatur zu verbuchen.

Der Gießener Komparatist Gerhard R. Kaiser hat Weltliteratur als einen Prozeß der Angleichung definiert, der tendenziell
alle Literaturen ergreife und dessen technische und ökonomische
Bedingungen die kapitalistische Industrialisierung bilde. »Diese
führt zu einer Beschleunigung des Verkehrs, zu einer quantitativen wie qualitativen Intensivierung des internationalen Austau-
sches auch im kulturellen Bereich und in Verbindung damit – län-
gerfristig – zu einer wachsenden Angleichung der Lebensbedingungen, zur Verringerung der Ungleichzeitigkeiten im Gleichzeitigen.«[2]

Tatsächlich handelt es sich nicht um ganz unabhängig voneinander ermöglichte Vorgänge, wenn wir zum, wie eh und je, brasi-
lianischen Kaffee neuerdings nicht nur einen dito Roman lesen,
sondern die Lektüre für den Verzehr einer frischen Mango-
Frucht gleicher Herkunft unterbrechen. So zutreffend es jedoch
ist, einen weltliterarischen Prozeß, nicht anders als Weltwirtschaft, Weltpolitik, Weltkommunikation, durch die Erweiterung
des internationalen Austauschs in allen Bereichen bedingt zu sehen und diese Erweiterung wiederum durch die technischen und
ökonomischen Bedingungen kapitalistischer Industrialisierung,
– so zutreffend das auf der einen Seite ist, so trifft es doch auf der
andern Seite ebenso zu, daß sich Welt*literatur* von Weltwirtschaft,
Weltpolitik, Weltkommunikation dadurch unterscheidet, daß sie
in diese Bedingungen nicht nur verstrickt ist, sondern daß sie sie
auch reflektiert und in Frage stellt.

---

2 Gerhard R. Kaiser. Einführung in die Vergleichende Literaturwissenschaft. Darmstadt 1980. S. 21

Während es sich bei der weltgesellschaftlichen Integration auf allen anderen Ebenen derzeit um eine Angleichung in der Ungleichheit handelt – Erste, Zweite, Dritte Welt –, ist die Integration weltweit aller Literaturen Angleichung *in der Gleichheit*: Eine Dritte Welt der Literatur kann es nicht geben. Es ist die Unerschrockenheit aller Literaturen, den Nutznießern ihrer jeweiligen Gesellschaft entgegenzutreten, die ihnen gleiche Würde und gleiches Gewicht verleiht. Die Literatur und vorerst allein sie scheint befähigt zu dem weltweit egalitären Diskurs, den die sogenannte Dritte Welt bei jeder anderen Art von Nord-Süd-Dialog bislang vergeblich fordert.

VII

Die Literatur, die uns aus andern Gesellschaften erreicht, kommt der verbreiteten Neigung entgegen, Literatur als etwas wahrzunehmen, was sie nicht ist: als ›Information‹. Je weniger wir über fremde Gesellschaften wissen, desto umstandsloser mögen wir ihre Literatur als ›landeskundliche‹ Auskunft in Anspruch nehmen; aber auch durch Export wird Literatur nicht zu etwas, was sie in keinem Inland ist.

Die ›Andersheit‹ *fremder* Literaturen ist nicht allein kulturell bedingt, auch sie ist zuallererst eine ›poetische‹ Andersheit *aller* Literatur gegenüber *allen* Lebenswelten. Das hat Norbert Mecklenburg einer Literaturwissenschaft entgegengehalten, welche ihre Gegenstände restlos im Betrieb einer alert »interkulturellen Kommunikation« aufgehen lassen möchte. In seinen Anmerkungen über »kulturelle und poetische Alterität« interpretiert Mecklenburg kulturspezifisch unterschiedliche Erzählformen aber so: Im Unterschied zwischen dem »literarischen Erzählen in der Dritten Welt und in Europa« wiederhole sich heute die historische Differenz zwischen dem traditionellen und dem modernen Roman, zwischen traditionell »geschichtenförmigem« und modern »geschichtendestruierendem« Erzählen.[3]

---

3 Norbert Mecklenburg. Über kulturelle und poetische Alterität. In: A. Wierlacher (Hg.). Perspektiven und Verfahren interkultureller Germanistik. München 1987. S. 588

Ich zitiere das hier, weil es auf den Punkt bringt, was, zumeist unausgesprochen, gängige Auffassung über eine *Literatur*entwicklung in der Dritten Welt ist. Die Vorstellung nachvollziehend, welche die Dritte Welt kurzerhand mit unserer Vergangenheit synchronisiert und ihre Entwicklung als *die unsrige nachholend* definiert, wird unterstellt, Literatur der Dritten Welt wiederhole im Zuge der allgemeinen Modernisierung den Übergang von einem traditionellen Erzählen zum modernen europäischen Roman und finde damit auf Dauer auch literarisch Anschluß an Europa.

Robert Musil hat die Erfahrungsweise Ulrichs im »Mann ohne Eigenschaften« und ineins damit die – modern »geschichtendestruierende« – Erzählweise des Romans damit begründet, ihm sei das »primitive Epische« einer »Abbildung der überwältigenden Mannigfaltigkeit des Lebens« entlang einem »Faden der Erzählung« abhanden gekommen, weil die Realität, mit der er es zu tun habe, »unerzählerisch« geworden sei: sie folge nicht mehr einem Faden, sondern breite sich »in einer unendlich verwobenen Fläche« aus.[4]

Die These, literarisches Erzählen in der Dritten Welt sei noch traditionell geschichtenförmig und das unterscheide dieses Erzählen »kulturspezifisch« vom modernen europäischen Roman, – eine derartige These läuft auf den Befund hinaus, dort sei das Leben eben »erzählerisch« geblieben. Da es im Unterschied zur Mannigfaltigkeit in modernen europäischen Gesellschaften noch einem »Faden« folge, könne dort auch die Literatur bis auf weiteres fortfahren, den herkömmlichen »Faden der Erzählung« zu spinnen. Das trifft so nicht zu.

Ich denke aber, daß Literatur aus der Dritten Welt, daß zeitgenössische Romane aus Indien, aus Afrika, aus Lateinamerika aus erkennbaren Gründen weniger oder anders »unerzählerisch« sind als hiesige Literatur, die als modern in Frage kommen will. Und ich meine, daß genau dieser Umstand erheblich zu einem Erfolg dieser Romane hierzulande beiträgt: Kritiker, die ›exoti-

---

4 Robert Musil. Der Mann ohne Eigenschaften. Reinbek 1952. S. 650

schen‹ Importen eine gewisse »Geschichtenförmigkeit« nicht nur durchgehen lassen, sondern sie, wie regelmäßig beim jeweils neuen Márquez, enthusiastisch feiern, würden sich nie, aber auch nie dabei erwischen lassen, ein heimisches Produkt nach etwas anderem als nach dem Maß seiner »geschichtendestruierenden« Modernität zu bewerten; und sei es auch nur, um sich, was ja wirklich notwendig ist, von Marcel Reich-Ranicki abzugrenzen.

Ulrich, im »Mann ohne Eigenschaften« über das »Unerzählerische« seiner Wiener Lebenswelt grübelnd, meint dazu: »Wohl dem, der sagen kann ›als‹, ›ehe‹ und ›nachdem‹! Es mag ihm Schlechtes widerfahren oder er mag sich in Schmerzen gewunden haben: sobald er imstande ist, die Ereignisse in der Reihenfolge ihres zeitlichen Ablaufs wiederzugeben, wird ihm so wohl, als schiene ihm die Sonne auf den Magen.« In südlich ›unterentwikkelten‹ Ländern und in antiquiert ›erzählerischen‹ Romanen und Filmen aus südlich ›unterentwickelten‹ Ländern lassen wir uns zu gern die Sonne auf den Magen scheinen. Dabei nehmen wir, Reich hin Ranicki her, Urlaub von der kalt-unerzählerischen Modernität unserer Lebenswelt und der ihr nur zu gerecht werdenden Modernität der Prosa und der Filme von Alexander Kluge.

Die meisten Menschen, so, noch einmal, Ulrich bei Robert Musil, seien »im Grundverhältnis zu sich selbst Erzähler«. Ich habe den Eindruck, unsere Empfänglichkeit für eine Literatur aus der Dritten Welt hat, wie der Fern-Tourismus in die Ursprungsländer dieser Literatur, auch etwas von einer Regression auf ein antiquiert ›erzählerisches‹ Grundverhältnis zu uns selbst, das aus unserer eigenen Lebens- und Literaturwelt unerbittlich verdrängt wird.

VIII

Die spezifische Modernität zeitgenössischer Literatur aus Asien, aus Afrika, aus Lateinamerika arbeitet eine historisch je spezifisch geschichtete Antiquiertheit der jeweiligen Gesellschaften heraus, eine je spezifisch geschichtete Antiquiertheit des Menschen in diesen Gesellschaften.

Begriff und Vorstellung von einer »Antiquiertheit des Menschen« verwende ich hier so, wie sie Günther Anders in seinen
Untersuchungen der »Seele im Zeitalter der zweiten industriel-
len Revolution« definiert und ausgearbeitet hat. Eine anthropologisch unaufhebbare Antiquiertheit des Menschen bestehe nicht
in einer Altertümlichkeit schlechthin, sondern in der Ungleichzeitigkeit, in einem historischen »Gefälle« zwischen verschiedenen menschlichen Vermögen. So gebe es zum Beispiel »das Gefälle zwischen *Machen und Vorstellen*; das zwischen *Tun und Fühlen*; das zwischen *Wissen und Gewissen*; und schließlich und vor
allem das zwischen dem *Gerät* und dem (nicht auf den ›Leib‹ des
Geräts zugeschnittenen) *Leib* des Menschen. Allen diesen ›Ge-
fällen‹ kommt die gleiche Struktur zu: die des ›*Vorsprungs*‹ des
einen Vermögens vor dem anderen; bzw. die des ›*Nachhumpelns*‹
des einen hinter dem anderen.«

Als »letzter Hintermann, als verschämtester Nachzügler«,
»gleich schlecht synchronisiert mit allen seinen Vordermännern«,
»im weitesten Abstand hinter allen« trotte der menschliche Leib
nach. Jeder von uns bestehe demnach aus einer »lockeren Reihe
von verschieden altertümlichen und in verschiedenem Tempo
marschierenden Einzelwesen«. Die »Antiquiertheit des Menschen«, das ist nach Günther Anders die unaufhebbare Ungleichzeitigkeit, »A-synchronisiertheit der verschiedenen menschlichen ›Vermögen‹«, eine wachsende »A-synchronisiertheit des
Menschen mit seiner Produktewelt«.[5]

In dem Roman »Verbrannte Blüten« des kenianischen Autors
Ngugi wa Thiong'o heißt es einmal: »Afrika hatte nicht eine, sondern viele Vergangenheiten, und sie lagen in ständigem Kampf
miteinander.«[6] Das trifft auf alle Gesellschaften zu, welche auf
eine koloniale Vergangenheit zurückblicken, mithin auf nahezu
alle Gesellschaften einer heutigen Dritten Welt: Vielschichtigkeit
aus vielerlei vorkolonialen und kolonialen Traditionen und aus
vielerlei kolonialen und neokolonialen Modernisierungen. Der-

---

5 Günther Anders. Die Antiquiertheit des Menschen. München 1956. S. 16 f.
6 Ngugi wa Thiong'o. Verbrannte Blüten. Wuppertal 1982. S. 287

gleichen ist literarisch weder traditionell »geschichtenförmig« noch *europäisch*-modern »geschichtendestruierend« darstellbar.

Auch wo Literatur aus der Dritten Welt eine in Europa erarbeitete literarische Moderne nachzuvollziehen scheint, da entwickelt sie ihre Schreibweisen in Wirklichkeit authentisch aus ihrem gesellschaftlichen Material. Während aber eine ästhetische Moderne in Europa auf ihre Weise zur Verdrängung der Antiquiertheit des Menschen beigetragen hat und weiterhin beiträgt, nimmt Literatur in der Dritten Welt moderne ästhetische Verfahrensweisen in Anspruch, um – dort freilich kolonial deformierte – Ungleichzeitigkeiten zu untersuchen, zu dokumentieren, zu vertreten.

IX

Ich möchte an zwei Romanen des bereits genannten Autors Ngugi wa Thiong'o veranschaulichen, wie eine kolonialgeschichtlich deformierte Antiquiertheit des Menschen in einer Dialektik von »Geschichtenförmigkeit« und »Geschichtendestruktion« eine durch spezifische historische Erfahrung geprägte literarische Form finden kann. Mit den Romanen »Freiheit mit gesenktem Kopf« und »Verbrannte Blüten«, 1967 und 1977 erschienen, hat Ngugi wa Thiong'o Vorgeschichte und anfängliche Entwicklung der kenianischen Unabhängigkeit erzählt.[7]

Beide Romane sind als Erzählen im Erzählen organisiert. Dem literarischen Erzähler erwachsen in seinen Protagonisten Konkurrenten, die seinen eigenen Anteil zurückdrängen, indem sie vor allem erzählend einander mitteilen und aufeinander einwirken. Dabei offenbaren sie aber vielfältige Blockierungen. Die zahlreichen Bruchstücke, aus denen sich auf diese Weise mühsam genug eine Geschichte zusammenfügt, werden vor der Folie einer erzählenden Gesellschaft arrangiert, einer Gesellschaft, in der jede Erfahrung die Form einer Geschichte annehmen möchte. Ngugis Protagonisten verbindet jenseits aller sie sonst unter-

---

7 Ich erlaube mir, diese Veranschaulichung aus meinen »Studien zu einer Literatur der Ungleichzeitigkeit« zu übernehmen, welche unter dem Titel »Literatur und Entwicklung« 1989 als Fischer Taschenbuch erschienen sind.

scheidenden Behinderungen, daß sie allesamt *behinderte Erzähler* sind und sich alle gegen diese Behinderung auflehnen, indem sie es immer wieder versuchen.

Denn das Bild einer erzählenden Gesellschaft ist ihnen noch ganz und gar vertraut. Mit Geschichten aufgewachsen, sitzen sie noch jetzt oft dabei, wenn die Alten ihre Geschichten wieder und wieder erzählen, bis in Ursprungsmythen zurückreichende Geschichten von Dürre und Überfluß, von Festen und glücklich überstandenen Gefahren. Aber das ist es: Was für die Jüngeren, insbesondere für die Generation des von der englischen Kolonialmacht in den 50er Jahren verhängten Ausnahmezustandes, die Gestalt von Geschichten annehmen möchte, ist nicht mehr das Repertoire kollektiv erfahrener und in einem kollektiven Gedächtnis aufbewahrter Begebenheiten. Sie sind Angehörige einer Generation, die die Erfahrung einer sie isolierenden Individuation gemacht hat, einer geschichtlichen Herausforderung, die nur allzu oft die Form von persönlicher Schuld, von Verrat oder Versagen angenommen hat. Mit dem Erzählen vertraut, überhaupt, wie auch, im besonderen, mit den Techniken, eine gute Geschichte, eine Geschichte gut zu erzählen, haben sie zu befürchten, daß das, was *sie* zu erzählen hätten, gegen sie spricht. Sie machen damit eine für ihre Gesellschaft schockierend neue Erfahrung.

Es ist dieser Schock, den Ngugis Erzählweise in den beiden Romanen abbildet, überaus differenziert insbesondere in »Verbrannte Blüten«. Die Angst vor dem Erzählen und der schier unbezwingbare Drang, sich erzählend zu offenbaren; die Entscheidung, wann man das tut, wem gegenüber und bis zu welchem Punkt; wann und wem gegenüber man das abgebrochene Erzählen wieder aufnimmt und über den bereits einmal erreichten Punkt hinausführt; wann und wem gegenüber man verfälschende frühere Erzählungen korrigiert; wem man welche Version auftischt – all das wird in vielen Variationen durchgespielt und führt zu einem literarischen Ergebnis, das sich scheinbar ohne weiteres in eine anderwärts erarbeitete literarische Moderne einreihen läßt.

Selbstverständlich gibt es einen Zusammenhang zwischen Ngugis Erzählen und jener bereits klassischen europäischen Moderne, aber das ist nicht der eines unmittelbar literarischen Lernens von ihr. Die Form, die der europäische Roman seit dem 19. Jahrhundert anzunehmen hatte, entstand in der Auseinandersetzung mit einem vergleichsweise langgezogenen Prozeß gesellschaftlicher Modernisierung, welcher dem Individuum zunehmend die Verfügung über seine Lebensgeschichte und dem Roman auf Dauer unwiderruflich den »Faden der Erzählung« entzog.

Wenn der Erzählfaden auch in diesen Romanen von Ngugi wa Thiong'o nicht mehr fortgesponnen werden kann, so drückt sich im scheinbar gleichen literarischen Resultat doch eine fundamental andere Modernisierungserfahrung aus, die dramatische Erfahrung des Verlustes traditionaler Lebenswelten innerhalb *einer* Generation, der Generation des 1938 geborenen Autors. Und sie drückt sich dort auf eine sehr andere Weise aus. Ngugis Erzählen partizipiert noch an einer traditionalen Erzählkultur; die Zuversicht, erzählend Erfahrungen aufnehmen und weitergeben zu können, ist gesellschaftlich und literarisch noch allgegenwärtig. Aber sie zersplittert buchstäblich am Unglück von Lebensgeschichten, die sich gegen ihre erzählerische Offenbarung sträuben. Zugleich jedoch beruht die Erzählstruktur dieser Romane auf der ständig sich erneuernden Erfahrung ihrer Protagonisten, diese Blockierung situativ überwindend auch andern »die Zunge zu lösen«. Sie nimmt die antiquierte Fähigkeit ihrer Protagonisten auf, hinter Wunden *Geschichten* zu ahnen und diesen, kommen sie endlich zum Vorschein, mit humaner Neugierde und Anteilnahme zu begegnen.

X

Wenn die Antiquiertheit des Menschen in Afrika und die Modernität zeitgenössischer afrikanischer Literatur durch einen vergleichsweise abrupten Verlust traditionaler Lebenswelten konstituiert werden, so die Antiquiertheit des Menschen und die Modernität von Literatur in Lateinamerika durch die jahrhundertelange Koexistenz und komplexe Schichtung indianischer, afroamerikanischer und europäischer Kulturen.

»In Mexiko bestand für meine Generation das Problem nicht darin, unsere Modernität, sondern unsere Tradition zu entdekken.« So hat das, in einer autobiographischen Skizze »Wie ich zu schreiben begann«, Carlos Fuentes bekundet.[8] Für den Autor von »Terra Nostra« bedeutete bei seinem literarischen Debut in den 50er Jahren »unsere Tradition«: aztekische Kultur, spanische Kolonisation und mexikanische Revolution. In anderen lateinamerikanischen Gesellschaften sind es andere Vergangenheiten, welche miteinander und mit »der Moderne« in ständigem Kampf liegen. Aber wie in Afrika und Asien entwickelt auch Literatur in Lateinamerika ihre spezifische Modernität nicht dadurch, daß sie sich als »modern« intendiert und betreibt, sondern indem sie eine historisch je spezifisch geschichtete Antiquiertheit des Menschen im jeweiligen gesellschaftlichen Zusammenhang erkundet und zum Ausdruck bringt.

Die Verabsolutierung eines »geschichtendestruierenden« Erzählens und seine Dogmatisierung als literarische Modernität schlechthin hat bei uns nicht wenig zur Verdrängung der Antiquiertheit des Menschen beigetragen, wie sie von einem europäischen Fundamentalismus der Moderne insgesamt betrieben wird. Dieser Verdrängung entgegenzuwirken ist jedoch das Plädoyer für »geschichtenförmiges« Erzählen gerade *nicht* geeignet. Aber wenn wir von Zeit zu Zeit von der angestrengten Modernität unserer Lebens- und Literaturwelt Urlaub in einer Literatur aus der Dritten Welt nehmen, dann liegt das wohl daran, daß diese mit einer ganz und gar modernen Dialektik von »geschichtenförmigem« und »geschichtendestruierendem« Erzählen die Antiquiertheit des Menschen zu untersuchen, zu dokumentieren und zu vertreten fähig ist.

XI

Dabei wird uns so wohl, als schiene uns die Sonne auf den Magen: uns antiquierten europäischen Menschen.

---

8 Carlos Fuentes. Von mir und anderen. Stuttgart 1989. S. 35

Renate Hof

La fête est finie?
Literaturwissenschaft und
(Post-)Feminismus

We do what we can, and then make a theory to prove
our performance the best.
Ralph Waldo Emerson, *Notebooks*

What is often most fundamentally disagreed upon is
whether a disagreement arises out of the complexities
of fact or out of the impulses of power.
Barbara Johnson, *The Critical Difference*

»Mesdames les féministes, la fête est finie. Retournez au lit.« Mit
diesen Worten begrüßte im Jahr 1977 die italienische Schriftstel-
lerin und Journalistin Maria Antonietta Macchiochi ihre französischen Kolleginnen bei einer in Paris gehaltenen Rede. Sie verkündete damit gleichzeitig den Beginn eines neuen Zeitab-
schnitts, dem sie den Namen *Postfeminismus* gab.

Trotz der Ironie von Macchiochis Worten hat der *Postfeminismus* seither tatsächlich eine gewisse Berühmtheit erlangt. Zwar
ist der Grad der Popularität nicht zu vergleichen mit anderen Begriffen – etwa mit der Postmoderne oder dem Poststrukturalismus – , denen sehr viel größere Aufmerksamkeit geschenkt wurde. Zumindest aber wurde dieses Konzept von vielen sehr wohl-
wollend aufgenommen. Verlockend schien vor allem die damit
offensichtlich verbundene Rückkehr zu guten, alten, vorfemini-
stischen Zeiten. »Was immer der Feminismus gewesen sein mag,
welche Ziele er sich auch selbst gesetzt haben mochte – in dem
Moment, wo er in den kritischen Diskurs der Literaturwissenschaft eintritt, ist er *eine* unter vielen Möglichkeiten, über Bücher

zu sprechen.«[1] Diese und ähnlich umständliche Formulierungen eines Literaturwissenschaftlers, der selbst eine *Einführung* in die feministische Literaturkritik geschrieben hat, könnten in Zukunft überflüssig werden. Denn der Begriff *Postfeminismus* verspricht die beruhigende Gewißheit, endlich auch einen *Namen* gefunden zu haben für das, was man immer schon gewußt hat: Von der feministischen Literaturkritik sind – im Gegensatz zu den von ihr selbst aufgestellten Postulaten – keine Perspektiven einer anderen Literaturwissenschaft zu erwarten.

Doch ein Blick auf die Geschichte zeigt, daß ein solches ›Urteil‹ nur verstanden werden kann, wenn wir es *auch* als Stellungnahme gegenüber den politischen Forderungen der Frauenbewegung ansehen. Ebenso wie die feministische Literaturkritik nicht denkbar ist ohne den Wiederbeginn der Frauenbewegung in den 60er Jahren, so sind auch die Angriffe von seiten der etablierten Literaturwissenschaft von der (oft unausgesprochenen) Kritik an den Forderungen dieser sozialen Bewegung nicht zu trennen. Hier liegt einer der Gründe für die folgende, anders kaum zu erklärende Tatsache:

Jemand, der eine Bibliographie zum Thema »Die Kritik an der feministischen Literaturkritik« zusammenstellen wollte, würde sehr schnell feststellen, daß die stärkste Kritik von feministischen Literaturwissenschaftlerinnen selbst stammt. Außerhalb dieser Kreise fällt es schwer, kritische Überlegungen, die auch nur einigermaßen fundiert sind – d.h. über den pauschalen Vorwurf einer ›naiven‹ Theoriebildung und die Polemik gegenüber ›politisch‹ statt ›ästhetisch‹ motivierten Interpretationen hinausgehen – überhaupt zu finden. Zwar müßte eine Reihe von Büchern und Anthologien aufgeführt werden, in denen die feministische Literaturwissenschaft *erwähnt* wird. Eine wirkliche Auseinandersetzung mit den Voraussetzungen und Zielen dieser Wissenschaft dagegen ist äußerst selten. Auf diese Weise, d.h. durch stillschweigendes Übergehen oder beiläufiges Erwähnen einzelner Beiträ-

---

1 K. H. Ruthven, *Feminist Literary Criticism: An Introduction* (Cambridge, 1984), S. 8 (meine Übersetzung, R.H.).

ge, kann die Frage nach den *Gründen* für die Kritik, die von feministischer Seite an den Prämissen der akademischen Literaturkritik erhoben worden ist, umgangen werden. Das gilt selbst für Studien, die sich ausschließlich mit Literaturtheorien beschäftigen, die es sich zur Aufgabe gemacht haben, die gegenwärtige Theoriediskussion zu erfassen, die einen Überblick über den Stand der vielen literaturwissenschaftlichen Methoden vermitteln wollen.

Das besondere Dilemma der feministischen Literaturwissenschaft, das vor allem in dem expliziten politischen Anspruch dieser Forschung begründet ist, betrifft somit auf etwas verdecktere Weise auch die (Literatur-)Kritiker selbst. Denn ihre Kritik läßt sich unschwer einer langen Tradition des Widerstands zuordnen, der der Frauenbewegung von Anfang an entgegengebracht wurde. Die Urteile sind geprägt von den jeweiligen Reaktionen auf eine neue gesellschaftliche *Präsenz* von Frauen, die schon zu Beginn dieses Jahrhunderts zu einem geradezu explosionsartigen Anwachsen von theoretischen Reflexionen über das »Rätsel der Weiblichkeit« geführt haben.[2] Auch das Konzept des *Postfeminismus* ist keineswegs so neu, wie heute oft angenommen wird. Es handelt sich vielmehr um ein sporadisch wiederkehrendes Phänomen: »Wir interessieren uns für Menschen, nicht für Männer und Frauen,« hieß es schon 1919 in literarischen Zirkeln von Greenwich Village. Man polemisierte gegen die Frauenbewegung und verkündete das Zeitalter des *Postfeminismus*.[3]

Heute erneut von *Postfeminismus* sprechen zu wollen, könnte zunächst damit begründet werden, daß mittlerweile die Forderungen der Frauenbewegung in vielen Ländern nicht nur be-

---

2 Bemerkenswert ist hier vor allem die Tatsache, daß auch innerhalb der Literaturkritik die Abwehrhaltung immer wieder mit der veränderten gesellschaftlichen Position von Frauen in Verbindung gebracht wird. So erklärte etwa noch 1985 der Autor einer Studie zur Literatur der Moderne, Frauen müßten einsehen, daß bei der ganzen Debatte sehr viel mehr auf dem Spiel stehe als verletzte männliche Eitelkeit – »there is a great deal more at stake here than wounded male pride, for some anthropologists have argued that at issue is nothing less than the survival of the species.« In: Declan Kiberd, *Men and Feminism in Modern Literature* (New York, 1985), S. 206. Solche und ähnliche Behauptungen sind keine Einzelfälle.

3 Zitiert in Nancy Cott, *The Grounding of Modern Feminism* (New Haven, 1987), S. 282.

kannt, sondern – zumindest offiziell – auch anerkannt sind. Wir kennen darüber hinaus aus vielen von feministischen Wissenschaftlerinnen zusammengestellten Anthologien einiges von dem, was Philosophen und Dichter über Frauen gesagt haben. Hier zeigte sich ein erstaunliches Maß an Misogynie.[4] Doch diese seltsame Frauenfeindlichkeit gehört längst – so die Hoffnung – der Vergangenheit an. Auch Angriffe von Schriftstellern gegenüber schreibenden Frauen sind – von einigen Ausnahmen abgesehen – heute vergleichsweise selten. Wir können sogar vermuten, daß der unvergessene amerikanische Schriftsteller Nathaniel Hawthorne, hätte er hundert Jahre später gelebt, wahrscheinlich nie sein berühmt gewordenes Verdikt über »the mob of damned scribbling women« offen ausgesprochen hätte. Offensichtlich hat sich einiges geändert.

1978 wurde der Essayband *Silences* von Tillie Olsen veröffentlicht. Olsen, die mit ihrer künstlerischen Arbeit selbst erst sehr spät beginnen konnte, beschreibt darin anhand einer großen Zahl von Beispielen, auf welche Weise in früheren Zeiten die Kreativität von Frauen stets von neuem zum Schweigen gebracht wurde. Der Band erschien nahezu zeitgleich mit dem von Macchiochi ironisch vorausgesagten Beginn des *Postfeminismus*. Ist diese Gleichzeitigkeit vielleicht ein Anzeichen dafür, daß die feministische Literaturkritik, die u.a. den Ausschluß von Frauen aus unserer Kultur kritisierte, ihr Ziel erreicht hat? Oder handelt es sich bei diesem Zusammentreffen um einen weiteren, wenn auch impliziten, ironischen Kommentar, um eine Art ›dramatische Ironie‹, die rückblickend deutlich machen könnte, daß das Reden über den *Postfeminismus* ein erneutes Schweigen von Frauen zur Folge haben wird?

---

4 Vgl. hierzu v. a. Mary B. Mahowald, ed., *Philosophy of Woman: An Anthology of Classic and Current Concepts* (Indianapolis, 1978); Susan Moller Okin, *Women in Western Political Thought* (Princeton, 1979); Genevieve Lloyd, *The Man of Reason. ›Male‹ and ›Female‹ in Western Philosophy* (London, 1984; dt. Übersetzg. Bielefeld 1985); Heidemarie Bennent, *Galanterie und Verachtung: Eine philosophiegeschichtliche Untersuchung zur Stellung der Frau in Gesellschaft und Kultur* (Frankfurt u. New York, 1985); Ellen Kennedy u. Susan Mendus, eds., *Women in Western Political Philosophy* (Brighton, 1987).

Während die erste Frage eindeutig mit Nein zu beantworten ist, dürfte es zum gegenwärtigen Zeitpunkt schwer sein, eine Prognose über das künftige Schicksal des *Postfeminismus* abzugeben. Doch sowohl der Bedeutungswandel von Begriffen als auch die Einführung eines neuen Konzepts verweisen darauf, daß über bestimmte, bisher stillschweigend vorausgesetzte Annahmen erneut nachgedacht wird. Gerade die *Diskussion* um ein solches Konzept bietet damit gleichzeitig die Möglichkeit, die mit diesem Versuch einer Beschreibung gesellschaftspolitischer Prozesse verbundenen sozialen und gedanklichen Veränderungen zu reflektieren.

Für die Literaturwissenschaft bedeutet das, daß der Begriff *Postfeminismus* nicht unabhängig von der gegenwärtigen literaturtheoretischen Methodendiskussion erörtert werden kann. Denn dieser Begriff ist selbst Teil einer intensiven wissenschaftlichen Auseinandersetzung, die unter anderem von den diversen sozialkritischen Bewegungen der 60er Jahre initiiert worden ist. Als solcher ist er sowohl von den Forderungen dieser Bewegungen als auch von der Dynamik dieser Auseinandersetzung nicht zu trennen.

Die feministische Literaturkritik begann mit dem Ziel, auf die vernachlässigte oder auch vergessene kulturelle Arbeit von Frauen aufmerksam zu machen. Damit verbunden war eine Kritik an stereotypen Weiblichkeitsbildern, an der literarischen Kanonbildung, an den Periodisierungsschemata der Literaturgeschichtsschreibung. Alles das ist bekannt und hat mittlerweile u.a. dazu geführt, daß wissenschaftlichen Arbeiten – etwa Veröffentlichungen zum amerikanischen Roman des 19. oder 20. Jahrhunderts –, die sich nahezu ausschließlich auf Texte von weißen, männlichen Schriftstellern konzentrieren, zumindest ein Verstoß gegen die literaturwissenschaftlichen Spielregeln vorgeworfen werden dürfte. Was aber, so der oft gehörte Einwand, hat eine feministische Literaturwissenschaft uns über die Wiederentdeckung von in Vergessenheit geratenen Schriftstellerinnen hinaus noch zu bieten?

Diese Frage ist nicht durch den Hinweis auf einzelne Interpretationen literarischer Texte zu beantworten. Sie klärt sich auch nicht aufgrund von Analysen, die versuchen, die Besonderheiten weiblichen Schreibens oder gar mögliche *Unterschiede* zwischen

›männlichem‹ und ›weiblichem‹ Lesen herauszustellen. Ebenfalls irreführend ist die *Gleichsetzung* von feministischer Wissenschaft mit *Frauenforschung*, die durch einen bestimmten Objektbereich definiert ist. Wichtiger erscheint mir dagegen die Überlegung, welche *Implikationen* die Ergebnisse der Frauenforschung *für die Literaturwissenschaft* mit sich bringen. Die Frage, die mich in diesem Zusammenhang vor allem beschäftigt, lautet: Soll die feministische Literaturkritik in die Vielfalt der mehr oder weniger friedlich nebeneinander existierenden Literaturtheorien eingereiht werden – als *eine* unter vielen Möglichkeiten, über Bücher zu sprechen? Oder sind hier vielleicht doch Ansätze zu erkennen, die hoffen lassen, daß die Diskussion um eine *andere* Literaturwissenschaft mehr ist als eine weitere Spielart im Zirkus der Methoden?

Meine nachfolgenden Überlegungen beziehen sich auf die Theoriediskussion in den USA. Im Gegensatz zu der Situation in unserem Land ist die feministische Literaturkritik an den dortigen Universitäten inzwischen längst institutionalisiert. Sie stellt damit – schon aufgrund der großen Zahl von Forschungszentren – einen nicht mehr zu übersehenden Faktor des akademischen Lebens dar.[5] Gleichzeitig sind, speziell in den letzten Jahren, Anzeichen dafür zu erkennen, daß dieser Forschungsrichtung auch von seiten der etablierten Literaturwissenschaft zunehmende Aufmerksamkeit geschenkt wird. So erklärte etwa J. Hillis Miller 1986 in seiner Eröffnungsrede zur Jahrestagung der *Modern Language Association*:

Another example of the triumph of theory is the development of feminist literary studies. This development has had a tremendous and irreversible effect on the way literature is studied and taught, on the curricula and canons of literary studies. The women's movement is no doubt methodologically diverse, even heterogeneous, but it has been from the beginning not only politically motivated but theoretically exigent through and through.[6]

---

5 Einen guten Überblick bietet Ingrid Kerckhoff, »Zwischen New Left und New Right: Zur amerikanischen Frauenbewegung, 1967-1986«, *Argument-Sonderband* 156 (1987), 38-61.

6 *Publications of the Modern Language Association* 102:3 (May 1987), S. 286.

Ein weiterer Unterschied besteht darin, daß die gegenwärtige akademische Literaturkritik in Amerika von einer besonderen Form der ›Theoretisierung‹ gekennzeichnet ist. Zudem hat die Etablierung von einigen berühmt gewordenen Theoriezentren – *Independent Schools of Criticism and Theory* z.B. an der *University of California* in Irvine, an der *Northwestern University*, in Dartmouth und in Duke – einiges zu der ›neuen Unübersichtlichkeit‹ innerhalb der Literaturwissenschaft beigetragen.[7] Auf die Ratlosigkeit, die mittlerweile in vielen *English Departments* herrscht, verweist allein schon der Stoßseufzer eines Literaturprofessors, der Schwierigkeiten hat, wenn es darum geht, jemanden einstellen zu müssen: »Should we hire an Eighteenth Century scholar, a Lacanian feminist, a Marxist, *or* a theorist?«[8]

In aller Kürze lassen sich für das Aufkommen dieser neuen Theoriediskussion innerhalb der Literaturwissenschaft im wesentlichen zwei Gründe anführen. Auf der einen Seite wird die Konzentration auf theoretische Fragestellungen vor allem als Reaktion auf die diversen sozialkritischen Bewegungen der 60er Jahre gesehen. Zum anderen zeigt sich hierin eine ›Antwort‹ auf eine spezifische Herausforderung, die von literarischen Texten selbst ausgegangen ist und ausgeht.

---

7 Die Versuchung, bestimmte europäische Einflüsse – etwa den französischen Strukturalismus und Poststrukturalismus – für diese Entwicklung verantwortlich zu machen, ist verlockend. Eine solche Erklärung jedoch ist letztlich wenig hilfreich. Denn sie gibt noch keinerlei Aufschluß darüber, warum diese außeramerikanischen Einflüsse in einer bestimmten Zeit und in diesem bisher nicht bekannten Ausmaß in den Vordergrund treten konnten. Dazu wäre es nötig, sowohl die Geschichte der Literaturtheorie in den USA, die – im Gegensatz zu Europa – eine anders gelagerte Tradition von Überlegungen zur Ästhetik und zur Literaturtheorie aufweist, als auch die unterschiedliche Geschichte und Struktur der Universitäten zu berücksichtigen. Die Konzentration auf literaturwissenschaftliche Fragestellungen ist nicht zuletzt auch deshalb ein Phänomen, weil hier sehr viele aus unterschiedlichen Traditionszusammenhängen entstandene Faktoren mit einer geradezu unheimlichen Gleichzeitigkeit aufgetaucht sind.

8 Allerdings zeigt schon die Popularität von Büchern wie etwa Allan Blooms *The Closing of the American Mind* (New York, 1987), daß die in dem Zitat von J. Hillis Miller wiedergegebene Meinung keineswegs von allen geteilt wird. Hier nämlich ist der Feminismus einer der ›Sündenböcke‹, dem ohne Umschweife die Schuld an der gegenwärtigen Krise der Literaturwissenschaft zugesprochen wird – »the latest enemy of the vitality of classic texts is feminism.« (S. 65). Dieses Buch ist gleichzeitig ein erhellendes Beispiel dafür, in welcher Form diejenigen, die die ›Politisierung‹ der Literaturwissenschaft beklagen, gerade durch diese Angriffe ihre eigene politische Haltung kundtun.

Für diesen zweiten Punkt möchte ich zunächst kurz einen Text als Beispiel anführen, der gerade *nicht* aus dem Bereich der Literatur von ›Frauen und anderen Minoritäten‹ stammt – Vladimir Nabokovs *Pale Fire*. Als ein ›Spiel im Spiel‹ bietet dieses 1962 erschienene Buch eine Art Modell für die Fragen, um die sich innerhalb der Literaturwissenschaft eine immer deutlicher werdende Kontroverse entwickelt hat.

Pale Fire besteht aus einem Gedicht von 999 Zeilen, das von einem fiktiven Autor namens John Shade geschrieben wurde. Die 1000. Zeile konnte der Autor nicht beenden, da er erschossen wurde. Charles Kinbote, ein Freund dieses Autors, übernimmt die Herausgabe. Er schreibt ein Vorwort und verfaßt einen Kommentar, der dieses Gedicht schon an Länge bei weitem übersteigt. Vor allem hat dieser Kommentar – wenn man die von der Logik bereitgestellten Maßstäbe von Konsistenz und Kohärenz zugrundelegt – mit diesem Gedicht nichts oder doch nur sehr wenig zu tun. Wobei nicht geleugnet werden kann, daß dieser fiktive Herausgeber sich ununterbrochen auf *Textstellen* beruft.

Ein Blick auf die Sekundärliteratur zu *Pale Fire* bestätigt sehr schnell das, was die amerikanische Literaturwissenschaftlerin Shoshana Felman als »the uncanny reading effect« bezeichnet hat. Diese *unheimliche* Wirkung vieler literarischer Texte beschreibt sie in ihrer Auseinandersetzung mit Henry James:

> The scene of the critical debate is thus a *repetition* of the scene dramatized in the text. The critical interpretation, in other words, not only elucidates the text but also reproduces it dramatically, unwittingly *participates in it*. [...]. As a reading effect, this inadvertent ›acting out‹ is indeed uncanny: whichever way the reader turns, he can but be turned by the text, he can but *perform* it by *repeating* it.[9]

In ähnlicher Form hat sich auch die Kritik zu *Pale Fire* in endlose Diskussionen über die Bedeutung dieses Textes eingelassen. Im-

---

9 Shoshana Felman, »Turning the Screw of Interpretation«, in: *Literature and Psychoanalysis. The Question of Reading: Otherwise*, ed. Shoshana Felman (Baltimore, 1982), S. 101.

mer wieder wurde allen Ernstes gefragt, was als das *Original* anzusehen sei, ob nicht vielleicht gar der Herausgeber selbst dieses Gedicht geschrieben habe, um damit seinen eigenen Kommentar ›legitimieren‹ zu können. Was bei dieser Debatte über das Verhältnis zwischen Gedicht und Interpretation/Kommentar allerdings häufig übersehen wird, ist die Tatsache, daß das Vorwort des fiktiven Herausgebers uns auf diese Frage eine klare Antwort gibt. Denn Kinbote reflektiert selbst ausdrücklich über die Schwierigkeiten dieser Relation. Sein Fazit, zugleich die letzten Worte dieses Vorworts: »[…] it is the commentator who has the last word.«

Nun gibt es zweifellos eine Reihe von Interpretationsmöglichkeiten, um diesen Kommentar selbst zu kommentieren. Hierbei sind der Phantasie der Kritiker keine Grenzen gesetzt – solange sie sich auf *Textstellen* berufen. Mit Hilfe von Textzitaten läßt sich dieser fiktive Herausgeber denn auch unschwer als *Madman*, als wahnsinnig charakterisieren. Ebenso leicht ist es, *Pale Fire* als eine Art Parodie der Literaturwissenschaft zu lesen. Beides ist einleuchtend und läßt sich ›belegen‹. Das Problem ist nur, daß sich diese Interpretationen nicht ausschließen – ein unangenehmer Gedanke, der wiederum einen neuen Begründungszwang nach sich zieht. Denn nun muß – selbstverständlich anhand von Textstellen – bewiesen werden, daß die Parodie sich offensichtlich nur auf *bestimmte* Arten des Umgangs mit literarischen Texten bezieht.

Die eigentliche Herausforderung, die dieses Buch von Nabokov für die Literaturkritik bietet, liegt vor allem darin, daß hier die *Relation* zwischen literarischem und kritischem Diskurs – oder auch das Problem des *Rahmens*, das Verhältnis von innen und außen – in einer besonderen Form thematisiert wird. Erschwert und zunehmend komplexer wird damit die Frage nach den Möglichkeiten, unterschiedliche Interpretationen literarischer Werke miteinander *vergleichen* zu können. Gibt es eine Einigkeit darüber, wo die Toleranz, d.h. der ›Spielraum‹ aufhört?

Eine der bekanntesten Lösungen dieses Problems hat Stanley Fish bereitgestellt. Sein vieldiskutiertes Buch *Is There a Text in*

This Class?[10] scheint die beunruhigende Tatsache, daß kein Maßstab *vorhanden* ist, auf den wir bei der Beurteilung unterschiedlicher Interpretationen zurückgreifen können, sehr ernst zu nehmen. Fish beginnt mit der Frage, ob die Bedeutung eines Textes durch den Text selbst oder durch den Leser geschaffen wird. Die unterdessen fast schon zum Klischee gewordene Antwort, die besagt, daß eine durch das Erzählen geschaffene Textwelt erst als Folge einer dynamischen Interaktion zwischen Text und Leser entsteht, ist als solche zwar unbestritten, bietet jedoch noch keinen Schutz vor dem Schreckgespenst des Relativismus. Aus diesem Grund erfindet Fish – wie allerdings schon einige vor ihm – das Konzept einer Interpretationsgemeinschaft. Eine solche Gemeinschaft hat gegenüber den vielen von der Literaturwissenschaft bisher bereitgestellten Konstrukten des (idealen, intendierten, impliziten) Lesers offenbar den Vorteil, einen höheren Grad an intersubjektiver Verständigungsmöglichkeit über die Bedeutung eines Textes zu liefern. Die Aufmerksamkeit richtet sich in verstärktem Maß auf die *soziale* Konstruktion der gemeinsamen Vorannahmen und Wertvorstellungen. Aufgrund dieser Gemeinsamkeiten ist es möglich, die jeweilige *Akzeptanz* einer Interpretation von seiten der Interpretationsgemeinschaft als eine Art Maßstab zu betrachten, anhand dessen die Gültigkeit oder Ungültigkeit, die Stärke oder Schwäche einzelner Interpretationen gemessen werden können.

Das alles erscheint auf den ersten Blick einleuchtend. Die immer wieder aufgeworfene Frage nach den *Grenzen* der pluralistischen Meinungsbildung allerdings wird damit nicht beantwortet. Zwar stellt sich das Problem der Grenze nicht mehr als Frage nach der ›Normalität‹ eines einzelnen Kritikers. Doch im Gegensatz zu dem fiktiven Herausgeber von Nabokovs Roman, der bei seinen Überlegungen über das Verhältnis von literarischem Text und Kommentar zu einem (wahnsinnig?) klaren Ergebnis kam, steht jetzt die Normalität bzw. die *Autorität* der Interpretationsgemeinschaft zur Diskussion. Hierzu noch einmal zwei Beispiele:

---

10 Stanley Fish, *Is There a Text in This Class*? (Cambridge, Mass., 1980).

In einem 1966 unter dem Titel »Shakespeare in the Bush« erschienenen Aufsatz berichtet die amerikanische Anthropologin Laura Bohannan von den Interpretationsgepflogenheiten eines westafrikanischen Stamms, den sie sich als ›Studienobjekt‹ für ihre Feldforschung ausgesucht hatte.[11] Hier verläuft die Kunst der Interpretation von Geschichten insofern nach festgelegten Regeln, als die Kontrolle über die ›wahre Bedeutung‹ einer Geschichte bei den Stammesältesten liegt. Die Anthropologin beginnt, die Geschichte von »Hamlet« zu erzählen. Die ersten Verständigungsschwierigkeiten ergeben sich, als der Geist von Hamlets Vater auf der Bühne erscheint: – »Dead men can't walk.« Besonderes Erstaunen aber erregt die Behauptung, Hamlet habe sich darüber aufgeregt, daß sein Onkel Claudius die Witwe des Verstorbenen geheiratet habe und damit zum ›Häuptling‹ geworden sei. »He did well,« meinte einer der Stammesältesten, »I told you that if we knew more about Europeans, we could find they really were like us. In our country also [...] the younger brother marries the elder brother's widow and becomes the father of his children.« Auch hier gibt es somit eine *eindeutige* Antwort: Hamlet ist der Bösewicht. Nachdem die Anthropologin sich mit dieser Bedeutung einverstanden erklärt hatte, wurde sie in die Interpretationsgemeinschaft aufgenommen.

Die hier natürlich nur sehr verkürzt wiedergegebene Anekdote zeigt dreierlei: 1. wird die Relevanz der Suche nach einer wahren Textbedeutung nicht angezweifelt; 2. wird die geradezu ›modern‹ oder ›fortschrittlich‹ anmutende Behauptung, die Bedeutung einer Geschichte werde durch die *Interpretation* dieser Geschichte geschaffen, ebenfalls nicht in Frage gestellt; 3. aber liegt – im Unterschied sowohl zu dem fiktiven Herausgeber von Nabokovs Roman als auch zu der Meinung der Stammesältesten – das Problem für uns wohl vor allem in der Frage nach der

11 Laura Bohannan, »Shakespeare in the Bush«, *Natural History* 75 (1966), 28-33.
    Den Hinweis auf Laura Bohannan verdanke ich einem Aufsatz von Berndt Ostendorf, »An Anthropological Approach to Yoknapatawpha«, in: *New Directions in Faulkner Studies*, ed. Doreen Fowler u. Ann J. Abadie (Mississippi, 1984), S. 94-118.

Autorität des Kommentators oder der Interpretationsgemeinschaft. Um diese Schwierigkeiten geht es in unserem nächsten Beispiel:

Ein Literaturprofessor an einer amerikanischen Universität versucht, seinem Seminar bestimmte Interpretationsprobleme, mit denen die Literaturwissenschaft ständig konfrontiert sei, verständlich zu machen. In diesem Zusammenhang zitiert er einen Satz aus einem Dokument der amerikanischen Regierung von 1958: »The Congress hereby declares that it is the policy of the United States that activities in space should be devoted to peaceful purposes for the benefit of all mankind.« Vierundzwanzig Jahre später, im März 1982, kommentierte (oder interpretierte) ein offizieller Sprecher des Verteidigungsministeriums diesen Satz mit folgenden Worten: »We interpret the right to use space for peaceful purposes to include military uses of space to promote peace in the world.«

Die Gegenüberstellung dieser beiden Sätze sollte dazu dienen, die eklatante Fehlinterpretation deutlich zu machen. Doch der Professor, der, wie er selbst schreibt, über ein angemessenes Maß an moralischer Entrüstung verfügt, war auf die Reaktion eines Studenten, der diese Interpretation nachdrücklich verteidigte, nicht gefaßt:

> Somewhat amused, I spent the next ten minutes trying, with decreasing amusement, to show this student that the Reagan administration's reading was clearly, obviously, painfully wrong. I pointed to the text. I cited the traditional interpretation. I noted the class consensus, which supported me. All to no avail. It was at this point that I felt the ›theoretical urge‹: the overwhelming desire for a hermeneutic account to which I could appeal to prove my student wrong. What I wanted was a general theory of interpretation that could supply rules outlawing my student's misreading.[12]

Hier ist zunächst ein Aspekt zu erkennen, der auch für die Frage nach den Gründen für das in einer bestimmten Zeit auftauchende

---

12 Vgl. Steven Mailloux, »Rhetorical Hermeneutics«, *Critical Inquiry* 11 (June 1985), S. 620.

Interesse an Literaturtheorien hilfreich sein könnte. Der Drang nach Theorien wird offensichtlich in ›Krisensituationen‹ besonders spürbar. Was ebenfalls deutlich wird, ist der Wunsch, diese Krise mit Hilfe von Theorien lösen zu wollen – ein Versuch, der gleichzeitig auf eine bestimmte und sicher auch sehr wichtige *Funktion* von Theorien schließen läßt. Dieses Beispiel aber fordert uns darüberhinaus zu einer weiteren Überlegung auf: Während es sicher einleuchtend ist, daß die hier geschilderten Meinungsverschiedenheiten gravierende *politische* Konsequenzen haben können, sind die Konsequenzen divergierender Interpretationen literarischer Werke sehr viel schwerer zu bestimmen. Mit anderen Worten: Die moralische Entrüstung des Literaturprofessors ist im Rahmen des genannten Beispiels als Reaktion verständlich. Die Frage aber ist, in welcher Form wir auf die Vielfalt von Literaturinterpretationen reagieren, reagieren können oder sollten? Interessant wird die Diskussion somit in dem Moment, wo die Toleranz an gewisse Grenzen stößt.

Es ist vor allem *diese* Überlegung, die die beiden Faktoren – die Herausforderung durch literarische Texte selbst sowie die neue gesellschaftspolitische Relevanz der sozialkritischen Bewegungen –, die als Hauptursache für das Aufkommen der Theoriediskussion gelten können, miteinander verbindet. Denn auch von den sozialkritischen Bewegungen der 60er Jahre, und hier speziell von seiten der *Black Studies* und der feministischen Literaturkritik, wurden die theoretischen Voraussetzungen, auf denen die Autorität von Interpretationen beruhte, kritisiert.

Sicher ließe sich einwenden, daß es sich bei dieser Kritik um ein jahrhundertealtes Problem handelt, das, von Platon angefangen, zu immer neuen Legitimationsversuchen der literarischen und literaturwissenschaftlichen Diskurse geführt hat. Auch dieser Einwand ist einleuchtend, wobei hierdurch die Kritik als solche natürlich nicht abgewertet, sondern eher bestätigt wird. Was sich jeweils ändert, sind die Legitimations*begründungen*. Sie sind abhängig von dem, was wir unter Literatur verstehen, von der zugrundeliegenden Auffassung von Sprache sowie – darin ist Fish durchaus zuzustimmen – von denjenigen, die die Begründungen aufstellen und damit argumentieren. Diese drei Aspekte haben sich in unserem Jahrhundert, und hier wiederum speziell in den letzten zwei Jahrzehnten, in einer besonderen und sehr komplexen historisch-theoretischen Konstellation erneut als Problem herausgebildet. Von Rhetorik könne, wie Paul de Man schreibt, nicht schon dann gesprochen werden, »wenn wir auf der einen Seite eine buchstäbliche Bedeutung und auf der anderen eine figurative erkennen, sondern wenn es unmöglich ist, mit Hilfe grammatischer oder anderer sprachlicher Hinweise zu entscheiden, welche der beiden Bedeutungen (die miteinander inkompatibel sein können) den Vorrang hat. Rhetorik ist die radikale Suspendierung der Logik und eröffnet schwindelerregende Möglichkeiten referentieller Verwirrung.«[13]

Die Implikationen dieser Überlegung für die Literaturkritik sind in der Tat ›unheimlich‹. Sie lassen sich nicht einfach mit dem Hinweis aus der Welt schaffen, daß es immer notwendig gewesen sei, zwischen einer standortgebundenen Perspektive als einer allgemeinen Bedingung der *conditio humana* und bestimmten Verzerrungen unterscheiden zu müssen (oder zu können). Vielmehr erfordert die performative *Gewalt* der Sprache, die neben Paul de Man vor allem Jacques Derrida in den Mittelpunkt seiner Sprachtheorie gestellt hat, andere Fragestellungen.[14] Wenn das, was als eher zufällige Abweichung vom Prozeß der Wahrheitsfindung als Bedrohung ausgeschlossen wurde, für diesen Prozeß selbst konstitutiv ist, so kann diesem ausgeschlossenen ›Anderen‹ nicht von vornherein eine zweitrangige Bedeutung zugesprochen werden.

In diesem Zusammenhang wurde das Selbstverständnis der akademischen Literaturkritik auch dadurch erschüttert, daß die Idee einer herrschaftsfreien Kommunikation, von der hermeneutische und kommunikationssoziologische Theorien oft auszugehen scheinen, offensichtlich nicht von jeder Interpretationsgemeinschaft anerkannt wird. »Art is what white people do«, er-

---

13 Paul de Man, *Allegories of Reading* (New Haven, 1979; dt. Teil-Übersetzung: *Allegorien des Lesens* (Frankfurt/M., 1988), S. 40.

14 Vgl. dazu auch Teresa de Lauretis, »The Violence of Rhetoric«, in: dies., *Technologies of Gender: Essays on Theory, Film, and Fiction* (London, 1987), S. 31-50.

klärte einmal ironisch der schwarzamerikanische Schriftsteller Ishmael Reed. »All other people are ›propagandists‹.«[15] Die (utopische) Setzung bzw. Vorstellung einer ›idealen Kommunikationsgemeinschaft‹ könnte sich auch aus der Homogenität einer Institution ergeben haben, zu der diejenigen sozialen Gruppen, die das Ideal eines solchen Konsens in Frage stellen konnten, keinen Zugang hatten. *Ohne* Berücksichtigung dieses besonderen Status, den sich die akademische Literaturkritik traditionell zugemessen hat, müssen auch der Anspruch und die Forderungen der feministischen Wissenschaftskritik unverständlich bleiben. Damit wird gleichzeitig die von seiten der etablierten Literaturwissenschaft geübte Kritik an diesen Forderungen nur allzu leicht zu einer abstrakten und irreführenden Debatte über die Opposition von allgemeinmenschlichen Idealen und Zielen auf der einen Seite und spezifischen, politisch motivierten Interessen bestimmter Gruppen auf der anderen. So kritisiert etwa Sam Weber zu Recht, daß eine Interpretationsgemeinschaft, wie sie von Fish konzipiert wird, letztlich auf eine Universalisierung des Individuums hinausläuft – »[it is] nothing but a generalized, indeed a universalized form of the individualist monad: autonomous, self-contained and internally unified, not merely despite but because of the diversity it contains.«[16] Das heißt: Der Literaturwissenschaftler oder die ›literaturwissenschaftliche Gemeinschaft‹ sollen und dürfen Konflikte und Differenzen analysieren. Was jedoch immer wieder ausgespart wird, ist die Frage nach Differenzen und Konflikten *innerhalb* der Interpretationsgemeinschaft selbst. Vermieden wird damit vor allem eine Auseinandersetzung mit der m. E. *zentralen* Frage, die Paul de Man in »The Resistance to Theory« gestellt hat:

What is it that is being threatened by the approaches to literature that developed during the sixties and that now, under a variety of

15 Zitiert in Richard Kostelanetz, *The End of Intelligent Writing: Literary Politics in America* (New York, 1974), S. 243.

16 Samuel Weber, »Capitalizing History: *The Political Unconscious*«, in: ders., *Institution and Interpretation* (Minnesota, 1987), S. 43.

designations, make up the ill-defined and somewhat chaotic field of literary theory?[17]

Hierzu in aller Kürze einige mögliche Antworten, um dann abschließend – anhand dieser Überlegungen – noch einmal auf die gegenwärtige gesellschaftspolitische Bedeutung des Konzepts *Postfeminismus* zurückkommen zu können.

Die wichtigste und, wie ich meine, *heilsame* Bedrohung, die von der feministischen Wissenschaftskritik ausgegangen ist, liegt auch für die Literaturwissenschaft in der *Anerkennung* der Tatsache, daß sich die von der Frauenforschung bereitgestellten Informationen bzw. die Ergebnisse dieser nunmehr bereits zwei Jahrzehnte währenden Forschungsarbeit nicht ohne weiteres in bestehende ältere oder auch neuere Theorien integrieren lassen. Wenn etwa eine von Richard Ellmann und Charles Feidelson 1965 herausgegebene, fast tausend Seiten umfassende Anthologie mit dem Titel *The Modern Tradition* auf neun Seiten zwei Schriftstellerinnen – George Eliot und Virginia Woolf – erwähnt, so müssen sich die auf einer solchen Textbasis beruhenden theoretischen Überlegungen zu den formalen, erzähltechnischen und stilistischen Innovationen dieser literarischen Epoche notwendigerweise ändern, wenn sie mit der Vielzahl von bisher unberücksichtigt gebliebenen Texten konfrontiert werden.[18] »If they followed Pound's dictum to ›make it new‹«, schreibt Bonnie Scott in *The Gender of Modernism*, »we still must work on identifying the process and the pronoun. The making, the formal experiment, no longer seems to suffice as a definition [...]. In settling for a small set of white male modernists and a limited number of

---

17 Paul de Man, *The Resistance to Theory* (Minneapolis, 1986), S. 7.

18 Daß es sich bei dieser Art der Textauswahl um eine auch heute noch keineswegs obsolet gewordene Praxis handelt, beweisen eine Reihe von Studien aus den späten 70er und den 80er Jahren: M. Bradbury u. J. MacFarlane, eds., *Modernism 1880-1930* (Sussex, 1978); Michael Levenson, *The Genealogy of Modernism* (New York, 1984); Sanford Schwartz, *The Matrix of Modernism: Pound, Eliot and Early Twentieth-Century Thought* (Princeton, 1985); C. K. Stead. *Pound, Yeats, Eliot and the Modernist Movement* (London, 1985); Bernard Bergonzi, *The Myth of Modernism and Twentieth Century Literature* (New York, 1986); Julian Symons, *Makers of the New: The Revolution in Literature 1922-1939* (London, 1987).

texts and genres, we may have paused upon a conservative, anxious, male strain of modernism, however valuable and lasting those texts.«[19] Mit anderen Worten: Es ist vor allem ›Der Aufstand der Musen‹ – so der Titel eines brillanten Buchs von Eva Hesse, Michael Knight und Manfred Pfister[20] – der eine Neubewertung der literarischen Moderne erforderlich macht.

Damit verbunden ist die Notwendigkeit, unsere ästhetischen Kriterien zu überdenken. Das ist eine Aufgabe, die – entgegen den verständlichen Anfangsbemühungen der feministischen Literaturkritik – weder durch einen *Vergleich* zwischen den anerkannten Meisterwerken der Erzählliteratur mit den Errungenschaften der »damned scribbling women«, noch durch die Suche nach einer weiblichen ›Klassikerin‹ zu lösen ist. Statt dessen erfordert gerade die Vielfalt des mittlerweile vorhandenen Materials ein erneutes Nachdenken u.a. über die *Funktion* literarischer Fiktionen. Inwieweit kann das, was wir Literatur nennen, dazu beitragen, gesellschaftliche Hierarchien zu organisieren und zu legitimieren? Warum wurden bestimmte Erzählungen immer wieder ausgeschlossen und als unwichtig, irrelevant oder weniger wertvoll angesehen?

Bei allen diesen Fragen geht es nicht um die ohnehin unvermeidliche Tatsache, daß wir immer gezwungen sind, aus der Vielfalt von Ereignissen und Informationen auswählen zu müssen. Es geht auch nicht allein um die Frage der Auswahl*kriterien.* Zur Debatte steht vielmehr ein wiederkehrendes *Muster,* das in dem Moment, wo es als solches erkannt ist, nicht mehr übersehen werden kann. Dieses immer wieder auftauchende Muster zeigt, in welcher Form die *Relevanz* von Informationen, Bewertungen und Urteilen von rassen-, geschlechts- und klassenspezifischen Differenzen abhängig ist. So wurde etwa – um nur ein Beispiel zu nennen – der Ausschluß von Schwarzen, von weißen Frauen und von sämtlichen Schriftstellern der Arbeiterklasse aus dem literarischen Kanon der

---

19 Bonnie Kime Scott, ed., *The Gender of Modernism: A Critical Anthology* (Bloomington, 1990), S. 16.

20 Eva Hesse, Michael Knight, Manfred Pfister, *Der Aufstand der Musen: Die ›Neue Frau‹ in der englischen Moderne* (Passau, 1984).

USA in den 20er Jahren vollzogen – gleichzeitig mit der Etablierung von Literatur als Unterrichtsfach, das von einer kleinen, elitären Gruppe von weißen Männern kontrolliert wurde.[21]

Der Einwand, der gerade in diesem Zusammenhang häufig vorgebracht wird, betrifft das Problem des ›Relativismus‹, die Sorge um den Verlust wissenschaftlicher Rationalität und die Furcht vor einer als bedrohlich empfundenen Beliebigkeit. Das Argument ist verständlich und ist auch nicht nur mit dem Hinweis darauf, daß Kanonfragen *Macht*fragen sind und die Interpretation literarischer Texte damit jeweils auf eine Analyse von Machtstrukturen hinauslaufe (oder gar hinauslaufen sollte), zurückzuweisen. Ebensowenig ist es durch eine simple Umkehr der bestehenden Machtverhältnisse, die die bisherige Praxis zwar inhaltlich verändern, aber in ihrer Struktur unangetastet lassen würde, zu widerlegen. Das heißt: Es kann weder darum gehen, eine ›Alternative Liste‹ bzw. einen neuen Kanon von Texten von Frauen aufstellen zu wollen, noch um eine undifferenzierte Aufnahme dieser Texte in bestehende Lehrpläne und Seminare. Von Interesse sind dagegen u.a. Untersuchungen, die – für bestimmte Zeitabschnitte – die Interaktion zwischen dominant gesetzten und den als weniger wertvoll geltenden (›weiblichen‹) Texten analysieren. Eine solche Analyse zielt auf die Rekonstruktion von historischen Prozessen, in denen es jeweils Sieger und Verlierer gibt. »In effect«, bemerkt die Historikerin Elizabeth Fox-Genovese, »[the new literary studies of race and gender] are proposing [...] that we study differently the ways in which individuals interact – their conflicts, but also their accommodations, and the ways in which the dominant discourses have obscured those interactions.«[22] In diesem Sinn hat zum Beispiel die Literaturwissenschaftlerin Nina Baym überzeugend dargestellt, wie der Ausschluß von schreibenden Frauen allein aufgrund von *Theorien* zur

---

21 Vgl. Paul Lauter, »Race and Gender in the Shaping of the American Literary Canon« *Feminist Studies* 9 (1983), 435-63.

22 Elizabeth Fox-Genovese, »Between Individualism and Fragmentation: American Culture and the New Literary Studies of Race and Gender«, *American Quarterly* 42:1 (March 1990), S. 27.

amerikanischen Literatur herbeigeführt und begünstigt worden ist.[23] In ähnlicher Form hat Andreas Huyssen die Implikationen des Begriffs ›Massenkultur‹ untersucht – ein Begriff, der weiblich konnotiert war – »while real, authentic culture remains the prerogative of men.«[24]

Für den Begriff *Postfeminismus* lassen sich vor diesem Hintergrund vor allem drei Schlußfolgerungen ziehen: 1. würde das Konzept von Grund auf mißverstanden, wenn damit auch nur angedeutet werden sollte, daß die Frauenbewegung und die damit zusammenhängende feministische Literaturkritik mittlerweile ›überflüssig‹ geworden seien. Ein solches Mißverständnis wäre gerade in unserem Land, wo noch nicht einmal die *Relevanz* der Frauenforschung allgemein anerkannt ist, fatal; 2. jedoch könnte der Gebrauch dieses Begriffs gerade dann hilfreich und konstruktiv sein, wenn damit die Überlegung verbunden ist, daß die Frauenforschung einen *ersten* notwendigen und nicht zu überspringenden Schritt in Richtung auf eine Veränderung der Prämissen und der Praxis der Literaturwissenschaft darstellt. In diesem Sinn würde der Begriff darauf hinweisen, daß Frauenforschung allein keine *Alternative* zu der ohnehin sehr vagen Vorstellung einer ›traditionellen Literaturwissenschaft‹ sein soll und sein kann. Ihr Verdienst ist es – unter anderem – nicht nur auf Auslassungen, die es zu korrigieren gilt, sondern vor allem auf bestimmte *Mechanismen* dieser Auslassungen, die nach einer Erklärung verlangen, aufmerksam gemacht zu haben. Hierin liegt eine der wichtigsten Herausforderungen der feministischen Literaturkritik; 3. wäre der Begriff *Postfeminismus* in doppelter Hinsicht als eine Art Anklage zu verstehen. Einmal als Kritik an den Versuchen, oppositionelle Stimmen innerhalb unserer Gesellschaft immer wieder zum Schweigen zu bringen – zum Beispiel dadurch, daß wir von *Postfeminismus* reden, ohne daß, zumindest an unseren Universi-

---

23 Vgl. Nina Baym, »Melodramas of Beset Manhood: How Theories of American Fiction Exclude Women Authors«, *American Quarterly* 33 (1981), 123-29.

24 Andreas Huyssen, »Mass Culture as Woman: Modernism's Other«, in: ders., *After the Great Divide: Modernism, Mass Culture and Postmodernism* (Hampshire u. London, 1988), S. 47.

täten, eine wirkliche Auseinandersetzung mit den Erkenntnisinteressen der feministischen Forschung überhaupt stattgefunden hat. Auch das ist ein Mechanismus bzw. ein wiederkehrendes Muster, das einer Erklärung bedarf. Zum anderen könnte der Begriff *Postfeminismus* uns daran erinnern, daß der zu Beginn der Frauenbewegung erfolgte und zu diesem Zeitpunkt sicher auch verständliche Versuch, *im Namen von Frauen* und *für* (alle) Frauen sprechen zu wollen, nicht haltbar ist. Insofern sollte dieser Begriff nur als ein (selbstkritisches) Ironiesignal gebraucht werden, das zeigt, daß gewisse Mechanismen und ›Spielregeln‹ erkannt sind. Eine in diesem Zusammenhang sehr wichtige Überlegung, die wir – als eine (post?-)feministische Spielregel – übernehmen sollten, stammt von der schwarzamerikanischen Literaturwissenschaftlerin Barbara Christian. Sie fordert uns dazu auf, uns bei unserer Arbeit immer wieder eine ganz bestimmte Frage zu stellen: »For whom are we doing what we are doing when we do literary criticism?«[25]

Diese an einen Leitsatz der Rhetorik erinnernde Frage kann heute allerdings nur dann noch sinnvoll sein, wenn sie nicht als eine ›rhetorische Frage‹ verstanden wird, sondern wenn damit gleichzeitig ein Nachdenken darüber verbunden ist, *warum* und *von wem* etwa ein bestimmtes theoretisches Modell favorisiert wird; welche Phänomene als Probleme angesehen werden, die einer Erklärung bedürfen. Warum wird heute – nicht nur von Frauen – ein ›weibliches‹ Schreiben so in den Vordergrund gerückt? Spielt es eine Rolle, wer die Fragen stellt?

---

25 Barbara Christian, »The Race for Theory«, *Cultural Critique* 6 (Spring 1987), S. 61.

Ruth-Ellen Boetcher Joeres

Circles, Circularities, and Passions:

Practical and Theoretical Aspects of American Academic Feminism

> The public-private dichotomy, which is to say, the
> public-private *hierarchy*, is a founding condition of
> female oppression. I say to hell with it. The reason
> I feel embarrassed at my own attempts to speak
> personally in a professional context is that I have
> been conditioned to feel that way. That's all there is
> to it.[1]

Beginnings

Spring term, 1990. I go into the first session of a class on women
and essays. The room isn't filled, but there is a sizeable number of
students clustered there, some men, mostly women, some chat-
ting with each other, others staring out the window or at the floor,
obviously awkward, not at home. The awkwardness has in part to
do with isolation, at least in this twentieth-century American
world where the individual is no longer privileged, where the
days of going it alone on the frontier appear only in flickering old
Western films; now those who are solitary and unconnected are
considered odd.

The students are sitting in a circle. They are waiting for me.

For the past several years, if the seats were not bolted down (as
they sometimes are in particularly backward classrooms), or if
there weren't too many people to make it work, I have initiated

---

1 Jane Tompkins, »Me and My Shadow,« in *Gender and Theory: Dialogues on Feminist
   Criticism*, ed. Linda Kauffman (Oxford, New York: Basil Blackwell, 1989): 123.

classes by asking the students to form a circle. But up until now, I have never walked into a class for the first time and found them already in that configuration. Now that I think about it, I have recently seen the same occurring in the building where my office is: there is a classroom across from the office, and the students there, attending a great variety of different classes all day long, also sit in a circle, every class meeting, seeming somehow to accept it as usual.

It is not usual, of course; it is still very unusual. In any case, gestures like this one are considered trivial by the many skeptics of feminism. Trivial is, in fact, a word that has often been connected with women: women write trivial literature in trivial forms (anecdotes, diaries, letters, romances, *Gelegenheitsgedichte* ...). Women think trivially. Women waste their energies on trivial words, trivial gestures. And anybody who thinks a revolutionary change will occur just because a circle has been formed is dead wrong. For if the creation of a circle is a gesture and nothing more – if it is something the Americans would call a knee-jerk response, generally applied to political liberals who focus above all on the superficial, obvious gesture, the nonthinking reaction to a trendy symbol – a circle will prove absolutely nothing. A circle in itself *is* nothing; it needs to be followed up by much, much more.

For a traditional classroom, the circle would be suspect because it has no point of departure, no supportive point of authority. The authority is instead spread around, diffuse, constantly diverted. Instead of a single source, there is a sense of generalization, of lack of authority – or of everyone being an authority. In contrast, the linear progression of a noncircle stars out from a single moment of authority and moves upward (phallus-like?), on a primary and absolute course. The outcome, the source of authority, the power are no doubt clear from the outset. There is no sense of turning back, of the possibility of change; the pattern and direction are firmly established.

The idea of the circle must be distinguished from another closely connected word, »circular«. I think of an expression that derives from circle, namely »circular thinking«. Although, as the philosopher Elizabeth Minnich puts it in her new book *Transforming Knowledge*, »[c]ircling back to beginnings can be a part of profound learning«,[2] circular reasoning, she argues, is one of the conceptual errors in which our present state of knowledge is mired: »Our reasoning is circular when we end up where we began without recognizing, or admitting, that that is what we have done.« (82) When we engage in circular thinking, we make assumptions and decide that those assumptions are truth. Minnich uses literature and the literary canon to illustrate her discussion, for a canon presumes certain ideas of aesthetic worth and judges all writing on those presumptions. Circularity, in this case,

> ... extends the error of generalizing too far from too few into the standards by which the hierarchy is maintained to such an extent that the few reappear, this time particularly tellingly as *the ideal*. Consider that the creation of Literature as a field was carried out by a particular sort of human, took place in a particular place at a particular time, and took as its focus particular kinds of works and some few kinds of writers. Then, the objects of this thought, the sources of notions of what is good (or great) writing, and finally early theories about literature lost their specificity as they were taken up into ever-grander theory. But those sources did not disappear, were not genuinely transcended. Had they been transcended, they would not reappear so predictably not as the *sources* for standards of judgment they actually are, but as *exemplars* of definitions, principles, standards of judgment. (84)

Minnich extends her argument far beyond literature and into the very reasons we judge, think, and act as we do – why, for example, prejudices arise: »Again, circular reasoning is another name for prejudice – for judgment-before-the-fact.« (94) Circular reasoning, like prejudice, is contained, no longer open to change or rethinking, firmly in place. A circle can, in fact, also present such a structure, can be a trap out of which we cannot escape, less in-

---

2 Elizabeth Kamarck Minnich, *Transforming Knowledge* (Philadelphia: Temple University Press, 1990): 82. Further page references in parentheses in the text of the essay.

clusive and encompassing than exclusive and limiting. Some member of a circle may say something that she or he then regrets, for example, or that the other members of the circle find inappropriate, but leaving the circle is not possible. One is so visible in a circle, visible from every angle; changing the structure (leaving it) might well give the wrong message. So even if the idea of the circle presents a start, a challenge, it is not always positive, it is not always unconditionally clear. And if circular thinking occurs, in or out of the circle, there is a problem.

And so I enter a room where the chairs are already in a circle, a circle that has no beginning, no end, no point of departure. My eyes move back and forth among those who are assembled. I do not think in terms of the usual rows (the first row: eager types who want to make an immediate and strong impression; the last row: usually the shy or the already-bored, who use the occasion of distance to look at scarcely concealed newspapers, to daydream, to sleep ...); I am forced into viewing the students as individuals, at individual points in a constantly shifting spectrum. I cannot distinguish them. In time, I shall become aware of differences, of course, but for the moment, I have little to help me orient myself. And because they have not placed themselves in a first or last row, I have even less to go on. I as instructor am thus put in the interesting position of being unable to use even the basic knowledge I have assembled over years of teaching (knowledge emerging from the often-repeated gestures of students choosing particular seats in a room, for example), and having to start out anew.

And so we begin.

I take my place (undetermined when I walk in: there will be a free seat somewhere, and that will be it) in the circle.

Background

Since the early 1970s, the second wave of American feminism has surged through the academic scene: undergraduate Women's Studies programs and departments have been established in great numbers of colleges and universities, research centers for feminist theory and method have appeared in almost as many institutions; and the two major American feminist organizations, the National Women's Studies Association and the National Council for Research on Women, are large and increasingly influential not only in the academy but also in governmental and other spheres.

Of course it is not just a matter of feminism surging through – that is, appropriating and influencing – the academy. The development can be viewed as both fruitful and distressing: the back-and-forth, the cross-fertilization are positive aspects, the dangers inherent in the institutionalization of a grassroots, radical movement are not.[3] But aside from the overt revisions that such a change in the academy has brought about (in the case of literary studies, the challenges above all to a primarily white, male, middle- class literary canon), the more subtle transformation that has occurred because of the introduction not only of different teaching methods, but also of a radically different way of approaching knowledge, seems to have taken hold in ways that go far beyond any knee-jerk responses.

One of the many contributions to this discussion is a volume that appeared in 1986 entitled *Women's Ways of Knowing. The Development of Self, Voice, and Mind.*[4] It is typically feminist not only in its subject matter – its focus on women's experience as well as its advocacy of social change for women, its stress on revisions in the perception of women – but also in its structure: its authors represent a collective of four psychologists from four different universities in the northeastern United States. Their development of a scheme of five epistemological categories to describe

---

3 See Ruth-Ellen Boetcher Joeres, »Von Frauenstudien zur Frauenforschung. Neuere Trends im akademischen Feminismus in den USA«, *Feministische Studien*, Heft 1 (1988): 129-135, for a discussion of the consequences emerging from the academic institutionalization of feminism in America.

4 Mary Field Belenky, Blythe McVicker Clinchy, Nancy Rule Goldberger, and Jill Mattuck Tarule, *Women's Ways of Knowing: The Development of Self, Voice, and Mind* (New York: Basic Books, 1986). [dt.: *Das andere Denken. Persönlichkeit, Moral und Intellekt der Frau* (Frankfurt/New York: Campus, 1989)]. Page number in parentheses following citation.

women's perspectives on knowing may border on the essentialistic, but at the same time the categories help to highlight the thinking that feminism is encouraging and that in turn is influencing the ways in which we teach and think and conduct our research. As the authors see it, women's ways of learning and knowing are indelibly marked by the context in which they learn in both negative and positive ways. They define the five categories as follows:

> *silence*, a position in which women experience themselves as mindless and voiceless and subject to the whims of external authority; *received knowledge*, a perspective from which women conceive of themselves as capable of receiving, even reproducing, knowledge from the all-knowing external authorities but not capable of creating knowledge on their own; *subjective knowledge*, a perspective from which truth and knowledge are conceived of as personal, private, and subjectively known or intuited; *procedural knowledge*, a position in which women are invested in learning and applying objective procedures for obtaining and communicating knowledge; and *constructed knowledge*, a position in which women view all knowledge as contextual, experience themselves as creators of knowledge, and value both subjective and objective strategies for knowing. (15)

There are immediate disclaimers once the categories have been established: they are not necessarily fixed or exhaustive, they tend toward an abstraction that seems to ignore the complexities of individual women's thoughts and lives, men's thinking can also be characterized by similar designations. At the same time, the particular value inherent in setting up such categories is, I think, the attention it draws to the circumstances in which women – indeed any marginalized group – learn, the essential importance of position in the learning process. The resulting focuses of women's learning also become apparent. A group that is forced to turn primarily to itself for strength and insights, for example, may well choose to emphasize the personal and the subjective in its acquisition of knowledge. The individual life story may assume a level of importance that will directly counter the »objectivity« and the conceptualization that are privileged in the academic world. Skepticism may well be expressed when positivist (or structuralist, or Marxist, or whatever other theoretical school's) assertions are made about the »reality« or »objectivity« of a particular text, doubt may arise about what women (and other marginal, non-hegemonic groups) have been taught is true and right and logical. The ultimate usefulness of the insights presented in *Women's Ways of Knowing* is indeed the challenging of the expected and usual, the valuing of the previously under- or devalued, the drawing of attention to that which has been ignored before.

Women's ways of knowing and a course on women's essays

We are beyond the silence of a new class, initially uncertain as to what is expected of them. Given that this is an academic classroom, given that academics, students as well as faculty, live on communication, on their ability to talk and write, it is not surprising that words soon fill the spaces between us. What is most startling, however, are the vestiges of the categories like silence and received knowledge: there are indeed female students who are incapable of saying anything, and who are not silent because they prefer to listen, but because they feel they have nothing to say. Many more of them fit into the category of received knowledge, an ailment peculiar, I think, to the traditional academic world in general (and not only in America), where the students fulfill the role of listeners, recorders, and reproducers of what they hear, and only faculty are granted the ability to communicate, to formulate and generate ideas, and to share those ideas with the silent, absorbing, all-too-often uncritical student public. I only rarely see evidence of procedural or constructed knowledge. In a class made up primarily of women, I wouldn't expect that, since both categories imply an independence and an activism that are still not common to those used to a secondary and more passive status.

What is prominent, and what brings me back to the ideas of the circle and the circular, is subjective knowledge. Women have a long long history of being connected to subjectivity – it seems almost to have been assigned to them in some historical moment of gender role distribution. Were German women listened to as writers in the 18th century, for example, it was when they wrote texts reflecting personal narratives: letters, or diaries, or very personalized novels where connections between female protagonists and authors seemed all too apparent. At the same time, there were differentiations: women were expected to write epistolary or autobiographical novels, they could write and distribute letters or diaries, but they were not welcome as the authors of autobiographies or biographies, where it was assumed that the subjects would be Great Men.[5] Nevertheless, within the area of personal narratives, women seemed to have found at least a partial niche.

To see a form of literature as typically female, however – just as to see a profession, such as nursing, as typically tied to women – is to place a value judgement on that literature or that profession, to develop a hierarchy that once again invariably places the female in a lower position, that once again partakes of circular reasoning.[6] And if the personal is considered a lesser position – then subjective knowledge, as defined in *Women's Ways of Knowing*, will suffer the consequences. Feminism has had a mixed impact in this case: in its advocacy for change in the perception of women, it has begun to acknowledge both the arbitrary and socially con-

---

5 Two sources for feminist work on the particular topic of German women and personal narratives are: Katherine Goodman, *Dis/Closures: Women's Autobiography in Germany Between 1790 and 1914* (New York, Bern, Frankfurt/M.: Peter Lang, 1986); Ruth-Ellen Boetcher Joeres, »Self-Conscious Histories: Biographies of German Women in the Nineteenth Century,« in *German Women in the Nineteenth Century: A Social History*, ed. John C. Fout (New York, London: Holmes & Meier, 1984): 172-196.

6 One of the most interesting challenges to the circular thinking that sees little value in something traditionally feminine and correspondingly high value in something masculine is a recent volume by two sociologists who investigate both quantitatively and qualitatively the transformation of the perception of the 19th century novel as a woman's genre into that of a male genre. See Gaye Tuchman and Nina E. Fortin, *Edging Women Out. Victorian Novelists, Publishers, and Social Change* (New Haven, London: Yale UP, 1989).

structed nature of women and of gender itself, but in its effort to emphasize the centrality of women, it has on occasion engaged in its own circular thinking by echoing those very social constructions in a sort of unproblematized valuing of that which women have been expected and assumed to do and to represent.

In the matter of subjectivity and objectivity, a particular problem arises in the academy, where so-called objective knowledge is privileged and propagated. A student who turns in a paper full of »I think's« and »It is my opinion's« has in the past been told that such interjections of self are unscientific and inappropriate, indeed bordering on the ideological. A course on women and essays may well end up challenging these assumptions. Connecting women with essays is, in the first place, an oddity: the essay has been viewed so determinedly as the creation of a male author of privileged status, usually white, certainly knowledgeable – how can women fit into such a picture? And then to combine an analytical study of such issues as form and content, dialogic aspects of the essay, essay and autobiography etc., with a challenge to the students to exert their own subjective knowledge not only in the discussion of academic topics but also in the creation of an essay, is to blend elements of agency and active participatory involvement in ways that ultimately revise our standard academic assumption that knowledge takes place only in the cool, removed atmosphere of professors professing and students dutifully absorbing.

The result can be electric. But as we know from the miserable failure of Brecht's *Verfremdungseffekt* (what audience wants to separate itself that much from what they have paid to see?), there is a clear division between hope and reality. Students – particularly female students – often seem consciously to choose silence or received knowledge – it fits so well with society's perception of them as well as apparently with their perceptions of themselves. It is hard to encourage subjective creativity in an atmosphere in which the absorbers of knowledge have been told that they need above all to heed the greater wisdom of others. A circle may be a radical way of doing things, but the circular thinking that still continues to define what we as women and men are expected to do and think will get in the way repeatedly if we are not careful.

Interdisciplinarity

Academic feminism is interdisciplinary. It cannot be otherwise. It cuts across boundaries, it challenges the whole idea of the perimeters created by disciplines, it insists paradoxically both on individual importance and the necessity of a larger, broader view. It may look suspiciously at concepts of holistic thinking because it fears that the perception of wholeness presented there may be based on limited and restrictive data, but it also claims that the history and literature of women cannot be understood within the limited context of the aesthetic canon as we have all learned it. As to how interdisciplinarity is »achieved«, feminism has also taught us the importance of process, of the means to an end rather than the end product itself. What we do along the way, however, is to realize that studying literature, or history, or anthropology alone is not enough. The compartmentalization of knowledge may satisfy the orderliness in us, the need for an awareness of patterns and models and exemplars, but feminism challenges the usefulness of any rigidity, any division, since disciplinary thinking ultimately and inevitably leads to hierarchies in which some people (or thoughts, or methods) will be privileged, others will be submerged, forgotten, lessened, excluded.[7]

For feminism, interdisciplinarity also implies diversity: the diversity of cultural, sexual, national, historical, social differences. Studying literature, for example, even as monotonic a literature as German, where the authors are inevitably white and more often than not male, makes the consideration of race (at least until most recent times with the welcome influx of Turkish and other non-German writers now publishing in German) a difficult task. But what feminism will do is to pay attention to the gaps as well, the overt or covert instances of bias – feminism creates a sensitivi-

---

7 There are, of course, many denigrators of interdisciplinarity. One of the more interesting anti-interdisciplinary pieces is: Stanley Fish, »Being Interdisciplinary Is so Very Hard To Do,« *Profession 89* (New York: Modern Language Association, 1989): 15-22: interesting, because the arguments for interdisciplinarity that he presents, and then refutes, are convincing and often compelling.

ty to lacunae as well as to the obvious and present. Thanks to the work of feminist researchers like Carol Gilligan, Nancy Chodorow, Marianne Hirsch, among others,[8] we are beginning to isolate what it is that seems to be particularly common among women. But thanks to the work of Barbara Christian, Patricia Hill Collins, Gayatri Spivack, Trinh Minh-ha, and a host of other feminist researchers,[9] we also are learning how dangerously universalizing our analyses have been in their assumptions that all women (and men) are somehow alike, are formed on the basis of a single, timeless model. Such a simple linguistic change as pluralizing difference, or the more recent introduction of the word gender that has been added to the title of courses of study as well as departments and institutes, marks the widening diversity of what concerns us as feminists. We cannot understand ourselves without taking cognizance of others – we have for so long been considered the Other, we certainly have the emotional and intellectual wherewithal to be aware of such a position. And in order to attain that understanding, we must also break down the little boxes of disciplinarity between us as academics.

Tensions and discoveries in the circle of a course on women and essays

Once the circle has been established, it does not go away, nor does it need to be reasserted each time the class meets. But even within

8 See, among other books: Carol Gilligan, *In a Different Voice: Psychological Theory and Women's Development* (Cambridge: Harvard UP, 1982); Nancy Chodorow, *The Reproduction of Mothering: Psychoanalysis and the Sociology of Gender* (Berkeley, Los Angeles, London: Univ. of California Press, 1978); Marianne Hirsch, *The Mother/Daughter Plot: Narrative, Psychoanalysis, Feminism* (Bloomington: Indiana UP, 1989).

9 See, for example: Barbara Christian, *Black Feminist Criticism: Perspectives on Black Women Writers* (New York: Pergamon Press, 1985); Patricia Hill Collins, *Black Feminist Thought: Knowledge, Consciousness, and the Politics of Empowerment* (Cambridge, MA: Unwin Hyman, 1990); Gayatri Chakravorty Spivack, *In Other Worlds. Essays in Cultural Politics* (New York, London: Routledge, 1988); Trinh T. Minh-ha, *Woman, Native, Other: Writing Postcoloniality and Feminism* (Bloomington, Indianapolis: Indiana UP, 1989).

a circle, cliques can develop, power bases can emerge. And gender turns out most often to be the divisive/dividing line – in my course on women and essays, men, seated next to each other, began to dominate every discussion and would no doubt have continued to do so had I not quite inadvertently pressed the appropriate button by remarking one day that I wished others would comment more often. A women exploded at that point, saying that she had just written in her notes, »I wish they would shut up.« I stopped the discussion, undemocratically asserted my position, and suggested we talk. We did. There were accusations, recriminations, self-righteous statements. But after that day, miraculously (for this does not always happen), the men suddenly scattered themselves individually throughout the circle, and if there was a power base from which they had been performing, it was at least physically, visibly, dispersed, and the unauthoritative – or all-authoritative – nature of the circle had been reestablished.

As a symbol of exclusivity/inclusivity, and possibly rebellion, the circle begins to feel more and more like a metaphor for the subject matter of the course. An essay may in the eyes of some appear to be an elitist form, practiced by privileged European males for their mutual edification and pleasure. But to others, and in other contexts, it is rebellious, challenging boundaries of formal structures, allowing the subjectivity of individual voices to break through. At the present time, it is not only consciously used by numbers of women, it is in itself symbolic of a different and unusual direction in academic scholarship: the essay as replacement for the ostensibly objective article or *Abhandlung*, the overt interjection of self into the academic discourse.

Adrienne Rich's essay on Emily Dickinson is a case in point.[10] On the day we discuss it, someone observes that Rich has taken the academic paper and turned it in upon itself by breaking the rules we have all learned over and over again. It is not only the pres-

---

10 Adrienne Rich, »Vesuvius at Home: The Power of Emily Dickinson,« in *On Lies, Secrets, and Silence. Selected Prose 1966-1978* (New York: W. W. Norton & Company, 1979): 157-183.

ence of the »I«, which nowadays is no longer startling; it is the blending of the voices of the two poets Rich and Dickinson, and the ultimate triumph of the apparent object Dickinson over the apparently controlling author Rich. Rich's essay begins with a Dickinsonian image, the insect outside pressing against the window of Dickinson's room. But this insect is Rich, trying to understand, trying to penetrate the enigma that is Dickinson, the 19th-century writer who is unreachable for her 20th-century sister poet. This effort to find and read Dickinson uses the essay, the most appropriate of forms, it turns out, and the students and I sense the difference between the feminist poet Rich and all the many academic critics who have embarked upon the same mission of finding out about Dickinson.

It becomes increasingly clear to us that the essay allows us to proceed in ways that the academic institution has taught us to belittle, to mistrust. We begin to read the essay as an opening for our voices. When I decide to offer the option of writing an essay rather than a »regular« term paper as the final class assignment, the majority of the students opt for that. And suffer through it as well – the English Department majors, for example, who had had to take composition classes in which they were also taught the appropriate form of the essay, how it must begin and end, what its middle sections look like, are now both freed up and terrified by the permission they are given to re-think and re-formulate themselves, their thoughts, and the form in which they are writing.

Jane Tompkins, whom I quoted at the outset of this essay from an essay she wrote about the awkwardness and the necessity of the personal in her academic writing, muses about the problems inherent in such a contradiction:

> I find that when I try to write in my ›other‹ voice, I am immediately critical of it. It wobbles, vacillates back and forth, is neither this nor that. The voice in which I write about epistemology is familiar, I know how it ought to sound. This voice, though, I hardly know. I don't even know if it has anything to say. But if I never write in it, it never will. So I have to try. (Tompkins, 126)

As a matter of fact, I am experiencing many of the same uncertainties in the writing of this essay. To choose the form of an essay to conduct what to all intents and purposes is an academic discussion means going against the grain, running the risk of being written off as trivial, becoming an object of derision or indifference, being misunderstood and misread. Part of what feminism challenges is the idea that there is always only one solution to a problem, that there is a limitation on how we must think and act, that we should get to a goal as quickly as possible. According to that thinking, the essay belongs in the realm of leisurely speculation; it may smuggle in wisdom – in fact, if we take the model of Montaigne, it is indeed an accumulation of wisdom gained in the world at large but now recorded in the leisurely isolation of an out-of-the-way estate – but it is essentially a private and subjective and even occasionally rambling genre that does not belong in the public world of the university.

The academy, we have been taught, presents objective truth; it teaches us how to think, to be sure, but it knows what knowledge is appropriate for us to acquire as we think. Malvina Reynolds, a marvelous popular songwriter and social critic whose work became widely known in the 1960s and 1970s, wrote a song called »Little Boxes«, that above all made fun of the Levittowns, the sprawling and bland housing developments built in great numbers after the Second World War. But the song also has more subtle, more subversive messages that filter through: little boxes are not just the houses we are confined to, but also the confining spaces of our minds, the patterns we are expected to learn, to internalize, to pass on. Feminism is, of course, not the first to challenge such limitations, but it has propounded its ideas in vivid and passionate ways. By challenging all that has been taught to us about our role as women, we not only further the idea of breaking down little boxes – we also run the risk of being judged on little-box mentality, especially if we break rules such as the specific use of genres.

Tensions do not stop with the formation of the circle. Nor do discoveries.

Against universalization

In its effort to challenge the canon of literature as well as the standard ways of doing research – thinking – writing, feminism has brought home repeatedly the importance of diversity, of the acknowledgement of differences. Women, not Woman; humanity, not mankind; race, class, and gender, not just gender: the effort to counter essentialism and reductive thinking is basic to the feminist method. But it has not been an easy path, for feminism is as guilty as any other method of thought of generalizing, universalizing, performing in imperialistic fashion. In the particular matter of feminism in the academy, what has arisen concerns the apparently oxymoronic nature of the phrase »academic feminism«: what happens when a radical, freewheeling group is put within the confines of an institution? How are both transformed? How are both modified? And what happens in the matter of power? – The university, by its very nature, is powerful, consisting as it does of a conglomerate that even within the academy often resembles a corporation and all that that implies in the way of influence, hegemony, dominance. Can a radical change of thought and action even occur within the institution? Who is threatened, and how will this threat present itself?

The evidence of tension created by the blending of the two seemingly incompatible elements, feminism and the academy, is today most often visible in the arguments, sometimes subtle, sometimes overt and angry, about the place of theory. On the least complex level, it has become apparent that the institution is likely to privilege those aspects of the women's movement and of feminism that most closely resemble what the academic institution does in any case: that is, the academy is in the business of teaching how to learn, to think, to conceptualize, to produce research. In this post-positivist age (positivism having been that simpler time when absolutes were not only encouraged but required), that increasingly means an emphasis on theoretical work, on determining how to think about texts, for example, rather than specifically on the texts themselves as they appear on the page. And whereas the feminist movement began with an almost unanimous objection to theoretical schools of thought, which it viewed as narrowing and limiting to the liberation of thinking that the movement was urging, times have certainly changed. In part, this has to do with the growing awareness that we need to conceptualize in order to make sense out of the chaos of thoughts and ideas and facts that feminist investigations have produced; in part, it is a logical development that occurs in patterns of thinking as the evidence accumulates and the patterns indeed begin to become apparent. But the bone of contention has emerged from what some see as a growing tendency to do what feminism has always fought against, i.e. to create a hierarchy of feminist thought, an evaluative scale that will run the spectrum from »high« to »low« theory (or from Theory to practice) – and to privilege, obviously, the high end of the spectrum. My reading of this development is that it emerges from at least three factors:

1. the new generation of women students who in most cases have come to their interest in feminism not from the trenches but from the rarefied atmosphere of the academy, where it is no longer unusual for courses in women's studies to be taught or for women authors to be read;

2. the continuing need of the marginal (if not numerically then at least perceptionally) group – women – to be accepted by the dominant and controlling (male-controlled) organization of the academy;

3. the positive assumption that feminism continues to diversify and that to the variety of opinions that have arisen, we need a variety of approaches, ranging from the one extreme of the arcane world of pure theory to the other extreme of the thinking that emerges from practical experience and activism.

It is not the differences of opinion that disturb me – it is far more the sense of cannibalization that has begun to characterize intrafeminist disagreements in the academy. Aside from the usual gleeful comments of the anti-feminists about how women cannot get along with each other, more alarming are the remarks one now hears about feminism's being no different than any other ideological school of thought. The cynics have already concluded that it will ultimately destroy itself – and that whatever feminism has contributed to the academy, it can be just as easily provided by men (or non-feminists), namely the expansion of the curriculum to include a woman writer or thinker or scientist here or there.

Perhaps it is not such a simple matter of this cause and that effect. It is most certainly *not* that simple. But the battle over theory, high or low, is indicative of a number of changes both generational and philosophical. Some of these changes are inevitable; others seem to me to imply a grim development that comes down to a »please-the-boys« syndrome, a hungering for success that no longer bears any resemblance at all to the feminist/activist idealism of earlier years. And with this emphasis on high theory there is also a strong sense of cooptation and appropriation, a giving in to the [male] ideas that have always shaped the academy. Feminism loses its originality and its power if it looks more and more like the institution it has pledged to replace (or at least to transform).

The literary critic Barbara Christian represents an eloquent voice in this ticklish matter.[11] Already in 1987, she felt a need to break her silence about her discomfort with developments in theory, and declared that »…theory has become a commodity that helps determine whether we are hired or promoted in academic institutions – worse, whether we are heard at all.« (67) Her article depicts what might be viewed as the genesis of a new and dangerous circular thinking, for she sees the new trend toward theorizing as the fixing of a constellation of ideas, at least for a time – thereby co-opting various proponents of that theory »…into speaking a language and defining their discussion in terms alien to and opposed to our needs and orientation.« (68)

The race for theory – with its linguistic jargon; its emphasis on quoting its prophets; its tendency toward ›biblical‹ exegesis; its refusal

---

11 Barbara Christian, »The Race for Theory,« *Feminist Studies* 14,1 (Spring, 1988): 67-79. Page numbers in parentheses after citations.

even to mention specific works of creative writers, far less contemporary ones; its preoccupations with mechanical analyses of language, graphs, algebraic equations; its gross generalizations about culture – has silenced many of us to the extent that some of us feel we can no longer discuss our own literature, and others have developed intense writing blocks and are puzzled by the incomprehensibility of the language set adrift in literary circles. (69)

Christian feels that the emerging emphasis on literary critical theory is as monolithic and power-oriented as traditional hegemonic pronouncements on literary taste and the literary canon. As a feminist critic, she is particularly struck by the new aura of privilege and hierarchy that has emerged in the race for theory: »I have no quarrel with those who wish to philosophize about how we know what we know. But I do resent the fact that this particular orientation is so privileged, and has diverted so many of us from doing the first readings of the literature being written today as well as of past works about which nothing has been written.« (73) She seeks to reunite the theory and practice that feminism has attempted to value equally by declaring that her fear is that »when theory is not rooted in practice, it becomes prescriptive, exclusive, elitish.« (74)

Much like Elizabeth Minnich, who argues that mainstreaming, the integration of feminism into the traditional curriculum, is an inappropriate term, that feminism needs instead to transform the academy, Barbara Christian worries about what happens when feminism enters the academy at all, especially in its new mode of needing to theorize. She urges »the few of us who have infiltrated the academy enough to be wooed by it...« (77) to ask ourselves the following question: »»For whom are we doing what we are doing when we do literary theory?'« (77) How we answer that question, she says, »...determines what orientation we take in our work, the language we use, the purposes for which it is intended.« (77) Speaking only for herself, then, she describes her own method as not fixed, as related to what she reads, to the historical context of the writers she reads, and to her own context as critic, writer, activist. »I … have no set method, another prerequisite of the new theory, since for me every work suggests a new approach. As risky as that might seem, it is, I believe, what intelligence means – a tuned sensitivity to that which is alive and therefore cannot be known until it is known.« (78)

Ultimately, of course, none of us can do more than speak for herself – certainly not as feminists, since we see ourselves increasingly in a sea of diversity. But Barbara Christian has given many of us – whatever our position – reason to pause and reflect.

Other tensions in the essays course: the circle is broken (or at least diminished)

It isn't just the men who intrude and make too much racket. A more insistent racket, although far less tangible, is the sense that at least some members of the class are politely skeptical of what is going on here. They hear me talk about the need for historical context, for an awareness of grounding in the matters of culture, history, and nationality, but directly or indirectly they challenge what appears to them to be a far too basic approach to the subject. They long for ahistoricity, for absolutes, for all-encompassing concepts, for answers, at the same time as they gleefully deconstruct everything in sight. They feed on jargon, although jargon is the fastest way to set up exclusive terrains whose major purpose is to shut the others/the Other out.[12] They do not think their work is impressive or worthwhile unless it is virtually incomprehensible, at least to the majority of the world. They no longer see a need for communication; they are contemptuous of practical concerns or less-than-four-syllable words. They are uncomfortable if the word theory does not arise frequently and emphatically. If

---

12 See Barbara Christian's comment on the language of theory: »And as a student of literature, I am appalled by the sheer ugliness of the language [of theory], its lack of clarity, its unnecessarily complicated sentence constructions, its lack of pleasureableness, its alienating quality.« (»Race«, 72)

they attend conferences, they tend to visit sessions that do not have titles involving the phrase »women's studies« or even feminism, but that have replaced such outmoded labels with »gender«. Their other advisors and instructors, even many of those calling themselves feminists, frown on the ghettoization of women's studies and prefer instead the »mainstreaming« approach, which helps them blend into the predominantly male world of scholars who allow them to serve as token women/feminists of sorts, who politely listen to their papers at conferences and accept their articles for publication, but never in excess, and who rarely pose any questions about their work.

I exaggerate, of course. I also have transformed my classroom into the battlefield in general; it isn't really like that. But if we were to schematize this particular conflict among American academic feminists, the pro-theory school would probably look like the above. Baldly stated, the battle is indeed one in which theory is the key that opens up the sluice gates of recrimination and anger on one side, defensiveness and contempt on the other. Theory = male establishment = cooptation: such would be the reaction of the feminists of the old or activist school. Theory = clarification = acceptance and validity within the establishment: that might well be the position of the challengers. Of course, there is no sign that the battle will end in the defeat of feminist thinking: feminism continues to flourish and has indeed a more prominent place in the American academy than it has ever had before.

At its most articulate and accessible, feminist theory has allowed all of us, supporters and skeptics alike, to communicate in useful ways with one another. Theory can be a strategy, not only (and certainly least of all) to make feminism more acceptable to the academy, but principally because it allows us to see what it is we are discovering: essentially, it gives us a forum in which to carry out the feminist project, the re-definition and re-vision[13] of the concepts and explanations that have controlled and determined

---

13 See one of the standard early texts on feminist critical inquiry: Adrienne Rich, »When We Dead Awaken: Writing as Re-Vision«, in *On Lies, Secrets, and Silence*: 33-49.

our thinking as gendered beings in the past. The emphasis on differences and on different voices that feminism demands makes any conceptualizing, any generalizing, any theorizing more complex and difficult: if feminism is interdisciplinary and diverse, how can we manage to establish theoretical constructs that will mean anything at all? Perhaps this is academic feminism's greatest challenge: to develop theories that will acknowledge and stress differences, that will open the previously closed and exclusive ranks of theorizing to encompass those who are rarely heard, that will ground themselves firmly in historical, social, and cultural contexts, that will not become foils for forming new and ever more restricted and hierarchical circles, that will point out the dangers inherent in the frequent obfuscation of theory, that will think carefully about the purpose and focus of theoretical inquiries. Theory is inevitable, and in many ways it marks a great step forward. And with the almost ingrained awareness of exclusion and marginality possessed by any group like women who are accustomed to a secondary status, I would hope and expect that feminist theory would always reflect that sensitivity by emphasizing the need for inclusiveness, tolerance, and differentiation that we as feminists expect in the ways in which the rest of the world views us.

The circle has no end

[Academic] feminism is circuitous: it often follows a less-than-direct route to its goals, in fact, it spends more time pondering on the route than on the goal. It devotes considerably more effort to formulating questions than to offering answers. It is expressly ideological and never fails to draw connections between the self and the world, the political and the personal, the academic and the rest of the world. It is at its best and most innovative when it does these things, when it does not allow itself to be overrun by the institution that it is trying to change. It remains flexible; at the same time, it is rarely unclear about its aims.

Some things always stay the same. Academics – students and teachers – rarely agree on anything. The participants in the women and essays course, for example, did not all react like one of the male students, whose essay ended with the following paragraph:

> Someone asked, ›Well, now that we've studied women and essays for a whole quarter, has anything really changed?‹ I looked out the window at that multitude of students walking by, and I knew that most of them were ignorant of the daunting concerns of women, let alone how these same concerns find expression in essays, but I also had to think something had changed. I had changed and that is something that will follow me outside the four walls of the classroom.

Despite the mixed response to a course in which so much was asked of them – so much that went against the methods and philosophies of no doubt all of their other courses – so much that no doubt made them uncomfortable – there is a sense that the circle is not really broken, that we have exchanged ideas, that a mutual process has occurred.

I think that one of the tenets of feminism is indeed that element of mutuality, that sense that *we all* change in the process of learning. The vertical sense of the traditional university no longer works; we move now along the horizontal, not just by working against the idea of hierarchy but by connecting as much as possible with other disciplines. We decide, in other words, what knowledge is, and in large part, we digress from the standard. We acknowledge and value subjectivity. We turn our gaze away from the expected; we re-focus the lens.[14] We re-think everything. Essentially, we create a sort of earthquake beneath ourselves, never really sure when it will move us again and how far it will take us. The results are both stimulating and terrifying, but since they are ongoing, we tend to get used to the upheavals we produce.

---

14 See Annette Kolodny, »Turning the Lens on ›The Panther Captivity‹: A Feminist Exercise in Practical Criticism«, *Critical Inquiry* 8,2 (Winter 1981): 329-345.

And the passions?

> Feminism, then, is one place where, at this moment in time, passionate scholars may be at home.
>
> Feminism is also a collectivity, sustained with weariness, to be sure, but also with determination by those who are often far apart, a collectivity in which women and an increasing number of men seek – not necessarily with canonical approval – that which is common and do-able rather than that which is peculiar and merely knowable, that which is accessible rather than that which sees dignity in refined abstraction.[15]

As to the study of literature and the writing about it: there is something that feminism has injected into us as literary critics that sounds dramatic, almost suspect in its intensity. Barbara Christian expresses that passionate, committed intensity: »I can only speak for myself. But what I write and how I write is done in order to save my own life. And I mean that literally. For me, literature is a way of knowing that I am not hallucinating, that whatever I feel/know *is*.« (77-78) The passion that feminism imparts needs to be transmitted not only to our students but also in the critical work we undertake. As literary critics and teachers, we are dealing with words that have been created and shaped in great passion, and since writing implies relationship, we as readers, teachers, critics must be touched and affected as well. We need to acknowledge that fact. If feminism has done nothing else, its reassertion of the importance of feeling, emotion, and subjectivity and its efforts to give them their appropriate due have made a difference in the way knowledge is viewed in the academy.

Audre Lorde, African-American, poet, critic, reader, lesbian, feminist, is a splendid example of the committed, engaged, passionate feminist whose words are read over and over again by

---

15 Mary O'Brien, *Reproducing the World. Essays in Feminist Theory* (Boulder, London: Westview Press, 1989): 256.

many of us, whom we quote in class and in articles alike – and who does not hesitate to write an essay entitled »Poetry is Not a Luxury«:

> Sometimes we drug ourselves with dreams of new ideas. The head will save us. The brain alone will set us free. But there are no new ideas waiting in the wings to save us as women, as human. There are only old and forgotten ones, new combinations, extrapolations and recognitions from within ourselves – along with the renewed courage to try them out. And we must constantly encourage ourselves and each other to attempt the heretical actions that our dreams imply, and so many of our old ideas disparage. In the forefront of our move toward change, there is only poetry to hint at possibility made real. Our poems formulate the implications of ourselves, what we feel within and dare make real (or bring action into accordance with), our fears, our hopes, our most cherished terrors.[16]

Circles do not end. Debates by and about feminism will continue, I am happy to say, because as long as the debate goes on, transformation will occur. We already sense the changes, not just by sitting in a circle, but also by seeing how often circular thinking about women, about the purpose and shape of knowledge, about gender, is now challenged. Feminism, its thoughts, its methods, its multiple voices, will continue to surge through the American academy, upsetting and irritating some, stimulating and empowering others, influencing and changing us all.

---

16 Audre Lorde, »Poetry Is Not a Luxury,« in *Sister Outsider, Essays and Speeches* (Freedom, CA: The Crossing Press, 1984): 38-39.

Alois Prinz

Von einem, der auszog …

Versuch, auf die Frage nach dem Verhältnis von Literatur und Wissenschaft mit Gottfried Keller eine Antwort zu finden

Einleitung

Die scheinbar naiven Fragen machen am nachdenklichsten. »Warum […] diese Eile«, so fragt der Romanist Harald Weinrich an die Adresse der literaturerforschenden Fächer, »die Perspektive des Lesers so schnell zu verlassen? Ist es denn wenig, ein Leser zu sein?«[1] Fürwahr, mancher Anfänger erlebt die Einübung in den wissenschaftlichen Umgang mit Texten als Aufforderung, vom Leser zum Wissenschaftler zu werden. Und ist es nicht so, daß mit der Einweihung in das wissenschaftliche Denken ganz selbstverständlich das Zugeständnis abverlangt wird, daß das bloße »Lesen« eine vorwissenschaftliche Kinderei ist, in etwa der Naivität vergleichbar, leichtgläubig etwas auf die Worte eines Menschen zu geben, der im Ruf steht, sich über sich selbst nicht im klaren zu sein, und viel erklärungsbedürftiges Zeug daherredet?

Die eher entmündigte Rolle, die die Literatur in ihrem Verhältnis zur Wissenschaft einnimmt, macht sie daher nicht zu einem begehrten Ansprechpartner, wenn es darum geht, dieses Verhältnis zu überdenken. Die Fragen, was Wissenschaft leisten soll und kann, wann sie ihren Aufgaben gerecht wird und ob es ein Zuviel an Wissenschaft gibt, rufen verschiedene »Spezialdienste« wie Ästhetik, Wissenschaftstheorie oder Hermeneutik auf den Plan,

---

1 Harald Weinrich, Für eine Literaturgeschichte des Lesers, in: ders.: Literatur für Leser, Stuttgart 1971, S. 23-34. Dort S. 23.

denen man die Kompetenz zutraut, über das Verhältnis von Literatur und Wissenschaft Auskunft geben zu können. Eine Kompetenz, die man damit der Literatur selbst abspricht. Die Wissenschaft wendet sich in dieser Frage an ihresgleichen, an die Literatur höchstens dann, wenn sich aus ihr wissenschaftstheoretische Diskurse herauslesen lassen. Das Literarische, in seiner spezifischen Aussage- und Darstellungsform, gilt hier als unzuständig.

Daß mit einem solchen Vorurteil die Kompetenz von Literatur verkannt wird, das sollen die folgenden Betrachtungen zeigen. Sie gehen von der Überzeugung aus, daß die Literatur über ein nur ihr eigentümliches Wissen vom Zusammenhang von Kunst und Wissenschaft verfügt, hinter das man zurückfällt, wenn man meint, es erst zu Erkenntnis machen zu müssen, indem man es ins Diskursive umformuliert.

In diesem Sinne möchte ich Gottfried Kellers »Das Sinngedicht« lesen als einen Text, der um den innersten Zusammenhang von Kunst/Literatur und Wissenschaft weiß und gleichzeitig zeigt, daß und wie sich am angemessensten literarisch von diesem Zusammenhang erzählen läßt.

Inwiefern eine Frage gestellt wird

Die Frage nach dem Verhältnis von Literatur und Wissenschaft braucht man Kellers »Sinngedicht« nicht aufzudrängen, der Text stellt sie selbst.

Im ersten Kapitel des »Sinngedichtes« wird uns Reinhart vorgestellt, oder vielleicht sollte man besser sagen, es wird gezeigt, welch Geistes Kind er ist.

Wir erfahren, daß er ein überzeugter Anhänger der Naturwissenschaften ist, die zu jener Zeit (in den 50er Jahren des 19. Jahrhunderts) »auf einem höchsten Gipfel standen«. Der Erzähler schaut sich für uns in Reinharts Studierstube um: Überall erblickt er nur Bücher mit »Zahlensäulen und Logarithmen«, aber keine, die von »menschlichen und moralischen Dingen« handeln. Dann geht Reinhart an seine tägliche Arbeit, das heißt, er macht sich über das Licht her: Nachdem er die Fensterläden »vor der schönen Welt« verschlossen hat, spannt er einen Sonnenstrahl, den er durch eine Luke des Fensters läßt, mittels eines »sinnreiche[n] Apparat[es]« »auf die Tortur«, um sein Verhalten im Durchgang durch ein Kristall zu beobachten. Seine Untersuchungen muß er aber abbrechen, weil ihm plötzlich seine Augen schmerzen, was er auf ihre übermäßige Beanspruchung in der Dunkelheit zurückführt, und dieser Zwischenfall wird ihm zum Anlaß, darüber zu sinnieren, wie sehr er sich doch von der Welt und von den Menschen zurückgezogen hat. Diese kleine Krise treibt nun Reinhart dazu, auf die Bodenkammer zu eilen, um dort in einer Lessing-Ausgabe nach Rat zu suchen, er schlägt einen Band wahllos auf, und ein Sinnspruch Logaus fällt ihm »in die Augen«, den er geradezu als göttlichen Wink auffaßt:

Wie willst du weiße Lilien zu roten Rosen machen?
Küss' eine weiße Galatee: sie wird errötend lachen.

Wie versteht Reinhart diese poetischen Zeilen? Er versteht sie nach der Art seines wissenschaftlichen Denkens, als Behauptung über einen natürlichen Vorgang, der einem kausalen Zusammenhang unterliegt, den es zu prüfen gilt. Und so ist der Plan gefaßt: Küssend will er übers Land ziehen, der gelehrte Reinhart, und in bewährter wissenschaftlicher Manier erproben, ob sich die prophezeite Verfärbung auf den weißen Frauenwangen auch einstellt.

In diesem ersten Kapitel werden also die Weichen für das Folgende gestellt, der Grundkonflikt wird entfaltet. Man hat einige Texte Kellers mit Experimenten verglichen,[2] und man kann mit

---

2 Nach Kaspar T. Locher hat Kellers Novelle »Die drei gerechten Kammacher« »die allgemeine Form eines wissenschaftlichen Experimentes, das die im ersten Abschnitt behauptete Regel prüfen, bestätigen oder widerlegen soll«, in: Kaspar T. Locher, Gottfried Keller. Welterfahrung, Werkstruktur und Stil, Bern 1985, S. 156. Diese Entdeckung bleibt aber unfruchtbar oder führt auf den falschen Weg, solange nicht in den Blick kommt, was die erzählten Experimente Kellers von wissenschaftlichen Experimenten unterscheidet, so daß diese ihrerseits einem experimentum crucis unterzogen werden können.

Recht auch das »Sinngedicht« als Experiment bezeichnen,[3] als ein erzähltes Experiment auf die Frage: Wie ergeht es Reinhart in seiner Absicht, sein »Verfahren« auf jene Lebensbereiche auszuweiten, die ihn gleichermaßen locken und verunsichern? Reinharts Experiment wird also seinerseits einer Prüfung unterzogen, die auf eine Entscheidung über den Wert seiner Methode zielt, es ist eine Prüfung, die darin besteht, interessiert und nicht ohne heimliche Schadenfreude zu verfolgen, wie Reinhart es anstellt, auch die flatterhaften Dinge der moralischen Welt »auf die Tortur« zu spannen.

In diese Ausgangsfrage ist auch die Literatur, d.h. die schöne Literatur, jene, die nicht aus »Zahlensäulen und Logarithmen« besteht, sondern »von menschlichen oder moralischen Dingen« handelt, einbezogen, insofern sie zu jener Welt gezählt wird, der sich Reinhart entfremdet hat, und an dem Logauschen Sinnspruch führt er exemplarisch vor, wie er das andere Leben zu erkunden gedenkt. Also könnte die Frage auch lauten: »Was kommt heraus, wenn man der Poesie mit (natur)wissenschaftlichen Methoden, wie Reinhart sie betreibt, auf den Leib rückt?« oder, allgemeiner: »Wie verträgt sich Literatur mit Wissenschaft?« Die Ausgangsfrage des Textes so gestellt, könnte zu der Auffassung führen, hier werde von einem Gegensatz ausgegangen, der doch angeblich erst erwiesen werden soll: Hier die Wissenschaft, die blind ist für den Reichtum der Natur und des menschlichen Lebens, dort die Literatur, die diesen Reichtum wahrnimmt und zum Ausdruck bringt. Es wird also, so könnte man weiter einwenden, so getan, als werde eine Frage aufgeworfen,

---

3 Aus einem Brief Kellers an Rodenberg, in dem er über seine Schwierigkeiten, einen zufriedenstellenden Titel für seine Novellensammlung zu finden, berichtet, geht hervor, daß er kurzfristig mit dem Gedanken spielte, sie mit »Der Versuch« zu überschreiben. Auch wenn er diesen Titel letztlich wieder verwarf, weil er ihm »zu klanglos und blöde« war, weist er doch auf einen Grundgedanken der Sammlung hin. Einerseits könnte der erwogene Titel Reinharts Plan meinen, das Sinngedicht zu erproben. Andererseits ist aber Reinharts Experiment selbst Gegenstand skeptischer Betrachtung. Der Text eröffnet eine höhere Warte, von der aus auch Reinharts Versuch zum Objekt eines übergreifenden Versuchs gemacht werden kann, indem die Frage gestellt wird, wie sich Reinharts Verfahren in der Konfrontation mit der Lebenswirklichkeit bewährt.

wo doch die Antwort so gut wie feststeht, und diese Antwort läuft auf den altbekannten Dualismus hinaus, wonach das Natur- und das Kunstschöne etwas Unbegreifliches, Unfaßbares darstellen, das nur in existentieller Erschütterung erfaßt oder erfühlt werden kann, wogegen die fühllose Wissenschaft dies Lebendige und nur in lebendiger Weise Erfahrbare ins System zwingt, vergewaltigt, tötet. Reinhart wird somit auf einen Weg geschickt, der für ihn nichts anderes als Belehrung sein kann, die Hürden, über die er stolpert, sind wohlplaziert, die Einsichten, die sich für ihn daraus ergeben, wohl vorbedacht, und das Scheitern seines Verfahrens ist vorprogrammiert.

Wenn ich auf diese mögliche Interpretation des Kellerschen Textes hinweise, so nicht nur, um die in Wahrheit sehr viel anspruchsvollere Behandlung obiger Frage durch den Text besser würdigen zu können, sondern auch, weil in ihr eine Argumentationsstruktur deutlich wird, der man – auch in den aktuellen Debatten – immer wieder begegnet, wenn es darum geht, die Besonderheit der Geisteswissenschaften und ihrer Gegenstände und deren Unvergleichbarkeit gegenüber anderen Wissenschaften zu erweisen. Um die Legitimation und den Sonderstatus der eigenen Wissenschaft zu begründen, definiert man nämlich die Objekte des eigenen Forschens, also die Kunstwerke gleich welcher Art, als das schlechthin Andere, das sich jedem Erklärungsversuch entzieht. Dieses Andere stilisiert man dann zu einer Denk- und Wahrnehmungsform, die als Ausgleich zu einem verbreiteten Rationalismus lebenswichtig sei, und schon hat man sich in eine unangreifbare Position gebracht. Denn indem man Kunstwerken die Weihe des ganz Anderen verleiht, erklärt man sie und die Berechtigung, sie zu erforschen, tautologischer- und paradoxerweise mit etwas Unerklärbarem, wodurch man es gleichsam unter Verbot stellt, weiterhin am Sinn einer Beschäftigung mit Kunst zu zweifeln, und sich elegant der anstrengenden Aufgabe entledigt, nähere Auskunft zu geben über dieses ominöse Numinose und die erforderliche Art, damit umzugehen. Was bei Ästhetikern wie Adorno noch anspruchsvolles Denken war, ist auf diese Weise verkommen zu einem Trick, bei dem das tatsächliche utopische

Potential von Kunstwerken mißbraucht wird zur Bemäntelung eines fehlenden wirklichen Bezugs zu literarischen Texten. Daß dieser Trick über die tatsächliche gängige Wissenschaftspraxis hinwegtäuscht, wird daran ersichtlich, wie wenig von der beschworenen Andersheit noch in den wissenschaftlichen Analysen literarischer Texte zu spüren ist, im Gegenteil, man operiert mit Kriterien, die in puncto Eindeutigkeit den verpönten Idealen der Naturwissenschaften in nichts nachstehen.

Eine Betrachtungsweise wie die unterstellte käme tatsächlich nicht über eine tautologische Selbstversicherung hinaus, weil sie Kunst und Wissenschaft immer nur als abstrakte Ideen und Ideale wahrnimmt: das Ideal ästhetischer Zweck- und Begriffslosigkeit und das Ideal reiner Objektivierbarkeit und Erklärbarkeit; und weil sich dabei ein Ideal jeweils bestimmt als das gerade Gegenteil des anderen, wird die Unvereinbarkeit festgeschrieben, und man kommt nicht über diese begriffliche Spiegelfechterei hinaus.

Anders bei Keller. Mit seinem »Sinngedicht« schlägt er sich nicht von vornherein auf die Seite des Schönen und der Kunst, um sich dann mittels des Utopieausweises vor jeder Kritik zu immunisieren und sich von der Mühe der Vermittlung zu dispensieren. Schon das erste Kapitel seines »Sinngedichtes« zeigt eine ganz andere Betrachtungsweise. In der Darstellung von Reinharts Lebenssituation, besonders in der Symbolsprache des Textes, werden Analogien hergestellt, in denen Literatur, Kunst und Wissenschaft nicht als voneinander getrennte, äußerliche Beschäftigungen oder abstrakte Ideen erscheinen, sondern sie sind aufeinander bezogen und darin aufs engste verflochten zu dem, was Reinharts Leben ausmacht. Er hat sich ganz faustisch der Wissenschaft verschrieben, sie ist seine Leidenschaft – auch in dem Sinn, daß sie Leiden schafft, denn in der selbstverordneten Askese seines wissenschaftlichen Lebens melden sich, ganz körperlich, wie aus dem Untergrund die Erinnerungen an das frühere bunte Leben, dem er abgesagt hat. Diese Erinnerungen bleiben zunächst nur eine Sehnsucht nach einem unbestimmten Anderen, eine Sehnsucht, die stark genug ist, ihn auf die Reise gehen zu lassen, die aber noch zu oberflächlich ist, um seinen Sinn

zu ändern. Denn wohlgemerkt: Er will seine dunkle Forscherstu-
be hinter sich lassen, aber was er nicht gewillt ist aufzugeben, was
er mitnimmt auf seine Reise, ist sein unbedingter Glaube an die
Methoden seiner Wissenschaft, und dabei insbesondere an die
Möglichkeit, die flatterhaften Dinge des moralischen Lebens an
den festen Grund einfacher und eherner Gesetze zu binden.
Reinhart nimmt also gleichsam seine Studierstube im Kopf mit
sich, und das ist mehr als nur ein Bild, denn die Studierstube ist
geschildert als Abbild seines – das Wort drängt sich auf – Ober-
stübchens. So wie Reinhart die Fensterläden verschließt vor dem
»Morgenglanz« der frühen Sonne, so verschließt er seine Augen
vor dem Licht,[4] alles, was er durch die Fenster seines Zimmers
und seines Bewußtseins hineinläßt, ist ein Lichtstrahl, und das
auch nur, um ihn nach allen Regeln seiner Kunst zu zerlegen.

Was hat das alles mit Wissenschaftstheorie zu tun? Sucht man
nach wissenschaftskritischen Aussagen in Kellers »Sinngedicht«,
muß man weite Wege gehen, und dabei scheint oft der rote Faden
aus dem Blick zu geraten. Das hängt mit besagter Analogie zusammen, die auf nichts anderes zurückzuführen ist als auf die Fähigkeit Kellers, das in der arbeitsteiligen Denkkultur Separierte
wieder in den Lebenszusammenhang zurückzuschreiben. Wissenschaft erscheint hier nicht als moderne, hochgezüchtete
Denkmethode, derer man sich neutral bedienen kann wie eines
Instrumentes, sondern als eine »Disposition des Bewußtseins«[5].
Für Reinhart ist Wissenschaft zur Lebensform geworden. Als Lebensform bleibt sie zwar eine standardisierte, objektive Verfah-
rensweise, aber sie verliert jene Unverbindlichkeit, die wir mit
der Rede vom bloß Theoretischen, Abstrakten verbinden. Nach
Karl R. Popper gehört es zu den großen Errungenschaften des
wissenschaftlichen Denkens, daß die Menschen für ihre Fehler
nicht mehr mit ihrem Leben bezahlen müssen, sondern Theorien
für sich sterben lassen können. Dieser Einsatz von Theorien, bei

---

4 »Augen, meine lieben Fensterlein,« so beginnt Kellers Gedicht »Abendlied«
5 Ich entleihe diesen Begriff von Joseph Peter Stern, der den literarischen Realismus
    als eine »Disposition des Bewußtseins und der Feder« bezeichnet; siehe: J. P. Stern,
    Über literarischen Realismus, München 1983, S. 61.

dem der Forscher nur Zuschauer sein kann und darf, ist bei Keller nicht möglich, weil für ihn die Wahl einer bestimmten Theorieform immer zugleich die Entscheidung für oder gegen eine weitreichende Einstellung zur Welt als ganzer bedeutet. Demnach können wir zwar nach Belieben unsere Theorieblasen steigen lassen und abwarten, welche an der »Realität« zerplatzt und welche nicht, aber es gilt der unvermeidlichen Tatsache innezuwerden, daß wir uns schon vorher für eine »Optik« entschieden haben, die oft sehr viel von der Welt, die wir ergründen wollen und von der jeder Forscher ein Teil ist, absterben läßt. Die Frage, die sich daraus ergibt, ist eben nicht: Was versteht Reinhart de facto unter Wissenschaft, und was will er damit erreichen, sondern: welch Geistes Kind ist Reinhart, daß er sich sein Ideal einer lückenlosen Genauigkeit zum zentralen Lebensinhalt machen kann? Die intime Synthese von objektivem Verfahren und subjektiver Motivation führt die Suche nach einer Wissenschaftskritik in die Breiten und Tiefen der normalen Lebenswelt, so daß auch dort noch Wissenschaft ausfindig gemacht werden kann, wo man es gar nicht mehr vermutet. Es gilt also, das »Sinngedicht« nicht als Wettstreit der Ideen zu lesen, sondern darauf aufmerksam zu werden, wohin die Wurzeln dieser Ideen reichen und wo sie ihre Wirkung entfalten, ganz im Sinne der Empfehlung Friedrich Nietzsches: »Ideen muß man untersuchen in Richtung auf den Kopf, der sie nötig hat.«

»Warum treiben Sie alle diese Dinge?«

Einige Kapitel später treffen wir unseren Helden wieder in Gesellschaft der schönen Lucia, in deren ländliche Abgeschiedenheit es ihn zufällig-schicksalshaft verschlagen hat, und er stellt obige Frage angesichts der vielen Bücher und Schriften, die er in ihrem Studierzimmer vorfindet. All diese Bücher und Schriften weisen darauf hin, daß wir und Reinhart es bei Lucia ebenfalls mit einer Gelehrten zu tun haben, nur gilt ihr Interesse anderen Dingen als Reinharts, sie beschäftigt sich mit Literatur, vornehmlich mit Lebensbeschreibungen, und zwar nicht in erbaulicher Absicht wie ein Schöngeist, sondern in ernstem wissenschaftlichen Studium, so wie jemand, den wir heute als Geisteswissenschaftler[6] bezeichnen würden. Seine Entdeckung macht Reinhart einesteils »beinah eifersüchtig« auf diese für ihn fremde Welt, die er zu erkunden doch aufgebrochen ist, aber noch mehr löst sie Verwunderung in ihm aus. Der Gedanke macht ihm zu schaffen, wie er mit der bezaubernden Erscheinung seiner Gastgeberin den wissenschaftlichen Fleiß, von dem »alle diese Dinge« zeugen, zusammenbringen soll – solchen Fleiß kann er sich nur bei einem »sogenannten Blaustrumpf« vorstellen –, und überhaupt fällt es ihm schwer zu begreifen, wie jemand seine Zeit mit »im Grunde doch so anspruchslosen Studien« vergeuden kann – Vorurteile also, die sich auch in späteren Zeiten noch finden lassen, in denen man despektierlich von »Frauenfächern« redet und damit den überdurchschnittlichen Anteil des weiblichen Geschlechts in diesen Fächern in ein umgekehrt proportionales Verhältnis zur angeblich dort erforderlichen Intelligenz setzt. Reinharts andere wissenschaftliche Provenienz, die sich auch in einem anderen Selbstverständnis niederschlägt, bringt einen Unterton in seine Frage, der Lucia und auch ihm nicht entgeht, und er muß sich gestehen, daß er »eigentlich nichts anderes sagen wollte, als: ›Schönste, weißt du nichts Besseres zu tun?‹ oder noch deutlicher ›Was hast du erlebt?‹«.

Reinharts Frage ist durchaus nicht grundlos und in ihrer Formulierung für einen Außenstehenden nicht anstößig. In einem anderen Zusammenhang könnte sie vielleicht ein ernstgemeintes Interesse an den auf den ersten Blick etwas merkwürdig anmutenden Marotten eines Menschen zum Ausdruck bringen und so der Auslöser für ein anregendes Gespräch sein, bei dem man sich

6 Der Begriff »Geisteswissenschaften« war zu der Zeit, als Keller »Das Sinngedicht« in seiner letzten Fassung niederschrieb und in der »Deutschen Rundschau« allmonatlich erscheinen ließ, also in den Jahren 1880 und 1881, noch nicht gebräuchlich. Der Terminus fand seine Ausbreitung erst Ende des 19. Jahrhunderts, wesentlich initiiert durch das Erscheinen von Diltheys »Einleitung in die Geisteswissenschaften« 1883. Der Sache nach ist aber dieser Begriff bei Keller schon vorhanden.

näher kennenlernte. Hier aber bewirkt sie keine Annäherung, sondern Verstörung. Was diese Frage taktlos macht, ist, daß sie einer inneren Neugierde entspringt, die anderes ist als anteilnehmendes Interesse. Die höfliche, aber »bedachtlose« Nachfrage eröffnet unversehens Hintergründe der persönlichen Biographien, die, auf diese Weise zur Sprache gebracht, eine peinliche Verlegenheit hervorrufen. Und es geschieht, was in der Geschichte dauernd sich ereignet: Die Personen, hier Reinhart und Lucia, erröten, sie mehr, er weniger. Sie erröten nicht, weil Reinhart gegen Lucias Willen auf das Geheimnis ihrer Studien gestoßen wäre, sonst hätte sie ihn nicht gutgläubig in ihrem Zimmer allein gelassen. Sie erröten, weil sich in das bisher noch vertrauensvolle Verhältnis mißtrauische Töne einschleichen, die Lucia in einem neuen, dubiosen Licht erscheinen lassen: Lucia, diese doch so reizende Erscheinung, betreibt wissenschaftliche Studien, und noch dazu auf einem so fragwürdigen Feld wie dem der Literatur!? Jedes unschuldige Wort, jede harmlose Geste bekommt plötzlich ein neues Gewicht.

Diese Schwere wird um so deutlicher empfunden, als Reinharts und Lucias Begegnung unter dem Stern völliger Unbelastetheit stattzufinden scheint. Reinhart sucht Lucia auf, um ihr den Brief ihrer Freundin, deren Familie er einen kurzen Besuch abgestattet hatte, zu überbringen. Nach langem Umherirren in wilder Waldlandschaft kommt er endlich in eine parkähnliche Anlage, durch deren Zierbeete er seinen Klepper rücksichtslos trampeln läßt. Als er schließlich auf die weiße Gestalt Lucias trifft, wirken die beiden in dem paradiesähnlichen Garten wie die ersten Menschen selbst, doch es wird schnell deutlich, daß diese erste Unschuld nicht besteht, genausowenig wie es sich hier um den unberührten Garten Eden, sondern um kunstvoll gestaltete Natur handelt. Obgleich sie füreinander unbeschriebene Blätter sind, stehen sie sich nicht oder, genauer, nicht mehr in nackter Anfänglichkeit gegenüber. Er kommt ihr vor wie ein ungehobelter Grobian, der gleichsam vom Himmel gefallen ist, die zierlichen Beete und gepflegten Wege zerwühlend, und sie erscheint ihm als »ideale [...] Erfindung eines müßigen Schöngeistes«.

In diesem ersten, mehr intuitiven Eindruck voneinander deuten sich die jeweiligen Absichten, Erfahrungen und Erwartungen an, die in diese Begegnung hineinspielen und die in Spannung stehen zu einer Utopie des Neuanfangens, von der nicht deutlich wird, ob sie Trug ist oder Möglichkeit, Ziel der Hoffnung oder Drohung. Denn ebenso wie die verschönte, gestaltete Natur gleichzeitig die sehnsüchtige Erinnerung an ein unberührtes Paradies *und* die beängstigende Erinnerung an die gebändigte Wildnis wachruft, ist die vorbelastete Begegnung zwischen Reinhart und Lucia gekennzeichnet von einer Koketterie, die sich ausbalanciert zwischen einem verliebten Wunsch nach unmittelbarer Nähe und der Angst vor den Geistern, die damit freigesetzt werden könnten. Aber noch überwiegt das Mißtrauen, und vor allem Lucia hat allen Grund dazu, denn Reinhart betrachtet sie als Versuchsobjekt, als ideale Gelegenheit, »das Sprüchlein des alten Logau [zu] erproben«. Es scheint von daher nur allzu verständlich, wenn Lucia drauf und dran ist, den Gast wieder davonzujagen, als er sie recht unverblümt naiv wissen läßt, welche Rolle er ihr in seinem merkwürdigen Plan zugedacht hat. Aber auch Lucias scharfe Reaktion geschieht, das erfahren wir später, weniger aus einem unmittelbaren persönlichen Gekränktsein, sondern ist zu verstehen aus weit zurückliegenden Erfahrungen mit Männern, die sie äußerst allergisch haben werden lassen schon gegen den leisesten Anflug von männlichem Chauvinismus und die sie auch sofort gegen sein selbstherrliches Auftreten und sein anmaßendes Ansinnen einnehmen. Noch bevor also ein unvoreingenommenes Kennenlernen stattfinden kann, schon beim ersten Erblicken, sind auf jeder Seite Erwartungen und Unterstellungen am Werk, die von dem ängstlichen Bedürfnis angetrieben sind, möglichst schnell herauszubekommen, was der andere im Schilde führt, ob er vielleicht die eigenen Wunden und gut versteckten Punkte entdecken könnte oder will, und um möglichst schnell eine Gegentaktik einzuleiten.

Mit der Begegnung von Reinhart und Lucia ist jener Punkt in Kellers Roman erreicht, auf den die vorher geschilderten Ereignisse zulaufen, und von dem die nachfolgenden ihren Ausgang nehmen. Das will nicht besagen, daß die Geschichte eine Entwicklung nimmt, die auf eine Lösung zustrebt. Im Zusammentreffen von Reinhart und Lucia ereignet sich nichts anderes, als was andauernd thematisiert wird, nämlich die Begegnung von Mann und Frau, nur findet sie hier tatsächlich statt, während sie vorher nur Gegenstand der wissenschaftlichen Spekulationen und Experimente Reinharts war und später Gegenstand von gegenseitig erzählten Geschichten sein wird. Hier wird die Probe aufs Exempel gemacht: Auch wenn es sich natürlich hier um ein fiktionales Ereignis in einem literarischen Text handelt, so ist doch innerhalb dieses Textes mit der Begegnung von Reinhart und Lucia eine letzte Realität bezeichnet, an der sich alle Versuche, diese Realität mit Hilfe mehr oder weniger abstrakter Gedanken zu bewältigen, bewähren müssen.

Es trifft also zu, daß der rote Faden, der sich durch die Hauptgeschichte sowohl wie durch die Binnengeschichten zieht, in dem »Spannungsverhältnis von Wesen und Erscheinung, Sein und Schein, Kern und Schale, Gestalt und Vermummung, faktischer Wirklichkeit und Vorstellungswelt«[7] besteht. Nur geht es wesentlich darum, die empirischen, d.h. personalen Äquivalente jener Prozesse zu bestimmen, die mit so mehr oder weniger philosophisch abstrakten Begriffen wie »Sein« und »Schein«, »Kern« und »Schale« bezeichnet werden. Gerade die beschriebene Stelle macht deutlich, daß die Personen gar nicht anders können als nach dem »Kern« zu fragen und sich ihnen von daher immer wieder die Fragwürdigkeit ihrer Vor- und Unterstellungen aufdrängt. Was sie dazu veranlaßt, sind nicht irgendwelche abgehobenen Ideen von einer hären Liebe, die ja selber wieder bloße Vorstellungen wären, sondern es ist die *konkrete Situation der Begegnung*, in der sie der besonderen Wirklichkeit des anderen innewerden und sich ihnen die Diskrepanz dieser Wirklichkeit zu ihren Bildern davon und zu ihren »Verfahrensweisen« auftut.

---

7 Diese zusammenfassende Feststellung trifft Wolfgang Preisendanz in seinem Aufsatz »Gottfried Kellers Sinngedicht«, in: Zeitschrift für deutsche Philologie 82 (1963), S. 129-151, S. 138 f.

Das Rotwerden ist dabei gewissermaßen das körperliche Bewußtsein dieser Differenz,[8] es ist der sinnliche Ausdruck einer quasi-instinktiven moralischen Empörung darüber, daß die besondere Wirklichkeit eines Menschen verwechselt wird mit abstrakten Ideen von ihr.

Kellers Text macht diese Prozesse dort fest, wo sie sich allererst mit Leben füllen, weil sie für das Leben des einzelnen relevant werden. Hier, im Feld der Bedürfnisse, Erwartungen und Ängste des einzelnen, erscheinen angesichts gerade der Evidenz der Erfahrung des anderen Reinharts wissenschaftliche Verfahren und auch Lucias Kunstglaube als das, was sie im Grunde genommen sind: als aufgeblasene Manöver, um sich seine eigene und die Realität anderer vom Leibe zu halten. Die Realität anderer insofern, als Reinharts selbstsicherer Glaube an die Erklärungskraft seiner Methoden ihn seine Umwelt, inbegriffen Lucia, sehen läßt als Anschauungsmaterial für erfahrungsleere Erklärungsformeln; und für die eigene Realität insofern, als seine so selbstlose Wahrheitssuche sich in dieser Sicht entpuppt als ängstliches Festhalten an Denkschemata, die angeblich Erkenntnis verbürgen, die aber nur dazu dienen, die Angst vor den Untiefen der eigenen Person zu kaschieren, einer wirklichen Selbstbegegnung aus dem Weg zu gehen. Die ganze Hohlheit und Scheinhaftigkeit seines Verhaltens wird ihm augenblickshaft bewußt, wenn sich seine Augen öffnen, d.h. sobald er aufhört, jede wirkliche, für ihn irritierende Erfahrung zu vermeiden, indem er alles und jeden mit seinen fertigen Vorstellungen übertönt, und anfängt, die Wirklichkeit für sich selber reden zu lassen und ihr nach-zudenken.

---

8 Die Personen in »Das Sinngedicht« erröten aus unterschiedlichen Anlässen, die jedoch alle relativiert werden im Hinblick auf eine Funktion von »Scham«, die aus dem ganzen Text hervortritt. Danach ist der Scham-Ausdruck des Errötens eine natürliche, ursprüngliche Schutzreaktion, die vom unwillkürlichen Bedürfnis ausgelöst wird, etwas Wertvolles vor Verletzung zu schützen. Ganz in diesem Sinne hat Max Scheler die Scham zu bestimmen versucht als Diskretion, als Wille zur Unterscheidung, der es auf die Bewahrung von Person und Freiheit ankomme. Dazu schreibt Scheler: »Scham wird nicht empfunden, wo sich jemand in einer Rolle weiß, als Dienerin, als Objekt, *als Fall*, und nicht als Individuum begreift.« (Hervorhebungen von mir, A.P.) Max Scheler, Über Scham und das Schamgefühl, Schriften aus dem Nachlaß, Bd. 1, Bern 1957, S. 79.

Erzähl' mir keine Geschichten

Die Begegnung von Reinhart und Lucia wird von der Spannung bestimmt, einerseits sich und einander etwas vormachen zu müssen und andererseits von dem Bedürfnis getrieben zu sein, nach sich und nach dem anderen zu fragen. Anders ausgedrückt: Die beiden haben sich ineinander verliebt, was sie jedoch daran hindert, sich dem anderen zu öffnen, ist die verinnerlichte Optik einer durch Angst und einer Suche nach vermeintlicher Sicherheit verengten Weltsicht, die sich im Fall von Reinhart als Wissenschaft geriert. Daraus erhalten ihre Gespräche und ihr Verhalten stets etwas Indirektes, Doppelbödiges. Man darf beide nie beim Wort nehmen. Die vorgebliche Motivation ist immer zu unterscheiden von der wirklichen Funktion, die eine Geste, ein Wort hat. Das gilt auch und besonders für einen weiteren Versuch in ihrem Versteck- und Suchspiel: Sie erzählen sich Geschichten, angeblich, um die verschiedenen Auffassungen darüber zu bekräftigen, worauf es bei einer gelungenen Partnersuche ankommt.

Nun haben sich die Leser von Kellers »Sinngedicht« seit jeher schwergetan, einen Zusammenhang der einzelnen Binnenerzählungen untereinander und dieser zur Rahmenerzählung herzustellen. Dieser Zusammenhang kommt aber nur in den Blick, wenn man von der beschriebenen Brechung ausgeht, und das bedeutet: Man darf die Geschichten, die sich Reinhart und Lucia erzählen, nicht nur daraufhin ansehen, was sie an Aussagen mitteilen, fast wichtiger ist es, darauf zu achten, wie Reinhart bzw. Lucia sie aufnehmen, wie sie sie auf ihre eigenen Mühlen leiten. Darin ist nicht nur eine spröde Unterscheidung von Inhalt und Rezeption zu sehen. Diese Relativierung entspricht der durchgängigen Absicht des Textes, nicht ideeninterne Diskussionen führen zu wollen, sondern darzustellen, wie Ideen wie z.B. die Idee der Wissenschaft oder die Idee der Kunst sich in den Köpfen von Menschen zu ideologischer Fixierung verhärten können. Mithin sind also die zwei fiktionalen Ebenen in Kellers Text nur Ausdruck oder, besser, literarische Spiegelung einer lebensweltlichen Spannung zwischen dem, was Menschen denken oder wollen (bzw. zu wollen vorgeben), und dem, was sie tatsächlich sind und bleiben und bei aller guten Absicht dann schließlich tun, und Kellers Text als Ganzes ist ein einziges Zeugnis des Vertrauens in die einfache, unverstellte Menschennatur, die keine -ismen und utopischen Verheißungen braucht, um sinn- und wertvoll zu sein.[9]

Vor dem Hintergrund dieser Einstellung zur Welt, die in Kellers Text ihren künstlerischen Ausdruck findet, erscheinen die darin erzählten Geschichten in zweifachem Bezug. Einmal thematisieren sie, welche Folgen es gerade in der Begegnung der Geschlechter hat, wenn jemand – um eine Wendung Kierkegaards zu gebrauchen – »verzweifelt nicht er selbst sein will«, oder, was auf dasselbe hinausläuft, »verzweifelt er selbst sein will«[10], was sich wiederum darin fortsetzt, auch den anderen nicht er selbst sein zu lassen. Zum zweiten wird in der Rezeption dieser Geschichten durch Reinhart und Lucia vorgeführt, wie gerade die Kunst des Geschichtenerzählens, die Kunst der Literatur also, dazu ge- bzw. mißbraucht werden kann, das Leben in schlechtem Sinne zu literarisieren, d.h. sich in einer künstlichen Welt einzurichten, in der man von den Zumutungen einer wirklichen Selbst- und Weltbegegnung geschützt ist.

---

9 In seinem Buch »Über literarischen Realismus« beschreibt Joseph Peter Stern die ästhetischen und weltanschaulichen Voraussetzungen, auf die ich hier bei Keller aufmerksam machen möchte, als zentrale Kennzeichen eines literarischen Realismus, und er schreibt dazu (a.a.O., S. 63/64): »Der Gegenstand seines Interesses (des Realismus, A.P.) ist die tagtägliche Welt, die er weder als die zeitbedingte Manifestation des Weltgeistes auffaßt noch als die Welt als Wille und Vorstellung, noch auch als die geistlose ›Welt der Praxis und Pseudo-Konkretheit‹, die erst auf die Ideologen warten muß, damit ihr ein Sinn aufgeprägt werde. Der Realismus weigert sich, alles Denken, das nicht ideologisch ist, als Nicht-Denken zu betrachten.«

10 Sören Kierkegaard, Die Krankheit zum Tode, München 1976, S. 40: »Über sich verzweifeln, verzweifelt sich selbst los sein wollen, ist die Formel der Verzweiflung, so daß auch die andere Form der Verzweiflung, daß jemand verzweifelt er selbst sein will, auf die erste zurückgeführt werden kann [...].« Beide Formen der Verzweiflung sind nur die zwei Seiten einer Medaille, weil in beiden Fällen das eigene, momentane Selbst als aufgezwungen empfunden wird und das verzweifelte Bestreben darin besteht, es – auf ein besseres Selbst hin – loswerden zu wollen.

Schauen wir uns die Binnenerzählungen unter diesem zweifachen Aspekt an: Die von Lucia erzählte Geschichte »Von einer törichten Jungfrau« handelt davon, wie die junge und begehrte Wirtstocher Salome und ein eitler Geck aus gutem Hause namens Drogo durch eine alberne Komödie ungeplant, aber nicht ungewollt zum Pärchen werden, dann aber, verheiratet, aufgrund unerträglichen einander Anödens voreinander wieder flüchten. Bei jener Komödie, die Drogo inszeniert, um Salome zu gewinnen, täuscht er seinen Freunden ein Stelldichein mit Salome in einer Laube vor, nicht ahnend, daß Salome sich tatsächlich zufällig in der Laube aufhält. Aus dem ulkigen Schauspiel wird plötzlich bitterer Ernst, als Salome ihre Chance wittert, und der »mit viel [...] Kunst« in die Luft küssende Drogo mit einemmal auf leibhaftige Lippen trifft. In der daraufhin zwangsläufig geschlossenen Ehe schmilzt die verliebte Tändelei schnell zusammen auf ein buchstäblich gähnendes Nichts, und das so kurze und trügerische Glück zerbricht unter gegenseitigen Schuldzuweisungen, mit denen beide ihr Gesicht zu wahren suchen. Wenn aber in dieser Geschichte von Schuld die Rede sein kann, dann trifft sie erstens beide, Salome und Drogo, und zweitens ist sie weder zu suchen im Standesunterschied, wie Salome glaubt, noch in der geistigen Beschränktheit Salomes, wie Drogo es sich einredet, sondern sie besteht in dem, was Keller selbst die »Unverantwortlichkeit der Einbildungskraft« bezeichnet,[11] einer Einbildungskraft, die nur sieht, was sie sehen will und darüber die Realitäten in einer Weise aus dem Blick verliert, die sich rächt.

Der gleichen Unverantwortlichkeit machen sich auch die Personen in der Geschichte »Regine« schuldig, hauptsächlich der junge Deutsch-Amerikaner Erwin, der in das Land seiner Vorfahren reist, um »eine recht sinnige und mustergültige deutsche Frauengestalt über den Ozean zurückzubringen.« Nach einigen

---

11 In seinen Vorarbeiten zum »Grünen Heinrich« notierte Keller: »Fähigkeit Heinrichs, bei aller Feinheit des Gefühls das Stärkste und Härteste zu denken und zu empfinden. Unverantwortlichkeit der Einbildungskraft!« Siehe: Die Vorarbeiten, in: Gottfried Keller, Gesammelte Werke, hrsg. von Jonas Fränkel, Bd. 19, Zürich/München 1926, S. 342-357, S. 351 (Nr. 18).

glücklosen Anläufen in dieser Richtung fällt sein Auge auf die Dienstmagd Regine, von deren Gestalt und Benehmen er augenblicklich gefesselt ist. Er knüpft zarte Bande, indem er ihr beim Briefschreiben behilflich ist und ihr später Englischunterricht erteilt. Auch nachdem er ihr Ja-Wort erhalten hat, gefällt er sich in der Rolle des Bildners und Lehrers: Regine kommt in den zweifelhaften Genuß seiner »Erziehungskunst«, in ihr hofft er »ein Bild verklärten deutschen Volkstums über das Meer zu bringen«. Zu diesem Zweck läßt er Regine die Schule all dessen durchlaufen, was für ihn Bildung darstellt. Sie lernt, sich wie eine Dame zu benehmen und zu kleiden, sie lernt, französisch zu parlieren, und als er ihre Neigung für Volkslieder entdeckt, füttert er diese ungebildete Leidenschaft geschickt mit »Des Knaben Wunderhorn« und Goetheschen Jugendliedern. Regine nimmt alles begierig auf, und man könnte meinen, Erwins Bemühungen seien ganz von uneigennütziger Liebe getragen, wenn nicht ein Ereignis Zweifel an dieser Lauterkeit aufkommen ließe. Erwin muß überraschend nach Amerika zurückreisen, doch will er Regine noch nicht mitnehmen, angeblich, weil er sie nicht den »Gefahren der Meerfahrt« aussetzen will, insgeheim aber leitet ihn der Gedanke, noch »letzte Hand an sein Bildungswerk legen zu können, ehe er sie in sein Vaterhaus mitbringe«. Wie die Gefahren und Unsicherheiten des Meeres fürchtet Erwin alle Unwägbarkeiten, die Regine zeigen könnte und die seinen Erziehungsplan gefährden könnten. Dieser Mangel an Vertrauen wird zur Quelle allen Unheils, das nun seinen Lauf nimmt. In Erwins Abwesenheit gerät Regine in die Fänge eines Frauentrios, »die drei Parzen« genannt. Diese exaltierte Kulturschickeria schmückt sich mit der schönen Regine und überredet sie dazu, sich von einer feministischen Malerin abbilden zu lassen. Das Resultat sind mehrere kitschige Gemälde, von denen eines, so will es der Zufall und so paßt es zur psychologischen Logik der Geschichte, Erwin in Amerika in die Hände fällt. Sein dadurch geweckter Argwohn erhält noch zusätzliche Nahrung, als ihm bei seiner Rückkehr von einem heimlichen Männerbesuch berichtet wird und er bei einem Diplomaten, der mit Regine Umgang pflegte, ein zweites Gemälde von ihr findet. Sein Verdacht wird ihm zur Gewißheit, und ohne Regine zu befragen, beschließt er, in eine »stumme Trennung« zu ihr zu treten, d.h. er reist mit Regine nach Amerika und überläßt »der Zeit die Aufklärung des Unheils«. Grausamer aber kann seine Strafe für Regine – und auch für ihn selbst – nicht sein. Erwin und seine Familie behandeln sie fortan höflich, aber in einer Mischung aus Nachsicht, stillem Vorwurf und aufgesetzter Höflichkeit, die schlimmer ist als offene Abneigung und Regine schließlich in den Freitod treibt. Aber auch Erwin leidet unter der durch unausgesprochene Vorwürfe vergifteten Atmosphäre. Er erwartet von Regine eine Beichte, ohne zu erahnen, daß sie den Grund für sein Verhalten in einer ganz anderen Schuld wähnt, nämlich darin, einen Bruder zu haben, der als Raubmörder hingerichtet worden ist. So bleiben sie gefangen in einem Teufelskreis aus unerlöstem Schuldgefühl und unüberwindbarem Mißtrauen, ein Mißtrauen, das nur entstehen konnte, weil Erwin mehr in das gelungene Werk seiner Erziehung als in Regine selbst verliebt war, ebenso wie die Parzen in Regine nur das sahen, was die Malerin in ihren Bildern zum Ausdruck brachte – eine stilisierte Schönheit, die zur Befriedigung eitler Kunstschwärmerei herhalten mußte.

Kellers Novellen sind mit Märchen verglichen worden, und eben in diesem Märchenhaften werden gegen alle nur äußerliche Wahrscheinlichkeit die tiefsten Zusammenhänge in sinnlicher Evidenz erfaßt, vor allem der Zusammenhang von Kunst und Leben, Freiheit und lebenstötender ideologischer Verblendung. Daß dieser Zusammenhang wie in »Regine« nicht nur zur Katastrophe führen muß, zeigt die Erzählung »Die arme Baronin«. Deren Bekanntschaft macht Brandolf, ein junger Student der Rechte, buchstäblich im Vorübergehen. Durch ihr bissig unhöfliches Verhalten aufmerksam gemacht, holt er Erkundigungen über sie ein und erfährt, daß es sich um eine verarmte Baronin handelt, die ihr luxuriös ausgestattetes Zimmer vermietet, während sie selbst in eisernster Sparsamkeit lebt. Brandolf beschließt, das Geheimnis dieser sonderbaren Person zu lüften, indem er sich bei ihr einmietet, und dank seiner Beharrlichkeit und Einfühlsamkeit entdeckt sich ihm die Tragödie eines Menschen, der von anderen stets nur ausgenützt und gedemütigt worden ist und diese Behandlung nun gegen sich selbst exerziert. Nach und nach gelingt es ihm, ihr Zutrauen zu gewinnen, und damit heilt er auch die Krankheit, an der sie im Grunde leidet, an »verschämter Armut«, einer Armut, die, das macht ihre Lebensgeschichte deutlich, nur zu ihrem äußeren Teil materielle Not ist, die aber wesentlich darin besteht, niemals die Möglichkeit gehabt zu haben, eigene Bedürfnisse und Wünsche anzumelden und zu leben, was schließlich dahin geführt hat, daß sie sich in geradezu masochistischer Bedürfnislosigkeit vor der Welt verschloß, um so neuerliche Verletzungen zu vermeiden. In »Regine« wie in »Die arme Baronin« sind es – so Reinhart in seiner Vorrede – »überlegene und verständige Männer«, die sich zu hilfsbedürftigen Frauen herabbeugen. Aber während Erwins Liebe eher ist wie eine Gunst, die mehr dem Geber schmeicheln als dem Empfänger helfen soll, ist es Brandolf nur um die Baronin getan, und seine Fürsorge bewirkt für sie nicht weniger als eine neue »Welterblickung«. Ihre Lebenserfahrung als Opfer ließ sie hinter allem, auch dem möglichen Glück, die Täuschung, den Betrug wittern. Das Mißtrauen ist hier prinzipiell immer schneller als jede Erfahrung, die sie enttäuschen könnte, so daß ein Entkommen aus diesem Zirkel nur durch einen Sprung möglich ist, einen Sprung, der darin besteht, auch auf die Gefahr einer neuerlichen Verletzung hin das Risiko der Verletzbarkeit einzugehen – aus der Hoffnung, daß Leben mehr ist als nur die Vermeidung von Schmerz und Unglück.

Kellers Texte gleichen Märchen darin, Prinzipien durch und in realistisch-sinnlicher Darstellung evident erscheinen zu lassen. Indem Prinzipien wie die Wissenschaft, die Kunst in ebenso realistische wie symbolische Geschichten aufgelöst werden, wird die geschilderte Wirklichkeit so prinzipiell wie die Prinzipien wirklich, und daraus ergibt sich eine Analogie, die irgendwie alles mit allem zusammenhängen läßt: So wie Reinhart Wissenschaft treibt, so verhält er sich zu sich selbst und so begegnet er anderen Menschen. Dieses »So-wie« bringt die verschiedenen Dinge und Ereignisse des (erzählten) Lebens in Nachbarschaft – in keine nur additiv aufreihende, sondern in eine, die das Viele transparent macht für das Grundsätzliche. Die Grundwirklichkeit, die bei Keller in und zwischen den Zeilen in allem aufscheint, ist »die Natur«. Meist sind es Frauen, die als unverbildete Naturgeschöpfe (Regine, Zambo-Maria, das Indianermädchen Quoneschi) die kulturgeschädigten Männer (Erwin, Don Correa, Thibaut) zur Raison bringen. Mit »Natur« ist bei Keller einerseits die unmittelbar gegebene empirische Wirklichkeit, der »goldene [...] Überfluß der Welt«[12] gemeint, andererseits stellt sie einen Wert dar, sie ist der Inbegriff des Richtigen, Echten, Unverfälschten. Die negative Bestimmung verweist darauf, was im Widerspruch steht zu dieser Natürlichkeit: das Schiefe, Künstliche, nur Scheinhafte. In dieser letzteren Bedeutung ist uns der Begriff zwar auch heute noch geläufig, wenn wir beispielsweise von natürlichem Verhalten oder natürlicher Ernährung sprechen, aber wo er mit dem Anspruch auftritt, eine naturgegebene, letzte Ordnung zu bezeichnen, wird er das sichere Opfer einer aufklärerischen Skepsis, die mit leichter Hand das angeblich Naturgegebene als willkürliche Setzung entlarvt, das nur bestimmten Interessen diene.[13] Bei Keller aber ist »Natur« weder nur eine unabhängig von uns bestehende normsetzende Realität, die wir nur abzulesen bräuchten, noch nur ein subjektives genialisches Vermögen, der Realität ihre Gesetze vorzuschreiben. Es ist beides, in einem Verhältnis der gegenseitigen Ermöglichung und Ergänzung. Dieses Verhältnis erhellt im ›Symbolkreis‹ von Natur, Licht und Auge. Jene Wahrheit, die zu Anfang der Novelle das Sonnenlicht ebenso sinnlich wie bildlich darstellen soll, bedarf zu ihrer Wirksamkeit

---

12 Vgl. Kellers Gedicht »Abendlied«.
13 Peter Sloterdijk zählt die Berufung auf eine maßsetzende Natur zu jenen Pfeilern eines naiven voraufklärerischen Weltbildes, mit denen die aufklärerische Ideologiekritik gründlich aufgeräumt zu haben glaubt. P.S., Kritik der zynischen Vernunft, Bd. 1, Frankfurt a.M. 1983, S. 118 ff., 129 ff..

des rechten Blicks, des »vue droite«[14]. Wo kein Auge, das es wahrnimmt, bleibt das Licht so gut wie nicht existent. Sie bedürfen nun einmal des Lichts, die Augen, weil, wie Goethe sagen würde, das Auge »sonnenhaft« ist.[15] Beides ist voneinander verschieden und doch jeweils als Daseinsvoraussetzung für das andere im anderen vorhanden. Und trotzdem handelt es sich hier um ein Ideal, das durch Störungen verhindert werden kann. Es ist nicht das Licht selbst, von dem diese Störungen ausgehen, ihm ist es gleichsam egal, ob man die Fensterläden vor ihm verschließt, es verströmt sich immerfort in gleichbleibender Beharrlichkeit. Nur dort, wo es auf ein reflektierendes Bewußtsein trifft, können sich ihm Hindernisse in den Weg stellen, dort entscheidet sich, ob es einleuchtet. Das Licht ist beharrlich, aber nicht aufdringlich. Es gibt gute Gründe und Anzeichen, sich ihm zu öffnen; es gibt aber auch mindestens ebenso viele Gründe, sich vor ihm zu verschließen. Es ist hell genug für die, die wünschen, es zu sehen, und es ist dunkel genug für die, die das nicht wollen. Das ist eine Situation, die eine Entscheidung nötig macht. Logische Evidenz läßt keinen Platz für Entscheidung, und für den Unsinn kann man sich nicht entscheiden. Nur eine Situation der logisch unaufhebbaren Schwebe macht eine Entscheidung nötig, der man nicht aus dem Wege gehen kann, weil sich nicht entscheiden zu wollen immer

---

14 »vue droite«, »vue nette«, »première vue du sense commun« sind Begriffe, mit denen Blaise Pascal jenes Organ zu umschreiben versucht, mit dem es dem Menschen möglich sei, die Normen der Natürlichkeit zu empfinden, das jeden Gegenstand mit dem ihm angemessenen ›Blick‹ zu erkennen vermag. Für Pascal ist das Dasein in hierarchischen Ebenen gebaut, denen jeweils eine eigene »vue«, eine spezifische Weise des Empfindens und Denkens, zugeordnet ist.

15 »Wär nicht das Auge sonnenhaft,/Die Sonne könnt' es nie erblicken;/Läg' nicht in uns des Gottes eigne Kraft,/Wie könnt' uns Göttliches entzücken?« in: J. W. von Goethe, Werke Bd. 1, München 1978, (Hamburger Ausgabe), S. 367 (Weltanschauliche Gedichte). Und in seiner »Farbenlehre« schreibt Goethe dazu: »Jene unmittelbare Verwandtschaft des Lichtes und des Auges wird niemand leugnen; aber sich beide zugleich als eins und dasselbe zu denken, hat mehr Schwierigkeit.« Siehe: Werke, a.a.O., Bd. 13, S. 324.

heißt, sich zu entscheiden – gegen das Muß zur Entscheidung, das eine Pflicht ist, wenn man nur so sich und dem anderen gerecht wird.

Davon weiß auch Lucias Oheim eine Geschichte aus eigener Erfahrung zu erzählen. Er berichtet, wie er als junger Mann mit und gegen seinen Freund um die Zuneigung einer Bankierstochter warb. Verzwickt wird die Lage in seiner Geschichte, als die schöne Hildeburg sich eingestehen muß, daß sie ihr Herz an beide gleichermaßen verloren hat. Sowohl den heißblütigen und aufschneiderischen »Kanzler«, wie sie den Oheim scherzhaft nennt, als auch den bedächtigen, abgeklärten »Marschall«, so der Spitzname seines Freundes Mannelin, möchte sie nicht mehr missen. Der Rat, der hier teuer ist, kommt in Form der Befreiungskriege gegen Napoleon, aus denen, wie sie hofft, nur einer zurückkehren wird. Als auch diese »natürliche« Lösung nicht gelingt, weil beide überleben, entschließt sie sich, die Entscheidung einem Experiment zu überantworten, bei dem nichts dem Zufall überlassen, alles »bis aufs kleinste [...] verglichen und abgewogen« sein soll: Verkleidet als Gespenst will sie beiden nacheinander erscheinen, und wer den Trug durchschaut, soll ihre Hand erhalten. Der Kanzler zieht in der »Prüfungsnacht« den kürzeren, und obwohl er in sein Schicksal einwilligt, bleibt bei diesem »technisch untadelhaften Verfahren« ein bitterer Nachgeschmack, denn das Experiment Hildeburgs brachte den als Sieger hervor, auf dessen nüchterne Mentalität die Entzauberungsaufgabe zugeschnitten war. So gibt es für den Oheim auch keinen Zweifel daran, daß durch den Sieg seines Nebenbuhlers Hildeburgs »geheimsten Wünschen besser entsprochen worden sei, als wenn ich gesiegt hätte«.

Viel Lärm um nichts also? Eben nicht. Vielmehr viel Aufwand, um eine Entscheidung herbeizuführen, bei der das Entscheidende fehlen sollte, nämlich die entscheidende Hildeburg, um deren Lebensglück es ja schließlich ging. Einerseits empfindet sie die »Doppelliebe« als »unglücklich«, will der »unwürdigen Krankheit« ein Ende setzen und spürt auch, für wen ihr Herz schlägt, andererseits will sie aber keine Wahl treffen, was sie mit der Einrede kaschiert, angesichts des quasi »infinitesimalen«[16] Übergangs der Freundschaft zu beiden Männern nicht entscheiden zu können. Also entlastet sie sich, indem sie entscheiden läßt, mittels eines »Experiments«, das die größte Unvoreingenommenheit und Gerechtigkeit garantieren soll, aber über den Schleichweg unbestechlicher Objektivität doch nur die verheimlichte Sympathie zum Zünglein an der Waage macht. Und diese Sympathie gilt dem braven, vernünftigen Mannelin, der im rechten Augenblick »seine Gedanken in eine kleine Reihe« stellte, »als ob es Polizeileute wären, und sich selbst an ihre Spitze«. Trotz aller Vorkehrungen, gleiche Bedingungen für beide zu schaffen, hätte Hildeburg die Wahl zugunsten Mannelins nicht sicherer herbeiführen und ihre Hände nicht überzeugender in Unschuld baden können. Denn das Experiment bringt den Vorteil mit sich, am Schicksal des Opfers nicht schuld zu sein, nicht nur höhere Gewalt hat hier das Urteil gesprochen, nein, der »Kanzler« selbst hat, so sieht es aus, im entscheidenden Augenblick versagt und sich also die Folgen zuzuschreiben.

Und noch in der Erinnerung bedauert der alte Oheim die verpaßte Chance, die doch keine war. So wollte sich Hildeburg eine weiße Weste erhalten, ohne sich in ihrer Entscheidung selbst zu erkennen; sie mußte darum möglichst weit von ihr abgespalten werden. Das wissenschaftliche Verfahren kam diesem Bedürfnis entgegen. Und nicht von ungefähr wurde der erwählte Mannelin ein Professor (!) in der großen Stadt, und nicht von ungefähr, diese Entdeckung macht der Oheim zum Schluß seiner Erzählung und knüpft sie damit an die reale Situation und Geschichte des Erzählertrios an, war das Produkt der Ehe von Hildeburg und Mannelin eben unser augenkranker Freund Reinhart, der auch so gern experimentiert und auf Nummer sicher geht.

Wissenschaft also als Metapher für eine Haltung von Objektivität, die sich unter dem An-Schein von größerer Genauigkeit und Sicherheit jene »Tatsachen« sucht, die ihrer »Optik« entspre-

---

16 Ein Ausdruck, den Preisendanz verwendet und der sehr treffend das Bedürfnis kennzeichnet, eine qualitative Entscheidung durch eine quantitative Annäherung, Steigerung, Verdichtung zu ersetzen. Siehe W. Preisendanz, a.a.O., S. 136.

chen, einer Optik, die weniger von einem Zusammenhang von Erkenntnis und Interesse bestimmt ist als von einem grundlegenden Bedürfnis nach »ratioïder«[17] Überwindung einer Ambiguität, die nach Entscheidung verlangt und die, wenn sie anders, distanzierter entschieden wird, nur immer wieder die gleiche unbefriedigbare Sucht nach Gewißheit gebiert (Reinhart) – das ist eine Einsicht, auf die die Erzählung des Oheims aufmerksam macht. Dabei offenbart sich gerade im Zwischenmenschlichen ein wesentlicher Zug der methodischen Erkenntnissicherung, nämlich das komplementäre Verhältnis von radikalem Willen zur Wahrheit und radikalem Mißtrauen gegenüber allem nur vorderhand Gegebenen. Erwin Altenauers rastlos ängstliche Erziehungsarbeit an Regine ist nur die Außenseite eines tiefen Argwohns gegen die eigene und Regines Zuneigung, auf die allein er nicht bauen mag. Es ist das allzu Normale, die bloße Erscheinung, das Naheliegende, was per se den kritischen Blick anzieht, nicht weil die Erfahrung lehrt, daß der erste Eindruck immer trügerisch ist – so denkt ein verbitterter Geist wie die arme Baronin –, sondern weil Wahrheit nur denkbar ist als Resultat einer kritischen Behandlung. »Wahrheit«, so beschreibt Peter Sloterdijk diese Jagd nach Gewißheit aus dem Geiste der Kritik, »ist also nie ›einfach so‹ zu haben, sondern nur im zweiten Anlauf, als Produkt der Kritik, die zerstört, was zuvor der Fall zu sein schien. Wahrheit wird nicht harmlos und kampflos ›entdeckt‹, sondern errungen in einem mühseligen Sieg über ihre Vorgänger, die ihre Maskierung und ihr Gegenteil sind.«[18] Diese Suche nach dem, was eigentlich ist, erfordert daher einen Aufwand an kritischer Prüfung, bestehe diese nun in einem Experiment, einem Erziehungsparcours oder einem mitternächtlichen Geisterspuk – alles dient dem Zweck, zum wahren Kern einer, für sich genommen,

---

17 Ein Ausdruck, den Robert Musil verwendet, um »nicht nur die Unterwerfung, sondern auch die *Unterwürfigkeit* der Tatsachen, dieses *unverdiente Entgegenkommen* der Natur in bestimmten Fällen« zu bezeichnen. Robert Musil, Skizze der Erkenntnis des Dichters, in: Gesammelte Werke, hrsg. von Adolf Frisé, Bd. 8, Reinbek bei Hamburg 1978, S. 1025-30, S. 1026 (Hervorhebungen von mir, A.P.).

18 Peter Sloterdijk, Kritik der zynischen Vernunft, Bd. 2, Frankfurt am Main 1983, S. 604.

irrtumsverdächtigen Sache vorzudringen. Dieser Kern hat aber nichts mehr von einem »offenbaren Geheimnis« (Goethe) oder einem »unverdienten Entgegenkommen der Natur« (Musil); im Gegenteil, in und mit ihm soll jeder bloß angebotene, dialogische und darum möglicherweise trügerische Sinn stillgestellt sein zugunsten einer letzten Gewißheit, die mit der Eliminierung dessen erreicht und bezahlt wird, was der »Gegenstand« hierbei an Widerständigkeit und Mitspracherecht beizutragen hätte. Hier kommt eine Janusköpfigkeit der Wahrheitssuche in den Blick, auf der die Spannungs- und Entwicklungsstruktur der meisten Kellerschen Texte beruht: Entweder sie gerät zur planmäßig durchgeführten Operation, die letztendlich zu nichts anderem führt als zum Aktualismus eines sich wiederholenden Kreislaufs von Gewißheitssuche und (unstillbarem) Durchblick, oder sie findet zu einem Bewußtsein, das es nicht nötig hat, sorgenvoll alles im Griff zu haben, weil es »irgendwie« darum weiß, daß der rechte Lauf der Dinge nicht allein von ihm abhängt, das Wesentliche bereits gesagt, »da« ist und es darauf ankommt, sich lassend und gelassen diesem zu öffnen.[19]

In Reinharts Erzählung vom spanischen Admiral Don Correa ist diese Janusköpfigkeit gestaltet in einer Doppelgeschichte, in deren beiden Teilen jeweils eine andere Form von – man könnte sagen – »Armut« Ausgang und Grundlage der Versuche des Admirals sind, die richtige Frau für sich zu finden. Als »arm« meint der berühmte und wohlhabende Don Correa sich in der ersten Geschichte ausgeben zu müssen, um sicher zu gehen, daß die eventuelle Zuneigung nur seiner »nackten Person« und nicht

---

[19] Was ich hier einzukreisen versuche, ist eine Wirklichkeitserfahrung, wie sie alle Texte Kellers durchdringt. Ihren Ausdruck findet sie in deren ästhetischer Gestalt, aber sie wird oft auch programmatisch formuliert, so etwa in »Das verlorene Lachen«, wo Jukundus seine anti-theologische Welteinstellung mit den Worten bekennt: »Zugleich (mit einer stoischen Gelassenheit den Schicksalswendungen gegenüber, A.P.) ist mir bei allem, was ich auch ungesehen und von anderen ungewußt tue und denke, das Ganze der Welt gegenwärtig, das Gefühl, als ob zuletzt alle um alles wüßten und kein Mensch über eine wirkliche Verborgenheit seiner Gedanken und Handlungen verfügen oder seine Torheiten und Fehler nach Belieben totschweigen könnte.«

seinem Namen, Ruhm und Vermögen gilt. Darum spielt er der schönen Donna Fenizia das »zurechtgezimmerte Märchen« vom armen Edelmann vor, den es zufällig an die Küste verschlagen hat, an der ihr Schloß gelegen ist. Zunächst scheint sich sein Vorgehen aufs beste zu bewähren: sie verliebt sich leidenschaftlich in ihn; doch dann entpuppt sich die Auserwählte als wahre Hexe, in deren lasterhaftes und selbstsüchtiges Leben fatalerweise wirklich nur der arme Edelmann, aber kein Don Correa paßt. Mit der Unvereinbarkeit der beiden Charaktere offenbart sich aber auch das Trügerische an Don Correas Armutsideal: Er wollte nur *als er selbst* geliebt werden, aber die Rolle, in die er zu diesem Zweck schlüpft, ist nichts weniger als er selbst, was er schon dadurch zugesteht, daß er keinen Augenblick daran denkt, sein früheres Leben aufzugeben, sondern seine Macht und seine Stellung wie ein Pfand in der Hinterhand behält: Um seine Frau mit seiner wahren Identität zu überraschen, läßt er seine ganze protzige Flotte vor ihrem Schloß auffahren. Ähnlich wie Reinhart, Erich und Hildeburg will er alles gewinnen und für sich nichts riskieren. Dazu bedient er sich wie diese eines ausgelagerten Egos in Form einer scheinhaften Existenz, eines verlängerten hölzernen Armes gleichsam, der ruhig abgeschlagen werden kann, wenn die Sache schiefläuft und die anderen Pech haben – wie Donna Fenizia, die der große und gerechte Admiral, nun wieder in Amt und Würden, hängen läßt.

Spiegelbildlich verkehrt verläuft die zweite Geschichte von Don Correa. Dieses Mal sucht er nicht nach Plan die Richtige, sondern es ergibt sich zufällig. Sie, eine orientalische Schönheit, tritt auf in einem Bild der Armut, das nicht Hochmut verdecken soll, sondern Demut ausdrückt: Eine afrikanische Fürstin, mit der der Admiral zu verhandeln hat, bedient sich ihrer als lebendiger Stuhl, den sie ihm dann kurzentschlossen zum Geschenk macht. Diesem »Naturkind« scheint nun das gleiche Schicksal zu drohen wie dem unverdorbenen »Kind des Volkes«, Regine, denn Don Correas trennt sich wieder von Zambo-Maria, auf diesen Namen wird sie getauft, geht seinen »Geschäften« nach und vertraut sie der Äbtissin eines Dominikanerklosters an, um sie »mit christlicher Sitte und guter Lebensart bekannt zu machen«. Anders als Erwin Altenauer geht ihm aber rechtzeitig ein Licht darüber auf, daß die Einführung ins höhere Leben, sei es nun das kulturelle oder das christliche, der persönlichen Entwicklung nicht unbedingt förderlich sein muß und jemand nicht erst durch diese Behandlung zum Menschen wird. Als er sein »Kleinod« wieder aus dem Kloster abholen will, muß er entdecken, daß sie dort nicht erzogen worden ist, sondern das Opfer einer Verschwörung des Klerus wurde, der sie sich als Wundertäterin und Heilige zunutze machen wollte und dazu verschleppt hat. Der Admiral bereut nun seine ›Abwesenheit‹ und wünscht, seine Geliebte bei sich behalten zu haben, »wie sie war«. Nun erst, da all seine Versuche, im Stil eines Eroberers sein Glück eigenhändig zu schmieden, gescheitert sind, wird aus dem Befehlshaber und Tatmenschen ein ohnmächtig Wartender, der es schließlich nur der List eines Dieners und der mutigen Liebe seines »Gastgeschenkes« zu verdanken hat, daß sich die »braune«, die Zambo-Maria aus den Fängen der kirchlich-christlichen Nachstellungen befreien kann und zu ihm zurückfindet.

Nun ist aber die Frage: Ist das, was ich hier als Demut begreife, nicht eher eine naive Unterwürfigkeit, die nur in den Augen eines männlichen Chauvinismus, in den Augen also des Erzählers Reinhart oder eines männlichen Lesers, als Tugend interpretiert werden kann? Lucia jedenfalls, die von Anfang an diese männliche Tendenz in Reinharts Geschichten erkannt und ihr den Kampf angesagt hat, würde diese Frage bejahen. Aber auch wenn vieles für ihre Skepsis spricht, so macht es doch bedenklich, daß sie mit ihren Geschichten, die als Gegenschlag gedacht sind, die Essenz von Reinharts Darstellungen nicht eigentlich widerlegt. So führt sie zwar die Geschichte von den »Berlocken« ins Feld, um mit der Figur des Thibeau den Paschatypen à la Don Correa Contra zu geben, jedoch bestätigt sie eigentlich nur die nicht geschlechtsspezifische Einsicht aus Reinharts Erzählungen: Daß oft selbst und gerade die angeblich lautersten und uneigennützigsten Anstrengungen der Partnersuche ängstliche und eitle Schauspielereien sind, die nie das bewirken, was sie erreichen wollen. Dabei sind die Hinterabsichten bei Thibeau weit weniger subtil verdeckt als bei Correa. Thibeau geht über viele Frauenherzen, einzig und allein aus dem grotesken Grund, in den Besitz von allerlei Zierat aus der Hand der Umworbenen zu kommen, um diesen dann wie Jagdtrophäen an seiner Uhrkette zu tragen. Seine Meisterin findet er in dem Indianermädchen Quoneschi, der er als Soldat in den nordamerikanischen Befreiungskriegen begegnet. Was ihn an diesem »roten Naturkind« anzieht, ist der »Schmuck« ihrer – wir kennen inzwischen diese Idealisierungen – rousseauschen Natürlichkeit und »Ursprünglichkeit«. Eben diese Natürlichkeit beweist sie auch, aber anders als der französische Casanova sich das denkt. Denn sie umgarnt ihn jetzt nach allen Regeln der Kunst, und als er sich ihrer Gunst sicher wähnt, erweist sich nun einmal er als der Betrogene: Quoneschi hatte es nur auf seinen bunten Flitterkram abgesehen, den Thibeau nun entsetzt an der Nase eines jungen, wild tanzenden Indianers baumeln sehen muß, dem sich das Indianermädchen längst versprochen hatte. Die zynischen Symbole des Liebesverrats nun als passendes Liebesgeschenk. Angesichts des natürlichen Zusammenklangs von Liebe und archaisch kindlicher Freude an Schmuck und Maskerade erscheint Thibeau in seiner affigen Sammlung als der eigentlich Wilde. Er wird ebenso wie Don Correa von einer Natürlichkeit beschämt, die sich beide nur in verzeichnender Verklärung vorstellen können. Wie ist aber dann Lucias Argwohn zu bewerten? Ich meine, als Fortsetzung jenes Argwohns, der auch in den von ihr und Reinhart erzählten Geschichten die Chance zu einer gelungenen Begegnung verhindert. Indem Lucia von vornherein jede Haltung von Demut als Unterwerfung und Schwäche, jede Zurückhaltung, die nicht mit gleicher Münze heimzahlt, als Mangel an Courage zum Zähnezeigen verstehen will, vergibt sie sich die Möglichkeit, andere Seiten an diesen Verhaltensweisen wahrzunehmen. Vieles mag für sie sprechen – einiges wieder nicht, aber dieses Einige in Erwägung zu ziehen, würde für sie nichts anderes bedeuten, als ihre aggressive Selbstbehauptung als Schwäche zu gestehen, und das tut sie, als sie Reinhart ihre Lebensgeschichte erzählt. Gleiches gilt aber auch für Reinhart. Ihn lassen die Attacken und spitzen Bemerkungen Lucias gegen seine Erzählungen nur ein »unweibliches kritisches Wesen« befürchten, und erst nachdem sie ihren Erzählkrieg beendet haben, muß er sich eingestehen, daß er bei dieser Unterhaltung gar nicht an sich und an Lucia gedacht hat: »›So geht es‹, sagte er mit unmerklicher Bewegung; ›wenn man immer in Bildern und Gleichnissen spricht, so versteht man die Wirklichkeit zuletzt nicht mehr und wird unhöflich.‹« Mit diesem Geständnis gibt Reinhart zu erkennen, daß er und Lucia, für die dieses Geständnis gleichermaßen gilt, sich eben jener Unverantwortlichkeit schuldig gemacht haben, die auch den Figuren in ihren Erzählungen zum Verhängnis geworden ist: Auch ihnen gerät das Naheliegende und Notwendige aus dem Blick, weil sie nur sehen, was sie sehen wollen, und sie daher oft gegen Windmühlen kämpfen, und die Quelle dieser Projektionen ist das tiefliegende Bedürfnis, sich die Realität so weit vom Leibe zu halten, daß man alles verstehen kann und sich nie festzulegen braucht, alles einer sauberen Lösung zuführen kann und sich dabei in nichts verpflichten muß. So gesehen variieren die Binnenerzählungen nicht nur das Thema von der »Unverantwortlichkeit der Einbildungskraft«, sie sind gleichzeitig *als* Erzählungen Produkte von Lucias und Reinharts Einbildungskraft und entfalten in deren Begegnung die ambivalenten Möglichkeiten, von denen sie berichten.

So geht es in Kellers »Sinngedicht« um Literatur und um Wissenschaft, ohne daß von einer eingeschriebenen ästhetischen Theorie oder einer impliziten Wissenschaftstheorie die Rede sein könnte. Beides, Literatur und Wissenschaft, ist aufgehoben in einem Dritten, das Keller »Einbildungskraft« nennt, ein Phänomen, das die Bereiche Kunst, Wissenschaft und Leben miteinander verbindet und das man ganz allgemein als die menschliche Möglichkeit beschreiben könnte, die Realität zu übersteigen. Im Falle der Kunst/Literatur ist dieser Überstieg »Verklärung«, im Falle der Wissenschaft Theorie, wobei die Zwiespältigkeit, die im alltäglichen Gebrauch dieser Worte anklingt, jene Ambivalenz erfaßt, auf die es Keller ankommt: denn ohne Theorie bliebe das disparate Einzelne zusammenhanglos und ohne Perspektive, und daß das Geschichtenerzählen zu besonderen Einsichten führen kann, das beweist das »Sinngedicht«, indem es auf eine nur der Literatur eigenen Weise von den Nachteilen der Einbildungskraft erzählt; andererseits kann Theorie auch sehr grau sein, oft auch weltfremd, und wer die Welt im rosa Licht erscheinen läßt, wie der hinter den Ohren noch grüne Heinrich, wenn er die Schneeberge zu Wolken und den funkelnden Turmhahn zum Lieben Gott poetisiert, der gerät leicht in ein schizoides Verhältnis zu sich und der Welt, dem wird das Dasein, wie es im »Grünen Heinrich« heißt, zum »bösen Traum«, in dem der Gewinn, den die entlastende Poetisierung und Theoretisierung der Realität ganz sicher *auch* bedeuten, doch immer wieder von dem Gefühl Lügen gestraft wird, dem Leben außen vor zu bleiben, dem Gefühl auch, daß alles noch vorläufig ist, man erst noch übt, bevor es richtig losgeht, weil das Eigentliche ja noch aussteht. Reinhart treibt dieser Lebenshunger aus seiner Forscherklause, aber sein Versuch, ihn zu stillen, zeigt, wie schnell und unmerklich bei einer solchen Suche der Teufel mit Beelzebub ausgetrieben wird, wenn man es damit genug sein läßt, das Thema zu wechseln, jedoch die Methode beibehält. Und Reinharts Methode bleibt die gleiche, ob er nun einen Lichtstrahl auf die Tortur spannt oder Geschichten erzählt oder auslegt – immer strebt er nach Erkenntnis, die ihn aus dem Spiel läßt, im Namen einer Objektivität, für die es nicht vorstellbar ist, daß Selbst- und Welterkenntnis irgendwie zusammengehören könnten. Das »Sinngedicht« als Geschichte von einem, der auszog, das Leben zu erforschen, erzählt von einem Mißerfolg, wo diese Trennung besteht, und von einem Happy-end, wo sie überwunden wird. Auch Reinhart und Lucia kriegen sich am Ende doch noch, wichtig an diesem Happy-end ist aber nicht, daß sie sich kriegen, sondern was dazu gehört, damit sie zusammenkommen können. Es ist nicht weniger, als gelernt zu haben, »die Kreatur in Händen zu halten!« So drückt es Lucia aus, die auf dem Spaziergang mit Reinhart gerade eine Schlange aus den Scheren eines Krebses befreit hat. Es vermögen, die Schlange mit den Händen aufzuheben – das könnte heißen, dahin gefunden zu haben, nicht mehr mit künstlichen Werkzeugen jenes verdrängte und beängstigende Leben meistern zu wollen, um das man sich nur eigenhändig kümmern kann;[20] es könnte bedeuten, auf eine Weise innerlich geworden zu sein, in der man auf jede künstliche Lebenshilfestellung, sei sie nun wissenschaftlich oder künstlerisch (oder politisch oder religiös) organisiert, verzichtet; und es könnte bedeuten, den Mut aufzubringen, den eigenen Augen zu trauen, nicht in dem Sinn, daß man, allem und jedem mißtrauend, nur glauben soll, was man mit eigenen Augen sieht – das ist die Grundlage aller Varianten einer schlechten Subjektivität –, sondern daß man mit eigenen Augen zu sehen wagt, weil man sich einem »Licht« öffnen kann und darf, in dem sich eine sinnvolle Realität kundtut. Wie eine Kunst und zugleich eine Rezeption von Kunst aussehen könnte, die von einem solchen Selbst- und Weltvertrauen getragen ist, das deutet ein Bild am Ende unseres Textes an. Da stehen unsere zwei Verliebten vor dem offenen Fenster eines Schuhmachers, aus dem ihnen ein ganz eigenwilliger Gesang entgegentönt. Der Handwerker singt zu seiner Arbeit ein Goethesches Jugendlied alles andere als comme il faut, »in einem verdorbenen Dialekt« und »abscheulichem Idiom«, mit beliebigen Wiederholungen und skurrilen Verdrehungen – aber mit einer »unbekümmerte[n] und unbewußte[n] Treuherzigkeit«, die mehr »rührend als komisch« wirkt. Daß sich Lucia und Reinhart unter dem Eindruck dieser naiv originalen Kunstaneignung zum ersten Male küssen und sich die Prophezeiung des Sinnspruchs erfüllt, mag man kitschig finden. Bedenkt man aber, daß im ganzen Text der Gebrauch, den die Personen von Kunst machen, immer nur eine Funktion ihres Weltbezugs ist, dann deutet sich hier ein Zusammenhang von

---

20 Dazu Adolf Muschg, Gottfried Keller, München 1977[4], S. 90: »...was die theoretische Beschäftigung mit Kunst in letzter Instanz rechtfertigt, ist wesensgleich mit dem Ziel der Kunst selbst, das Keller der Lucia seines »Sinngedichts« in den Mund legt: »...wie froh bin ich, daß ich gelernt habe, die Kreatur in Händen zu halten!« Das Symbol von der Schlange, die man in die eigenen Hände zu nehmen wagt, ist ursprünglich biblisch (Ex 4,4; Apg 28, 3-6 und vor allem Mk 16,18) und findet sich in abgewandelter Form auch in Nietzsches »Zarathustra« als Bild vom Adler, um dessen Hals sich freundschaftlich eine Schlange ringelt (1. Teil, Zarathustras Vorrede).

Kunst und Leben an, den man erotisch nennen könnte. Was Reinharts und Lucias virtuose Erzählkunst nicht zustande bringt, bewirkt ein lebensfroher und liebevoller Gesang. Kein Wunder, daß Reinhart die Zeit, da er Lucia noch nicht kannte, »ante lucem«, vor Tagesanbruch, nennt. Dort, wo Eros im Spiel ist, wird auch das Verhältnis von Kunst und Wissenschaft auf eine überwundene Dunkelheit zurückblicken dürfen.

Gert Mattenklott

Kanon und Neugier

I

Im Verhältnis zu Kunstwerken wirkt ein doppelter Impuls in entgegengesetzten Richtungen: Frömmigkeit und Neugier. Manchmal sind die beiden als verschiedene Rollen bestimmt. Verehrungsbereitschaft wird man häufig in vor- und frühgeschichtlichen oder auch einfach unaufgeklärten Zeiten finden, auch bei Naiven, Ungebildeten oder vom Temperament her Impulsiven. Das frei schweifende, ungerichtete Interesse dagegen scheint eher die historisch reiferen, durch Bildung und Wissen mündigen Zeiten zu charakterisieren. Aufgeweckte Intelligenzen sind neugierig, die lebhaften Lebensalter, natürlich auch die professionellen Vermittler, Händler, Sammler und Wissenschaftler. Die philosophische Ästhetik von Platon über Hegel bis in die Gegenwart hat solche Rollenprofile erkannt, selbst entworfen und geschichtsphilosophisch begründet.

Aber es gibt eine oft bezeugte und offenbar bis in unsere Zeit wiederholbare Erfahrung mit Kunst, die es nahelegt, sich mit dieser theoretischen und gelegentlich auch praktischen Beruhigung des nervös gespannten Verhältnisses der beiden Wahrnehmungs- und Umgangsweisen nicht zufriedenzugeben, nämlich eine Ergriffenheit und Erschütterung durch einzelne Kunstwerke, ungeachtet des vergleichenden und relativierenden, unterhaltungsbedürftigen oder gelehrten Interesses; dies beides aber sogar zugleich und im selben Menschen. Ja, in einem strengen Sinn kann die Neugier nach Kunstwerken (wenn sie sich von der Neugier nach beliebigen anderen Materialien charakteristisch unterscheidet) gar nicht anders erklärt werden als aus dieser ursprünglichen Erfahrung von Ergriffenheit, deren Lusterleben begierig nach Wiederholung macht.

Die extensiv gerichtete Neugier nach immer mehr Kunsterfahrung ist erst die Folge einer ersten intensiven Berührung, deren Schauder vielfach mit Worten beschrieben worden ist, mit denen die seelische Gewalt von Liebesbegegnungen wiedergegeben wird: einem Choc, einem Blitz, profaner Erleuchtung vergleichbar. Hier ist auch der Grund für die Fragwürdigkeit kunstpsychologischer Erklärungen, die das ästhetische Verhalten neben das sexuelle und diese beiden neben den Hunger als das Grundmuster rücken, bei dem die Nachfrage eines eindeutig definierten Bedürfnisses mit dem Angebot einer angemessenen Befriedigung beantwortet wird. Was für die Sexualität mit Gründen behauptet werden kann, ist leichter noch an der Kunst einzusehen, weil hier niemand darauf verfällt, sie als Sättigung eines physiologischen Mangels zu definieren: Es gibt Antworten, die eher da sind als Fragen, Befriedigung, die das Bedürfnis weckt, ein Glück, dem das Glücksverlangen nachfolgt. Dem entspricht, daß der hingerissene Umgang mit einem Kunstwerk, wie unzweifelhaft er als Erfüllung erfahren wird, die ästhetische Sehnsucht geradezu weckt, auch hierin wohl dem Liebesglück vergleichbar, mit dem die sexuelle Neugier keineswegs zur Ruhe zu kommen pflegt.

Erotische und ästhetische Erfüllung sind Gaben in einem strengeren Sinn, als eine betuliche Redewendung es behauptet. So wie jedes wirkliche Geschenk den Beschenkten unerbeten und ungewünscht, ja letztlich sogar unbegehrt und gewiß unerwartet erreicht, so Liebe und Kunst. Inwiefern Kunstwerke Antworten sind, läßt sich wohl im nachhinein behaupten und zu gewisser Plausibilität bringen, doch sind es Antworten, die nicht erfragt werden können, und Auskünfte, die aus keiner Erwartung vorhersehbar sind. Als Gaben sind die Kunstwerke reiner Überfluß, und eine wesentliche Dimension des Glücks, das sie gewähren, beruht darauf. Kunstfrömmigkeit ist Dankbarkeit für derartige Geschenke. Von der Kritik des Schönen und dem Verdikt über die kultische Aura – wie wohlbegründet diese vorgetragen werden – ist sie nicht ernstlich betroffen.

Gesellschaftlich ist dieser Umgang mit der Kunst heute auf individuelle Arkanpraxis vor verschwiegenen Altären oder die eingeschränkte Öffentlichkeit von Gemeinden verwiesen. Er ist ähnlich skandalös und vergleichbar randständig wie religiöser Pietismus, mit dem er die laizistische Berufung auf Erfahrung gemein hat. Wo er ruchbar wird oder von sich aus eine Autorität beansprucht, die der inneren Erschütterung entspricht, ist er auskunfts- und begründungspflichtig. – Von der unruhigen Neugier und umtriebigen Ausdehnung des ästhetischen Horizonts auf der Suche nach Wiederholung und Erneuerung der ursprünglichen Lust wird eine derartige Selbstrechtfertigung nicht erwartet. Die Maske der Neugier ist neutral. Hinter ihr verborgen können die kryptoreligiösen und paraerotischen Verlangen nach der Kunst unerkannt passieren und womöglich als Anteil der Unternehmungslust und Weltoffenheit des aufgeklärten Habitus gelten. Die Ausdehnung des Wissens ist eine Legitimationsformel von derartig universellem Anspruch, daß sie alle speziellen Verlangen deckt, von der Lust am Obszönen bis zu den ästhetischen und religiösen Verehrungsbedürfnissen. – Das Zeugnis ästhetischer Ergriffenheit dagegen ist nicht vergleichbar zu verharmlosen. Es wirkt ärgerlich naiv und zudringlich, wo es auch abgelegt wird, und muß wie ein Rest von dämonischer Befangenheit durch Lärm vertrieben werden, am drastischsten in den Theater- und Konzertsälen, wo die Erschütterung durch heftiges Gegeneinanderschlagen der flachen Hände weggeklatscht und zunehmend auch durch gellendes Rufen verscheucht wird. Derart äußert sich die Hingerissenheit nach der Seite des ästhetischen Scheins am lautesten in ihrer energischen Abwehr; weniger laut, dafür als Bekenntnis deutlicher artikuliert in Kritik.

II

Als private Äußerungsform wie als gesellschaftliche Institution dolmetscht Kunstkritik die Autorität der Werke mit Argumenten für ihre Kanonisierung. Sie läßt die innere Kirche des frommen Enthusiasmus nach außen treten, aber in einer liberalisierten Variante ihrer strengen Verehrungsrituale. Im abwägenden und vergleichenden Verfahren erhält der verschwiegene Kanon autoritärer Geltungsansprüche eine exotische, demokratisch legitimierte Form. Die methodischen Operationen suggerieren, daß das Kunsturteil zur Disposition stünde. Tatsächlich müßten freilich die Methoden umdefiniert werden, wenn am Ende nicht das gewünschte Ergebnis herausspringen würde. Denn in Wahrheit dienen sie nicht dazu, eine Meinung zu bilden und die Grundlage für ein Urteil zu schaffen, sondern die Intensität einer ursprünglichen Erfahrung zu erklären. Diese kann durch das Nachvollziehen kritischer Argumente nicht hergestellt, sondern allenfalls gesprächsfähig gemacht werden. Das Vergleichen selbst bereits, ohne welches das kritische Geschäft nicht auskommt, ist im Grunde dem monarchischen Anspruch, mit dem das einzelne Werk seinem Verehrer stets im Singular gegenübertritt, feindlich: ein Schielen, das womöglich Verrat, Abfall und Konversion nachsichziehen könnte. Immer ist es ein Sakrileg.

Daß die spontane Erfahrung ästhetischer Intensitäten, wie sie post rem in der Kanonisierung gewisser Werke ihren Ausdruck findet, nicht willkürlich privat oder schlechthin mysteriös, sondern erklärungsbedürftig und sicherlich auch historisch erklärbar ist, bedarf kaum der Versicherung. Aber die Gründe dürften ähnlich schwer greifbar und komplex in die Bildungsgeschichte der abendländischen Kultur eingelassen sein wie für die individuelle und geschichtliche Entstehung von Liebesfähigkeit.

Ein Indiz für die anhaftende Konstanz gewisser Erfahrungsweisen von Kunst ist die kaum zu erschütternde Stabilität etwa der westlichen und weltliterarischen Tradition innerhalb von zweieinhalb Jahrtausenden: herrschende Kultur durchaus auch, wo und wenn sie nicht Kultur der Herrschenden war, von Homer, Vergil und Ovid über die Bibel und Dante, Boccaccio und Shakespeare. Sobald diese Werke in den Bildungshorizont eintreten, gleich ob literarhistorisch oder in individueller Lesebiographie, wurde und wird ihr kanonischer Rang kaum bestritten und gelegentlich relativiert nur, um ihre Zahl um das eine oder andere zu erweitern, Goethe, Dostojevskij, Kafka … Ein halbes Jahrhundert geisteswissenschaftlicher Positivismus in der zweiten Hälfte des 19. Jahrhunderts hat daran wenig ändern können; auch der antiautoritäre Bildersturm der sechziger bis siebziger Jahre nicht anhaltend und kein Plädoyer für Massenliteratur; wie es denn auch den Anschein hat, daß das Pandämonion dieser großen Werke den Neopositivismus in seinen verschiedenen strukturalistischen Neuauflagen in den letzten zwanzig Jahren unbeschadet überdauern wird. Gewiß, jede Zeit hat ihre besonderen Favoriten. Aber Ovid war im Zeitalter Vergils so wenig verschollen wie dieser in der aetas Ovidiana, und auch für die Moderne erweisen sich die angebliche Vergessenheit Hölderlins im 19. oder Bachs im 18. Jahrhundert im wesentlichen als unzutreffende Gerüchte. Derselbe Kunsthimmel wölbt sich schließlich sogar über antagonistischen gesellschaftlichen Systemen. Wo gelegentlich einmal ein Stern zweiter Ordnung aus politischem Vorbehalt retuschiert wird, kehrt er meist nach kurzer Zeit in alter Leuchtkraft wieder, sobald seine Verehrer eine passende kritische Taktik gefunden haben und die Aufgeregtheit erster Revolutionsstunden sich gelegt hat. Im wesentlichen konvergieren so auch die kanonisierten Werke der Kunsttradition in Ost und West – entgegen allen anderslautenden Polemiken. Die eine oder andere Akzentverschiebung pflegt über kurz oder lang von der Zeit relativiert zu werden.

Diese erstaunliche Kontinuität hat keine institutionelle Grundlage, selbst nicht, wenn man den Institutionsbegriff so salopp und belletristisch strapaziert, wie disziplinbegierige Literatursoziologen es gelegentlich vorschlagen. Sie scheint vielmehr in einer bestimmten Qualität der favorisierten Werke selbst ihren Gegenstand zu haben, die sich über weite historische Spannen hinweg aktualisieren läßt. Der Kanon scheint Werke auszuzeichnen, deren formale Vollendung nicht mit einer Verringerung oder Verendlichung ihres Weltgehalts erkauft ist; deren Welthaltigkeit andererseits nicht mit dem Verlust der ästhetischen Souveränität bezahlt werden muß. – Ovids Metamorphosen z.B. durchschreiten die Zeitalter bis zum Augusteischen zwar als zu einem Abschluß und Entwicklungshöhepunkt. Aber auf der letzten Stufe dieser Verwandlungen ist die Poesie freigeworden und kann nun erzählend eine Welt erzeugen, die reicher ist als die alte der Mythologien, aus deren Schoß sie sie erzeugt. Die Formgestalt des Werks benötigt die Vision weltgeschichtlicher Geschlossenheit, um selbst rund zu werden. Aber dieses Ruhen in sich selbst löst der poetischen Einbildungskraft die ihr äußerlichen Bindungen und Verpflichtungen, so daß sie sich ohne alle Auflagen und Verengungen des Blicks auf Entwicklungsziele der Fülle des Lebens überlassen kann. Die Kanonbildung über weite historische Zeiten hinweg scheint Werke zu begünstigen, die ihren Fluchtpunkt aus einem Jenseits historischer Entwicklungen fingieren: Was haben Menschen im Sinn, wenn ihre Einbildungskraft nicht durch Katastrophen, imperiale Kraftakte oder agonale Zuspitzungen gebannt oder forciert ist; was steigt auf, wenn Langeweile sich herstellt, Muße oder die Schläfrigkeit langer Gewohnheiten; was geht vor beim zweiten Mal, d.h. wenn Menschen in Freiheit nachvollziehen, was beim ersten Mal noch Notdurft und Schicksal war? Was produziert die Phantasie, wenn die Geschichte der Arbeit zur Episode geworden ist? Wonach hungert die Kunst, wenn sie aus einem gesättigten Leben hervorgeht? Werke von hoher Evidenz ihrer Bedeutung sind darauf Antworten, ungefragt.

Sie formieren das ästhetische Urgestein unserer Gesellschaft und deren tröstlichen Grund: Erzählungen über die Aufregungen des Geschlechts und das Hadern mit dem Tod; Geschichten über die Charaktere der Lebensalter und Temperamente; Deutungen des Kosmos und der Elementarkräfte; Berichte aus dem Leben der Götter. Der Sinn für diese Welt auf den zweiten Blick entsteht mit dem Langzeitgedächtnis und aus Weitsicht. So stellt er sich zuverlässig in Spätzeiten und Altersstilen ein, oft in dem Augenblick, in dem die Geheimnisse des Lebens die natürlichen Expansionskräfte einer Gesellschaft oder eines Menschenlebens offenkundig begrenzen, indem sie sie übersteigen. Dann lockert sich von den zwei wesentlichen Bindungen der Kunst, der natürlichen und der spirituellen, die natürliche. Die Neugier für das Stoffliche nimmt ab. Man ist herumgekommen und hat sich umgesehen. Die Dinge wiederholen sich und werden absehbar. Aber die Endlichkeit im Stoff fällt mit der Lösung der Lebensrätsel nicht

zusammen, im Gegenteil. Es zeigt sich nur, daß diese in der Sphäre der Stoffe vergebens erwartet wurden. So schärft sich die Aufmerksamkeit der inneren Sinne, die die Endlichkeit der natürlichen Stoffe durch die Erschließung von deren unübersehbarem
geistigen Bedeutungshorizont überwinden. Die kanonischen
Werke sind die innerlich unendlichen, deren Intensität den Mangel an Totalität verwinden läßt.

Kanonisierung ist Bildung durch Fortlassen. Am Kanon wird
durch Verzicht und Vergessen gebaut. Insofern hat die Jugend immer recht, wenn sie dem Kanon opponiert, gleich was sie im einzelnen vorbringt. Was immer daran falsch gegenüber dem Kanon
sein mag, ist als Kritik am Kanonischen immer richtig. Was im Alter das Eintreten in einen neuen Lebenskreis, würde in jugendlichen Jahren Resignation vor aller Zeit bedeuten. Jugendliche
Kritik an Kunstwerken pflegt zuwenig Leben an ihnen zu bemän-
geln, und stets sind deshalb die Jugendbewegungen in der Kunst
naturalistisch codiert gewesen; übrigens oft auch positivistisch in
der Berufung auf eine extensive Totalität des Stofflichen. Die
Tendenz ihrer Kritik ist Neugier auf Leben. Wie sollte die durch
Kunst zu stillen sein, die für die Jugend insofern Versprechen,
Vorbereitung und Initiation ist, also stets diesseits und ein Mangel an natürlichem Leben. Die alterssichtige Kritik statt dessen
verhält sich zum Natürlichen ironisch: ein Stoff, der ihre spirituelle Kraft wie eine Feder gegensinnig spannt. Nur insofern mag und
muß sie ihn ernstnehmen, über den sie hinaus ist, weil sie ihn
durchlaufen hat. Wie anders sollte sie der Melancholie angesichts
der Gleichförmigkeit von einem Dutzend Typen dramatischer
Kollisionen und noch weniger Romananfängen (von den Schlüs-
sen zu schweigen) Herr werden?

Wie die Neugier für sich genommen, und wäre sie die einzige
Haltung den Kunstwerken gegenüber, bald an ihnen kein Genüge
mehr fände; wie sie unersättlich stets mehr und mehr alle Stoffe
kunstfähig sehen will aus Sehnsucht nach Leben und das Lebendige in der Kunst doch immer vermissen müßte: so würde allein-
gelassen sich auch die kanonbildende Wahrnehmung im Ausgrenzen und Abstrahieren nach der anderen Seite von der Kunst ent-

fernen; würde hochmütig erstarren in der Verachtung der sinnlichen Stoffe; einsam sein in beschränkter Gesellschaft aus Überdruß an den Reizen ablenkend trügerischer Vielfalt; Verrat üben an den alltäglichen Ansprüchen, für die wieder und wieder auch Kunst mobilisiert wird, ohne daß dabei immer gleich Gott und die Welt, Liebe, Tod und Teufel ins Spiel kämen. – Exklusiv gerichtete Kritik und nivellierende Neugier sind kontradiktorisch und also unversöhnlich. Ihren Widerspruch nach der einen oder anderen Seite zu entscheiden, ist verhängnisvoll. Das zeigt der gegenwärtige Ort der Kunst in den Geisteswissenschaften.

III

Die ästhetische Kompetenz der Geisteswissenschaften ist derzeit so gering wie ihre moralische Autorität. Ein Grund dafür ist die anscheinend unaufhaltsame Enteignung ihrer Gegenstände durch angeblich aussagestärkere und in ihrem Wissenschaftsanspruch weniger bezweifelbare Disziplinen, allen voran Allgemeine Semiotik, Soziologie und Psychologie. Was die Künste im einzelnen oder im ganzen zu sagen haben, scheint samt und sonders in den positiven Wissenschaften besser aufgehoben zu sein. Die Kritik der Ideologien hat den Geistbegriff selbst ins Ungewisse gerückt. Mit der Erosion seines idealistischen Einheitssinns scheint der Begriff an den Spiritismus zu fallen. Studenten der Kunstwissenschaften benutzen ihn – wenn überhaupt – so verlegen, als wäre die Behauptung nichtmaterieller Phänomene an sich bereits ein lapsus gegen alle Vernunft. Zeiten, die von der natürlichen Determination der Welt dermaßen beeindruckt sind wie die unsere, bieten für die Entfaltung der Künste wenig Raum. Das gilt insbesondere für solche Bedeutungen, die als Wechsel auf etwas Ungewisses gezogen sind und die den unersetzbaren Gegenstand gerade von kanonisch gewordenen Werken ausmachen, wie die Liebe und das Leben nach dem Tod, die Seinsweise der Götter und des Ich, das Verhältnis der Kreaturen zueinander und das kreatürliche Leben im Kosmos. Wo die Kunst das Recht der absoluten Metapher auf einen noch unerschlossenen, vielleicht seinem Wesen nach menschlich gar nicht erschließbaren Sinn beansprucht, gerät sie derzeit hoffnungslos ins Abseits von Wissenschaft. Deren Betrieb hält sich an Funktionen und Leistungen im Rahmen der natürlichen menschlichen Verkehrsverhältnisse. In deren Zusammenhang hat alles und jedes irgendeinen symbolischen Ort, so auch das Kunstwerk als ein Medium unter anderen. Die Beziehungsform dieser Orte aufeinander ist die relative Konstellation im Unterschied von der hierarchischen des Kanons.

Beziehungen innerhalb der Konstellation sind zwar endlich, aber zahlreich, ein nahezu unerschöpfliches Forschungsgebiet, das die Neugier nach allen Richtungen durchstreifen kann. Bei ihrer Transformation in die Medienkunde werden die traditionellen Konflikte in den Geisteswissenschaften, wie sie zwangsläufig auftreten, wo es um Wertschöpfung geht, entschärft. Nach den hitzigen Auseinandersetzungen um Angemessenheit und Geltung, vielleicht aber auch bloß jenseits dieser Konflikte, ist insbesondere in den Universitäten ein Spielplatz entstanden, weit genug, um das liberale Heranziehen und Abstoßen aller erdenklichen Materialien zu gestatten. Keiner stellt Ansprüche, an niemanden werden welche gestellt. Alles gilt gleichviel und auf unberechenbare Zeit. Zwischen der Geschichte des Features in den siebziger Jahren und der Theorie des epischen Zeitalters dehnt sich ein weites Feld, für dessen Parzellierung es Kriterien des Ranges scheinbar nicht gibt. Die Beliebigkeit bei der Wahl der Gegenstände und des Gesichtspunktes ihrer Darstellung ist die Voraussetzung eines akademischen Friedens, der mit der individuellen und gesellschaftlichen Bedeutungslosigkeit der akademisch verwalteten Geisteswissenschaften erkauft ist. Was ist eine Wissenschaft wert, die keinen Maßstab begründen kann, der es erlaubt, zwischen dem *Ulysses* von Joyce und der Fernsehwerbung eine Rangfolge herzustellen? Daß die Forschung davon lebt, Hierarchien beiseitezulassen und hypothetisch umzuwerten, versteht sich von selbst. Daß die Lehre der forschenden Neugier nicht umstandslos folgen darf, ohne sich als Lehre im emphatischen Sinn preiszugeben, ist offenbar nicht selbstverständlich.

Unter dem Anschein von Neugier expandiert ein besinnungs-
loser Opportunismus, der seine Gegenstände bestenfalls nach
dem Unterhaltungswert auswählt. Auf den Anschein ist die Neugier heruntergekommen, denn ihre Orientierungslosigkeit ist
darin begründet, daß keine ursprünglich prägende Erfahrung ihr
die Richtung, kein Glück des ersten Blicks ihr die Gewißheit gegeben haben, daß in den Kunstwerken mehr und anderes erfahren werden kann als die verminderte Reproduktion dessen, was
anderswo besser zu haben war oder sein wird. Nur das erklärt die
kaum taktisch gespielte, die wohl wirklich verhängte Naivität
über eine wissenschaftliche Praxis, deren Energien ungleich stärker darauf gerichtet sind, gleichzumachen als zu unterscheiden.
Institutionssoziologisch dürfte eine Rolle spielen, daß in der me-
dienkundlich betriebenen Geisteswissenschaft eine Generation
den Ton angibt, in der das Selbstbewußtsein in der Berufung auf
ästhetische Evidenzerfahrung schwächer ist als in früheren, erheblich stärker dagegen das Bedürfnis, im Methodischen Halt
und Sicherheit zu gewinnen. Dergestalt schwankt diese in den
sechziger Jahren neu rekrutierte Bildungsschicht dazwischen, die
eigene Unterscheidungsschwäche als anarchische Tugend des Ge-
währenlassens vorzuspiegeln oder aber »einordnen« zu lehren,
die meistgefragte Fertigkeit eines strukturbildenden Abstrahie-
rens, das an die Stelle von Rangzuweisung und Auswahl tritt.

Ein weiterer Umstand von ungünstigem Einfluß ist die Privile-
gierung von Jugendlichkeit als Habitus. Die Vierzig- bis Fünfzig-
jährigen, die jetzt einflußreich die Geisteswissenschaften prägen,
sind als breite Formation einer naturalistisch gerichteten Jugend-
bewegung in ihre akademischen Positionen eingerückt. Ihr
Selbstbewußtsein ist das von Empörern, deren moralischer Anspruch darauf beruhte, kein korrumpiertes Vorleben verbergen
zu müssen, alles mit der unbestochenen Frische des ersten Blicks
zu sehen, frei zu sein von allen Restaurationsinteressen. Die Neugier des ersten Mals läßt sich aber nicht beliebig erneuern und vor
allem nicht mit derselben Unvoreingenommenheit für alles und
jedes, ohne zu einem konformen mechanischen Reflex zu dege-
nerieren, der bei jedem Angebot gehorsam zur Stelle ist. Der

graumelierte Spontaneismus, der um der Jugendlichkeit willen sich für die beliebigsten Bagatellen mit erneuter Inbrunst erwärmen zu müssen glaubt, verstockt sich zugunsten einer Manier gegen Erfahrung. – Was bei Enthusiasten der Kunst vor zwanzig Jahren schon mehr von strategischer List als der charmanten Ignoranz der Adoleszenz eingegeben war, die burschikose Umwertung des Kanons, um seinen Mißbrauch als Rückgrat der Restauration zu sabotieren, kann heute nicht im Ernst mehr als Wissenschaft auf der Höhe der Zeit gepriesen werden.

Jedes Alter birgt im Umgang mit Kunst charakteristische Formen des Produzierens und Aufnehmens. Mit den gleichen Folgen für die Welthaltigkeit des Bewußtseins kann man wie die eigene Jugend so auch das Alter versäumen. Das Pendant zur Vergreisung der Jugend ist die gegenwärtig bedenklicher drohende Infantilisierung des Alters. Für die Künste ist sie mit der Verweigerung des déjà vu verbunden, doch auch mit Ressentiment gegen Einmaligkeit und der Unfähigkeit zu vergessen. Die Physiologie des Alterns ist hier nicht mehr als die symbolische Form seiner geistigen Eigenart, und natürlich geht es nicht darum, die Rechte der Biologie an der Kunst einzuklagen. Doch wenn die Gründe für die Störung der Balance von Neugier und Kanon in den Geisteswissenschaften zur Sprache kommen sollen, so wird man aufmerksam auf die ewigen Jünglinge sein müssen, die mit der Neugier kokettieren, als gebe es kein Davor und Danach.

Andere Generationen sind spätestens in dem Augenblick genötigt worden, die Rolle ihres Alters zu ergreifen, als die nachrückenden Jungen sie dazu drängten. In den Geisteswissenschaften und zumal in deren akademischen Institutionen wird diese Ablösung aufgrund zufälliger Umstände erst in etwa zwanzig Jahren stattfinden. Gewiß, es gehören günstige Anlagen und viel Kunstfertigkeit dazu, um alternd als jugendlicher Held zu bestehen. Wichtiger als die Virtuosität solcher Simulationen ist aber womöglich die Bereitschaft, der eigenen Wahrnehmungsweise den angemessenen Ausdruck zu geben und sie dem Widerspruch anderer Erfahrungen auszusetzen. Unter den künstlichen Bedingungen lebenslang forcierter Jugendlichkeit in den Universitäten wird das kaum möglich sein, schon gar nicht, solange der natürliche Standpunkt in ästhetischen Dingen mit Fortschritt, der spirituelle mit Konservatismus gleichgesetzt wird. Das Gegenteil ist nicht vernünftiger.

Zuerst in: Kursbuch 91, S. 99-107

Frank Griesheimer

Begreifen, was uns betrifft

Über personales und existentiales Verstehen
in der Literaturwissenschaft

I

»Zwei Drittel der Literaturwissenschaftler«, dies will Werner
Faulstich empirisch ermittelt haben, seien »von einer starken Religiosität beziehungsweise dem Glauben an übergeschichtliche,
objektive Normen und Werte geprägt. Je stärker ausgeprägt dieser Glaube, desto konservativer die privaten Lektürepräferenzen
(z.B. die Bevorzugung der Sparte ›Klassiker‹). Je ausgeprägter
dieser Glaube, desto verehrender die Einstellungen zum Dichten
und zur Literatur«.[1] – Das muß eine raffinierte Meßtechnik sein,
die in unserem Fach einen emphatischen Literaturbegriff ausfindig macht. Da wäre gleich jeder, der gerne Klassiker liest und
Dichtung von Gebrauchstexten, Poesie von öffentlicher Gau-
nersprache unterscheidet, ein Literaturmystiker und das Fach als
Ganzes ein idealistischer Haufe. Eher ist doch das Gegenteil der
Fall – das *Fehlen* einer emphatischen Literaturauffassung. Auf die
Frage ›Was ist uns die Literatur?‹ antwortet das Fach: Sie ist uns
historisches Dokument, Schnittpunkt von Diskursen, Medium
der Sozialkritik, Verdrängungsprodukt der Autorpsyche, Sonder-
fall sprachlicher Kommunikation, überstrukturiertes Zeichen-
gebilde, sekundäres modellbildendes System und derglei-

---

1 Werner Faulstich: »Der Interpretationspluralismus als Problem«. In: Kontroversen,
alte und neue. Akten des VII. Internationalen Germanistenkongresses Göttingen
1985. Bd. 11. Hrsg. von A. Schöne, Tübingen 1986. Dort S.157. Zu den Ergebnissen
im einzelnen: W.F.: »Über die Einstellungen von Literaturwissenschaftlern zur Religion«. In ders.: Was heißt Kultur? Aufsätze 1972-1982, Tübingen 1983, S. 248-261

chen mehr. Alle diese Bestimmungen sind scharfsinnig, solide und nüchtern; von Verklärung und Verehrung keine Spur; ohne augenzwinkernde Anführungszeichen spricht keiner mehr von der Poesie als Muttersprache des Menschengeschlechts, über dieses Alter ist das ganze Fach hinaus. – Wie aber nun, wenn diese Literaturauffassungen, sämtlich als Entmythologisierung der Dichtung gedacht, insgesamt einer Banalisierung der Literatur gleichkämen? Ahnt wohl die neuere Literaturwissenschaft noch, was immer wieder einzelne dazu veranlaßt, die Literatur für ihr ganzes Leben als Begleitung zu wählen? Fast jeder, der gerne mehr ›Zeit für sich selbst‹ hätte, meint damit auch – Zeit für gute Bücher, Zeit zum Lesen. Was mag das sein, was man der Literatur außerhalb des Faches zutraut – und wohl tatsächlich von ihr empfängt –, während es innerhalb nichts gilt? Darf man das überhaupt: literarische Texte lesen, beinahe »als wären es heilige«? Wenn ja – Adorno zum Beispiel hat diese Fähigkeit an Walter Benjamin ausdrücklich gelobt –, dürften das auch *wir*? Könnten wir es denn? Ließe es sich irgendwo lernen? – Überlebt hat ein emphatischer Literaturbegriff vielleicht nicht nur bei Laienlesern und bei lesenden Schriftstellern, sondern auch in einer Disziplin, von der unser Fach in direkter Linie abstammt, von der es aber, bezeichnenderweise, seit längerem nichts mehr wissen will: in der Theologie. Auch sie ist in der schwierigen Lage, von etwas, das ›geschrieben steht‹, nicht irgendeine, sondern eine *adäquate* Gelehrsamkeit entwerfen zu wollen. Mit einem gravierenden Unterschied allerdings: Für die Theologen *sind* die biblischen Texte Verkündigungstexte, heilige Schrift, während es im Umgang mit profanen Texten allenfalls darum gehen kann, so zu tun, als *wären* es heilige. Doch vielleicht ließe sich gerade durch eine solch hypothetische, bewußt fiktionale Überhöhung der Literatur deren überzogene Entweihung durch die neuere Literaturwissenschaft ohne Aufklärungseinbußen ausgleichen. – »Soll jetzt«, so fragt nun gleich Hans-Wolf Jäger, »auf einem Weg zurück die Literatur Bibel sein […]? Braucht die Literaturwissenschaft Bibelforscher? Könnten wir uns nicht den Glauben abgewöhnen, es ginge bei dem, was wir unsere Wissenschaft nennen, um viel, um sehr Ernstes oder Abgründiges?«[2] Eben diese letzte Frage Jägers ist wohl die fragwürdigste.

II

»Sie halten den Schlüssel zum Himmelreich in Händen, aber sie gelangen selber nicht hinein und sind auch für diejenigen, die hinein möchten, ein einziges Hindernis.« Weil der katholische Theologe, Priester und Psychotherapeut Eugen Drewermann diese Kritik des Neuen Testaments (Mt 23,14) am Stand der ›Schriftgelehrten‹ radikal erneuert hat,[3] droht ihm der Entzug seiner kirchlichen Lehrerlaubnis. Worin ist er zu weit gegangen? – Für Drewermann handelt es sich bei der religiösen Rede der Bibel (wie auch der Glaubenstexte anderer Religionen) um Dichtung, um literarisch-symbolisch formulierte Erkenntnisse über die psychische und existentielle Wirklichkeit der Menschen aller Zeiten und Zonen, um Bilder und Szenen von archetypischem Rang also. Diese Beschaffenheit der biblischen Erzählungen erfordere Auslegungsmethoden, die es den Auslegenden ermöglichen, zum Erfahrungsgehalt der Texte vorzudringen und mit dem Individuell-Allgemeinen ihrer Person und ihrer Existenz daran Anschluß zu finden. Man könne, so Drewermann, »die Bibel nicht verstehen, ohne im gleichen Sinne sich selber zu verstehen, und man wird von Texten dieser Art prinzipiell nur so viel oder wenig verstehen, wie man von sich selbst verstanden hat«.[4] Von einer solchen Verbindung von personalem Verstehen und existentialer Hermeneutik sei jedoch die theologische Bibelexegese weit entfernt: Fixiert auf Wissenschaftsvorstellungen, zu denen die strikte Subjekt-

2 Hans-Wolf Jäger: »Schön. Schlicht«. In: Jahrbuch der Deutschen Schillergesellschaft, 33. Jg. 1989, S. 418-423. Dort S. 423

3 Siehe hierzu insbesondere: Eugen Drewermann: »Das Markusevangelium«, 2 Bde., Olten-Freiburg 1987. Ders.: »Tiefenpsychologie und Exegese«, 2 Bde., Olten-Freiburg 1984 f. Ders.: »›An ihren Früchten sollt Ihr sie erkennen‹. Antwort auf Gerhard Lohfinks und Rudolf Peschs ›Tiefenpsychologie und keine Exegese‹«, Olten-Freiburg 1988. Ders.: »Kleriker«, Olten-Freiburg 1989

4 Drewermann: »Das Markusevangelium«, Bd. 1, a.a.O., S. 105

Objekt-Trennung gehört, verharre diese bei der historisch-kritischen Methode, die, obwohl sie selbst die Ahistorizität der biblischen Erzählungen nachwies, weiterhin so tue, als ob sie es mit historischem Material zu tun hätte (indem ihr zu den Texten nichts anderes einfällt, als sie eben doch zur Rekonstruktion des Leben Jesu und der frühen Kirche heranzuziehen).

Aber Drewermanns Kritik geht noch weiter. Er besteht auf der Aktualität Kierkegaards, den er oft als Kronzeugen zitiert: »Der Weg der objektiven Reflexion macht das Subjekt zum Zufälligen und dadurch Existenz zu etwas Gleichgültigem, Verschwindendem. [...] er meint einer Gefahr zu entgehen, die auf dem subjektiven Weg droht, und diese Gefahr ist in ihrem Maximum Wahnsinn. [...] (Aber) das Ausbleiben der Innerlichkeit ist auch Verrücktheit.«[5] Die Orientierung am historischen Interesse des 19. Jahrhunderts und am Objektivitätsideal des Erkennens, so Drewermann, mache für den historisch-kritischen Exegeten die »Preisgabe der eigenen Persönlichkeit«[6] geradezu zur Bedingung seiner Gelehrsamkeit. Daß sich diese Abspaltung im Werdegang jedes um wissenschaftliche Anerkennung bemühten Schriftgelehrten wiederhole, habe zu einer Trennung der Glaubenslehre von religiöser und existentieller Erfahrung geführt, was sich bei der Umschreibung der Offenbarungswahrheit in tradierten Formeln und erfahrungslosen Theoremen niederschlage: Die Seminarbibliotheken der exegetischen Institute fülle eine Fachliteratur, »deren Texte buchstäblich bilderlos, traumlos, phantasielos, emotionslos – einfachhin tot sind«.[7] Es deute somit alles darauf hin, daß den Schriftgelehrten die Erklärung der Bibelworte für andere letztlich dazu diene, »niemals dahin kommen zu müssen, daß der Auslegende selbst mit seinen eigenen Erklärungen gemeint sein könnte«.[8] So gesehen sei objektive Exegese die »Verkehrung des Bekenntnisses zu Gott in ein scheinheiliges Verfah-

5 S. Kierkegaard: »Philosophische Brosamen und Unwissenschaftliche Nachschrift«.
   Zit. n. Drewermann: »Das Markusevangelium«, Bd. 1, a.a.O., S. 168
6 Drewermann: »Das Markusevangelium«, Bd. 1, a.a.O., S. 186
7 Drewermann: »An ihren Früchten ...«, a.a.O., S.33
8 Drewermann: »Das Markusevangelium«, Bd. 1, a.a.O., S.191

ren, sich Gott bestmöglich im Reden von Gott vom Leibe zu halten«.[9]

Will nun Drewermann der historisch-kritischen Exegese eine methodisch willkürliche Form von ›Subjektivität‹ gegenüberstellen? Darin sähe er eine neue Einseitigkeit innerhalb der alten Subjekt-Objekt-Spaltung. Er versteht Auslegung als ›Homilie‹, was im Griechischen ›Begegnung‹, ›Gefährtenschaft‹, ›Sich-Treffen‹ bedeute.[10] Dazu gehöre die Einbeziehung personaler Kompetenzen in den Prozeß der Auslegung ebenso wie die »Vertiefung der existentialen Hermeneutik in Richtung eines anthropologisch tiefer fundierten Verstehens der Konkretheit des Symbolismus religiöser Rede«[11]. Für diesen Weg empfiehlt der Psychoanalytiker Drewermann der theologischen Hermeneutik, sich den Erkenntnissen der Tiefenpsychologie und der Daseinsanalyse zu öffnen: »So unerläßlich die historisch-kritische Methode als Verfahren einer objektiven Erkenntnis des historischen Befundes eines Textes auch ist […], so sehr muß sie […] durch Auslegungsmethoden ergänzt werden, die den subjektabhängigen Teil des Verstehens hinreichend zur Geltung bringen, und hier ist in unserem Jahrhundert die Tiefenpsychologie mit ihren symbolischen und einfühlenden Deutungsverfahren die Methode der Wahl.«[12] Allerdings habe auch diese Methode, wie jedes andere Auslegungsverfahren auch, ihren Sinn nicht als neuer, die Regale füllender Selbstzweck der Gelehrtheit, sondern nur als *Mittel*. Gegen den Vorwurf, er wolle Wissenschaft auf ›Lebenshilfe‹ verpflichten, unausbleiblicher Standard-Vorwurf der schriftgelehrten Unpersönlichkeit, wehrt sich Drewermann nicht: »[…] genau das will ich: daß Theologie, Exegese zumal, endlich wieder ›Lebenshilfe‹ sei!«[13]

---

9 ebd., S. 197
10 ebd., S. 115
11 ebd., S. 39, Anm. 21
12 ebd., S. 106. Wie er sich dies vorstellt, hat er ausführlich dargelegt in »Tiefenpsychologie und Exegese«, a.a.O., und in »Strukturen des Bösen. Die jahwistische Urgeschichte in exegetischer, psychoanalytischer und philosophischer Sicht«, 3 Bde., Paderborn 1977 f.
13 Drewermann: »An ihren Früchten …«, a.a.O., S. 39

III

Unter thematischem Aspekt und von ihrem Wirkungspotential
her gesehen ist Literatur das Gegenteil von Existenzvergessenheit
(darin religiösen Texten durchaus verwandt). Von der derzeitigen
Literaturwissenschaft läßt sich Gleiches allerdings nicht mit demselben Recht behaupten. Während Literatur wohl nahezu immer,
nicht ausschließlich, aber vielleicht in erster Linie, aus der Auseinandersetzung des Autors mit seiner eigenen Existenz, aus seiner
Reflexion über die Bedingungen des Am-Leben-und-in-der-Welt-
Seins aller, aus einem Interesse an Existenzerhellung und -mittei-
lung also, hervorgeht; während darum die Literatur als Ganze
auch als ästhetischer Diskurs über Moral gelten kann (›Moral‹ im
Sinne Robert Musils, als wertfreie Gesamtheit aller Lebensmöglichkeiten); und während außerdem, auf der Leserseite, eines der
mächtigsten Motive der Hinwendung zur Literatur der Hunger
nach existentieller Erfahrung ist – während also Literatur von
Identifikation und Orientierung, von Lebens- und Selbstbezug eigentlich gar nicht zu trennen ist, liegt den neueren literaturwissenschaftlichen Ansätzen, die das Fach dominieren, erklärtermaßen
nichts daran, sich mit dieser Dimension ihres Gegenstands zu befassen, geschweige denn, ihr zu entsprechen. Entweder wird den
Kunstwerken eine solche Kompetenz – wie überhaupt jedes
selbständige und eigenwertige Wissen – abgesprochen, oder es
wird anderes zentral gesetzt, so daß daneben existentiell Brisantes
irrelevant erscheint. Interessierter, wenn auch darum nicht schon
empfänglicher, sind diejenigen, die den existentiellen Gehalt
eines Textes immerhin wahrnehmen, ihn allerdings nur buchhal-
terisch registrieren und philosophiegeschichtlich verrechnen,
bis sie seine Brisanz neutralisiert haben. Immer zahlreicher treten
Fachvertreter auf den Plan, denen gegenüber man weder als
Student noch als Kollege zugeben würde, von einem literarischen
Werk berührt oder gar verändert worden zu sein, da sie selbst
nicht weit davon entfernt scheinen, einen solchen Zugang und
den existentialen Diskurs der Dichtung überhaupt peinlich und
lächerlich zu finden. Die Geringschätzung der Literatur als

Dichtung (die nicht nur formal, sondern auch thematisch, nicht nur gegenüber der Ökonomie, sondern auch gegenüber der Wissenschaft das Nicht-Identische repräsentiert) ist in der Literaturwissenschaft kaum noch seltener als, sagen wir, unter Betriebswirtschaftlern. Hauptvorwurf emphatischer Leser an die Literaturwissenschaft, im Gestus überzogen, aber im Kern zutreffend, ist, daß sie, wo sie überhaupt noch von demselben handle wie die Literatur, kein Lebensverhältnis zu diesen Dingen mehr spüren lasse. Das Hauptanliegen der Leser: wie Literatur und von ihr vermittelte ästhetische und existentielle Erfahrung in die individuelle Lebensgeschichte eintreten und dort bei der Interpretation der Bedürfnisse und bei der Wahrnehmung von Welt mitwirken könne, hat weder auf die Konzepte der Forschung noch die der Lehre einen nennenswerten Einfluß. – Warum das so ist, und daß es auch anders sein könnte, dazu im Folgenden einige Thesen.

Zuvor jedoch noch eine notwendige Zwischenbemerkung: Eine »existentielle Literaturwissenschaft« hat es in der Germanistik schon gegeben (daß es dergleichen nicht mehr gibt, zeigt ein Blick in einen der neueren Methodenquerschnitte, etwa in »Erkenntnis der Literatur«[14] von Harth/Gebhardt, wo im umfangreichen Stichwortregister kein einziger Begriff aus den Wortfeldern »Existenz«, »Leben«, »Person« genannt wird). Verbunden mit den Namen von Rudolf Unger, Theophil Spoerri, Fritz Dehn, Erik Lunding, die sich ihrerseits auf Kierkegaard, Dilthey und Heidegger bezogen, waren die Abgrenzungen der ›existentiellen Literaturwissenschaft‹ zu Geistesgeschichte und Phänomenologie unscharf, und die Inanspruchnahme durch die nationalsozialistische Literaturwissenschaft beeinträchtigt die Rezeption dieses Ansatzes bis heute.

Da eine Kritik und Würdigung dieser Richtung noch aussteht und wohl auch äußerst schwierig wäre, da außerdem für die genannten Forscher der wichtige Bereich der Lehre überhaupt nicht zur Diskussion stand, vor allem aber, weil die aktuelle Situation des

---

14 Dietrich Harth u. Peter Gebhardt (Hrsg.): »Erkenntnis der Literatur. Theorien, Konzepte, Methoden der Literaturwissenschaft«, Stuttgart 1982

Faches nicht aus dem Blick geraten soll, will ich einen historischen Rekurs hier gar nicht erst probieren. Wer sich einen Eindruck verschaffen möchte, dem sei Rudolf Ungers Aufsatz »Literaturgeschichte als Problemgeschichte«[15] von 1924 empfohlen.

IV

»Die literaturwissenschaftliche Tätigkeit ist eine Sonderform des Lesens«, sie müsse »aus der allgemeinen Tätigkeit Lesen entwikkelt werden«, und ihre innere Gliederung müsse »zumindest in den Grundzügen schon im Lesen anzutreffen sein«, so Klaus Weimar in seiner »Enzyklopädie der Literaturwissenschaft«.[16] Nun ist aber Lesen eine so komplexe Angelegenheit, daß man sie arg zurechtstutzen muß, um aus ihr das herkömmlich enge Verständnis von Literaturwissenschaft als bloß objektivierend-deskriptiver, analytisch-systematischer Tätigkeit ableiten zu können. Mit dem Lesen geht es dem Fach wie mit anderen Dingen, die es sich immer gerade so definiert, daß es seine als wissenschaftlich anerkannte Tätigkeit nicht zu revidieren braucht: Auch vom Subjekt, von Selbsterfahrung, Lebensbezug und Vergegenwärtigung hat es ein allzu vordergründiges Verständnis. So ist zum Beispiel der Rezeptions- und Leserforschung passiert, daß sie das personale und existentiale Moment, das sie dem literarischen Verstehen hätte eröffnen können, einer generalisierenden Perspektive geopfert hat. Sie spricht viel vom ›Leser‹, betrachtet ihn aber nur, sofern er als Gruppe in Erscheinung tritt und Gruppenverhalten an den Tag legt. Sie spricht viel vom ›Subjekt‹, begreift es aber nur als formale Instanz oder als Reflektor kulturellen Wissens und gesellschaftlich vermittelter Vorurteile. Das Subjektive erscheint ihr nur als Kollektives relevant, Lesen vor allem als mechanischer, nach Typen unterscheidbarer Prozeß. Nicht statt dessen, aber darüber hinaus wäre der Leser auch als immer kon-

---

15 Rudolf Unger: »Literaturgeschichte als Problemgeschichte«. In ders.: Gesammelte Studien Bd. 1, Berlin 1929, S. 137-170
16 Klaus Weimar: »Enzyklopädie der Literaturwissenschaft«, München 1980, S. 25 f.

kretes, immer individuelles Subjekt aufzufassen, das nicht nur in historischer, kultureller, sozialer, sondern auch in personaler Situation steht. Als solcher leitet ihn, *zum* Lesen und *beim* Lesen, sein fundamentales Interesse an *Begegnung*.

Sein Verhältnis zum Text, zur Welt im Text, zum eigenen Selbst und zum ›Text der Welt‹ wünscht sich der begegnenwollende Leser weder als zirkulär-affirmatives noch als hierarchisch-oppositionelles, sondern als Gefährtenschaft, als dialogisches Ich-Du-Verhältnis. Wenn er liest, dann nicht aus Habgier, nicht um des zitierbaren Ergebnisses willen, nicht aus einer Manie des selbstzweckhaften Erkennen-Wollens, sondern aus dem Bedürfnis nach ästhetischer und existentieller Erfahrung, nach der anderen Logik der Literatur, nach Selbst- und Weltbegegnung – um Anteil zu nehmen am Menschlichen etwa, oder um sich in seiner problematischen Subjekthaftigkeit erkannt zu fühlen. Wenn er liest, dann ist er bereit, den Text gelten zu lassen, sich einzulassen auf dessen Kunstwirkung wie auf dessen Thema, bereit sogar, sich verwandeln zu lassen. Spricht der Text: »Ändere dein Leben«, so hält er nicht für ausgeschlossen, daß er selbst gemeint sein könnte. Der die Begegnung wollende Leser bezieht sich auf Texte, als wären sie Personen. Er wählt jene, die ihm ›etwas zu sagen haben‹, für eine Zeitlang als Begleitung und tritt in Dialog mit ihnen, indem er ihr existentiales Wissen mit dem seinen vergleicht. Im Autor erkennt er, bei aller Verschiedenheit, den Verbündeten, der gleich ihm aus ist auf Existenzerhellung.

Begegnung in diesem Sinne wäre ohne Personalität des Verstehens gar nicht zu haben. Beides gehört zusammen, und beides gehört zum Lesen. Eine Literaturwissenschaft, die ihre innere Gliederung aus den Grundzügen des Lesens herleiten wollte, hätte auch dieser Lesehaltung angemessen zu entsprechen, und zwar in der Forschung wie in der Lehre. Ein Dialog-Verhältnis zu den literarischen Kunstwerken ist nötig, um der Literatur ihre Lebendigkeit zu erhalten und sie nicht ausschließlich als verdinglichtes Bildungsgut oder als in die Wissenschaftsimmanenz gezwungenes Material zu behandeln. Tatsächlich aber werden personale Erfahrung und Wissenschaftlichkeit als unvereinbar behauptet und darum die personale und existentiale Lesehaltung entweder verleugnet oder kurzerhand dem naiven Lesen zugeschlagen. Das Paradox der ›schriftgelehrten Unpersönlichkeit‹ (Drewermann) kennzeichnet auch die Literaturwissenschaft.

Ob die Irritationskraft der Literatur in das Fach hineinwirken darf oder ob das Fach sich einreiht in die »Versuche, persönlich oder kollektiv der Literatur auszuweichen beziehungsweise ihre Relevanz einzuschränken oder zu bestreiten« (Arntzen)[17] – dies ist nicht nur das Problem des Selbstverständnisses der Institution, sondern auch das des je einzelnen Forschers und Lehrers: Gegen personale Textbegegnung sprechen oft nicht nur fachliche, sondern auch persönliche Vorbehalte. Wie vielen, die vor Seminaren stehen, ist wohl noch anzumerken, daß sie sich von Literatur herausfordern und ›ins Tiefe führen‹, erschüttern und erheben, verunsichern und ›heilen‹ lassen? Wäre es ganz verfehlt, einen Zusammenhang von Wissenschaft und Existenzverleugnung zu behaupten, mit der Literaturwissenschaft als besonders raffiniertem, aber auch besonders ernstem Fall? Es bieten doch Fachrichtungen und Methoden immer auch einen gewissen Schutz vor dem, was sie ausgrenzen, und das Ausweichen vor der Subjektbezüglichkeit der Literatur ermöglicht dem Forscher ein spürbares Nachlassen der »Angst seiner Subjekthaftigkeit« (Drewermann)[18].

Natürlich bleibt jedem selbst überlassen, ob er sich einläßt oder heraushält. Was aber, wenn alle sich entscheiden, sich herauszuhalten? Dann wird, was Lesen ist und was Literatur ist, eben keineswegs vollständig auf die literaturwissenschaftliche Tätigkeit abgebildet – »der Zurückhaltung der eigenen Subjektivität entspricht die Nichtachtung des Lesers«, so Kaspar H. Spinner[19]. Dann bleibt das groteske Mißverhältnis bestehen zwischen

---

17 Helmut Arntzen: »Neun Thesen zum Verhältnis von Sprache und Literatur nebst einigen Folgerungen für die Didaktik der Literatur«. In ders.: »Zur Sprache kommen. Studien zur Literatur- und Sprachreflexion, zur deutschen Literatur und zum öffentlichen Sprachgebrauch«, Münster 1983. Dort S. 42

18 Drewermann: »Das Markusevangelium«, Bd. 1, a.a.O., S. 197

19 Kaspar H. Spinner: »Wissenschaftsgläubigkeit und Wirklichkeitsverlust in der Sprach- und Literaturwissenschaft«. In: Johannes Anderegg (Hrsg.): »Wissenschaft und Wirklichkeit«, Göttingen 1977, S. 115-133. Dort S. 124

den Leidenden, Verzweifelten, Sehnenden, Suchenden, Verzückten und Beglückten, die die Handlungsträger der Literatur sind, und denjenigen, die sich mit ihnen aus der existentiellen Selbstberuhigtheit einer ›objektiven‹ Wissenschaft heraus befassen. Und dann wird außerdem das Literaturverhältnis, das die Unpersönlichkeit der Lehrenden bei den Studierenden erzeugt, ebenfalls auf die Einsetzung ich-fremder und existenzverleugnender Perspektiven hinauslaufen. – Daß auch das Gegenteil all dessen sich fachlich durchaus sehen lassen kann, zeigt zum Beispiel Adolf Muschgs Gottfried-Keller-Monographie von 1977, die der Forschung viel Neues eröffnete, *obwohl* es in ihrem Vorwort heißt: »[Dieses Buch] ist aus persönlicher Begegnung entstanden; es möchte den Leser zu einer gleichen Begegnung ermutigen.«[20]

V

Wo preist heute noch jemand die Literatur? Preisen im Sinn von loben, rühmen, anempfehlen. Die emphatischen Laienleser tun es für sich, haben aber keine Stimme. Die Literaturstudenten lassen es von der ersten Seminarstunde an für immer bleiben. Neuerdings wagen es wieder einige Schriftsteller, werden dafür aber prompt von den Berufslesern belächelt. Einen schweren Stand hat Dichtung längst nicht nur, wo sich die Beschäftigung mit ihr bezahlt machen muß, sondern auch, wo sich der Umgang mit ihr an einem begrenzten Aufklärungsverständnis orientiert, dem literarische Erfahrung insgeheim als etwas Irrationales gilt, von dem man sich zu emanzipieren habe. Eine Gelehrtheit, der diese Einstellung zugrunde läge, könnte noch so produktiv sein – eine *adäquate* wäre sie sicherlich nicht. In solcher Gefahr aber schwebt eine Literaturwissenschaft, die sich als modern gerade dadurch auszuzeichnen meint, daß sie Literatur auf keinen Fall mehr preist – wobei ihr sowohl das Loben suspekt geworden ist als auch die nicht-materialen, nicht-objektivierbaren Dimensionen ihres Gegenstands. Wollte sie der Gefahr einer vor lauter

---

20 Adolf Muschg: »Gottfried Keller«, München 1977, S. 9

›Distanz‹ inadäquaten Gelehrsamkeit entgehen, müßte sie ihre
Rolle mehr als *Vermittlerin* sehen, als *potentielle* Vermittlerin zwischen *einzelnem* Text und *einzelnem* Leser. Sie hätte zu lernen,
aber dann auch zu lehren, daß zu Literatur ein Verhältnis der Begegnung möglich ist und daß sich dieses Verhältnis durchaus wis-
senschaftsrelevant analysieren und operationalisieren läßt. Da
Begegnung ohne personales und existentiales Verstehen nicht zu
haben ist und also auf einen emphatischen Literatur- und Lesebe-
griff hinausläuft, würde es einer solchen, von der Literatur ver-
wandelten Wissenschaft bestimmt wenig ausmachen, ab und zu
und wohlbedacht ihren Gegenstand zu preisen.

Wie dies praktisch aussehen könnte – eine Literaturwissenschaft, die ›Distanz‹ und ›Anteilnahme‹ gleichermaßen als ihre
Leitvorstellungen anerkennt und auch wirklich beide, einander
kontrollierend und bereichernd, in Forschung und Lehre wirksam werden läßt –, darüber wäre gemeinschaftlich nachzudenken. Zu wagen wären sicherlich Revisionen und Experimente. Es
gab und gibt Ansätze – möglicherweise in allen Philologien –, die
als randständig gelten, unter dem Gesichtspunkt der Anteilnahme aber durchaus wegweisend und vorbildhaft sein könnten.
Dabei ginge es, wohlgemerkt, nicht darum, vor den Status quo
der schriftgelehrten Unpersönlichkeit, des existenzvergessenen
Szientismus zurückzugehen, sondern darum, mit Hilfe von Rück-
griffen und Vorgriffen allmählich über ihn hinauszugelangen.

Interessant wäre in diesem Zusammenhang eine Überprüfung
des Wissens- und Fortschrittsbegriffs unseres Faches. Vielleicht
wird ›Innovation‹, als Kriterium für wissenschaftlichen Fortschritt, im Fall der Literaturwissenschaft erheblich überbewertet.
Immerhin bewirkt das Prinzip ›Gut ist, was neu ist, und je mehr
Neues, desto besser‹, daß Untersuchungsgegenstände, -themen
und -verfahren stärker als je den Gesetzen des Modewechsels unterliegen und daß das »An- und Aufrufen des irgendwann vielleicht schon Gewußten« (Gert Mattenklott)[21] entsprechend zu

---

21 Gert Mattenklott: »Geisteswissenschaft – eine parabolische Geselligkeit«, in: Mer-
   kur, H. 12, 43. Jg. (1989), S. 1077

kurz kommt. Vielleicht braucht unser Fach die ständige Potenzierung seiner Forschung und insbesondere seiner Theoriebildung gar nicht wirklich dringend. Anders als zum Beispiel die Medizin haben wir durch Noch-nicht-Wissen nichts zu verlieren, es eilt also gar nicht mit unserer Forschung. Wichtiger als das Einholen allerneuester Ansätze ist vielleicht, zunächst einmal mit dem vorhandenen Wissen etwas anzufangen, auch um den seltsamen Rückstand des Faches hinter seinen aus der Literatur geschöpften Erkenntnissen ein wenig aufzuholen. Vielleicht läge ja ein qualitativer Fortschritt des Faches in einer Atempause, einer Zeit des Verweilens, die nicht etwa Untätigkeit wäre, sondern eine Zeit der Synthese und Applikation, der Anverwandlung und Weitergabe von Wissen, auch und mehr als bisher eine Zeit der Lehre. Die Vernachlässigung der Lehre, als Verödung der Seminare vielfach beklagt, aber allzuoft einseitig den Studierenden angelastet, hat eine ihrer Ursachen nicht zuletzt darin, daß die einander wechselseitig unter Innovations- und Publikationsdruck stellenden Lehrenden diesem Bereich ihre Phantasie entziehen. Die Literatur setzt eigentlich andere Prioritäten …

Ein Mangel der Lehre, der neuerdings deutlich empfunden wird, ist die Unterforderung der Kreativität der Studierenden. Rhetorische Übungen und ›poetische Ausarbeitungen‹, die in der philologischen Fachdidaktik eine lange Tradition hatten, waren im Zuge der Überanpassung des Literaturstudiums an das Distanz-Prinzip nahezu ausgestorben, werden nun aber als ›kreatives Schreiben‹ sehr langsam wiederentdeckt. Sowohl das Zögern hierbei ist bezeichnend als auch die Bevorzugung rein wissenschaftsimmanenter Rechtfertigungsgründe. Selbstverständlich ist der instrumentelle Wert des learning by doing, des Nach-Schaffens für die Erkenntnis literarischer Formen und Schreibhandlungen nicht hoch genug einzuschätzen, jedoch haben kreative Verfahren ihren Sinn auch in der Vermittlung zwischen Distanz und Anteilnahme: Sie ermöglichen, personale und identifikatorische Kompetenzen und Bedürfnisse in die literaturwissenschaftliche Tätigkeit zu integrieren, erlauben also persönliche Beteilligung bis hin zum »Selbstausdruck«[22]. Und vielleicht hütet sich, wer seine eigene Individualität nicht ganz verleugnen muß, dann auch eher davor, die Individualität von Autor und Werk zur Strecke zu bringen.

Einen gängigen Einwand nicht nur gegen kreative Verfahren aufgreifend, möchte ich die Frage wagen: Was ist eigentlich so verkehrt an ›Ergriffenheit‹ und ›Betroffenheit‹, daß wir die Worte nurmehr pejorativ verwenden und mit den Sachen nichts zu schaffen haben wollen? Als quasi magische Verhaltensweisen vertragen sie sich nicht mit unserem Hauptgeschäft, der Reflexion, heißt es. Aber abgesehen davon, daß sich grundsätzlich über alles reflektieren läßt, wenn man will, halten die literarischen Kunstwerke eben nicht nur ein Reflexionsangebot bereit, sondern auch ästhetische Erfahrung, die auf Ergriffenheit, und existentielle Erfahrung, die auf Betroffenheit hinaus will. Ergriffenheit setzt nicht gleich eine Transzendenz voraus, die zugreift und überwältigt, sie meint von sich aus nur die durch ein besonderes Formerlebnis ausgelöste Gewißheit, es mit gesteigerter Wirklichkeit zu tun zu haben, und die damit verbundene Faszination. Ohne Ergriffenheit läßt sich ein Kunstwerk als alles mögliche wahrnehmen und würdigen, aber nicht leicht als Kunst. Falls wir uns von härteren Disziplinen darin unterscheiden möchten, daß wir noch von etwas anderem fasziniert sind als von unserer Wissenschaftlichkeit selbst, dann dürften wir das Ergriffensein nicht verteufeln.

Ähnlich verhält es sich mit dem ›Betroffensein‹, sofern darunter etwas mehr verstanden wird als tiefe Gemütsbewegung beim Lesen oder beim Reden über Gelesenes. Ein literarischer Text betrifft mich, indem er mich etwas angeht, und er geht mich in dem Maße etwas an, in dem er von Lebensthemen handelt, die,

---

22 »Könnte es nicht sein, daß in einer integren Existenz – was immer das heißen mag – Welterkenntnis und Selbstausdruck eng zusammengehören, enger auf alle Fälle, als sie unter modernen Bedingungen üblicherweise zusammenzufinden vermögen? Hat nicht die neuzeitliche Arbeitsteilung der Talente dahin geführt, daß die psychischen Einstellungen, die der wissenschaftlich zugerichteten Erkenntnis dienen, dem Selbstausdruck tendenziell feindlich gegenüberstehen (…)?« Peter Sloterdijk: »Der Denker auf der Bühne. Nietzsches Materialismus«, Frankfurt/M. 1986, S. 29f.

als Existentialien, jeden immer oder, als Situationen, viele fall-
weise und mich aktuell betreffen. Sofern literarische Texte, unabhängig vom Autorwillen, unabhängig auch von der literarischen
Gattung, je besondere Modellgeschichten von Lebensbedingungen und Lebensmöglichkeiten erzählen, legen sie dem Interpreten nahe, sich mit der ins Werk gesetzten Existenz zu identifizie-
ren *und* aus den Texten »eine wahrhafte Phänomenologie der Le-
bensprobleme herauszuarbeiten« (Rudolf Unger)[23]. Das personale schließt das existentiale Verstehen mit ein und erhält eben
daher eine über-individuelle Relevanz. Für die Literaturwissenschaft bedeutet dies, daß sie sich nicht nur als allgemeine Textwissenschaft oder als besonderer Fall von Geschichtswissenschaft,
sondern auch als Existenzwissenschaft zu sehen hätte.

Eine solche Rolle kann das Fach annehmen oder ablehnen.
Lehnt es ab, wird es kaum die Freundschaft der emphatischen Leser gewinnen, die sich vom akademischen Umgang mit Literatur
eine Berücksichtigung ihres Bedürfnisses nach Selbst- und Weltbegegnung erwarten. Nimmt es an, wachsen ihm nebenbei zwei
vielleicht schwer verkraftbare Rollen zu, eine ›kritische‹, wäre
das Fach dann doch auch mit dem ›subversiven‹ Wissen der Literatur von den Möglichkeiten und den Entfremdungen des Menschen stärker befaßt als bisher, und eine ›erbauliche‹, kann doch
in aufgeklärten Zeiten existentieller Obdachlosigkeit wie der unseren der Not der Ungeborgenheit *und* dem Aufklärungsan-
spruch nicht etwa eine neue, das Dasein rechtfertigende Ideologie gerecht werden, sondern allein die vorurteilsfreie Existenzer-
gründung selbst.

VI

Als Aufhalten oder zumindest Verzögern des Vergessens zählen
Geschichtsschreibung, Erklärung und Deutung des geschichtlich
Vermittelten zu den wichtigsten und auch anerkanntesten Anlie-

---

23 Unger: »Literaturgeschichte als Problemgeschichte«, a.a.O., S. 154

gen der Literaturwissenschaft. Der Historizität unseres Gegenstands tragen unsere Methoden Rechnung, indem sie sich nicht nur als je nachdem formalisierende, systematisierende oder exegetische, sondern fast immer auch als historisch-kritische verstehen. Nun liegt aber hierin auch eine Gefahr: die Gefahr einer *Historisierung der Literatur*, die das Gegenteil wäre von Vergegenwärtigung. Literarische Texte vor allem als Vergangenes wahrnehmend, verlieren wir das Nicht-Vergangene an ihnen aus dem Blick und verdammen sie somit erst eigentlich zum Vergangensein. Illusionär ist die Annahme, bloße Beschäftigung mit Historie werde schon irgendwie Vergegenwärtigung leisten. Gleich mit Gervinus, so Helmut Arntzen, sei eine bis heute wirksame Tendenz hervorgetreten, »der die Literatur nichts als ein historisches Dokument unter anderen ist«.[24] Eine solche Perspektive leistet ebensowenig schon Vergegenwärtigung wie bloßes Sammeln und Archivieren oder wie die Anwendung neuer Methoden auf alte Texte. – Um einen möglichen Weg zu wirklicher Vergegenwärtigung, die das Gegenteil von Antiquarisierung ist, zu beschreiben, möchte ich im letzten Teil dieses Aufsatzes die literaturgeschichtliche Perspektive von Peter von Matt vorstellen, wie er sie in zwei Büchern – »… fertig ist das Angesicht. Zur Literaturgeschichte des menschlichen Gesichts« (1983)[25] und »Liebesverrat. Die Treulosen in der Literatur« (1989)[26] – beispielhaft vorführt. (Übrigens beides Bücher, mit denen man emphatische Leser, die unser Fach nicht kennen, neidisch auf die literaturwissenschaftliche Tätigkeit machen kann.)

In »… und fertig ist das Angesicht« untersucht Peter von Matt literarische Gesichtsbeschreibungen, Porträtskizzen im Medium der Sprache, die er in Tagebüchern, Briefen oder Autobiographien von Kafka, Goethe, Heine, Musil, Dostojewski, Grass,

---

24 Helmut Arntzen: »Grundfragen der Literatur«. In ders.: »Zur Sprache kommen …«, a.a.O., S. 30
25 Peter von Matt: »… fertig ist das Angesicht. Zur Literaturgeschichte des menschlichen Gesichts«, München 1983. Im folgenden zitiert nach der Taschenbuchausgabe, Frankfurt/M. 1989
26 Peter von Matt: »Liebesverrat. Die Treulosen in der Literatur«, München 1989

Cervantes, E.T.A. Hoffmann, Thomas Mann und anderen (in dieser Reihenfolge) auffindet. In »Liebesverrat« beleuchtet er Liebes- und Treulosigkeitsgeschichten aus allen drei Gattungen der Weltliteratur, von Boccaccio, Kleist, Dante, Bürger, Fontane, Mörike, Musil, Büchner, Bachmann, Schnitzler, Horvath, Frisch, Goethe und anderen (tatsächlich in dieser Reihenfolge). Aber interessieren sollen hier nicht die Einzelanalysen und ihre meist aufschlußreichen Ergebnisse, sondern das Lese-, Literatur- und Wissenschaftsverständnis, das Matts Perspektive, insbesondere der merkwürdigen Organisationsweise zugrundeliegt.

Matts Vorgehen, so schreibt Dieter Wellershoff anerkennend, basiere auf der unter Fachkollegen keineswegs gesicherten »Überzeugung, daß Literatur von Lebensproblemen handelt und ihre Leser, die sich nicht mit einer berührungsfeindlichen Ästhetik dagegen abschirmen, tief in die Erfahrungen verwickelt, die in den Texten [...] gestaltet worden sind«.[27] Mit anderen Worten: Literatur handele von existentiellen Themen und wolle personal verstanden werden. Für Peter von Matt ist die Literatur »ein mächtiges Ereignis in der Menschenwelt«, das Geschichtenerzählen »ein ursprüngliches Verfahren der Weltdeutung«.[28] Wissend, daß menschliches Dasein in nur geringem Maße historisch relativ ist, erzählt Literatur nicht nur Immerneues, sondern auch Immergleiches: »wenige Ur-Geschichten, deren endloses Variieren die Weltliteratur ausmacht«[29] und die jeder Autor »in den Bildern seiner Epoche«[30] neu gestalte. Die potentielle Übertragbarkeit des überzeitlich aktuellen Kerns der literarischen Texte bewirkt, daß auch der zeitlich ferne Leser in ihnen Auskunft über sich selbst und seine Gegenwart finden kann. »Was in den Liebesgeschichten aller Art passiert [...], das verweist nie nur auf die Gepflogenheit des Zusammenlebens in der betreffenden Zeit, ist nie nur koloriertes Dokument des epochenspezifischen Paarungsverhaltens, sondern ist, als Arbeit mit den Basisthemen der

27 Dieter Wellershoff: »Die Antwort der Leidenschaft«, in: Die Zeit, Nr. 50 (1989)
28 Peter von Matt: »Liebesverrat«, a.a.O., S. 13 f.
29 ebd., S.17
30 ebd., S.193

Literatur und deren entsprechend fundamentaler Semantik, immer auch ein Diskurs, der ebensogut von mir, dem Leser des späten 20. Jahrhunderts, handelt wie von den Leuten der Entstehungszeit, der Entstehungsgesellschaft des Textes.«[31] So geschehe eine »dauerhafte Umschaltung vom Historischen ins Aktuelle, vom Altertümlichen eines Textes in das, was uns hier und heute die Sprache verschlägt und was darum auch, rückwirkend, das Alte, das Historische aufleuchten läßt als eine zweite Gegenwart«[32].

Ahistorisch ist Matts Perspektive wohl nur scheinbar. An den überzeitlichen ›Ur-Geschichten‹ und ›Basisthemen‹ interessiert, versteht er sich als »Literaturwissenschaftler, der über alle Zeiten und Epochengrenzen hinweg redet und argumentiert und Analogien findet«[33]. Andererseits weiß er sehr wohl, daß auch die ›Basisthemen‹ den Umbrüchen der Geschichte unterliegen und daß sich die Vielfalt ihrer Gestaltungen deren Zeitgebundenheit verdankt. Er deutet seine Referenztexte nicht ohne engen Bezug auf ihren historischen Ort, aber er hält sich bei der Anordnung nicht an die Linearität der historischen Chronologie, damit nicht, wie üblich, »der Geschichtsverlauf als solcher ungeprüft zum sinntragenden Geschehen aufgewertet« wird.[34] Die Sinnfälligkeit der Anordnung ergibt sich bei Matt vielmehr aus den diskursiven Bezügen innerhalb des literarischen Redens über ein Lebensthema. Dabei ist für ihn keine Frage, daß der Literaturwissenschaftler, der sich dem Nicht-Vergangenen an literarischen Texten, das auch ihn betrifft, wirklich stellen will, bereit sein muß zur Anteilnahme, zum »emotionalen und erkennenden Nachvollzug von Literatur«[35] – »sonst weiß man nicht, wovon man redet«[36].

Literatur und Wissenschaft, bei allen Unterschieden, berühren sich dort, wo beide sich als Philologie der Existenz verstehen.

---

31 ebd., S. 29
32 ebd.
33 ebd., S. 64
34 Peter von Matt: »...fertig ist das Angesicht«, a.a.O., S. 9
35 Peter von Matt: »Liebesverrat«, a.a.O., S.62
36 ebd., S. 21

Peter Grotzer

Textverständnis und religiöses Bewußtsein

Marginalia zur »Genfer Schule«: Albert Béguin, Georges Poulet und Marcel Raymond

Im Augenblick, da literarische Texte zumeist in bezug auf Sprachstrukturen, Gesellschaftsbezüge oder psychische Hintergründe untersucht werden, möchte ich im Rahmen der stets unerläßlichen Besinnung auf die komplexen Bezüge zwischen Leser und Text die Frage nach dem Zusammenhang zwischen Textbegriff und religiösem Hintergrund aufwerfen. Ich gehe dabei von der Annahme aus, daß die Lektüre literarischer Texte nicht ein Zeitvertreib oder eine bloße akademische Pflichtübung ist, sondern eine besondere Erfahrung des Menschseins, und dazu gehört auch die Frage nach dem, was des Menschen rationale Erkenntnis übersteigt.

Die Ausrichtung einer Lektüre kann »existentiell« sein, wie Karl Jaspers eine auf ein anderes »Selbst« transzendierende Kommunikation »existentiell« nennt, oder, um einen Ausdruck Gabriel Marcels zu verwenden, »intersubjektiv«.[1] Bei Autoren wie Albert Béguin, Georges Poulet, Marcel Raymond ist dies der Fall. Sie haben sich ganz dem Bericht ihrer Leseerfahrungen verschrieben und gewähren uns direkt oder indirekt auch Einblick in ihr Bewußtsein; in irgendeiner Form leuchtet darin stets auch die Frage nach der Transzendenz auf.

Für den mit den Begründern der »Genfer Schule« – zu der in zweiter Generation Jean Rousset und der als einziger im deutschen Sprach-

---

1 Vgl. Hans-Jürg Braun/Peter Grotzer, *Wege zur existentiellen Kommunikation*. Karl Jaspers, Gabriel Marcel, Martin Buber. Philosophisches Seminar, Seminar für Vergleichende Literaturwissenschaft der Universität Zürich. Zentralstelle der Studentenschaft der Universität Zürich, 1989.

gebiet bekannte Jean Starobinski zu zählen sind – wenig vertrauten deutschsprachigen Leser hier einige Hinweise: Marcel Raymond (1897-1981) stammt aus Genf. Studium der Geschichte in Genf, Doktorat an der Sorbonne in Paris (1927), nach Lehr- und Wanderjahren, u.a. in Leipzig, Ordinarius für Französische Literatur und Kultur an den Universitäten von Basel (1931-1935) und Genf (1936-62). Sein bedeutendstes und einflußreichstes Werk: *De Baudelaire au Surréalisme* (1933, seither ständig bei Corti in Paris neu aufgelegt). – Albert Béguin (1901- 57) stammt aus La Chaux-de-Fonds (Kanton Neuenburg, Schweiz) und studierte in Genf Altphilologie. Nach einigen Jahren in Paris, wo er als Buchhändler und Antiquar arbeitete, nach einem Lektorat in Halle a.d.S., Griechischunterricht in Genf wurde er Ordinarius für Französische Literatur an der Universität Basel (1937-46), lebte dann als Literaturkritiker in Paris, wurde als Nachfolger Emmanuel Mouniers Leiter der Zeitschrift »Esprit« (1950-57). Sein Hauptwerk: *L'Ame romantique et le rêve*. Essai sur le romantisme allemand et la poésie en France (1937, seither ständig bei Corti in Paris neu aufgelegt, deutsch *Traumwelt und Romantik*). – Georges Poulet (*1902) stammt aus Liège (Belgien). Studium der Rechtswissenschaft, anschließend der Französischen Literatur in Liège. Nach dem Doktorat über Balzac bis 1950 Lektor und Dozent an der Universität Edinburgh, anschließend Professor an den Universitäten John Hopkins (Baltimore, USA), Zürich und Nizza. Ehrendoktor der Universität Genf. Bekannt geworden mit den vier Bänden der *Etudes sur le temps humain* (1949-1968) und *Les Métamorphoses du cercle* (1961), deutsch *Metamorphosen des Kreises in der Dichtung*.

Gemeinsam ist diesen drei Autoren, daß sie sich primär auf die Bedeutung der gelesenen Werke ausrichten; sie beschreiben nicht innersprachliche Relationen oder rein formale Kriterien, sondern sie suchen nach anderem. Soll man es »Wahrheit« nennen, »geistigen Gehalt«, »Auseinandersetzung mit dem Schicksal des Menschen«? Etwas, das Literatur nur sehr bedingt ist, worauf sie aber hinweist. Weil diese Suche je individuell ausgerichtet ist, stellt sich neben der Frage nach den gefundenen Antworten auch die Frage nach dem die Suche orientierenden Subjekt der Rezeption. Wir wissen, daß Texte bis zu einem bestimmten Grad die Art ihres Gelesenwerdens programmieren. Doch ist zumindest ebenso evident, daß die Blindheit und die Einsicht des Lesers nicht nur die Auswahl des Lesestoffes, sondern auch die Aktualisierung des Gelesenen im Metatext bestimmen. Im Bereich der Literaturkritik gibt es keine alleinseligmachende Kirche, was nicht heißt, daß jede Meinung haltbar sei.

Die Relation zwischen Leser und Text ist ja ein dynamischer Prozeß, der in kausalen und objektiven, streng wissenschaftlichen Kategorien nur teilweise erfaßbar ist, denn die Aktualisierung eines literarischen Textes spielt sich in einem ständig sich erweiternden geistigen Raum ab, so daß theoretisch jede Lektüre zur neuen Auseinandersetzung mit allem bereits Gelesenen einlädt.

Daß für Béguin dieser »Raum« u.a. von Novalis, Nerval und Péguy, für Georges Poulet u.a. von Pascal, Proust und Amiel, für Marcel Raymond u.a. durch Rousseau, Senancour und Jacques Rivière mehr mitbestimmt ist als durch Marx, Freud, Nietzsche, Heidegger, ist zwar ein nützlicher Hinweis, doch müßte man sich fragen, wieso dem so sei.

Wer in unserem hochwissenschaftlichen Zeitalter, wo mit Vorteil alles auf binäre Systeme reduziert wird, die Allgemeingültigkeit der »Resultate« hermeneutischen Bemühens in Frage stellt oder gar ein Sprechen über Texte einführt, das diesen in bezug auf ihre Ambiguität entspricht und als solches die kommunikative Aussagekraft der Sprache relativiert, macht sich verdächtig, auch in Kreisen der Literaturhistoriker. Ähnliches geschieht, wenn gewisse Literaturkritiker, denen andere die Bezeichnung »Kritiker« am liebsten entziehen würden, neben objektive, zumeist historische oder linguistische Verfahren statt Wertungen Einsichten stellen, die unsere Selbstzufriedenheit erschüttern und uns zu einer abenteuerlichen Reise durch die Welt eines fremden Bewußtseins einladen. Wir leben heute in einer vielfältigen Krise: auch der Glaube an die Sprache ist erschüttert; sie ist Macht und Ohnmacht, Wahrheit und Lüge zugleich, Vergegenwärtigung und Verweis auf das Abwesende. Für den Literaturkritiker erscheint die »Welt« in Sprachgestalt; wenn wir unter »Religion« des Menschen Ausrichtung auf ein ihn übersteigendes Größeres (oder gar

Absolutes) verstehen, ist anzunehmen, daß bei Literaturwissenschaftlern, welche für Transzendentes empfänglich sind, das Lesen und das Schreiben davon in irgendeiner Form Zeugnis ablegen.

Literatur als Suche nach dem Heil?

Albert Béguin glaubt an den Offenbarungsgehalt der Dichtung und spürt in *L'Ame romantique et le rêve* der metaphysischen Bedeutung der Sprachgebärden nach. Ausgangspunkt ist für ihn die Erfahrung der Gespaltenheit im Traum, der metaphysischen Unruhe, der bedrohten Identität: Werke wie die *Hymnen an die Nacht* (Novalis), *Aurélia* (Gérard de Nerval), *Louis Lambert* (Balzac) künden von einem verlorenen Paradies und bringen den Leser auf die »Fährte« des Absoluten. Béguin erfährt immer wieder neu, daß die Welt der Körper und des analytischen Verstandes dem Menschen nicht zu genügen vermag, daß das dramatische Schauspiel menschlichen Daseins letztlich stets die Frage nach der (ewigen) Bestimmung (destinée) aufwirft.

Traum und Dichtung zeigen die Brüchigkeit der menschlichen Identität auf (»Ich ist ein anderer«, sagt Rimbaud). Der Weg zur Wahrheit führt über die Metapher zum »Selbst« des Dichters, der im Umgang mit der Sprache eine Antwort auf seine kreatürliche Unsicherheit sucht. Wie Novalis sagt, ist das Ich in der Welt, doch transzendiert es diese zugleich. Das »Innen« ist ja nur ein solches, wenn ihm ein »Außen« gegenübersteht: Der Mensch nimmt an beidem teil, das ist seine »Präsenz« (présence).

Der Begriff der »présence« schließt den Bezug auf ein nicht Daseiendes ein, d.h., er bezeichnet primär einen Bezug nach Art des Symbols. Béguins Poetik beruht auf dem romantischen Postulat der Analogie zwischen dem sprachlichen Mikrokosmos und dem Universum. Das literarische Werk deckt sich in dieser Sicht mit dem Schicksal seines Schöpfers; es ist das Mittel, dank dem dieser die Zone zu erreichen versucht, wo sich nicht nur seine persönliche Geschichte, sondern sein Schicksal abspielt.

Ob es sich um das »ewige« Schicksal handle, wie Béguin sagt, bleibe hier dahingestellt: Er war voll davon überzeugt, und so wandte er sich zusehends literarischen Texten zu, die qua »Figuren« des Menschen dessen (bewußten oder unbewußten) Kampf um Erlösung nachvollziehen, bzw. gestalten. Was er bereits in Nervals *Aurélia* vorgezeichnet gefunden hatte, vollzog sich in ihm selbst: Der Hunger nach dem Absoluten wandelte sich zur leidenschaftlichen Anteilnahme am Schicksal des Mitmenschen, die sehr konkrete Formen annahm.[2] Béguins Lesen ist selten »Wissenschaft«, vielmehr eine Suche nach des Menschen Auseinandersetzung mit der Frage des Sinns seines Daseins, wobei hier im Wort »Sinn« auch die Richtung gemeint ist. Nach ihm besteht die Aufgabe des Literaturkritikers darin, die Bedeutung eines Textes als »Figur« des Menschen freizulegen: von den Ausdrucksformen unserer Dichter her soll der kritische Leser die Zeichen seiner Zeit erkennen und dem literarischen Werk dabei behilflich sein, daß es seine wichtigste und nützlichste Aufgabe erfüllen kann, »ein Alarmsignal zu sein für das Bewußtsein der Menschen« (1973:188).

So verstanden will die Literatur (die Kunst ganz allgemein) etwas anderes als gefällige Unterhaltung vermitteln. Sie soll den Leser öffnen, auf daß er seine Verantwortung in einer von allen Seiten bedrohten Welt wahrnehme. Dies heißt für Béguin den Menschen als gemeinschaftsbezogene Person gegen den Anspruch totalitärer Macht im Dienst des Kapitals, einer totalitären Ideologie oder gar der katholischen Kirche abwehren, der er übrigens im schwarzen Jahr 1941 beigetreten war.

Die Verantwortung schließt für ihn den Sinn für die Gemeinschaft ein: »Man rettet sich nicht ganz allein«, sagt Péguys Jeanne

---

2 Vgl. P. Grotzer, Existence et destinée d'Albert Béguin. Neuchâtel (Schweiz), La Baconnière, 1977. – In Les Archives Albert Béguin (der gedruckte Katalog umfaßt 398 Seiten), aufbewahrt in der Bibliothèque de la Ville de La Chaux-de-Fonds (Schweiz), finden sich z.B. große Dossiers mit Briefen und »Stalag«-Zeitungen französischer Kriegsgefangener und über die Arbeiterpriester in Paris. – Albert Béguin hat in der von ihm geleiteten Reihe »Les Cahiers du Rhône« u.a. zahlreiche von der Vichy-Regierung verbotene Texte publiziert, die während des Krieges auf geheimen Pfaden nach Frankreich gelangten und dort dankbar aufgenommen wurden. Insgesamt 98 Bände in den Farben Blau, Weiß, Rot, Grau, darunter Aragon und Eluard.

d'Arc; Béguins Engagement während des Krieges, als er mit »Les Cahiers du Rhône« eine der ganz wenigen freien französischsprachigen Publikationen leitete, und während seiner Leitung der Zeitschrift »Esprit« (1950 bis 1957) zeigt, wie ernst es ihm damit war.

Im Gegensatz zu Georges Poulet und Marcel Raymond ist dieser Autor mehr Texten seiner Zeit zugewandt, und seine Kritik ist bisweilen sehr persönlich, für Andersdenkende zu persönlich, und zwar gerade dann, wenn sich Divergenzen in der religiösen Auffassung zeigen. Nachdem ich an anderem Ort vor allem am Beispiel seiner Bernanos-Lektüre gezeigt habe, wie nahe Béguin den Intentionen dieses Autors kommt,[3] sei am Beispiel eines Kapitels aus Béguins *Pascal par lui-même* darauf hingewiesen, wie entschieden er sich im Zeichen Péguys, Claudels und Bernanos' von gewissen jansenistischen Denkformen lossagt, die nach ihm Pascals Zeitbewußtsein prägen und diesen daran hindern, aus dem bis in die sprachliche Darstellung wirkenden Mysterium der Inkarnation alle Konsequenzen zu ziehen.

Dem Autor der *Pensées*, der wie kaum ein anderer des Menschen prekäre Lage zwischen Hoffnung und Verzweiflung aufzeigt und mit rhetorischem Geschick durch eine Häufung von Paradoxen den Leser zur zentralen Gestalt Christi führen will,[4] wirft Béguin vor, er sehe zuwenig, wie unser ewiges Schicksal gewissermaßen aus unseren Handlungen in der Zeit gewoben ist: »Die Gesamtheit der Lebenden und der Toten bildet zusammen den mystischen Leib der Geschichte, der erst am Ende der Geschichte vollendet und begreifbar sein wird, und nichts wird außerhalb dieser totalen ›Gemeinschaft der Seelen‹ (communion des âmes) bleiben; es gibt kein christliches Leben, das sich auf die Enge der isolierten Kreatur einschränken ließe.« (1952:62; das Kapitel trägt den Titel »Pascal sans histoire«).

Es geht hier um die »Vermittlung« zwischen diesseitiger Erfahrung und jenseitigem Heil bzw. um die Ambivalenz der Zeit. Im

---

3 Vgl. P.G., *Albert Béguin ou la passion des autres*. Neuchâtel: Editions de la Baconnière, Paris: Editions du Seuil, 1977.

4 Vgl. P.G., »Pascal's Search for Mediation. The ›Ulterior Idea‹ of Paradoxical Style in the Pensées«. In: Stanford Literature Review. Spring-Fall 1988, S. 131-149.

Anschluß an Henri Marrou lehnt Béguin jegliche Trennung in eine profane, d.h. sich ständig entwickelnde Zeit und eine durch Christus abgeschlossene, also zu konservierende Zeit der Offenbarung ab. Weil der Mensch in seiner Existenz bereits an der Ewigkeit teilnimmt, eröffnet sich ihm die Möglichkeit, aber auch die Notwendigkeit, die Geheimnisse des Glaubens stets neu zu sehen und zu gestalten. Béguins engagierte Schriften sind durchdrungen von einer zumindest bisweilen optimistischen Dynamik, der Péguy näher steht als Racine.

In der letzten Phase Béguins, die in den fünfziger Jahren einsetzt, finden wir gewisse Hinweise auf die von uns vermutete Übertragung des religiösen Vermittlungs- oder Inkarnationsbegriffs in das Gebiet der Textauffassung. Diese kommt vor allem in den beiden Bänden von *Création et Destinée* zum Ausdruck und wird klar in den unveröffentlichten Notizen zu seinem Christian Gauss-Seminar über Bernanos in Princeton (6. Oktober bis 10. November 1955).[5]

Nach den Texten, die zwischen 1950 und 1957 geschrieben wurden, faßte Béguin den literarischen Text als eine »komplexe, unteilbare Einheit [auf], ein Gewebe, das nicht nur einen Gedanken oder ein inneres Erlebnis ›übersetzt‹, sondern diese enthält, sie in sich zurückbehält«, und so lassen sich nach ihm »die Idee oder die Erfahrung von dieser konkreten Erscheinung, diesem Wortgeflecht, diesem rhythmischen Ganzen nicht mehr trennen, in dem sie für immer eingeschlossen werden durch eine eigentliche Inkarnation« (1973:220). Die Lektüre ist demnach bei Béguin die Auseinandersetzung mit dem Schicksal des Menschen, soweit es in Worten faßbare Gestalt annimmt.

Literaturbetrachtung als Akt des Bewußtseins

In einer 1975 erschienenen, höchst aufschlußreichen Reflexion mit dem Titel »Lecture et interprétation du texte littéraire« stellt

---

5 Vgl. P.G., »Bernanos à travers les Archives Albert Béguin«. In: Les Lettres Romanes. Numéro spécial Bernanos dirigé par J.-Cl. Polet. Novembre 1988, T. XLII, N⁰ 4, S. 457-468.

Georges Poulet seine Texterfahrung vom Aufsatz Béguins über Charles Du Bos dar, aus dem das vorausgehende Zitat stammt.

Darin läßt sich Poulet zu folgender Aussage hinreißen, die u.a. auch die Konzeption Marcel Raymonds wiedergibt: »Dies will nicht heißen, der Text stelle von seinem Wesen her die Wiedergabe und die Wiederholung eines Gedankens dar. Nein, der Text ist zunächst ein Gewebe aus Wörtern, ein rhythmisches Ganzes, ein gewisser Wortkörper, ein Objekt, das aufgrund des stofflichen Charakters seiner Substanz zu wägen, auszuloten, durch eine Reihe von Kontakten physisch zu schätzen ist.« (1975:64)

Wenn dem so ist, dann ist das Naheliegendste die »lecture sensible«. Poulet verweist auf Gaston Bachelard und Jean-Pierre Richard, dessen erstes Werk *Littérature et Sensation* er im Jahre 1954 dem Leser mit einem Vorwort vorgestellt hatte (ich erinnere mich noch, mit welcher Begeisterung Poulet in seinem ersten Zürcher Seminar über Flaubert uns darauf verwies).

Entscheidend ist, wenn Poulet sagt: »Doch was [diese Kritik] offenbart, ist nicht ein in sich existierendes und sich mit der Bestätigung seines Daseins begnügendes Objekt, sondern es ist die Wirkung, die dieses Objekt auf ein für seine wahrnehmbaren Eigenschaften empfängliches Wesen ausübt.« (1975:65) Und weiter schreibt er: »Wer das Objekt entdeckt, ist ein Subjekt; und was er im Objekt entdeckt, sind nicht nur die von diesem Objekt zur Schau getragenen physischen Besonderheiten, sondern eine subjektive Wirklichkeit, die sich dank ihrer ›Inkarnation‹ im Objekt den Sinnen und dem Bewußtsein des Lesers dartut.« Das Subjekt eines Lesers entdeckt in (oder unter, hinter) dem Text als Wortgeflecht eine »subjektive Wirklichkeit«, das im Text wirkende »Bewußtsein«. Oder, mit andern Worten, der Leser stößt durch die »Gestalt« zum Prinzip vor, das dieser innewohnt. Der Begriff der »subjektiven Kritik« bezeichnet bei Georges Poulet weder subjektive Wertung noch die Projektion der Ich-Welt in einen etwa mit einem Stein oder einer Landschaft vergleichbaren »Gegenstand«; es ist die nicht wie oft bei Béguin persönliche, sondern weitgehend selbstlose Teilnahme an dem, was ein literarischer

Text für ihn eigentlich ist, d.h. (Form gewordenes) Bewußtsein. Poulet spricht zumeist von einer »Identifikation«. Lesen heißt für ihn das geistige Abenteuer des Schreibenden innerlich nachvollziehen, wie sich dieses auch immer gestaltet. Wer sich darauf einläßt, ist bewußtseinsmäßig zugleich er selbst und jener, der in sich fremde Welten sich entfalten sieht. Man denkt unwillkürlich an Marcel in Prousts *A la recherche du temps perdu*, wo eine ganze Welt aus einer Tasse Tee aufsteigt, wobei allerdings das die Erinnerung lesende und das schreibende Subjekt das gleiche ist, bzw. sich in diesem Akt als solches konstituiert.

Weder das historische Subjekt des Schreibenden, die Person des Autors, noch die persönlichen Auffassungen und Bedingtheiten des Lesers sind bei Poulet entscheidend. Es besteht eine gewisse Analogie zwischen seiner Art zu lesen und der Kontemplation: das »Andere«, in dem sich der Betrachtende gewissermaßen einnistet, ist ein geistiges Universum, worin sich das kritische Bewußtsein (= Subjekt) nach gewissen Grundkategorien orientiert, z.B. Zeit und Raum. Für Georges Poulet scheint die »kritische« Lektüre – er verleiht dem Wort »kritisch« eine besondere Bedeutung[6] – eine Art Entsprechung zu einem Glaubensakt: deshalb ist es so schwer, von ihm »objektiv« zu sprechen. Er sucht nicht wie Béguin die Auseinandersetzung des Menschen mit seinem Schicksal, sondern er will bewußtseinsmäßig die ganze Fülle von je unterschiedlichen geistigen Welten erfahren. Doch wie kommt, wenn überhaupt, eine »Vermittlung« zwischen der Erscheinung (der Form, der Wortgestalt) und der darin wirkenden Intentionalität zustande?

Der Interpret eines Textes kreist gewissermaßen wie ein Tänzer um die magische Mitte der Evolutionen eines fremden Subjekts, welches das seinige zumindest teilweise transzendiert. Albert Bé-

---

6 Insbesondere wehrt sich Poulet gegen die Wertung als Ziel der Literaturkritik: »L'acte critique me semble avoir pour condition indispensable la réduction de notre être conscient, non sans doute à la littéralité le l'oeuvre (autrement la critique ne serait qu'un simple doublet), mais à ce que j'appellerais sa mentalité, c'est-à-dire un univers spirituel et sa monade« (Brief an René Wellek vom 6. Oktober 1956, bisher unveröffentlicht).

guin spricht im Zusammenhang mit dem geistigen Gehalt eines literarischen Werks von einem »Kampf mit dem Engel« (1973:220), und diese Metapher bringt Georges Poulet dem näher, was in seinem Fall beim Lesen geschieht: Sein Bewußtsein transzendiert das Ich, versetzt sich vorstellungsmäßig sprungartig in den Geist des andern, ein Vorgang der Selbstaufgabe, der an die Erfahrung von Mystikern erinnert.

Es handelt sich um einen Sprung: Zumeist ist der Vorgang bereits abgeschlossen, wenn Poulet zu schreiben beginnt. Nie geht er den große Geduld und viel Sinn fürs Konkrete erfordernden Weg der immanenten Analyse der Wortgestalt: weil für ihn nur das »Cogito« von entscheidender Bedeutung ist und weil der Geist die konkrete Erscheinung unendlich transzendiert, muß er die Form zerbrechen, durchstoßen. Über das Objektive und Materielle hinweg versetzt sich diese Intelligenz, die ihre Verwurzelung im Dasein höchstens als leidige Beschränkung erfährt, in die rein geistige Wirklichkeit der Texte und konstruiert von einem Zitatengeflecht aus einen »Weg« durch die neuentdeckte Welt. In dieser Sicht werden die Einzelwerke nicht als sprachliche, in sich geschlossene Kunstgebilde betrachtet, sondern als Ausfaltungen des zentralen Prinzips, das allein gestattet, den Zusammenhang zwischen den Themen zu erkennen, die bei der Lektüre zunächst vereinzelt und ohne manifeste Verbindung erscheinen. Ein literarisches Werk muß demzufolge nach Poulet nicht nur den Sätzen nach von Anfang bis Schluß fortschreitend gelesen werden, sondern »in allen Richtungen«. Dabei legt der Interpret Bezüge frei, die bei einer linearen Lektüre nicht oder nur bisweilen aufscheinen. Die zeitliche Struktur des Textes wird von einer Struktur der Themen überlagert, die der Leser bewußt oder unbewußt zu einer Kontinuität fügt, die mit dem Erzählablauf z.B. nur noch wenig oder nichts gemeinsam hat.

Dieser Leser trennt, unterscheidet, doch setzt er auch auf eigene Art die losgelösten Fragmente wieder zusammen. Sein Ziel ist eine interpretative Komposition, die auf kleinem Raum das Paradigma eines Gesamtwerkes aufscheinen läßt. Oder verhält es sich so, daß erst durch diese Komposition der sich gegenseitig erhellenden Fragmente sich das im Ganzen wirkende Bewußtsein verrät? Voraussetzung zu Poulets Texten ist eine »intersubjektive« Kommunikation, wobei das schreibende Subjekt dann im Namen des ausgeloteten Bewußtseins spricht: durchs Lesen gelangt das Ich zum »Selbst« (vgl. 1971:302-314, »Conscience de soi et conscience d'autrui«).[7]

Fragen wir uns, ob sich zu dieser Auffassung, für unseren Zweck extrem vereinfacht dargestellt, ähnlich wie im Falle von Béguin eine Entsprechung bzw. eine Art Begründung im religiösen Bewußtsein finde.

Wir haben gesehen, daß für Poulet das Wesentliche nicht in der Erscheinung liegt. Im Zusammenhang mit Leo Spitzer straft er jene Lügen, die bei der Lektüre des zu Beginn angeführten Aufsatzes glauben, er habe seinen antiformalistischen Standpunkt aufgegeben. Poulet stellt die Möglichkeit einer ausschließlich induktiv auf objektiven stilistischen Beobachtungen aufbauenden Analyse in Frage, denn sie beruht nach ihm auf der Illusion, man könne von sprachlichen Einzelheiten zu einem (geistigen) Ganzen gelangen.

Zur Verdeutlichung seiner Position bezieht er sich auf Marcel Raymond, der in *Le Sel et la Cendre* das sympathisierende Eindringen des Lesers in die Textrealität als einen Identifikationsprozeß bezeichnet: »Lesen«, schreibt Poulet, »sich an die Stelle des Anderen versetzen, heißt also gewissermaßen nicht aus sich selbst hinaustreten, es bedeutet, sich bewußt zu werden, daß sich jenseits des Ich, nicht außen, sondern im Innern, in einer Innenwelt, die sich als jene des Anderen erweist, das gleiche innere Leben abspielt.« (1975:72) Entscheidend für ihn ist nur die innere Erfahrung. Daß Bedeutungen durch eine nichtintentionale Kombination von Wörtern generiert werden, daß eine sprachwissenschaftliche Analyse ohne vorhergehende Einsicht in das zugrundeliegende geistige Prinzip sinnvoll sein kann, muß in dieser Sicht fragwürdig scheinen. (Im Zusammenhang mit der Literaturkritik

---

7 Dieser Text existiert in deutscher Übersetzung: »Das Selbst und der Andere im kritischen Bewußtsein«. In der Broschüre *Montaigne-Preis 1970*, herausgegeben von der Stiftung F.V.S. zu Hamburg, S. 31-44.

Roland Barthes' spricht Poulet vom »Nullpunkt des Bewußtseins«.)

Wir haben bei Béguin eine Parallele entdeckt zwischen seinem
Christentum und seinem Textbegriff der fünfziger Jahre; allerdings wurde dieser nie so konsequent und geduldig seinen Interpretationen zugrunde gelegt, wie das bei Marcel Raymond ge-
schah. Im Zentrum der literaturtheoretischen Auffassung Béguins steht die Gestalt, die »Figur«, die »présence«, die Einheit
von Sagen und Gesagtem in der Darstellung des menschlichen
Schicksals. Sein religiöses Bewußtsein kreist um das Geheimnis
des Mensch gewordenen Gottes, um Christus. Stimmt unsere
Grundannahme, die eine gewisse Entsprechung zwischen Textbegriff und religiösem Bewußtsein postuliert, so ist nach dem
weiter oben über Poulets Einstellung zur Wortgestalt und zu Formen jeglicher Art Gesagten anzunehmen, daß er nicht zufällig
das Wort »incarnation« im zweiten unserer Zitate (1975:65) in
Anführungszeichen gesetzt hat.

Zu diesem Punkt ist unlängst ein höchst interessantes Dokument erschienen, ohne das unsere Überlegungen ihrer Grundlage entbehrten: Marcel Raymond / Georges Poulet, *Correspondance 1950-77*. Ich beschränke mich auf das Problem der Transzendenz und der Möglichkeit einer Vermittlung und wähle aus
dem reichen Material nur einige Stellen aus.

Interessant ist Poulets Erklärung, daß er primär, wie zunächst
Calvin, Gott als absolute Transzendenz versteht, jene Gottva-
ters, zu dem es infolge des Sündenfalls keine »natürliche« Brücke
gibt. Demzufolge kann die »Transzendenz«, wenn überhaupt,
nur als Abwesenheit Gottes erfahren werden: es zeigt sich in dieser Aussage, daß für Poulet jeder Versuch, der Inkarnation eine
zentrale Bedeutung zuzugestehen, eine Konzession, ja beinahe
eine Art Abfall von der eigentlichen Religion sein muß. Ein
Übergang von der Immanenz zur Transzendenz ist für ihn so fragwürdig wie der Schritt von der objektiven Erscheinung als solcher
zum Bewußtsein.

Natürlich sieht auch Georges Poulet als großer Leser Pascals,
daß es neben der Religion des Vaters eine Religion des Sohnes

gibt, doch ist er skeptisch gegenüber dem »Übergang von der Abwesenheit (absence) zur Präsenz, von der Transzendenz zur Immanenz«. Liegt in der Ausklammerung des Mittlers, die Poulet
viel radikaler als den Asketen Pascal erscheinen läßt, der tiefere
Grund zu seiner großen Skepsis gegenüber aller Ästhetik wie
auch gegenüber der Idee, Geistiges könne im Existentiellen ver-
wurzelt sein? Wie absurd muß ihm Béguins Kapitel »Pascal sans
histoire« scheinen! Absurd deshalb, weil in Béguins und Péguys
Weltschau ein gewisser Heilsoptimismus durchscheint, den Poulet in keiner Weise teilt. Sowenig wie die einzelne Kreatur ist nach
ihm ein literarischer Text eine »genügende Präsenz« (présence
suffisante, Brief 37). Es ist lediglich der »mentale Ort, wo eine
Unzahl von Reichtümern wiederzuentdecken sind, welche jenen
des Universums zumindest gleichwertig sind; dann aber ist dieser
mentale Ort nichts anderes als der Geist selbst (jener des Autors,
des Lesers), der sich selbst das Schauspiel und den Genuß (usage)
seiner eigenen Gedanken (pensées dirigées) gibt, wie Gott *in sich
selbst* das Schauspiel seiner Schöpfungen aufrollt und deren inneres Prinzip verwirklicht«.

Wer die Strukturen und Formen vom sie durchdringenden, sie
bestimmenden Bewußtsein trennt, verliert nach Poulet alles:
»Der Geist zieht sich zurück, das Leben weicht der Trägheit, die
Totalität der Vielfältigkeit der einzelnen Elemente, die Empfin-
dungs- und Vorstellungskraft weicht der Ohnmacht der Schran-
zen, die den Platz des lebenden und transzendenten Gottes einnimmt.« Was dann bleibt, ist ein »Objekt«, d.h. etwas mir nicht
mehr eigentlich Zugängliches. Etwas später folgt der Satz: »Ein
Kunstwerk als *Kunstobjekt* bewundern heißt vor dem Goldenen
Kalb niederknien.« Radikaler könnte die gnostische Position dieses Lesers nicht ausgedrückt werden. (Wir werden im letzten Teil
dieses Aufsatzes sehen, was Marcel Raymond, u.a. Verfasser einiger primär formal ausgerichteter Studien über den Barock und
den Manierismus, darauf antwortet.) In seiner religiösen Auffassung geht Poulet aus vom Sündenfall, vom Paradies: Gott hat sich
für ihn als »vollkommenes Sein« (être intact) vom Menschen wieder zurückgezogen. Was geblieben ist, ist das »Gegenwärtigsein

des Abwesendseins« (présence de l'absence). Dieser Leser sucht nicht die Gestalt, die Struktur, die Form – das wäre eine »Sünde der Abgötterei« (péché d'idolâtrie) –, sondern die Transparenz: je reiner, je durchsichtiger, desto besser. So bemerkt er im Zusammenhang mit dem Schluß von Tolstois *Krieg und Frieden*: »Es gibt ein Jenseits des Romans, auf das der Roman lediglich verweisen kann.« (Brief 39)

Weil nun der reine Geist, weil der transzendente Gott und mit ihm jede Art vollkommenen Glücks so unendlich fern sind, der Mensch aber trotz seiner Verfallenheit dahin strebt, gilt Poulets Interesse u.a. der Frage, wie es dem Menschen gelingen könnte, aus den Augenblicken der Einsicht (oder der Begnadung) zu einer Art Dauer zu kommen, ein Unterfangen, das, aufs Religiöse übertragen, nur durch eine Intervention vom Unendlichen her gelöst werden kann. Damit kommen wir zu Pascal zurück, dessen zentrale Einsicht in die menschliche Schwäche und unsere Unfähigkeit, »uns in dem Zustand zu erhalten, in den uns die Gelegenheit der Gnade geworfen hat« (Brief 47), in den *Pensées* mit großer Überzeugungskraft dargestellt ist. Sowohl die Dauer der Gnade wie die Wahrheit der Erkenntnis sind dem Menschen verwehrt; nicht von ungefähr, und dem Sprachgebrauch Pascals und Racines völlig gemäß, bezeichnet Poulet das, was er in seiner »Identifikation« mit dem Bewußtsein eines Dichters erreicht, eine »dunkle Helle«.

Wie im Bereich des Universums alles erst im unendlichen Schöpfer seinen Sinn und seinen Zweck findet, so ist nach Poulet alles im Kunstwerk erst vom ordnenden Bewußtsein her verständlich. Die »Form« darf nach ihm nur als »Spur« des Geistes verstanden werden, der sie durchdringt und doch nicht in ihr selbst faßbar ist; sie ist die Seele des Leibes. Zwar wurde Georges Poulet im Verlauf seiner langen Debatten mit Marcel Raymond immer wieder auf die Inkarnation hingewiesen, doch kann er von seiner eher gnostisch als christozentrisch orientierten Grundhaltung nichts preisgeben, wie er auch von seiner Grundthese, kritisches Lesen sei primär die Auslotung und Darstellung einer intersubjektiv erfahrenen Innerlichkeit, nicht abrücken kann, ohne sich selbst zu verleugnen. Es ist demnach völlig logisch, daß dieser Autor, für den alles sinnlich Faßbare nur Ausgangspunkt ist auf dem Weg zum ursprünglichen, nicht durch irgendeinen Fall verdorbenen Zustand der »reinen Spiritualität«, nach *Entre moi et moi* sein literarisches œuvre mit dem dreibändigen Werk *La Pensée indéterminée* abgeschlossen hat. Darin besteht für ihn wohl die einzige Form der »Vermittlung«: »Mein eigenes Bewußtsein scheint mir der einzige Ort, den ich bewohnen kann und wo ich den treffen kann, der, wenn es ihm beliebt, sich dort aufhält (oder der einwilligt, daß ich entdecke, daß er sich dort aufhält).« (Brief 200)

Der literarische Text als Inkarnation und was jenseits ist

Von den drei Autoren, die uns hier beschäftigen, ist Marcel Raymond sowohl in bezug auf sein literaturwissenschaftliches Werk (das nicht einer einzigen Methode verpflichtet ist) als auch auf seine persönliche (religiöse) Entwicklung am komplexesten. Nachdem im Colloque de Cartigny bereits einige Etappen seiner Entwicklung und der Zusammenhang zwischen seinem Textbegriff und seiner Weltanschauung skizziert wurden, konzentriere ich mich hier lediglich auf zwei Begriffe, die in seinen freundschaftlichen Einwänden gegenüber der in sich vollkommen kohärenten, extrem antiformalistischen Position Georges Poulets immer wieder erscheinen: »Inkarnation« und »Jenseits«.

Wenn für Albert Béguin der literarische Text vor allem die Bühne ist, auf der sich ein Schicksal abspielt, für Georges Poulet die »Spur« einer inneren Erfahrung, so nimmt ihn Marcel Raymond als konkrete Wirklichkeit wahr. Seine Position erscheint besonders klar in einer Antwort an Georges Poulet, der erklärt hatte, »Formen« seien da, um ausgesaugt zu werden; sobald man den Saft, das Leben aus ihnen gepreßt habe, solle man sie wegwerfen: »Die Shakespearesche Wahrheit, die Shakespeare ist, liegt *jenseits* von *Macbeth*, von *Lear*, ja von *Hamlet*.« (Brief 37) Eine lange Zeit sehr lebendige, erst im Alter leicht abgestumpfte Liebe zum Konkreten verbietet Raymond, von der faßbaren Erscheinung, der Verlautbarung der Wörter zu abstrahieren, denn für ihn ist im literarischen Text der gegenseitige Bezug zwischen dem Gesagten und der Art des Sagens nicht veränderlich, ohne daß eine andere Bedeutung entsteht. Von der »Form« aus sucht er das innere Strukturprinzip, doch fürchtet er, sich in der reinen »Subjektivität«, die Poulet anstrebt, wie in einer Träumerei zu verlieren. Aus Raymonds zahlreichen Äußerungen zu diesem strittigen Punkt greife ich zwei heraus.

Im Brief 109 z.B. lesen wir: »In Tat und Wahrheit habe ich immer gedacht, daß der ›Inhalt‹ (le fond) eines literarischen Werks der Form immanent ist, daß der Weg zum ›Bewußtsein‹ im Werk über die Frage nach der Form führt, die kein Kleid, kein Objekt, keine Stellwand (écran) ist, sondern eine organisierte, strukturierte Wortmasse. Demzufolge geht es nicht an, auf unmittelbare, intuitive Weise eine Art Salto mortale zu schlagen, der mir erlauben würde, den Nerv (le point vif) des ›Subjekts‹ zu fassen, indem ich von der ›objektiven‹ Form abstrahiere.« Raymond unterscheidet zwischen Werken mit mehr autobiographischem Charakter – darin sucht er ähnlich wie Poulet mehr das Bewußtsein – und Wortkunstwerken, denen er einen autonomen Status zugesteht.

Später bekräftigt er, daß er sich ein literarisches Werk, ein Bild, ein Monument nur unter dem Aspekt von etwas Formalem vorstellen kann, »eines inkarnierten Seins [...]. In Wirklichkeit hängt alles zusammen, der ›Inhalt‹ ist der Form immanent, und nur allmählich komme ich auf diesem Weg, der, notwendigerweise, vom Äußeren ausgeht, in der dunklen Erkenntnis eines Dichters voran, der so schwer zu durchdringen ist, in vieler Hinsicht so fern von uns und doch so anziehend.« (Brief 147)[8] In dieser Sicht ist das dichterische Einzelwerk »ein autonomes Ganzes, das sein geistiges Gravitationszentrum in sich selbst hat.« (Brief 156) Demzufolge findet die Frage nach der Funktion der Gestalt (des Leibes)

---

8 Vgl. hierzu Alan J. Steele, »La question de la forme« und die Beiträge von Jean Rousset im *Colloque de Cartigny.* Eine gute Illustration zu Raymonds Begriff des Textes als »Inkarnation« ist sein Werk *Senancour, Sensations et révélations.*

eine andere Antwort; denn wie Merleau-Ponty erfährt Raymond die Seele als dem Leib ganz nahe, so daß die »sensation« eine «communion« ermöglicht: »Ich lebe tief in diesem Blau des Himmels, den ich betrachte.« (Brief 154) Und so sieht er im Blick eines Kindes oder im Flug eines Vogels die Herrlichkeit eines Jenseitigen durchscheinen, dem er in den letzten Jahren seines Lebens den Namen Gott gab.

Wir erinnern uns, daß Poulet als erster auf die Analogie zwischen der Wirkungsweise des Schöpferbewußtseins bei Gott und beim Schriftsteller hingewiesen hat. (Brief 37) Raymond geht darauf ein, doch weist er auf einen wesentlichen Unterschied hin: »Gott jedoch schafft seine Welten aus dem Nichts und stößt auf keine Schranken – so wenigstens stellen wir es uns vor; er konzipiert zuerst eine reine Idee, die sich dann in ihrer ganzen Fülle verwirklicht. Der Dichter hingegen muß im Universum der Sprache und gegen die Sprache streiten.« (Brief 38) Das so Entstandene, das nicht unvermittelt der Subjektivität des Dichters entspringt, ist welthaft, sichtbar, »Präsenz einer Präsenz«. Für Raymond ist die Form »der Zeuge und der Garant – auf den ich ständig wieder zurückkommen muß – des Geistes, der die Form übersteigt und der ohne sie, wenn er sich nicht auf die harte Mühe des Gebärens eingelassen hätte, nur eine Virtualität wäre, die niemals zu uns spräche, die schließlich nichts wäre als eine Abwesenheit.«

Erst das Sagen ist im Bereich des Literarischen ein Sein. Später im Brief nimmt Raymond den Vergleich mit der Geburt wieder auf und nennt die Katharsis eine Erlösung, wie eine schwangere Frau im gesunden Kind ihre Erlösung findet. Auch hier scheint allmählich ein innerer Zusammenhang zwischen Textbegriff und religiöser Erfahrung auf: »Sagen wir, ich möchte zugleich zum transzendenten Gott einer ›entmythisierten‹ Religion aufschauen (ein Gott, der zugleich das Alpha und das Omega ist, Schöpfer und Erlöser) – und zu einer Welt, der unsrigen, wo dieser Gott nicht eine Abwesenheit ist, wo er ›überall gegenwärtig und nirgends sichtbar ist‹.« (Brief 38)

Georges Poulet hatte in einer 1960 verfaßten Studie über Raymonds literaturwissenschaftliches Werk (jetzt 1971:103–128) vergeblich hinter dessen an Rousseau orientiertem kosmischem Existenzgefühl nach einer »echten« Transzendenz in seinem Sinn gesucht. Die Bemerkung, Raymonds Universum sei der Immanenz verpflichtet, hat diesen veranlaßt, unter dem Titel »La maladie et la guérison. 1950-1957« erstmals mit Ausschnitten aus einem Tagebuch seine persönliche religiöse Erfahrung zu enthüllen (jetzt in *Le Trouble et la Présence*). Das Ereignis ist wie in Pascals »Mémorial« datiert, und die Erinnerung daran, kurz später aufgezeichnet, lautet: »Gebet, unaussprechliche Freude. Nur noch immer wieder diese Worte: ›Geheiligt sei Dein Name, Zu uns komme Dein Reich ...‹ Ein Schwall von Leben, Erlösung, Freude.« (1977:9) Dieses Erlebnis, auf das sich Raymond immer wieder bezieht, hatte eine viel schärfere Unterscheidung zwischen dem Religiösen und dem Poetischen zur Folge, und die Rolle Christi als Vermittler zum unendlich Fernen steht in dieser Weltschau im Einklang mit dem Erfassen der »Form« als Inkarnation: »[...] das lange religiöse Fragen, das in mir seit 1950 fortwirkt, hat in meinem Lebens- und Weltempfinden viel verändert. So schließen sich für mich heutzutage das Immanente und das Transzendente nicht mehr aus, ganz im Gegenteil, das eine ruft nach dem andern.« (Brief 192)

Die Dichtung ist inkarniertes Bewußtsein, nicht das Absolute, wie es Béguin und Raymond in den dreißiger Jahren noch angenommen hatten, doch sie kann Hinweis sein, Zeichen, wie auch alle Dinge der Welt. Raymond nimmt an, daß diese Durchdringung des Immanenten durch das Transzendente ihn schon leitete, bevor sie ihm bewußt war. (Brief 203)

So ist dieser Literaturwissenschaftler schließlich zur Anerkennung der »présence« Gottes gelangt, ohne jedoch irgendeiner Form von falscher Heilsgewißheit zu verfallen. Seine Religiosität ist in keiner Weise dem System einer Kirche verpflichtet. Schwer getroffen durch den Tod seiner Frau (Weihnachten 1963), hat er trotz eines zunehmenden Mißtrauens gegenüber dem Offenbarungswert der dichterischen Sprache an die Seite seiner Leseberichte, die er in jüngster Zeit mit seinen *Etudes sur Jacques Rivière* und mit *Romantisme et Rêverie* weiterführte, autobiographische und dichterische Texte gestellt, deren Titel nach dem hier Gesagten an Suggestionskraft gewonnen haben sollten: *Le Sel et la Cendre, Poèmes pour l'Absente, Mémorial, Par delà les eaux sombres*. Die konkrete Auseinandersetzung mit Raymonds Dichtung, verstanden als gestaltetes Wort und Verweis auf das darin nicht Sagbare, muß hier unterbleiben. Was jenseits der Form liegt, bedarf einer anderen »Vermittlung«: »Es handelt sich um etwas anderes, das jenseits jeglicher Art von Sprache liegt. Nicht um mich geht es [...], sondern um eine geistige Wirklichkeit, die mich übersteigt und mich transzendiert, doch mit der ich immerhin insgeheim in verwandtschaftlicher Beziehung stehe (apparenté). Im Schweigen, in einer scheinbaren Abwesenheit kann dieses Sein (Etre), in seltenen und privilegierten Augenblicken, einen näherkommen lassen und zu uns, die wir so arm und entblößt sind, so verstellt (encombré) von eitlem Gerede, ein Licht werfen. Aber da, aber dann geht es nicht mehr um die Literaturwissenschaft [...].« (Brief 186)

Literaturverzeichnis

Albert Béguin

1939 ff.	*L'Ame romantique et le rêve*. Essai sur le romantisme allemand et la poésie française. Paris: Corti. ([1]1937). – *Traumwelt und Romantik*. Versuch über die romantische Seele in Deutschland und die Dichtung Frankreichs. Bern und München. Francke Verlag, 1972.
1952 ff.	*Pascal par lui-même*. Paris: Le Seuil. – *Blaise Pascal in Selbstzeugnissen und Bildnissen*. Hamburg: Rowohlt, 1959 ff.
1954 ff.	*Bernanos par lui-même*. Paris: Le Seuil. – *Georges Bernanos in Selbstzeugnissen und Bildnissen*. Hamburg: Rowohlt, 1958 ff.
1957	*Poesie de la présence*. De Chrétien de Troyes à Pierre Emmanuel. Neuchâtel: La Baconnière; Paris: Le Seuil.
1973	*Création et Destinée*. Essais de critique littéraire. Paris: Le Seuil, Neuchâtel: La Baconnière.
1974	*La Réalité du rêve*. Création et Destinée II. Préface de Marcel Raymond. Paris: Le Seuil, Neuchâtel: La Baconnière.

Ausführlichere Angaben in: P.G., *Les Ecrits d'Albert Béguin*. Neuchâtel, La Baconnière, 1967; Supplément 1973.
Im Béguin-Archiv liegt eine unveröffentlichte deutsche Übersetzung seines Buches *Balzac visionnaire*.

Georges Poulet

1971   *La Conscience critique*. Paris: Corti.
1975   »Lecture et interprétation du texte littéraire.«
            In: *Qu'est-ce qu'un texte? Eléments pour une herméneutique. Ed. par E.
            Barbotin. Paris: Corti.*
1977   *Entre moi et moi*. Essais critiques sur la conscience de soi. Paris: Corti.

Ausführlichere Angaben in: Marcel Raymond / Georges Poulet, *Correspondance. 1950
à 1977.* Avant-propos de Henri Gouhier, de l'Académie française. Paris, Corti, 1980, S.
327-345. Beizufügen sind noch die drei Bände *La Pensée indéterminée*. Paris: Presses
Universitaires de France, 1985-90.
In deutscher Sprache sind von Georges Poulet außer verschiedenen Aufsätzen, darunter
die Tübinger Ansprache anläßlich der Verleihung des Montaigne-Preises, in Buchform
erschienen: *Metamorphosen des Kreises in der Dichtung*. Frankfurt a.M.: S. Fischer Verlag, 1966, jetzt im Fischer Taschenbuchverlag – *Marcel Proust – Zeit und Raum*. Frankfurt a.M.: Bibliothek Suhrkamp, 1966. – *Wer war Baudelaire?* Genf: Skira, 1969.

Marcel Raymond

²1940 ff.   *De Baudelaire au surréalisme*. Paris: Corti. (¹1933)
1946 ff.   *Paul Valéry et la tentation de l'esprit*. Neuchâtel: La Baconnière.
1962   *Jean-Jacques Rousseau*. La quête de soi et la rêverie. Paris: Corti.
1965   *Senancour*. Sensations et révélations. Paris: Corti.
1970   *Etre et Dire*. Etudes. Neuchâtel: La Baconnière.
1972   *Etudes sur Jacques Rivière*. Paris: Corti.
1978   *Romantisme et Rêverie*. Paris: Corti.

                                        *

1968   *Poèmes pour l'Absente*. Lausanne: Rencontre.
1971   *Mémorial*. Paris: Corti.
²1976   *Le Sel et la Cendre*. [Autobiographie] Paris: Corti. (¹1970)
1976   *Par delà les eaux sombres*. Lausanne: L'Age d'Homme.
1976   *Albert Béguin* – Marcel Raymond, Lettres, 1920-1957. Lausanne / Paris:
            La Bibliothèque des Arts.
1977   *Le Trouble et la Présence*. Pages de journal 1950 – 1957. Lausanne: L'Age
            d'Homme.

Ausführlichere Angaben in: *Albert Béguin et Marcel Raymond*. Colloque de Cartigny.
Sous la direction de Georges Poulet, Jean Rousset, Jean Starobinski, Pierre Grotzer.
Paris, Corti, S. 281-312.
Von Marcel Raymond gibt es noch kein Buch in deutscher Übersetzung.
In Vorbereitung ist ein Auswahlband *Wege zum literarischen Werk – Texte aus der »École
de Genève«* – Interpretationen und methodologische Aufsätze von Béguin, Raymond,
Poulet, Starobinski, Richard, Rousset. Ein Projekt des S. Fischer Verlags, Frankfurt a.M.

Deutsche, leicht überarbeitete Fassung eines Aufsatzes, der in englischer Sprache unter
dem Titel »Literary Criticism and Religous Consciousness. Marginalia on Albert Béguin, Georges Poulet, and Marcel Raymond« im Band *Art / Literature / Religion: Life on
the Borders*, Edited by Robert Detweiler, Journal of the American Academy of Religion
Studies erschienen ist: Volume XLIX, Number 2, 1983.

Peter von Matt

Das Szenische der Deutung

»Kusch«, sagt der Mensch, der einen Hund hat, zu seinem Hund.
»Couch«, sagt der Analytiker zu seinem Patienten. »Kusch« und
»Couch« fallen etymologisch zusammen. Beide Wörter stammen
aus dem französischen »Bett«. »Couch«, das Wort, kam erst
im frühen 20. Jahrhundert ins Deutsche. In dieser Sprache
ist es nicht älter als die Psychoanalyse. Es war ein neuer,
sehr modischer Begriff, als die Psychoanalyse neu war. Zur
gleichen Zeit taucht im Deutschen erstmals das Wort »kuscheln«
auf, das in einer seltsamen Dialektik steht zu »kusch!« und
»kuschen«. »Couch« ist eine der vielen, auffällig vielen Bezeichnungen für das Bett am Tage. Das Bett in der Nacht heißt immer
nur »Bett«, das Bett am Tage heißt Sofa, Diwan, Liege, Kanapee,
Chaiselongue, Ruhebett, Couch, Ottomane … Der Gegenstand
muß zweideutig sein, sonst brächte die Sprache dafür nicht immer neue Namen hervor. Das Bett am Tage ist ein Medium des
Tagtraums: keine via regia zum Unbewußten, aber immerhin ein
Seitenpfad. Darauf reagiert die Sprache nervös, mit stets neuen
Bezeichnungen. Die Psychoanalyse fixiert das Bett am Tage
sprachlich ein für allemal zur »Couch«. Als würde der Gegenstand damit eindeutig. Man darf sich beim Analytiker nicht auf
das Sofa legen, nicht auf die Chaiselongue, nicht auf das Kanapee, nur auf die Couch. Die Couch kuscht, und Kuscheln ist verboten.

Das schönste deutsche Wort für das Bett am Tage ist »Lotterbettchen«. Es hat die Entwicklung vom sittlich einwandfreien
Sinn zum Anrüchigen so unwiderruflich durchgemacht, daß ihm
heute niemand mehr zutrauen würde, je ein durchaus schickli-
ches Element des gepflegten bürgerlichen Interieurs bezeichnet
zu haben. Dennoch schreibt noch Gottfried Keller im »Grünen

Heinrich« an einer wichtigen Stelle des Romans: »Ein artiges Lotterbettchen stand an der Wand [...]; es war von der größten Einfachheit, leicht und zierlich gebaut und statt des Polsters nur mit weiß und grünem Stroh überflochten und doch ein allerliebstes Möbel.« Auf diesem Gegenstand findet Heinrich eines Tages Goethes sämtliche Werke liegen, »an die fünfzig Bändchen« (also die Ausgabe letzter Hand), und nun wird ihm diese Couch, siebzig Jahre bevor das Wort ins Deutsche kommt, zum Ort der Initiation in Kunst und Natur: »Ich entfernte mich von selber Stunde an nicht mehr vom Lotterbettchen und las dreißig Tage lang, indessen es noch einmal strenger Winter und wieder Frühling wurde...«.

»Kusch!« und »kuschen« stammen aus der Sprache der Jagd. Der Hund bringt die Beute und kuscht, das heißt, er streckt sich flach am Boden aus, bis der Jäger ihm das tote Tier abnimmt. Zum Kuschen braucht es also zwei. Einer allein kann nicht kuschen. So auch zur Couch des Analytikers. Zum Kuschen braucht es einen Aufrechten und einen Liegenden. Hier wie dort ist einer in der Vertikale, der andere in der Horizontale. Kuschen und Couch haben zur Voraussetzung das Verhältnis zweier lebendiger Körper im Winkel von 90°. Das entspricht der Ordinate und Abszisse im Koordinatensystem. Daraus entspringt die Kurve der Deutung.

»Kusch!« und »kuschen« sind im 17. Jahrhundert aus dem Französischen ins Deutsche gekommen. Die vornehmen Franzosen hatten die Jagd zu einer Kunst mit vielen genauen Regeln gemacht, und die Deutschen, die auch vornehm werden wollten, übernahmen mit der Kunst auch die Begriffe. Jede Kunst hat ihre festen Regeln und ihre festen Wörter. So die Kunst der Jagd, so die Kunst der Deutung. Man kann zu seinem Jagdhund statt »kusch!« nicht plötzlich sagen: »Streck dich aus!«, und beim Analytiker kann man sich immer nur auf die Couch und nie aufs Lotterbettchen legen.

Deutung setzt voraus, daß lebendige Körper sich rituell zueinander anordnen, und zwar so, daß einer, der Wissende, der Eingeweihte, sich der Senkrechten nähert, der andere, der Unwissende, vom Unwissen Geplagte, der Waagerechten. Was sie gemeinsam haben, ist das Rätsel, so wie der Jäger und der Hund das geschossene Tier gemeinsam haben. Deutung kennt ein Rätsel immer nur im konkreten Raum zwischen lebendigen, nach bestimmten Regeln einander zugeordneten Körpern.

Die szenische Anordnung, in der das Rätsel konkret wird und also die Arbeit der Deutung in Bewegung setzt, ist eine Anordnung der Macht. Die Dynamik, die sich entwickelt, ist eine solche der Herrschaft. Die ältesten Geschichten vom Deuten gehen alle um Leben und Tod. Eines muß sterben, Oedipus oder die Sphinx. Der reisende Prinz, der zu Turandot kommt, sieht als erstes die aufgespießten Köpfe derer, die das Rätsel der Frau nicht lösen konnten. Die ältesten Geschichten vom Deuten kennen nur zwei Ausgänge: man stirbt, oder man wird König. Die Herrschaft gehört dem, der das unlösbare Rätsel besitzt oder aber die Kraft zu seiner Deutung.

Im Mythos besitzen die Gewalt der Deutung zunächst ausschließlich die Frauen. Sie werden alle von Männern getötet, gestürzt oder entmündigt. Die Spuren des Wechsels vom Frauenrecht zur Männerherrschaft, die sich in der Überlieferung erhalten haben, sind immer auch Berichte von der Entmachtung der großen Deuterinnen. Stets ist es Apollon, der Lichtgott mit den schönen Pfeilen, der die Frauen entthront oder raffiniert schwächt. Er tötet den weiblichen Drachen Python, die ursprüngliche Herrin des Orakels, und macht sich selbst zum Herrscher von Delphi. Um sich dessen zu rühmen, nennt er sich von nun an Pythios, und die Priesterin, die ihm zu dienen hat, ist die Pythia. Der Kassandra beläßt er zwar die Urkraft der Deutung, aber er richtet es so ein, daß ihr niemand glaubt. Die cumäische Sybille macht er unsterblich, doch versagt er ihr dazu die ewige Jugend, so daß sie immer älter wird und zuletzt einschrumpft zu einem winzigen Wesen, das tief hinten in der Höhle in einer Flasche hängt, und wenn die Kinder kommen und sagen: »Was willst du?« antwortet sie: »Ich will sterben.«

Teiresias, der blinde Seher, der gegen Oedipus aufzutreten wagt, trägt jenen Übergang und Machtwechsel in den eigenen Leib eingeschrieben. Er vermag zu weissagen, weil er sieben Jahre lang eine Frau war, verwandelt wurde und wieder zurückverwandelt, und nun als einziger unter Menschen und Göttern die Geheimnisse beider Geschlechter kennt.

Als der biblische König Saul, von Schwermut und Jähzorn geschlagen, alle Wahrsager und Zeichendeuter aus seinem Reich verjagt hat und dann trotzdem höhere Auskunft fordert – »jch bin seer geengstet« –, aber keine bekommt – »der Herr antwortet jm nicht / weder durch Trewme / noch durchs Liecht / noch durch Propheten« –, da besinnt er sich auf die Frauen und ihre älteren Künste: »Sücht mir ein Weib / die einen Warsager geist hat / das ich zu jr gehe / vnd sie frage.« Und er verkleidet sich und reist zur Hexe von Endor, und was er da sieht und hört, wirft ihn flach hin: »Da fiel Saul zur erden / so lang er war.«

In der archaischen Welt ist alle Deutung szenisch. Immer ist sie an den Körper gebunden. Man reist zum Orakel hin. Man zieht aus, um die Antwort zu suchen. Man nähert sich dem Weisen auf den Knien. Man wirft sich nieder oder stellt sich, wie Oedipus, eine Körperlänge tiefer hin. Dieses körperlich-szenische Ritual hat die Psychoanalyse in die moderne Zivilisation zurückgeholt. Damit aber setzt sie, folgerichtig, auch alte Wirklichkeiten von Macht, Herrschaft und Gewalt wieder frei, die mit den Regeln der modernen Zivilisation im Grunde nicht vereinbar sind. Sie zielt auf Freiheit und Gerechtigkeit, indem sie Freiheit und Gerechtigkeit aufhebt. Die Psychoanalyse reaktiviert die Deutung als einen Ablauf auf Tod und Leben. Nach den ältesten Mustern sind dabei beide in Todesgefahr, der Waagrechte und der Senkrechte. Im System der aufgeklärten Zivilisation wird die Couch zu einem Signifikanten, dessen Bedeutung so paradox ist wie seine sprachliche Verwandtschaft mit »kusch!« und »kuscheln«.

Daß der Streit um Freud in den letzten Jahrzehnten immer heftiger auch ein Streit um sein Reden von den Frauen, um die Stellung der Frauen in seiner Wissenschaft, geworden ist, hängt damit zusammen, daß er zwar die älteste Dramatik der Deutung, die Deutung auf Tod und Leben, in die moderne Zivilisation zurückgeholt hat, daß er aber stehenblieb bei der Position Apollons und an die Entmachtung der Sibyllen nicht rühren wollte – auch nicht eintreten wollte in einen Nachvollzug jener sieben Jahre des Teiresias. Merkwürdig bleibt, daß die erste große Bewegung, die die Einseitigkeit der Psychoanalyse im Gesamtsystem der Kultur zu kompensieren versuchte, der französische Surrealismus, seinen Beginn nahm und sogar seinen Namen fand in einem Werk mit dem Titel: »Les mamelles de Tirésias«, 1917, von Guillaume Apollinaire. Im gleichen Jahr erschienen die »Vorlesungen zur Einführung in die Psychoanalyse«.

Darf ein Literaturwissenschaftler so reden? – Was ihm gewiß nicht zusteht, ist ein Urteil über die Psychoanalyse von Amtes wegen. Was ihm aber ebenso gewiß zusteht, ist das Benennen dessen, was ihn von Amtes wegen mit dem Analytiker, dem Mann in der Senkrechten zu Häupten der waagrechten Couch, verbindet. Beide leben vom Deuten. Im Ökonomischen mindestens sind die Gegebenheiten transparent. Der Literaturwissenschaftler, die Literaturwissenschaftlerin stehen, sobald sie ein Buch aufschlagen, vor Rätseln, die die Deutung fordern, so dringlich wie im Märchen von der Frau Holle die reifen Äpfel das Pflücken verlangen und die gebackenen Brote das Herausholen aus dem Ofen: »Ach schüttel mich, schüttel mich!« – »Ach zieh mich raus, zieh mich raus, sonst verbrenn' ich!«

Die Rätsel, vor denen sich der Literaturwissenschaftler täglich findet, sind Romane und Gedichte und Theaterstücke, sind Essays und Geschichten aller Art. Ein Kontinuum von Rätseln ist die Literatur, und sie ist nichts anderes. Es sind nicht nur das Celan-Gedicht und die Kafka-Parabel, aus denen es uns entgegentönt: »Deute mich, deute mich, sonst verbrenn' ich!«, es sind auch, und ebensosehr, die scheinbar allerverständlichsten Texte: eine Hebel-Geschichte, ein Storm-Gedicht, »Robinson«, »Heidi« oder »Winnetou«. Nur weil die Literatur aus Rätseln besteht, gibt es sie überhaupt und gibt es die Literatur aus langvergangenen Zeiten immer noch.

Diese Rätsel haben die Struktur der alten Orakel. Das Orakel besteht darin, daß es ein Rätsel mit einem neuen Rätsel löst. So löst auch die Literatur, alle Kunst, ein Rätsel, indem sie ein neues stellt. Die immense, unablässige, augenscheinlich kollektiv triebhafte Produktion von Bildern und Büchern, die jedem unheimlich wird, dem es gelingt, sich für kurze Zeit bewußt zu machen, was da eigentlich geschieht, beweist, daß die Menschheit die Lösung ihrer Rätsel durch neue Rätsel braucht. Sie traut der Lösung durch den Logos nicht. Die Lösung, die das Rätsel aufhebt, wird zwar gefordert, aber sie erweist sich zuletzt immer als unzulänglich und vorläufig. Sie täuscht mir etwas vor. So lang mir niemand mit Sicherheit sagen kann, daß ich morgen noch lebe und, falls ich morgen tot bin, was übermorgen ist, ist auch jede andere Antwort, die sich als definitiv gibt, ein Betrug. Oedipus war einer, der meinte, er habe das Rätsel der Sphinx gelöst, definitiv, durch den Logos, ein für allemal. Aber er merkte nicht, daß er dabei selbst in ein Rätsel verwandelt wurde. Er rettete Theben vor der mörderischen Sphinx und wurde seinerseits zum neuen Unheil der Stadt. Als sein eigenes Rätsel marschierte er weiter, hinein nach Theben, auf den Thron des Vaters, ins Bett der Mutter, und zuletzt mußte er die Deutung an sich selbst vollziehen und sich, wie die Sphinx, zerstören.

Es gibt die Lösung des Rätsels durch den Logos, und es gibt die Lösung durch das neue Rätsel. Die Lösung durch den Logos hebt den szenisch-rituellen Charakter der Deutung auf, die Lösung durch das neue Rätsel pflanzt ihn fort. Die Psychoanalyse arbeitet mit dem Leiden, das auftritt in der Gestalt eines Rätsels. Das unterscheidet sie von der Chirurgie und verbindet sie mit den Kunstwissenschaften. Der Hysteriker verwandelt sich in ein Stück Theater. In ihm wird ein Schrei zur entwickelten Fiktion, wie er es im »Hamlet« wird, im »Tasso«, in der »Madame Bovary«. Das Leiden wird szenisch. Daß die Psychoanalyse, die die Deutung als strenges Ritual in die aufgeklärte Zivilisation zurückgeholt hat, aus der Arbeit an der Hysterie entstanden ist, hat seine Logik. Ebenso folgerichtig ist, daß die Psychoanalyse mit der Erkenntnis einsetzte, daß jedes Rätsel, das ihr begegnet und gelöst sein will, seinerseits die verzifferte Deutung eines vorausliegenden Rätsels ist. Darin besteht der Kern der Traumtheorie.

Der Ablauf endet nie. Die Lösung durch den Logos bleibt vorläufig und scheinhaft. Denn alle Rätselketten laufen zusammen in einem Punkt, im Ersten Rätsel, dem wir alle dramatisch begegnet sind, als wir uns zum erstenmal vor dem Spiegel als Subjekt erkannten, erkannten, daß es uns gibt und daß es uns also auch nicht geben könnte. Der Mensch ist das einzige Lebewesen, welches weiß, daß es ist, und also vor der Frage steht, was es ist. Das ist das Erste Rätsel, und der Logos kann es nicht lösen, wohl aber der Mythos und mit ihm seine erwachte Nachkommenschaft, die Kunst. Schöner als der alte Silesius hat dieses Erste Rätsel nie einer in die Sprache gebracht, ins Reden des Logos und zugleich auch schon wieder der Dichtung, des erwachten Mythos im neuen Rätselbild:

Ich weiß nicht, was ich bin / Ich bin nicht was ich weiß:
Ein ding und nit ein ding: Ein stüpffchin und ein kreiß.

Das *stupffchin* ist die Mitte des Kreises, der Ort, wo die Nadel des Zirkels einsticht, stupft. »Stupf« ist das alte deutsche Wort für den Punkt. Der Stupf ist nichts. Nach der Lehre der Geometrie ist er ohne Ausdehnung. Auf dem Papier, wo der Zirkel den Kreis gezogen hat, ist er ein winziges Loch, ein sichtbares Nichts also (was bereits einen schönen Widerspruch macht), und doch die Geburt des Ganzen (was den Widerspruch ins Monumentale hebt). Der Kreis ist alles, und er ist aus dem Nichts. Ex nihilo nihil? Ex nihilo omnia? Die neue Frage hat das volle Gewicht derjenigen, die sie beantwortet.

Die deutsche Literaturwissenschaft beruht auf einem Trick. Sie operiert auf dem Hintergrund der sophistischen Unterscheidung von Wissenschaft und Kritik. Die Wissenschaft braucht sich um den existentiellen Rätselcharakter der Texte nicht zu kümmern. Dieser ist für jede Leserin und jeden Leser stets neu und je anders; Wissenschaft aber hat am Allgemeinen und Verbindlichen zu arbeiten. Falls die Sache nicht danach sein sollte, muß sie eben in diesen Zustand verwandelt werden. Dem sagt man dann Modell. Die Kritik wiederum kann sich den Teufel scheren um alles Allgemeine. Sie hat hier und heute anzutreten für die Hiesigen und Heutigen, und morgen sind wir tot. Die Wissenschaft bringt den Text vor lauter allgemeiner Verbindlichkeit um seine akute Brisanz, die Kritik vor lauter akuter Brisanz um seine allgemeine Verbindlichkeit. Beide aber, Kritiker und Wissenschaftler, sind fein raus und können im Notfall auf den andern verweisen: Kollege kommt gleich! Beide haben ihre Kundschaft; der eine läßt sie verhungern, der andere verdursten.

Trotz dieser sauberen Arbeitsteilung mögen die zwei einander nicht. Die Antipathie stammt daher, daß jeder den andern als leibhaftigen Vorwurf erfährt, und zwar zu recht. »Journalistisch!«, zischt der eine, und der andere faucht zurück: »akademisch!« Für den einen arbeitet der andere auf dem Boulevard und für diesen jener im elfenbeinernen Turm. So leben sie selbstgewiß und ichbeschwingt wie alle, denen die Überzeugung von der fundamentalen Bedeutungslosigkeit des Gegners zum Baustein der eigenen Identität geworden ist.

Dabei merken sie nicht, wie sehr sie zusammen ein einziges Spiel treiben, ein großes, vernetztes szenisches Ereignis laufen lassen. Ahnungslos antworten sie aufeinander, wenn die einen in einem schlechtgelüfteten Übungsraum – Gebäude B, dritter Stock, zweite Tür links – ein internationales Kolloquium durchführen zur Überwindung des dekonstruktiven Gestus in dessen Vollzug beim späten Celan, und die andern, als streitbare Gruppe unter Scheinwerferbatterien dekorativ arrangiert und fernsehgerecht eingepudert, ihre Spontanreaktion auf die Highlights der literarischen Frühjahrsproduktion zur Aufführung bringen.

Hier wie dort wird die Deutung szenisch. Das eine Ereignis ist die Parodie des andern und hat doch zur Voraussetzung, daß es das andere gibt. Denn der Stachel des Ersten Rätsels, der der Menschheit schwärend in der Seele sitzt, läßt nicht nur unablässig Lösungen entstehen in der Gestalt neuer Rätsel, sondern verlangt auch ebenso dringlich nach den Deutern und den Ritualen der Deutung, von denen man die Lösung erhofft, die ersehnte Antwort, über der sich die Qual des Unwissens verflüchtigen würde und verwandeln in jenes subtil erotische Glück, das man vor Zeiten mit dem Begriff des »ästhetischen Zustands« zu fassen und zu erklären versuchte. Nichts anderes ist ja »das Schöne«, der ehrwürdige Parallelbegriff zum »ästhetischen Zustand«, als das Ereignis einer momentanen Lösung aller Rätsel in der Erscheinung eines unerhörten neuen.

Das gibt den Deutern die Macht. Die Könige, die Kreon und Oedipus, sind hilflos vor Teiresias, dem Mann mit den toten Augen und den Frauenbrüsten. Trotzdem ist es zuletzt eine Macht, die den Deutern weit mehr zugeschrieben wird, als daß sie ihnen tatsächlich zur Verfügung steht. Seit es Priester gibt, gibt es auch den Betrugsverdacht. Neben dem Schauder der Andächtigen vor den Gebärden und Ritualen erscheint immer auch das feine Lächeln der Zweifler – »it ain't necessarily so!« Die Macht der Deuter wird von denen, die sie ihnen zuschreiben, gewünscht. Denn je mächtiger sie sind, um so sicherer darf man sein, daß sie die Lösung besitzen. Ihre Macht steht komplementär zum Leidensdruck des Unwissens.

Man braucht in diesen Dingen nicht bis zu Teiresias zurückzugehen. Es genügt durchaus, die Funktion zu studieren, die das Wort »Literaturpapst« in der literarischen Welt, in der Wissenschaft wie in der Kritik, besitzt, die Funktion des Wortes und das Verhalten jener, auf die es angewendet wird, das Verhalten jener aber auch, die es anwenden. So platt und schlagwortartig der Begriff ist, so dümmlich er sich oft genug in den Diskussionen ausnimmt, er führt beim Nachfragen und Analysieren rasch in die Mitte dessen, was szenisch ist in der Deutung, heute wie je, ritualisiert und immer wieder neue Rituale schaffend. Alles weitere wäre Aufgabe einer ethnologischen Recherche.

Der Aufsatz ist die Aus- und Weiterführung eines Exposés, das der Verfasser an einer Tagung über »das Deuten« im September 1987 vor Psychoanalytikern in Zürich gehalten hat und das in »Riss. Zeitschrift für Psychoanalyse«, 3. Jahrgang, Nr. 8/9, Zürich 1988, erschienen ist.

Die Autorinnen und Autoren

Helmut ARNTZEN, Dr. phil., Professor für neuere deutsche Literatur an der Universität Münster.

Ruth-Ellen BOETCHER JOERES, PhD, Professor of German, University of Minnesota, Minneapolis.

Harald FRICKE, Dr. phil., Professor für neuere deutsche Literatur an der Universität Freiburg/Schweiz.

Herbert GAMPER, Dr. phil., Titularprofessor für neuere deutsche Literatur an der Universität Zürich.

Frank GRIESHEIMER, M.A., Doktorand am Institut für Deutsche Philologie der Universität München.

Peter GROTZER, Dr. phil., Titularprofessor für moderne französische und vergleichende Literaturwissenschaft an der Universität Zürich.

Renate HOF, Dr. phil., Wissenschaftliche Assistentin am Amerika-Institut der Universität München.

Leo KREUTZER, Dr. phil., Professor für neuere und neueste deutsche Literatur an der Universität Hannover.

Klaus LAERMANN, Dr. phil., Professor für neuere deutsche Literatur an der Freien Universität Berlin.

Peter von MATT, Dr. phil., Professor für neuere deutsche Literatur an der Universität Zürich.

Gert MATTENKLOTT, Dr. phil., Professor für neuere deutsche Literatur und allgemeine Literaturwissenschaft an der Universität Marburg.

Adolf MUSCHG, Dr. phil., Professor für deutsche Sprache und Literatur an der Eidgenössischen Technischen Hochschule Zürich; Schriftsteller.

Hanns-Josef ORTHEIL, Dr. phil., Dozent für kreatives Schreiben und Gegenwartsliteratur an der Universität Hildesheim; Schriftsteller.

Alois PRINZ, Dr. phil., freier Journalist.

Kaspar H. SPINNER, Dr. phil., Professor für Didaktik der deutschen Sprache und Literatur an der Universität Augsburg.

Ina SCHABERT, Dr. phil., Professor für englische Philologie an der Universität München.

Joseph Peter STERN, PhD, Professor Emeritus of German, University of London.

Roger WILLEMSEN, Dr. phil., Fernsehmoderator; Kolumnist der »Zeit«.

Rüdiger ZYMNER, Dr. phil., Assistent für neuere deutsche Literatur an der Universität Freiburg/Schweiz.

Peter V. Zima
Literarische Ästhetik
Methoden und Modelle
der Literaturwissenschaft

UTB 1590, 1991, XII, 439 Seiten, DM 34,80   ISBN 3-7720-1765-7

Literarische Ästhetik ist ein Versuch, die ästhetischen Grundlagen der modernen Literaturwissenschaft vom russischen Formalismus und vom *New Criticism* bis zur Dekonstruktion im philosophischen und historischen Kontext zu rekonstruieren. Es geht darum, Beziehungen zwischen Theoriekomplexen wie Marxismus, Formalismus, Semiotik oder Dekonstruktion und den Ästhetiken Kants, Hegels, Nietzsches und Croces herzustellen und zu zeigen, daß Schlüsselbegriffe der Literaturwissenschaft wie *Bedeutungsstruktur*, *Erwartungshorizont* oder *Isotopie* konkret nicht außerhalb des philosophisch-ästhetischen Zusammenhangs zu verstehen sind, aus dem sie hervorgehen. In dieser Hinsicht unterscheidet sich das Buch von anderen Einführungen in die Literaturwissenschaft, in denen diese Begriffe, mit denen Studierende täglich zu tun haben, aus ihrem philosophischen Kontext herausgelöst und abstrakt verwendet werden.

Literarische Ästhetik ist nicht nur eine Einführung in die Literaturwissenschaft; es ist zugleich eine kritisch-dialogische Interpretation der wichtigsten Ansätze, die im Spannungsverhältnis zwischen Kants, Hegels und Nietzsches ästhetischen Theorien und als Reaktion auf den Zerfall des Hegelschen Systems bei den Junghegelianern dargestellt werden.

UTB   Francke

Literaturwissenschaft

Erhard Bahr (Hrsg.)
Geschichte der deutschen Literatur
Kontinuität und Veränderung
Vom Mittelalter bis zur
Gegenwart

Band 1: **Vom Mittelalter bis zum Barock**
UTB 1463, 1987, XI, 448 Seiten
DM 34,80
ISBN 3-7720-1740-1

Band 2: **Von der Aufklärung bis zum Vormärz**
UTB 1464, 1988, X, 531 Seiten
DM 34,80
ISBN 3-7720-1741-X

Band 3: **Vom Realismus bis zur Gegenwartsliteratur**
UTB 1465, 1988, XI, 594 Seiten
DM 34,80
ISBN 3-7720-1742-8

Horst S. und Ingrid Daemmrich
Themen und Motive in der Literatur
Ein Handbuch
UTB Große Reihe, 1987
XII, 348 Seiten, geb. DM 48,–
ISBN 3-7720-1734-7

Erika Fischer-Lichte
Geschichte des Dramas
Epochen der Identität auf dem
Theater von der Antike bis zur
Gegenwart

Band 1: **Von der Antike bis zur deutschen Klassik**
UTB 1565, 1990, 371 Seiten,
zahlr. Abb., DM 34,80
ISNB 3-7720-1759-2

Band 2: **Von der Romantik bis zur Gegenwart**
UTB 1566, 1990, 306 Seiten,
zahlr. Abb., DM 34,80
ISBN 3-7720-1760-6

Joseph P. Strelka
Einführung in die literarische Textanalyse
UTB 1508, 1989, XI, 168 Seiten
DM 19,80
ISBN 3-7720-1751-7

Horst Joachim Frank
Wie interpretiere ich ein Gedicht?
Eine methodische Anleitung
UTB 1639, 1991, 131 Seiten
DM 16,80
ISBN 3-7720-1706-1

UTB   Francke